Ursula Riedel-Pfäfflin
Julia Strecker

Flügel trotz allem

Feministische Seelsorge und Beratung

Konzeption
Methoden
Biographien

Gütersloher
Verlagshaus

Die Deutsche Bibliothek – CIP-Einheitsaufnahme

Riedel-Pfäfflin, Ursula:
Flügel trotz allem : feministische Seelsorge und Beratung ;
Konzeption – Methoden – Biographien / Ursula Riedel-Pfäfflin und
Julia Strecker. – 2., korr. Auflage – Gütersloh : Gütersloher Verl.-Haus, 1999
  ISBN 3-579-03015-9

ISBN 3-579-03015-9
2., korrigierte Auflage, 1999
© Gütersloher Verlagshaus, Gütersloh 1998

Umschlaggestaltung: Linda Opgen-Rhein, Dortmund
Satz: Weserdruckerei Rolf Oesselmann GmbH, Stolzenau
Druck und Bindung: MZ-Verlagsdruckerei GmbH, Memmingen
Gedruckt auf chlorfrei gebleichtem Werkdruckpapier
Printed in Germany

Inhalt

Vorwort 9
Julia Strecker

Einleitung
Orte persönlicher und professioneller Biographien 13

Teil 1 Konzeption

Theoretische Perspektiven 27
Ursula Riedel-Pfäfflin

Erinnerung 27
Analyse von Macht und Wissen 30
Ressourcenorientierung 34
Prozeßhaftes und systemisches Denken 36
Raum 40
Ganzheitlichkeit 43
Spirituelle Präsenz 45
Parteilichkeit 46
Kontextualität und interkulturelle Vernetzung 48
Eigene Ressourcen und kollegiale Beratung 49

Orientierungspunkte: Was ist feministische Seelsorge? 51
Ursula Riedel-Pfäfflin

Orte der Entstehung und des Definierens 51
Feminismus 52
Seelsorge 53
Feministische Seelsorge 54
Seelsorge, Beratung und Therapie 55

Begegnungen mit anderen feministischen Ansätzen
der Psychotherapie und Beratung 58
Ursula Riedel-Pfäfflin

Humanistische Persönlichkeitstheorien und
Feministische Psychotherapie 58
Feministische Psychologie 62

Feministische Kritik der klassischen Psychoanalyse
Sigmund Freuds 64
Objektbeziehungstheorie und Selbstpsychologie 68
Feministische Familientherapie 72
Feministische Traumaforschung und -therapie 78
Narrative gerechtigkeitsorientierte Therapie 82
Zusammenfassung 84

Theologische Aspekte feministischer Seelsorge 86
Julia Strecker

Heimat und Heimatlosigkeit.
Die Suche nach einem Raum für die eigene Spiritualität 86
Gottesbilder. Selbstverständliches und
feministische Neuinterpretationen 92
Schuld und Vergebung 106
Religiöse Sozialisation von Mädchen 111
Rituale 115
Erotik und Wissen – die spirituelle Macht der Lebenskraft 119
Ursula Riedel-Pfäfflin

Teil 2 Biographien und Methoden

Rosies Geschichte 133
Julia Strecker

Thematischer Aspekt: Arbeit und Geld
Methodischer Aspekt: Die Bedeutung der Vereinbarungen
im seelsorgerlichen Prozeß 149
Das Gebet als Quelle von Kraft und Veränderung 152

Eine Häutung 154
Julia Strecker

Thematischer Aspekt: Lebensformen
Methodischer Aspekt: Zur Arbeit mit kreativen Methoden
in feministischer Seelsorge 162

Traumflügel 168
Ursula Riedel-Pfäfflin

Thematischer Aspekt: Raum für Mädchen
Methodischer Aspekt: Arbeit mit Jugendlichen im Konflikt
mit ihrem sozialen Umfeld 176

Über Grenzen hinweg 181
Julia Strecker

Thematischer Aspekt: Migrantinnen
Methodischer Aspekt: Feministische Seelsorge zwischen
Kulturen und Religionen 196

Wie Frauen verrückt gemacht werden 201
Julia Strecker

Thematischer Aspekt: Sexuelle Gewalt
Methodischer Aspekt: Die Eröffnung eines sicheren Raumes,
die Arbeit mit der Wahrnehmungsfähigkeit der Klientin und
der Umgang mit Grenzen im seelsorgerlichen Prozeß 219

Das Mädchen ohne Hände 226
Ursula Riedel-Pfäfflin

Thematischer Aspekt: Körpererfahrung und Sexualität
Methodischer Aspekt: Arbeit mit Biographien als
Erinnerungsarbeit in Gruppen 231

Zwischen Macht und Ohnmacht 236
Julia Strecker

Thematischer Aspekt: Konkurrenz unter Frauen
Methodischer Aspekt: Konkurrenz unter Frauen als
Herausforderung an die Seelsorge 246

Das gläserne Herz 249
Julia Strecker

Thematischer Aspekt: Abtreibung und Trauer
Methodischer Aspekt: Entwicklung und Bedeutung von
Ritualen in der Seelsorge
Wie gehe ich mit dem Erleben des Scheiterns
in seelsorgerlichen Beziehungen um? 264

Das schwarze Zelt 268
Ursula Riedel-Pfäfflin

Thematischer Aspekt: Töchter und Mütter
Methodischer Aspekt: Seelsorge in der kirchlichen
Öffentlichkeit 273

Perspektiven im Rückblick 277
Julia Strecker

Literaturverzeichnis 279

Die Autorinnen 286

Vorwort

Dieses Buch ist ein Seelsorgepraxis- und grundlagenbuch von Frauen für Frauen. Es entstand aus vielen Gesprächen und Überlegungen mit Frauen, die einander in verschiedenen kulturellen, politischen und religiösen Kontexten begegneten. Der Begriff ›Feministische Seelsorge‹ ist als Ortsangabe für unsere Erfahrungen und Reflektionen in der Verknüpfung von Seelsorgepraxis und Theorie zu verstehen. Feministische Seelsorge ist in unseren Augen ein Prozeß, in welchem aus der Perspektive von Frauen und Mädchen Lebensgeschichten und gesellschaftliche Geschichte neu geschrieben werden. Diese Veränderung findet statt im Raum kirchlicher, spiritueller und theologischer Arbeit von Frauen. Wir sind uns darüber bewußt, daß wir feministische Seelsorge für unseren eigenen Kontext entwickeln, als Vertreterinnen der evangelischen lutherischen und unierten Tradition des weißen mitteleuropäischen Raumes. Darin sind unsere Perspektiven begrenzt.

Der Titel unseres Buches »Flügel trotz allem« wurde durch die Begegnung mit einem jungen Mädchen namens Judith inspiriert. Sie schreibt in ihrem Gedicht konkret und zugleich sehr treffend für viele Frauen von der Sehnsucht nach den eigenen Flügeln und nennt das: Traumflügel. Aus der Begegnung mit Frauen wie Judith und Karin, Rosie und Ute und all den anderen Frauen, die auf dem Weg durch das Labyrinth ihres Lebens ihre Flügel neu entdecken und lieben lernten, entstand dieses Buch.

Es ist ein Buch, das aus unserer Arbeit als Pastorinnen und Ausbilderinnen entwickelt wurde, und aus der Herausforderung, daß wir als feministische Seelsorgerin und Hochschullehrerin der praktischen Theologie lediglich im englischen Sprachraum auf Anregungen zurückgreifen konnten. In unseren therapeutischen Ausbildungen haben wir spezifisch feministische Therapiekonzepte kennengelernt, wir merkten jedoch in unserem je eigenen Beratungs- und Seelsorgekontext, daß feministische Seelsorge ein Fremdwort, eine Art Niemandsland, ein unbeschriebenes Blatt war.

»*Flügel* trotz allem« haben wir unser Buch genannt, denn:

Es geht uns um die Flügel, die als Grundkonstitution jedem Menschen mit auf den Weg gegeben sind. Solche Flügel sind nicht nur Traum, sondern können Realität für jede Frau und jedes Mädchen werden. Diese Flügel sind elementar mit den Potentialen und Ressourcen, die jede Frau in sich trägt, erfahrbar. Sie symbolisieren Kraft und Dynamik, aber auch Schutz und Verantwortung. Sie bezeichnen die Flexibilität und Mobilität, aber auch die Sensibilität, Zartheit und Geborgenheit, nach der sich Beraterinnen und

Klientinnen gleichermaßen sehnen. In unserem Buch zeigen wir, daß es in Seelsorgeprozessen für Seelsorgerin und Klientin um das Entdecken und Ausprobieren der eigenen Flügel geht. Flügel geben Schutz, Flügel sind immer auch Teil der spirituellen Ausrichtung, wenn es um Transzendierung und Veränderung geht, Flügel sind Sinnbild für eine im Diesseits stattfindende Verwandlung und Begleitung, die nach einem Zustand der Ganzheitlichkeit und nach einem Gefühl der Freiheit strebt.

Die meisten Frauen und Mädchen haben schon sehr früh mit den Verletzungen ihrer Flügel zu tun bekommen, viele sind sich ihrer eigenen Flügel gar nicht bewußt. Deshalb:

»Flügel *trotz allem*«, denn Frauen aller Altersstufen und Lebensformen stoßen an Grenzen, wenn es um Bildung, öffentliche Macht und um Einfluß auf Modelle der Ökonomie, Gesundheit, Identität, Konfliktbewältigung, Partnerschaft, Kindererziehung, Sexualität und Spiritualität geht. Frauen und Mädchen aller gesellschaftlichen Schichten und Ausbildungen erleben die Auswirkungen häuslicher und öffentlicher Gewalt, die Bedrohung ihrer Kommunikationsräume durch fortschreitende Technisierung und die Gefährdung ihrer Lebensräume durch Zerstörung der Umwelt.

Wir haben uns entschieden, feministische Seelsorge und Beratung in ihren theoretischen, konzeptionellen und methodischen Aspekten so darzustellen, daß ein Schwerpunkt des Buches auf der konkreten Darstellung von seelsorgerlichen oder beraterischen Begegnungen im Zweiergespräch, in Gruppen oder im öffentlichen Raum liegt. Gleichzeitig fügen wir unsere eigenen Gedanken und Gefühle in die Falldarstellung ein und reflektieren sie anschließend unter theoretischen und methodischen Gesichtspunkten, so daß die Verknüpfung von Theorie und Praxis auf verschiedenen Ebenen sichtbar werden kann.

Im ersten Teil haben wir Aspekte unserer eigenen Lebensgeschichten an den Anfang gestellt. Entscheidend war für uns, daß wir gleichermaßen Unterschiede wie Gemeinsamkeiten und Verbindungen entdeckten, die sich letztendlich am Bild der Flügel, als Symbol für die Suche nach und die Hoffnung auf den je eigenen Ort, festmachen lassen.

Unsere theoretischen Grundentscheidungen sowie eine Auseinandersetzung mit ausgewählten Therapieansätzen feministischer Therapie und Seelsorge folgen. Theologische Aspekte, wie Fragen nach Ritual und Gottesbildern, nach Vergebung und Schuld, nach religiöser Sozialisation und dem Verhältnis von Wissen, Macht und Liebe schließen diesen ersten Teil ab.

Im zweiten Teil folgen die Geschichten der Begegnung mit Frauen und Mädchen. Sie stehen exemplarisch für viele andere, die bei uns als Frauen und als Theologinnen Begleitung gesucht haben. Sie erzählen von den wesentlichen Themen, die Frauen in die Seelsorge einbringen: Die Vereinbarung von Familie und Beruf, die Frage nach der eigenen Lebensform, Adoleszenz von Mädchen, erlittene Gewalt, das Leben zwischen den Welten als Migrantin, Schwangerschaftsabbruch, Trauerarbeit und selbstbestimmte Sexualität von Frauen.

Erfahrungen von religiöser und politischer Heimatlosigkeit, der Suche nach eigenen Visionen und deren Verwirklichung durchziehen die Gespräche.

Frauen, deren Geschichten wir erzählen, haben der Veröffentlichung zugestimmt.

Wir danken diesen Frauen und Mädchen, die uns ihre Zustimmung dazu gegeben haben, daß wir ihre Geschichte und unsere Begegnung mit ihnen erzählen. Durch ihre Offenheit und ihren Mut sind wir ermutigt worden, auch unsere eigenen Gedanken und Gefühle mit in das Beschreiben der Prozesse einfließen zu lassen.

Unseren FreundInnen, KollegInnen und Wohngemeinschaften danken wir für die vielen Anregungen und Vorschläge, wenn wir mit ihnen über unser Projekt gesprochen haben und für ihre Geduld, wenn wir uns ganze Urlaube mit dem Laptop vergnügten.

Unser besonderer Dank gilt Ulrike Eichler als Lektorin, die uns den ganzen Prozeß hindurch mit ihren klaren, kreativen und kritischen Einsichten begleitet und uns mit ihrer fachlichen Kompetenz und Begeisterung Sicherheit vermittelt und beflügelt hat.

Der Ev. Frauenarbeit Westfalen und Lippe und der Ev. Kirche im Rheinland danken wir für die großzügige Unterstützung dieses Buches.

Sonett

Umgeben von kalten, grauen Mauern
Vermoderte Luft und ein dumpfer Neonschein
Befallen dich, hüllen dich ein
An den Wänden, wo nacktes Blut und Demut lauern

Beginnst du nach Halt zu suchen
Aber wo du auch hinsiehst sind Spuren
Von Menschen die kalte Luft und Enge erfuhren
Deinen Platz zum Atmen willst du verfluchen

Gefangen bist du, in einem stickigen Loch
Verzweiflung, Angst – du wirst gefressen
Wofür lebst du – hast du jemals Flügel besessen?

Freiheit, Leben, Träume – und du hast sie doch!
Nun schwebst du dahin – obwohl sie dich hassen
Nur deine Traumflügel – sie werden dich niemals verlassen!

(Judith)

Einleitung
Orte persönlicher und professioneller Biographien

Nähme ich Flügel der Morgenröte
und bliebe am äußersten Meer,
so würde mich doch deine Hand auch dort führen
und deine Rechte mich leiten.
(Psalm 139)

Ursula Riedel-Pfäfflin

Von Anfang an habe ich viele Ortsveränderungen erlebt. Meine Familie wurde durch den von Deutschland zu verantwortenden Krieg auseinandergetrieben und lebt in verschiedenen Ländern Euopas und der USA. Das erste Bild meines Weges ist daher die Frau mit Familie, die den Ort ihres Vertrautseins, ihrer Lieben verlassen muß, die Flüchtlingsfrau, die resident allein, die zwischen mehreren Welten Wandernde, die interkulturelle Migrantin. Hier zeichne ich weite Wege des Wanderns und große Abstände zwischen verschiedenen Orten des Wohnens und Arbeitens in meine Landkarte ein.

Frauen, die mich am meisten geprägt haben, meine Mutter und ihre Mutter, haben mehrfach in ihrem Leben Orte und Menschen, die ihnen am liebsten waren, verlassen und sich immer wieder in neue Landschaften, Nachbarschaften und Kulturen einleben müssen. Meine Mutter verließ ihre norddeutsche Heimat im Haushaltsjahr für junge Mädchen der NS-Zeit und lernte so im Isergebirge meinen Vater kennen, der schon zwei jugendliche Kinder hatte und von seiner Frau verlassen worden war. Als Großindustrieller war mein Vater im Krieg nicht eingezogen, aber er identifizierte sich sehr mit den Zielen der Nationalsozialisten. Daß der Krieg verloren war, wollte er nicht wahrnehmen, besonders nach dem Tod seines neunzehnjährigen Sohnes, der im Kaukasus fiel. Meine Eltern liebten sich sehr, reisten gerne und lebten inmitten eines großen Freundeskreises. Nach kurzen vier Jahren der Ehe wurde mein Vater nach Kriegsende verhaftet, während meine junge Mutter, meine vierjährige Schwester und ich als Zweijährige mit Maschinengewehren in Schach gehalten wurden. Diese Geschichte habe ich erst erfahren, nachdem ich über fünfzig Jahre alt war. Eine Landkarte, die in meiner Familie nicht offen gezeichnet wird, ist die Karte dieser Kriegs- und Nachkriegsjahre. Es gab zwar immer wieder einzelne Geschichten, aber sie sind von Nebel verhüllt. Es fehlen die Grundlinien, die ich erst durch Gespräche mit meiner

Halbschwester und deren Cousins entdecke. Hier sehe ich eine der wichtigsten Quellen für Kraftlosigkeit, Angst, Trauer und Zorn in mir, aber auch eine Quelle für die Kraft des Suchens und des Findens.

Mein Vater wurde für fünf Jahre von uns getrennt. Meine Mutter flüchtete mit uns mit Hilfe eines amerikanischen Offiziers über Österreich nach Hamburg. Dort lebten wir mit der Familie meiner Tante und den Großeltern in einer kleinen Wohnung, bis meine Mutter als Sekretärin Geld verdienen konnte, und mein Vater zurückkehrte. Meine Großmutter war in all diesen wirren, bedrohlichen Jahren eine Hand der Stärkung und des Zusammenhaltens. Sie war es, die mich an der Rechten nahm und meinen Weg mit ihren Geschichten und ihrer Freude an Tieren, am Spielen, an Menschen begleitete, bis sie über achtzigjährig starb.

Vor meinem zehnten Lebensjahr zogen wir noch zweimal um, jeweils in ganz verschiedene Sprach- und Kulturlandschaften Deutschlands. Ich habe darunter nicht so gelitten wie meine Schwester. Ich sehe mich schon als Zwölfjährige oft in Bewegung. Ich liebte Tanz und den rhythmischen Schwung des Tiefschneefahrens. Wenn ich nachmittags mit meinen Büchern auf der Wiese hinter unserem Haus lag und die Filigranwolken beobachtete, flog ich in Gedanken in andere Welten, wie ein Falke mit ausgebreiteten Schwingen. Ich war viel unterwegs, ich genoß die Lagerfahrten mit der Jugendgruppe, den Pfadfinderinnen. Ich liebte die Bewegung im Ballettunterricht und das Singen im Kirchenchor. Einen Bruch erlebte ich in der Pubertät, als Einübung in die Rolle der Weiblichkeit angesagt war. Die Tanzstunde mit ihrer Inszenierung des »warte, bis Du geholt und begehrt wirst« wurde zum Ausdruck einer künstlichen Passivität, gegen die ich mich innerlich sträubte. Immer wieder stieß die Falkin an unsichtbare Grenzen und spürte den Schmerz der eingefangenen Flügel. Aber es gab auch die ersten schönen Liebesabenteuer in der Jugendgruppe der Gemeinde und Ausflüge in neue Landschaften der Freundschaft.

Die bayerische Kleinstadt zu verlassen und in Heidelberg Germanistik und Theologie zu studieren, war ein entscheidender Schritt, da zuhause nur wenig über Glaube oder Kirche gesprochen wurde. Theologie war für mich nahezu Philosophie, ein Reich des Geistes und nicht der alltäglichen Hausarbeit, die mich in keiner Weise lockte. Die Welt der Väter, die so unerreichbar schien, wurde zugänglich, dem Verstehen waren keine Grenzen gesetzt. In die Landkarten der Hermeneutik, der Existenzphilosophie, der historisch-kritischen Forschung und der sozial-ethischen Analyse eingeführt zu werden, gab mir neue Orientierungspunkte. Aufregend waren auch die politischen Diskussionen Ende der Sechziger und die Versuche, in Kinderladenprojekten und Bürgerinitiativen unsere Utopien von Partizipation zu verwirklichen. Die Grenzen der kirchlichen Traditionen und der Hierarchie waren eng. In den elf Jahren meiner Tätigkeit als Pastorin bin ich immer wieder an diese Gitter gestoßen. Gleichzeitig habe ich in diesen Jahren meiner Gemeindearbeit in einem der unterprivilegiertesten Stadtteile Hamburgs Verbindungen zu Mädchen und Frauen aus allen Bereichen und Berufen geknüpft, die ähnlich wie ich Migrantinnen waren, solche, die keine Heimat mehr hatten, keinen Rückhalt in ihren Familien oder in der Kirche. Sie waren Fremde, nicht nur Jasmin, die türkische Gastarbeiterfrau, die dann Sozialarbeiterin wurde. Auch deutsche Frauen, die sich als Ausgegrenzte in ihrem eigenen Staat erlebten. Eine der schönsten Einrichtungen, die wir damals schufen, war der Montagstreff in einer eigens dafür gemieteten Wohnung. Wir erklärten den Montagmittag für uns zur Informationsbörse des Stadtteils. Abwechselnd kauften einige Frauen ein und bereiteten ein Mahl für alle anderen, die mit oder ohne Kinder in die kleinen Räume kamen, um miteinander die neuesten Ereignisse der Stadtteil- oder Kirchenpolitik, der persönlichen Erlebnisse oder der gemeinsamen Pläne auszutauschen. Hier waren wir Neugierige, Entdeckungsbereite, Reisende, kompetente Navigatorinnen inmitten all unserer täglichen Belastungen.

In diesen Jahren der Siebziger begann durch Besuche von amerikanischen Theologinnen aus Genf und erste Frauentagungen in Bad Boll auch mein spiritueller und theologischer Aufbruch in die feministische Theologie und Frauenforschung. Wir begannen, Geschichten wie die der Gebärenden in der Apokalypse nicht mehr an Kommentaren entlang, sondern mit unseren eigenen Augen zu lesen und verstehbar zu machen. In dieser Geschichte werden der bedrohten Frau die beiden Flügel der großen Adlerin gegeben, »damit sie in die Wüste an ihren Ort fliegen kann« (Apg 12,14f.), eine Vision der Gefährdung und des Beschützens, der Existenzbedrohung und der Rettung, der Verfolgung und der Heilung durch das Fliegen zu ihrem Ort, dem Reich der Erde, die ihr hilft.

In der Gemeinde schufen wir Räume für und mit Mädchen und Frauen, in denen ihre eigene Situation und Lebensgeschichte mit anderen zusammen erzählt und durch das »Hören ins Leben« klarere Entscheidungen und lustvollere Lebendigkeit möglich wurden. Zwei Jahre lang wirbelte ich mit anderen Frauen zwischen beruflichen Anforderungen, Kindern, Brotbacken, Selbsthilfegruppen, Frauenbüchern, Paragraph 218, Frauenberatung und ersten Ritualfesten hin und her, eine atemberaubend schöne und spannende Zeit. Sie gipfelte in der ersten Frauenwoche eines Hamburger Stadtteiles, in der wir uns von der Frauenband Schneewitchen verzaubern und von unseren Rechtsanwältinnen in neueste Ratgeber für Frauen einweisen ließen.

Ein weiterer Schritt war meine Entscheidung, als Assistentin für praktische Theologie zu Joachim Scharfenberg nach Kiel zu gehen, um dort Seminare durchzuführen und eine Dissertation zu schreiben. Dies bedeutete gleichzeitig einen Aufbruch aus meiner Ehe, in welcher ich mich zunehmend als Fremde im eigenen Haus erlebte. Waren die Geburten meiner zwei Söhne Ereignisse gewesen, in denen ich meine ungeheuren Kräfte als Frau am intensivsten und schönsten erlebt hatte, so wurde die Partnerschaft der Zusammenarbeit, die ich mir in einer Theologen- und Therapeutenehe erhofft hatte, zunehmend zur Zone des Tretens auf unerkannte Minen in einem Grenzgebiet. Ich konnte keinen Grund mehr finden für das Vertrauen, das ich in einer Familie als Grundlage brauche, die Gegenseitigkeit des Verhandelns und der Werte, die Ermutigung für das Reisen und den Versuch, Widersprüchlichkeiten in mir und anderen zusammenzuhalten. Dieser Aufbruch aus meinen Hoffnungen und tiefsten Vertrautheiten fiel mir am allerschwersten und ist auch heute noch mit der größten Wehmut behaftet.

Die Arbeit an der Universität jedoch brachte mir genau das, was ich erhofft hatte. Zwar hatte die Landeskirche Nordelbien versucht, diese Weiterentwicklung zu verhindern, weil, wie ich in meiner Personalakte später las, sie mich für die Stelle »für nicht geeignet« ansah. Feministische Theologie paßte nicht in die kirchlichen Landkarten. Der Theologe und Psychoanalytiker Joachim Scharfenberg ließ sich jedoch nicht beirren und setzte damit zum zweiten Mal durch, daß eine Frau wenigstens im Mittelbau der theologischen Fakultät Ansätze feministischer Arbeit einbringen konnte. Als Nachfolgerin meiner Kollegin Jutta Groß-Ricker begann ich also, neben den üblichen Angeboten der praktisch-theologischen Ausbildung, auch die ersten feministischen Seminare wie »Verdrängung und Wiederkehr weiblicher Gottesbilder« durchzuführen. Das Erforschen alter Territorien unter neuen hermeneutischen Gesichtspunkten regte auch bei den Studentinnen und Studenten viel Neugierde und Entdeckungslust an. Hier hatte ich auch die Freiheit, meinen feministischen Lehransatz zu entwickeln, in dem intellektuelles, analytisches und erfahrungsbezogenes, kreatives Lernen verknüpft werden. Abstrakt lineare Modelle und zirkuläre, prozeßhafte Arbeitsweisen bieten je verschiedene Möglichkeiten des Verstehens. Miteinander ins Gespräch gebracht eröffnen sie eine Weite des Erfassens verschiedener Sichtweisen der Wirklichkeit, die einer realitätsgerechten Theologie und Seelsorge viel mehr entsprechen als die traditionalen Lehrformen, welche viele Frauen als Entfremdung erleben. Durch den erfahrungsbezogenen Lehransatz, in welchem die Ressourcen der Studierenden ausdrücklich einbezogen werden, wird auch der Abstand zwischen Studium und Forschung einerseits und Seelsorgeausbildung in Kursen andererseits verringert, der ja leider immer noch ein Dilemma in der Seelsorgeausbildung deutscher TheologInnen ist.

Hier bedeutete mein Entschluß, in die USA zu gehen und dort meine Dissertation über Bilder von Frau und Mann in Seelsorgekonzepten durch die neuesten feministischen Debatten über soziales und biologisches Geschlecht (gender und sex) zu vertiefen, einen neuen entscheidenden Aufbruch. Da meine Mutter inzwischen in zweiter Ehe in den USA lebte, war der Plan, die Promotion dort vorzubereiten, kein Flug in ganz unbekanntes Territorium. Ich bekam ein Stipendium des Weltkirchenrates für Chicago und erhielt dort eine Vertretungsprofessur in einer kirchlichen Hochschule. Faszinierend war es, die friedenstheologische Tradition der Brethren, die Prozeßtheologie und die neuesten Entwicklungen der feministischen, der mujerista und der womanist Theologie kennen zu lernen. Die offene, lebendige und in vielem seelsorgerlich wirkende Gestalt der Gottesdienste löste Vieles von der Kirchenmüdigkeit, die ich in Deutschland gespürt hatte. Nach vielen guten Gottesdienstexperimenten mit Studierenden, entwickelte ich einen Tanz zu meinem Lieblingspsalm 139, und selbst die prüden Brethren steinigten mich nicht! Chicago mit seiner phantastischen Architektur und Kunstszene, dem ständig in verschiedenen Farben bewegten See, den vielen ethnisch-verschiedenen Stadtteilen, den intellektuellen Herausforderungen der erfahrungsbezogenen Theologie und Therapie brachte die Reisende, Abenteuerlustige in neue persönliche und professionelle Dimensionen, und ich entschied mich, länger in den USA zu bleiben.

So bewarb ich mich 1988 auf eine Stelle für Seelsorge und Beratung in einem Seminar der Disciples of Christ in Indianapolis und wurde für sieben Jahre »resident alien«, eine Immigrantin auf Zeit, eine fremde Seßhafte. Auch hier war der Gewinn an Freiheit und Kompetenz mit einem Verlust verbunden. Mein älterer Sohn wollte lieber in Deutschland in die Schule gehen, und entschloß sich, bei meiner Schwester zu leben. Das war zunächst wiederum eine harte Entscheidung. Geh ich zurück, bleibe ich? Ich blieb mit meinem jüngeren Sohn und die Entfernung über den Atlantik hat uns viel gekostet. Sie hat jedoch auch die Perspektiven und Beziehungen für uns alle erweitert und vertieft. Ich habe mit Studierenden aus Afrika, Mizoram in Indien, aus Puerto Rico zusammengearbeitet. Von meinen afrikanisch-amerikanischen Nachbarinnen, Kolleginnen und StudentInnen habe ich gelernt, wie groß die Zahl derer ist, die noch heute in den USA um das nackte Überleben kämpfen müssen. Und gleichzeitig haben sie mich den Reichtum ihrer eigenen Traditionen, ihrer Kultur der großen Familien, ihrer Werte, ihrer Verbundenheit, ihrer politischen und die spirituellen Visionen genauso spüren lassen wie mein eigenes Verstricktsein in ökonomische, ethnische und politische Privilegiertheit als weiße Frau in einer unabhängigen Position der Ausbildung.

Eine große Beglückung dieser internationalen Erfahrung liegt in der Erweiterung des geistigen, sozialen, professionellen und spirituellen Raumes. Auf der anderen Seite bringt die Vielfalt der Beziehungen und Interessen auch immer die Gefahr der Verzettelung, die Gefahr der mangelnden Abgrenzung und Klarheit. Die Liebe zur Bewegung, zum Aufbruch verlangt auch eine Balance in der Verläßlichkeit, der Erreichbarkeit und der Standhaftigkeit. Spirituell ist für mich in den Jahren in den USA und auch jetzt – nach meiner Rückkehr in die neuen Bundesländer nach Dresden – wichtig geworden, daß ich in all den Wechseln von Orten und Aufbrüchen immer in Verbindung geblieben bin mit Freunden, Freundinnen und Kolleginnen, die ich schon lange kenne, die mich in wichtigen Entscheidungen begleiten und bei der eigenen Erinnerungsarbeit helfen.

Orte gegenseitiger Anteilnahme und kritischer Aufmerksamkeit, geschützte Räume und Brücken zwischen verschiedenen Welten zu schaffen, sind Ziele meiner Arbeit als Seelsorgerin in Beratung, Supervision und Lehre. Das Thema Raum hat mich in den letzten Jahren in seiner Bedeutung immer mehr fasziniert, da es sowohl den physischen Raum, den Raum der Seele, den Raum der sozialen Beziehungen, den Raum des Geistes und der spirituellen Energie umfaßt. Die Landschaften, die in Psalm 139 beschrieben werden, berühren alle diese Dimensionen der Existenz: den Raum des Beginnens und des Endens, den Raum höchsten Glücks und tiefster Trauer, den Raum der Einsamkeit und den der leidenschaftlichen beglückenden Begegnung. Die Flügel der Morgenröte tragen weit, und doch sind sie immer, auch in der äußersten Entfernung, Begleiterinnen und Halt.

Ich setzte meinen Fuß in die Luft,
und sie trug.
(Hilde Domin)

Julia Strecker

Wenn ich sagen soll, woher ich komme, was meine Identität als Feministin und Theologin bestimmt hat, so ist es in erster Linie das Lebensgefühl, auf der Grenze zu leben, nicht in »normale« Lebensmodelle hineinzupassen. Dieses Lebensgefühl hatte ich schon als kleines Mädchen, und in der Pubertät verstärkte es sich.

Zum zweiten, aber ebenso wichtig, ist die Heimatlosigkeit, die sich wie ein roter Faden durch meine Biographie gezogen hat, unter der ich oft gelitten habe, die aber gleichzeitig auch immer wieder Lebensantrieb und Motor für mich war.

Zum dritten bin ich nicht als Feministin geboren, sondern habe mich in meiner Kindheit mit einem sehr mächtigen, aber kaum präsenten Vater, einer zwar kraftvollen, jedoch völlig überforderten Mutter und drei jüngeren Brüdern auseinandergesetzt und bin in diesem Prozeß erst im Laufe meines Studiums zu wesentlichen feministischen Grundentscheidungen gekommen. Entscheidend für meine Identifikation mit der Vagabundin war, daß ich in meiner Kindheit und Jugend häufig umgezogen bin, also nie an einem Ort bleiben durfte. Während mein Vater uns Kindern immer von »dem schönsten Dorf der Welt«, einem kleinen Ort in Niedersachsen, wo er seine gesamte Kindheit und Jugend im Pfarrhaus verbrachte, erzählte, war meine Mutter selbst eine Flüchtende und konnte sich von daher besser in die Schwierigkeiten hineinversetzen, die für uns Kinder mit den häufigen Orts- und Schulwechseln verbunden waren. Allerdings trat meine Mutter für mich immer in symbiotischer Eintracht mit meinem Vater auf, und obwohl sie selbst unter den Umzügen litt, gab es vor uns Kindern keinerlei Auseinandersetzung oder unterschiedliche Positionen, die die Stimme meiner Mutter hörbar gemacht hätte. Ich selbst formulierte zwar mein Unverständnis, meinen Ärger und meinen Zorn, der mich vor allem bei dem Umzug, als ich vierzehnjährig war, überkam, wurde jedoch nicht so ernstgenommen, wie ich mir das als Kind gewünscht habe.

Eine Reaktion war meine sehr früh gewählte Autonomie. Meine Mutter erzählt noch heute, nicht ohne Stolz, daß ich schon als Vierjährige allein in den Kindergarten ging.

In der Schule war ich immer eine der Jüngsten. Das Gefühl, »keinen Ort« zu haben, wo ich meine Wurzeln und mein Zuhause spüren kann, war zu früher Zeit schon sehr ausgeprägt. Einen Ort gab es jedoch, der sich unabhängig von allen Ortswechseln und räumlichen Veränderungen wie ein roter Faden durch meine Biographie zieht: die Kirche. Als Kind ging ich voller Begeisterung und Engagement in den Kindergottesdienst, in der Konfirmandinnenzeit entdeckte ich Theologie und Religion als mich berührende und über mich hinausweisende Bereiche. Ich wurde selbst Mitarbeiterin, leitete Kinder- und Jugendgruppen und Jugendfreizeiten. In dieser Zeit reifte der Gedanke, Theologie zu studieren, allerdings war es doch eine wankelmütige Angelegenheit, da ich von zu Hause aus, besonders mit dem protestantisch-puritanischen Erbe meiner väterlichen Linie auch ambivalente Erfahrungen verband. Und vor meinem Großvater väterlicherseits, der selbst Pastor der alten Schule war, fürchtete ich mich als Kind.

Erst am Ende meines Studiums war ich in der Lage, ein Unbehagen bezüglich der patriarchalen Grundorientierung meines Studiums zu formulieren, und erst noch viel später, nachdem ich mehrere Jahre in den USA in einem Frauenprojekt (WOAR – Women organized against rape) gearbeitet hatte, war ich so weit, mich als feministische Theologin um Veränderungen in Theorie und Praxis zu bemühen.

Das, was ich 1984 in meinem ersten theologischen Examen zunächst als einen allgemeinen Widerspruch benennen konnte, verdichtete sich durch die Begegnung mit Frauen, die sich als Feministinnen zu einer eindeutigen politischen Handlungweise entschieden hatten, mehr und mehr zu einer inneren und äußeren Verortung in dem Gefüge von Heimatlosigkeit, Grenzgängerinnentum und Vagabundinnentum.

Als ich mit Aktion Sühnezeichen in die USA ging, wußte ich nicht, daß ich dort so viele Frauen treffen würde, die selbst noch viel mehr Grenzgängerinnen waren, als ich das jemals gewesen war. Mehr als die Hälfte der 18 Frauen, die bei WOAR arbeiteten, waren aus Kulturen und Gegenden, die ihnen in ihrem Alltag kaum zugänig waren. Meine beste Freundin Judith kam aus Atlantic City; ihre gesamte Familie, neun Schwestern (größtenteils mit eigenen Kindern als Alleinerziehende) und zwei Brüder lebten im Slum einer »black neighborhood« in einem Haus mit zwei Zimmern. Judith war Associate Director von WOAR und aus ihrer Familie war sie die einzige, die es »geschafft« hatte, die einzige, die ohne Studium eine Karriere eingeschlagen hatte. Jeden Penny, den sie nicht für ihr eigenes Leben brauchte, trug sie nach Atlantic City, aber in ihrem Herzen träumte sie davon, eines Tages nach Afrika, zu ihren Wurzeln, zu gehen. Ich erlebte mich in diesem Kontext als privilegiert, reich und naiv. Nie zuvor erfuhr ich die für mich heute lebensnotwendige, wenn auch manchmal sehr schmerzhafte Öffnung wie in diesen Jahren des intensiven Zusammenseins mit Frauen aus anderen Kultur- und Religionskreisen für Mehrsprachigkeit und Mehrdeutigkeit. Das, was für mich selbstverständlich war, war für Judith eine unüberwindbare Barriere. Das, was für mich undenkbar war, war für Judith das Selbstverständlichste überhaupt, z. B. daß sie, die zehn Jahre älter als ich war, alles mit ihrer Mutter besprach und mindestens jedes zweite Wochenende »nach Hause« fahren mußte, um nach dem Rechten zu schauen.

In den USA war ich immer Fremde, ganz anders als je zuvor wurde ich ständig auf mein Deutschsein angesprochen. Auch wenn ich mich schon in der Schulzeit mit der Shoah auseinandergesetzt hatte, war ich niemals vorher an meine eigene Ohnmacht, meine Wut, mein Beteiligtsein, mein Beteiligtwerden so herangeführt worden. Karen, eine Jüdin, die auch bei WOAR arbeitete, hatte früher konsequent nicht mit Deutschen geredet. Der Großteil ihrer Verwandtschaft, beide Großmütter, waren in Auschwitz und Treblinka ermordet worden, sie wollte eigentlich nie etwas mit Deutschen zu tun haben. Emotional begann für mich die Auseinandersetzung mit meiner Geschichte und der meiner VorfahrInnen erst, als ich Karen und andere Jüdinnen und Juden traf, die mich auf meine Identität befragten und die es ziemlich genau wissen wollten. Wie einfach war es doch gewesen, Theorien über den Faschismus und Filme, Bücher etc. zu diskutieren, im Gegensatz zu dem, was sich da an Abgründen, Sprachlosigkeit und Verzweiflung auftat, als Karen und ich über unsere Vergangenheit und unsere Identität als »2nd generation« sprachen.

Und schließlich das Thema der »sexuellen Gewalt«. Zwei Jahre lang hörte ich fast täglich die schrecklichsten Verwundungen und den Schrei nach Rettung. Im Gericht begleitete ich junge Frauen und Mädchen mit deren Müttern, und immer wieder fragte ich mich, wo sie eigentlich ihre Kraft hernehmen. In den meisten Fällen waren die Täter ja aus dem Familienzusammenhang, so daß die Schrecken und Empörung, die Vielschichtigkeit der Höllen kaum auszumalen ist. Die Arbeit bei WOAR bedeutete für mich auch eine ernste Identitätskrise, die ich ohne die Stärke und den Rückhalt der Frauen bei WOAR nicht hätte bestehen können. Das Netzwerk mit diesen Frauen stärkte mich sehr in meiner Identität als Feministin. Interessanterweise wurde ich in dieser Zeit, in der ich mich wieder einmal sehr heimatlos und als Deutsche in den USA letztendlich auch sehr auf mich zurückgeworfen fühlte, in einer großen Massivität von außen an meine Wurzeln und auch an das, was mich trägt, erinnert und darauf behaftet. Ich werde nie vergessen, wie ich an einem heißen Sommertag mit einer 25jährigen afrikanisch-amerikanischen Frau und deren beiden Töchtern im Wartesaal des Gerichts saß, zuhörte, tröstete und meine Begleitung und Präsenz, so wie es eben ging, anbot.

Ich war von WOAR aus so etwas wie eine Sozialpädagogin. Die Frauen und Mädchen wußten gar nicht, daß ich Theologie studiert hatte. Die Mutter war sehr außer sich, weil die Konfrontation mit dem Täter, ihrem Ex-Freund, bevorstand. Plötzlich brach es aus ihr heraus: »If there is any God, please let me know«. Spontan fühlte ich, daß diese Frau eine Psalmbeterin war, eine, die schon vorher die ganze Zeit mit Gott gehadert hatte und die wollte, daß wir das gemeinsam tun. So fand ich mich an diesem heißen Sommertag im Gericht in aufrechter, zorniger Gebetshaltung, und es war gut so. Das war in der Zeit, als ich mich entscheiden mußte, ob ich meine theologische Ausbildung beende, oder ob ich in den USA eine Karriere im Beratungsbereich einschlage. Ich spürte die Faszination des »zwischen den Welten lebens«, ich spürte aber auch die Begrenztheit meines US-amerikanischen Umfelds und die Sehnsucht, meinem Thema vom Suchen nach der Heimat auf der Spur zu bleiben. Vor allem merkte ich, daß meine Identität als Theologin und Seelsorgerin entscheidend darin verwoben war. So entschied ich mich, nach zwei Jahren bei WOAR und einem Jahr Klinischer Seelsorgeausbildung in zwei unterschiedlichen Kliniken, nach Deutschland zurückzukehren.

Während meines Vikariats erlebte ich die Schwierigkeiten und Grenzen, in »meiner« Kirche als Feministische Theologin zu agieren. Nachdem ich eineinhalb Jahre viele kleine und große Gefechte mit meinem Mentor durchlebt und durchlitten hatte, kam es zum großen Eklat kurz vor Ende meiner Vikariatszeit, als ich mit anderen Frauen zusammen einen Frauengottesdienst vorbereitet und durchgeführt hatte.

Für mich war am Ende meines Vikariats, nach meinem zweiten Theologischen Examen klar, daß ich mich nur weiter als Grenzgängerin in der Evangelischen Kirche bewegen kann, wenn ich mich gerade und ganz besonders für die stark mache, die selbst keine Heimat haben.

Noch viel deutlicher spürte ich dies, als ich nach dem Vikariat für ein Jahr eine Vakanz in einem kleinen Schweizer Bergdorf übernommen hatte. Pfarrerin in einer Berggemeinde zu sein, bedeutete, mit Menschen konfrontiert zu werden, für die das Wort »Heimatlosigkeit« ein Fremdwort war. In ihrer selbstverständlichen Verwurzelung konnte ich teilweise ihre Sprache nur mit Mühe und größter Übersetzungsarbeit verstehen. Und sie schüttelten nur den Kopf, als ich während des Golfkriegs meine Erschütterung und den Wunsch nach Aktionen zum Ausdruck brachte. Ein alter Mann aus dem Dorf sagte zu mir:»Ach, wissen Sie, Frau Pfarrer, wo Sie überall schon gewesen sind, das kennen wir alles nicht. Ich war nur ein paarmal in Chur (nächstgelegene Stadt im Tal), aber hier oben brauche ich nirgendwo hin. Ich bin doch dem Himmel schon ganz nahe.« Es war dort in dieser »heimeligen« Umgebung, wo ich wunderschöne Naturerlebnisse hatte und heilige Kraftorte für mich entdeckte, es war aber auch dort, wo ich spürte, daß mein Platz bei denen ist, die ein wesentliches Lebensgefühl mit mir teilen, nämlich die Wanderschaft und das nicht-festzulegende Grenzgängerinnen-sein als konstituierendes Element und Kontinuum.

Dies bezieht sich auf den Umgang mit Macht genauso wie auf die Räume. Meine eigenen Erfahrungen von Heimatlosigkeit und Ohnmacht flossen in die seelsorgerliche und theologische Arbeit mit Frauen und Mädchen ein. Ich erfuhr während meines Hilfsdienstes, den ich zum Teil an einer Citykirche in Köln absolvierte, daß ich Ansprechpartnerin für diejenigen wurde, die auf der Suche nach ihrem Ort und ihrer Identität als Frau in dieser Gesellschaft und in der Kirche waren. Während einer Fotoausstellung zum Thema »Mein Feind«, die ich damals zusammen mit meinem Kollegen organisiert hatte, offenbarten sich mir neue Welten. Die Fotografin B. Flitner interviewte 14 Frauen zu der Frage:» Haben Sie einen Feind, und wenn ja, was würden Sie mit ihm machen?«. Dann stellte sie ihnen ein Arsenal von Spielzeugwaffen zur Verfügung und ermutigte sie, sich eine Waffe auszusuchen. Die Fotos der bewaffneten Frauen waren in Lebensgröße auf einem Weg mit 14 Stationen in der Fußgängerzone, mit je einem Zitat versehen, ausgestellt. Der Stationsweg führte in die Kirche zu der Frau, die sich als einzige der 14 Befragten keine Waffe ausgesucht hatte. Sie hing über dem Altar und ihr Satz lautete: »Mein Feind ist eine Person. Ich kenne ihn ein Leben lang. Er hat mich nie anders behandelt als mit Verachtung. Aber ich könnte keine Waffe nehmen, das geht bei mir alles so nach innen …« (Flitner, Seite 106f.) Die Reaktionen auf diese Ausstellung waren enorm. Stimmen der Empörung und Entrüstung kamen meistens von Männern, aber auch unter den Frauen gab es Ablehnung und Vorwürfe an uns, die wir diese Ausstellung initiiert hatten. Größtenteils jedoch waren die Frauen berührt und bis in ihr tiefstes Inneres hinein erschüttert. Scharenweise kamen sie in die Kirche und zu den Andachten, die wir eine Woche lang jeden Abend während der Ausstellung anboten. Frauen sahen die Frauen auf den Fotos und erzählten ihre eigenen Geschichten. Sie identifizerten sich mit deren Erfahrungen von Gewalt, Mißbrauch und Demütigung ebenso wie mit deren Fantasien von Rache und Gegengewalt. Sie thematisierten all das, was mir in meiner mehrjährigen Arbeit im amerikanischen Frauenprojekt deutlich und wichtig geworden war.

Im Anschluß an meinen Hilfsdienst und die einjährige »Auszeit« in einem Schweizer Bergdorf knüpfte ich an die Erfahrungen dieser Ausstellung und die große Nachfrage nach einer Anlaufstelle für Frauen an. Etliche Frauen kamen zu mir in die Beratung, weil sie dezidiert mit einer Pastorin sprechen wollten. Sie suchten einen Ort, wo sie mit anderen ihre Erfahrungen teilen konnten. Sie suchten in der Kirche das, was sie noch nie in ihr gefunden hatten: einen Raum, der ihnen Möglichkeiten des Sichtbarwerdens, des Heraustretens aus dem Schatten anbot. Zugleich thematisierten sie ihre Heimatlosigkeit und die Schwierigkeit, mit ihren Erfahrungen in der Kirche, im

Gottesdienst, in der Seelsorge einen Platz zu finden, der wirklich ihr Zuhause sein könnte.

Nachdem dann im März 1992 meine Stelle als Pastorin für Frauenberatung und Mädchenarbeit im Kirchenkreis Köln-Mitte genehmigt worden war, hatte ich wiederum mit den Nebenschauplätzen der patriarchalen Verstrickungen zu kämpfen. Es dauerte fast ein halbes Jahr, bis ich mein Büro bekam, nachdem ich wie eine Vagabundin in der gesamten Gemeinde Köln nach einem Raum gesucht hatte. Es dauerte nochmal ein Jahr, bis ich nicht mehr ständig rechtfertigen und legitimieren mußte (im Kirchenvorstand, Kreissynodalvorstand, beim Superintendenten, etc.), warum die parteiliche Arbeit für Frauen gerade in der Kirche eine Herausforderung, Aufgabe, Chance ist. Bis zum Schluß jedoch war das Begründen und Thematisieren sowie das Einfordern von frauengerechten Strukturen immer wieder Teil meines Engagements als feministische Theologin und Seelsorgerin.

Das Thema der Heimatlosigkeit ist ein Thema von Frauen in unserer Gesellschaft. Im Lauf meiner vierjährigen Tätigkeit als Pastorin für Frauenberatung ist es mir immer wieder begegnet. Es gab sogar eine Gruppe, die sich schwerpunktmäßig mit dieser Frage auseinandersetzte. Es tauchte in zahlreichen Einzelgesprächen auf, und selbst bei meinem Abschiedsgottesdienst im Juni 1996 war es der rote Faden. Auch seit Herbst 1996, seitdem ich Pfarrerin der Evangelischen Studierendengemeinde bin, begegnet mir die Frage nach Heimat, nach Räumen der inneren Verortung und des Zuhauseseins bei Studentinnen häufiger als bei Studenten.

Mit unserem Buch knüpfen wir auch an das Gefühl der Heimatlosigkeit, an die Suche nach einem Ort, der der eigene ist, an. Flügel zu besitzen bedeutet nicht nur, unabhängig und autonom zu sein, sondern auch, die eigene Kraft zu spüren. Flügel zu haben bedeutet, einen Fuß in die Luft zu setzen und zu erfahren, daß sie trägt. Flügel zu besitzen habe ich mir oft gewünscht, und in Situationen, in denen ich sie auch spüren konnte, war ich dem Himmel und der Erde und damit auch dem Wesentlichen, das ich manchmal Gott nenne, ganz nahe.

Teil 1

Feministische
Seelsorge

Konzeption

Theoretische Perspektiven

Unser Projekt ist ein Praxisbuch für Seelsorge, kein theoretisches Grundlagenwerk. Aus diesem Grund haben wir Entscheidungen getroffen, die notwendigerweise zur Auswahl von Themen führen. Während andere Seelsorgekonzeptionen die Geschichte der Seelsorgebewegung, Überblicke über Konzepte, heutige Problembereiche und Methoden zugänglich machen (Riess, 1973; Winkler, 1997), wollen wir aus der eigenen Praxis heraus ausgewählte Fragen der Theorie und Methodik aufgreifen, die uns in unserer Geschichte und im Gespräch mit anderen wichtig geworden sind. Der Schwerpunkt unserer Arbeit liegt in pastoralpsychologischen Aspekten feministischer Seelsorge und weniger im Bereich der seelsorgerlichen Gesichtspunkte in Amtshandlungen, Gottesdiensten, gemeindlichen und übergemeindlichen Gruppen oder in kirchlichen Aktionen und Funktionen, die von anderen Autorinnen aufgearbeitet worden sind (Wagner-Rau, 1992; Karle, 1996; Pohl-Patalong).

Wie in der Darstellung der Grundlinien für unsere Arbeit deutlich wird, haben wir gleichwohl neben den psychologischen immer auch die theologischen, soziologischen, politischen, ethischen und spirituellen Aspekte der Seelsorge im Blick und verstehen feministische Wissenschaft als interdisziplinär.

Erinnerung

Feministische Seelsorge hat mit dem Aufarbeiten und Neuschreiben unserer persönlichen und kollektiven Geschichte zu tun. Viele Frauen haben das Gefühl, etwas verloren zu haben, das sie nicht mehr genau beschreiben können und wissen doch, daß es dieses Gesuchte gibt. Wir hatten als Mädchen und heranwachsende Frauen Wissen, Wünsche und Träume von unserem persönlichen und professionellen Leben, die sich diesem Gesuchten angenähert haben. Wir haben dann oft ganz oder teilweise aufgegeben, weil wir erlebt haben, daß die gesellschaftliche, persönliche und berufliche Realität nicht das ermöglicht, wonach wir suchen. Wir haben uns selbst immer wieder in Frage gestellt, verdächtigt, abgewertet und angepaßt, nach dem Motto: Ich bin vielleicht verrückt, ich will zuviel, ich bin illusionär, ich funktioniere nicht, ich habe zu hohe Ansprüche, ich könnte zufriedener sein, wenn ich nur wäre, wie ich sein sollte. Trotzdem sind wir auf der Suche und haben durch feministische Psychoanalyse, Geschichtsforschung, Ethnologie, Religionswissenschaft, Soziologie und Theologie in der

Vermutung Unterstützung bekommen, daß diese Suche nicht sinnlos und verrückt ist, sondern im Gegenteil, überlebenswichtig für uns selbst, für andere und auch für das Weiterbestehen der Welt. Das Wissen um die eigenen Wurzeln und die Verbindung zu den eigenen Geschichtstraditionen sind wichtig, weil sie die Autorinnenschaft für das eigene Leben in Verbindung mit anderen ermöglichen.

Die französische Psychoanalytikerin Luce Irigaray z. B. kritisiert den Androzentrismus der Psychoanalyse, welchen sie als Teil eines Systems der Täuschung und Verrücktheit sieht, das Frauen an der Erkenntnis und dem Leben ihrer eigenen Identität hindert. Sie meint, daß sowohl Frauen wie Männer neu in ihr Sein geboren werden müssen. Für Frauen kann dies nur geschehen, wenn sie von archaischen patriarchalen Projektionen befreit werden und wenn es eine autonome und positive Repräsentation des Frauseins in der Kultur gibt. Sexualität, Körper und unsere biologische Beziehung zu unserer Mutter, die extrem durch die gesellschaftliche Konstruktion der Mutterschaft belastet worden sind, müssen aus Projektionen befreit werden (Irigaray, 1991). Anfang der siebziger Jahre habe ich anläßlich der Diskussion über neue Mütterlichkeit mit anderen Frauen zur Konstruktion der Mutterschaft gearbeitet (Pasero und Pfäfflin, 1986) und die These vertreten, daß Mütter in der westlichen industrialisierten Welt einerseits im Raum der Beziehungen und Dienstleistungen unerfüllbaren Anforderungen ausgesetzt werden, als seien sie allmächtig. Da sie diesen Ansprüchen nie genügen können, müssen sie sich als schuldhafte Versagerinnen wahrnehmen. Andererseits werden Mütter jedoch aus öffentlich wirksamen Machtbereichen ausgegrenzt, so daß hier ihre Ohnmacht erlebt wird. So reicht die Ambivalenz Müttern gegenüber von einer Abwehr gegen die ›mörderische (kontrollierende) Mutter‹ bis zum symbolischen oder realen Mord an der Mutter. Auch unsere Kreativität, mit der wir Worte, Symbole, Theorien bilden, spiegelt die Projektionen wider. Damit wir nicht den Mord an unseren Müttern unterstützen, müssen wir nach Irigaray anerkennen, daß wir in einer Reihe von Vorfahrinnen stehen, in einer Genealogie von Frauen: wir haben eine Mutter, Großmutter, Urgroßmutter und Töchter. Wir haben gelernt, diese Tradition zu verleugnen, weil wir im Exil der Vater-Partner-Familie leben. Luce Irigaray findet es wichtig, daß wir den Haß und die Undankbarkeit durcharbeiten, die oft unsere Beziehungen zu unseren Müttern und anderen Frauen kennzeichnen und uns daran hindern, lebendige Beziehungen zu ihnen zu entwickeln. Denn nicht in der Identifikation mit der Geschichte der Väter können wir unsere weibliche Identität erfahren, sondern in der Erinnerung an die Geschichte unseres eigenen Geschlechtes und in der Anerkennung unserer eigenen Traditionen. Hier ist der legitime Ort für Bewunderung und Dankbarkeit, denn ohne bewußte Einübung des Respektes vor Frauen setzen wir bewußt und unbewußt die Gewohnheit der Abwertung von Frauen – und das heißt: unserer selbst – fort (Irigaray, 1991, 128ff.).

Wir verstehen unsere Aufgabe als Seelsorgerinnen und Theologinnen als Teil dieser Arbeit an unseren Genealogien. Denn Identität hängt wesentlich mit dem Wissen um die Orte zusammen, von denen wir kommen: von unseren biologischen, sozialen, geistigen und spirituellen Müttern, in denen wir unseren ersten Raum fanden. »Wo eine Geschichte ist, da ist eine Person«, meint die Jungianische Analytikerin Heather Formaini und deutet damit an, warum es so wichtig ist, die eigene Geschichte zu erinnern. »Ich weiß, daß es für mich entscheidend war, meine eigene Geschichte zu erzählen und herauszufinden, daß ich eine Geschichte zu erzählen hatte. Wenn es eine Geschichte gab, dann gab es vielleicht auch mich. Sie war lang, meine Geschichte, und sie erstreckte sich über tausend Jahre in die Zeit zurück. Denn es war am Ende nicht nur meine persönliche Geschichte, sondern die aller meiner Schwestern, so, wie die Welt von Anfang an war.« (Formaini, 1987) Frauengeschichte zu erinnern, bedeutet, Bilder des Frauseins ins Gedächtnis zurückzurufen und wach zu halten. Die Vielfalt der Arbeit, der Existenzformen, der Macht, der Erfindungen und der Fähigkeiten der Frauen unterschiedlicher Kulturen und Religionen wird durch geschichtliche Archäologie deutlich. Damit werden auch heutige gesellschaftliche Lebens- und Arbeitsweisen als einschränkende bewußt und überwindbar. »Wir beginnen nie aus dem Nichts, es sei denn, wir wollten jegliche Erinnerung und Immanenz und damit jegliche Beziehung auslöschen. Also heißt verbinden *wieder*verbinden. Wir beginnen immer wieder neu, denn es liegt in der Natur des Selbst-Augenblicks, daß er sich zwar neu spinnt, doch nicht aus dem Nichts; dazu kommt, daß die massive historische Bruchlandung uns zerbrochene Fragmente dessen hinterläßt, was wir hätten sein können. Die Arbeit an der Welt des Selbst und an den Selbsten der Welt kann nicht den grandiosen Anspruch absoluter Originalität erheben: Um nicht zu verzweifeln, können wir nur reparieren. Wir beginnen »aus einem zerissenen Netz« heraus (Catherine Keller, 1989, 295).

In unserer Arbeit kommen wir immer wieder mit Frauen und Mädchen zusammen, die ihre Geschichte oder besonders wichtige Ereignisse ihrer Geschichte noch nie jemandem erzählt haben. Sie waren nicht wichtig genommen worden oder hatten sich nicht getraut. Es hatte sie keiner »ins Sprechen hineingehorcht«, wie Nelle Morton eine Weise feministischer Theologie beschreibt. Der Schwerpunkt unseres Buches liegt auf dem genauen Zuhören der ungehörten Geschichte der Mädchen und Frauen, der gemeinsamen Erinnerungsarbeit und der Ermöglichung einer eigenen Autorinnenschaft für die weitere Lebensgeschichte (Morton, 1985).

Ähnlich wie in der Erinnerungsarbeit der kollektiven Geschichte, bedeutet die Erinnerung bisher nicht beachteter Ereignisse im Leben eines Mädchens oder einer Frau, daß die eigenen Perspektiven erweitert und damit die Wahlmöglichkeiten für die Gestaltung des Lebens vielfältiger werden.

Analyse von Macht und Wissen

Auch aus interkultureller Arbeit ist uns deutlich, daß ganze Bevölkerungsgruppen oder Nationen in ihrer Identität verstört oder ausgelöscht werden, indem ihre Geschichte vergessen gemacht wird. Den afrikanischen Sklaven und Sklavinnen, die aus ihrer Heimat in überfüllte Schiffe gepfercht und schon auf der Überfahrt dem Tod preisgegeben wurden, wurde es als allererstes verboten, ihre vertrauten Lieder, die für ihre Geschichte und Identität wesentlich waren, zu singen und zu trommeln. Diese Prozesse der Vernichtung einer Kultur durch das Vergessenmachen ihrer Geschichte gehören keineswegs der Vergangenheit an. Die Mädchen und Jungen der Native Indians in Nordamerika wurden bis vor kurzem bewußt frühzeitig aus ihrer Umgebung genommen und lebten und lernten von ihren Stämmen getrennt in weißen Internaten, um die herrschende Kultur zu erlernen und ihre eigene nicht mehr zu erinnern. In patriarchalen Gesellschaften ist es selbstverständlich, daß Mädchen und junge Frauen mit der Heirat das Haus ihrer Mütter, Großmütter und Freundinnen verlassen und hinfort am Wohn- und Arbeitsort ihres Mannes leben. Frauen, die nicht mehr in Verbindung zu ihren eigenen Wurzeln leben, sind natürlich eher in der Gefahr, sich anzupassen, sich zu verleugnen und auch an ihre Kinder diese Anpassung weiterzugeben, die heute als Mittäterschaft in der feministischen Literatur diskutiert wird (Thürmer-Rohr, 1990). Im Unterschied dazu bleiben in matriarchalen Gesellschaften Frauen an dem Wohnort ihrer Mütter, und vor allem die jüngste Tochter ist damit betraut, die Traditionen und das Wissen der weiblichen Genealogie zu lernen und weiterzugeben (z. B. bei den Khasi in Nordost-Indien und den Yao in Nord Thailand, wo diese Erbfolge noch heute gilt oder in Malawi, Afrika, wo es beide Gesellschaftsformen gibt, patriarchale und matriarchale).

Die psychoanalytischen und psychologischen Entwicklungstheorien des Westens haben den Prozeß der Trennung der Frauen von ihren Müttern und damit von eigenen Frauentraditionen unterstützt, indem in Theorie und Praxis die Reife einer Frau daran gemessen wird, ob sie sich von ihrer Mutter entsprechend abnabelt, trennt und sich einen heterosexuellen Partner wählt, oder ob sie in regressiven Tendenzen verfangen bleibt. Bleibt sie mit der Mutter stark verbunden, richtet sie ihre Liebe auf Frauen, gilt sie nach klassischen

Entwicklungstheorien als unreif (unrealistisch, kindlich, abhängig), sogar als persönlichkeitsgestört (hysterisch, depressiv, lesbisch) oder psychiatrieverdächtig (borderline, psychotisch). Auch in diesen Theorien der Entwicklung zu einer »normalen« Frau wird die Geschichte der Frauen in ihrer Vielfalt geleugnet, denn in vielen Gesellschaften ist die Bindung der Frauen untereinander und zur Muttertradition eine der wichtigsten Quellen ihrer Stärken, die dem Gemeinwohl zugute kommen. Durch Verwischung der Spuren der Vorfahrinnen wird auch diese Stärke unterwandert und unzugänglich gemacht. Nicht umsonst begann mit der Frauenbewegung ein bewußtes Ausgraben des Wissens vorhergehender Generationen von Frauen in allen Gesellschaften, denn dieses Wissen bedeutet Unabhängigkeit von den gängigen Lehren, die uns in allen Wissenschaften als Norm präsentiert werden.

Auch die theologische Tradition und kirchliche Praxis haben dominantes Wissen über Frau und Mann entwickelt, indem sie von Schöpfungsordnungen als gottgegebenen Geboten sprechen. Dabei sind alte Traditionen wie die Erinnerung an die vielfältige Mutter allen Lebens, Eva, so verzerrt worden, daß nur noch ihr negatives Bild eingeprägt wurde: die Verführerin, die mit Gebärschmerz Bestrafte, das Einfallstor der Hölle (Tertullian). Als Gegenbild wurde die Ikone der Gottesmutter Maria entwickelt: die reine Magd, die Dienende, die erste der Gläubigen, die unbefleckt Empfangende, Vermittlerin zu Gott und Trösterin, die der Vielfalt des realen historischen Frauenlebens genauso fern ist wie Eva. In beiden Konstruktionen werden andere Erfahrungen der Frauen und Mädchen unsichtbar und unakzeptierbar gemacht, nämlich die Macht des Wissens der Frauen, die Macht ihrer Weisen des Lehrens und Lernens, die Stärke ihrer Kreativität, ihrer Unabhängigkeit, ihrer Sexualität, ihrer Heilkraft und ihrer Spiritualität. In Predigten, Bibelarbeiten, Konfirmandenunterricht und Kindergottesdiensten wurden die Bilder der schöpferischen Macht der Frauen verleugnet und nur die Stereotype von einer Generation zur nächsten weitergegeben. Dies wurde auf der Ebene der Bilder von Gott, der Theologie, wiederholt. Indem vorwiegend die männlichen Gottesbilder des Allmächtigen, Herrschers über Himmel und Erde, des Vaters, des Hauptes, des Richters und des Gerechten betont wurden, kamen die vielen Geschichten der biblischen Tradition, in denen Gott im Handeln einer Frau beschrieben wird, nicht ins Bewußtsein der Gläubigen. Das vorherrschende Wissen über Frauen in der Theologie und in der Kirche wurde von der heimlichen Gleichung geprägt, wenn der Mensch als Gottes Geschöpf männlich ist, dann ist der Mann gottgleich und die Norm für unser Wissen – wie Mary Daly in ihren Analysen christlicher Theologie treffend herausgearbeitet hat (Daly, 1981).

Der französische Analytiker Michel Foucault hat in seiner Archäologie des Wissens aufgezeigt, wie eng Machtausübung und Wissen miteinander zusammenhängen. Indem bestimmtes Wissen als das dominierende verbreitet und allmählich als das Normale anerkannt wird, üben in der Moderne gesellschaftliche Interessengruppen Macht aus, ohne daß es den Massen überhaupt noch bewußt wird. An der Geschichte der Sexualität zeigt Foucault, daß keineswegs durch absolutistische Gewaltausübung, sondern nur durch die Verbreitung bestimmter Diskurse in Beichtspiegeln, pädagogischen Schriften, Gesprächen mit Eltern, durch Errichtung von Schulen, Heimen, durch Ärzte und die aufkommende Sexualwissenschaft allmählich ein dominantes Wissen von Sexualität erzeugt wurde, das allgemein vertreten und anerkannt wurde (Foucault, 1991 und 1995). Heute haben die Medien von Zeitschriften bis Internet diese Machtfunktion noch vervielfältigt, indem die gleichen Filme und Werbespots bis in die schwer zugänglichen Bergdörfer Thailands oder Papua-Neuguineas Einfluß üben. Hier wird das Bild von der Landkarte, die nicht die Landschaft ist, noch einmal wichtig: Landkarten über eine Gegend werden von Menschen entworfen, die eine bestimmte Sicht des Landes haben, und ihr Wissen bestimmt die Darstellung des Landes auf der Landkarte. Landkarten sind sehr einflußreich, weil sie überall als Maßstäbe schon in die Köpfe der Kinder eingeprägt und damit dominantes Wissen werden.

Trotzdem läßt sich das unterworfene Wissen nicht ganz verdrängen. Immer wieder gibt es Zeit/Räume, in denen das bisher unterprivilegierte Wissen auftaucht oder wiederentdeckt wird und damit zu Transformationen des gesamten Systems führt. Feministische Praxis und Forschung hat von Anfang an eine umfassende Analyse des Machtbegriffes durchgeführt und das dominante Verständnis von einseitiger, hierarchischer Macht durch das Auffinden alternativen Wissens und alternativer Traditionen der Frauen herausgefordert. So wurde der Ausgangspunkt der Frauenbewegung in der Auseinandersetzung mit dem Paragraphen 218 zum Anlaß, die Machtausübung durch dominantes Wissen seitens der Gynäkologen, der Juristen, der Politiker und der Kirchenhierarchien zu analysieren und demgegenüber geschichtliches Wissen geltend zu machen und die Macht der Frauen in Bezug auf ihren eigenen Körper zu stärken (Daly, 1981; Harrison, 1985).

Für die praktische und die theoretische Arbeit feministischer Seelsorge spielt eine differenzierte Analyse von Macht und Wissen eine entscheidende Rolle, da in der Begleitung und Beratung eine starke Beziehung entstehen kann, und der Mißbrauch des Vertrauens und die Verletzungen von Grenzen naheliegen. Das Wissen, das die Seelsorgerin mit in die Beratung einbringt, die psychologischen, ethischen und theologischen Konzepte, an denen sie sich orientiert, spielen eine nicht zu unterschätzende Rolle für den Verlauf der Begegnung. Denn schon mit dem Nicken zu bestimmten Äußerungen, mit dem Aufgreifen bestimmter Themen oder Verhaltensweisen und dem

Übergehen anderer, übe ich bereits Einfluß durch Selektion aus. Wenn ich dem Konzept anhänge, daß Anlehnungswünsche kindlich sind, und eine Frau zur Autonomie gebracht werden sollte, oder, daß Liebe zu anderen Frauen Sünde ist, und Abtreibung von Gott bestraft wird, dann wird dieses Denken automatisch in der Beziehung der Seelsorge Einfluß nehmen. Das dominante Wissen in vielen Kirchengemeinden ist immer noch, daß das Zusammenleben mit einem Mann, daß Heterosexualität die gottgewollte Lebensform ist. Viele Frauen wissen jedoch, daß sie im Zusammenleben mit Frauen viel mehr an Gegenseitigkeit und Sicherheit erleben. Hier ist eine Auseinandersetzung der Seelsorgerin mit der Geschichte der Sexualität und verschiedenen Lebensformen der Frauen Voraussetzung einer guten Begleitung. Eine Auseinandersetzung mit der Fachliteratur, eine Zusatzausbildung und eine enge Zusammenarbeit mit anderen professionellen Einrichtungen sind Voraussetzungen für angemessene Hilfe.

Einseitigkeit des Wissens und der Macht kann auch durch die Position der ExpertInnenrolle ausgeübt werden. Solange sich die Seelsorgerin oder Beraterin vor allem als Expertin versteht, die eine Ausbildung hat und aus ihrem besonderen Wissen heraus bestimmte Interventionen tätigt, kann das die Entmündigung der Klientinnen fortsetzen und verstärken, weil diese wiederum nicht selbst beurteilen können, was mit ihnen geschieht und wohin die Reise geht.

Wir halten daher die Ansätze der Seelsorge und Beratung für wichtig, in denen das Wissen, das im Prozeß eine Rolle spielt, für die Beteiligten transparent gemacht wird. Indem die Gesprächspartnerinnen sich immer wieder Zeit nehmen, den Prozeß auszuwerten, der zwischen ihnen läuft, wird einseitige Macht verwandelt und eine Zusammenarbeit wird möglich, in der alle Beteiligten Macht der Autorinnenschaft für ihre Geschichte haben. Das heißt nicht, daß die Seelsorgerin nicht ihre Erfahrung, ihr Wissen und ihre Autorität einsetzt, solange es für eine Begleitung oder Beratung nötig ist; Transparenz bedeutet, daß die Schritte, die Interventionen und die Gedanken dazu mitgeteilt und verstehbar gemacht werden. Die Seelsorgerin agiert nicht für andere Frauen und über ihre Köpfe hinweg, sondern die eigene Entscheidungsfähigkeit jeder Frau und jedes Mädchens wird als vorrangig respektiert und gestärkt. Damit üben wir eine andere Weise der Macht in Beziehungen ein, die in feministischer Literatur als Macht von innen und geteilte Macht bezeichnet wird (Starhawk, 1987).

Ein methodischer Ansatz, in welchem Macht und Wissen im therapeutischen Bereich transparent gemacht wird, ist die Arbeit mit reflektierenden Teams, wie sie zunächst in Norwegen entwickelt wurde und vor allem in der systemischen Arbeit Anwendung findet (Anderson, 1991; Schlippe, Schweitzer, 1996). Im Unterschied zu bisheriger Begleitung und Auswertung beraterischer und supervisorischer Prozesse in Fallbesprechungen, werden die Gedanken, Gefühle und Überlegungen der Fachleute nicht mehr getrennt von den Betroffenen verhandelt, sondern die Beteiligten hören den Reflexionen von KollegInnen zu, die dem beraterischen Prozess beigewohnt haben und untereinander austauschen, was sie beeindruckt hat, wo sie Stärken sehen, was sie empfunden haben und wo sie erweiternde Fragen stellen würden. Nachdem das reflektierende Team miteinander ausgetauscht hat, haben KlientInnen oder SupervisandInnen und BeraterInnen Gelegenheit zu sagen, was bei ihnen angekommen ist, und die Sitzung endet mit einem gemeinsamen Gespräch über den Prozeß. Bewußt wird das reflektierende Team nicht eingeladen, Bewertungen auszusprechen, Urteile zu fällen oder abwertende Konfrontationen auszusprechen, da es in diesem Ansatz darum geht, Perspektiven zu erweitern, neue Fragestellungen möglich zu machen und die eigenen Ressourcen, Macht und Wissen der Beteiligten zu stärken. Auch im nicht-therapeutischen Bereich hat sich die Arbeit mit dieser Form geteilter Macht für uns schon als Quelle der Energie erwiesen, z. B. in der Gestaltung von Frauentagungen als Alternative zum Format des Vortrages und der Diskussion, die nur eine beschränkte Teilung von Wissen und Macht ermöglichen.

Ressourcenorientierung

Jede Frau, jedes Mädchen hat Macht. Macht als etwas Konstruktives, Bereicherndes, Normales zu sehen, fällt vielen Frauen jedoch nach wie vor schwer, weil damit zunächst immer politisch gebrauchte, einseitige oder gewalttätige Machtausübung assoziiert wird. In Deutschland kommt hinzu, daß der Machtbegriff mit den Verbrechen des Nationalsozialismus gekoppelt ist, mit Hitlers Machtergreifung oder den Ermächtigungsgesetzen. Das Konzept des *empowerment*, gebraucht als Beschreibung eines sozialpolitischen Prozesses, in welchem benachteiligte Gruppierungen zur Aktivierung ihrer eigenen Kräfte angeregt und gestärkt werden, ist daher für uns kaum übersetzbar. Die Frauenbewegung hat daher das Schlagwort von der Frauen- und Mädchenpower geschaffen, um Frauen aus dem traditionell gewünschten Bild der Passivität, der Angepaßtheit und Zweitrangigkeit herauszuholen. Für die beraterische und seelsorgerliche Arbeit ist der Begriff *Ressourcenorientierung* wichtig geworden, weil hier ein ganzes Spektrum neuer Möglichkeiten angesprochen wird, Macht zu verstehen und mit Macht umzugehen. Ressourcen sind Schätze, mögliche Potentiale, Quellen der Kraft, aus denen geschöpft werden kann, die bereit sind, fruchtbar gemacht zu werden. Ressourcen liegen oft nicht sichtbar an der Oberfläche, sie sind jedoch vorhanden, nur oft tief verborgen. Es gehört eine neue Sichtweise und Entdeckungslust dazu, sie zu entdecken, denn wer sich nur von vorgeprägten Bildern leiten läßt, wird keine sprudelnden Quellen vermuten, wo Wüste auf der Landkarte steht. Ressourcenorientierung bedeutet für Klientinnen, daß ihre Aufmerksamkeit nach der Darstellung und dem Erfassen ihrer Probleme und Anliegen vor allem darauf gerichtet wird, was sie schon an Lösungsmöglichkeiten für sich erprobt haben, und daß nach den Quellen der Kraft geschaut wird, welche schon in ihrer Geschichte wirksam waren oder wirksam werden können. Üblicherweise erleben Klientinnen ein Aufweisen ihrer Mängel, Fehler und Schwachstellen, die dann verändert werden sollen. Der ressourcenorientierte Ansatz richtet stattdessen die Aufmerksamkeit auf die Potentiale, die schon verfügbar, jedoch bisher nicht genügend beachtet oder genutzt worden sind und motiviert damit zur Eigenveränderung durch Neugier, liebevolle Aufmerksamkeit für sich selbst und durch Verstärkung der gewünschten Ziele.

Die traditionellen Ansätze der Psychoanalyse, Psychotherapie und Seelsorge haben vorwiegend eine defizit- oder pathologieorientierte Ausrichtung. In der Psychoanalyse wird gefragt, was in der frühen Kindheit in Bezug auf Konfliktbearbeitung und Triebumwandlung nicht gelöst wurde, so daß ein Reifeprozess gestört wurde. Welche Defizite wies die Mutter, die vor allem für die geglückte Entwicklung des Kleinkindes als verantwortlich angesehen wird, auf? Welche Persönlichkeits- oder Charakterstörungen haben sich daraus entwickelt? lauten die Fragen defizitorientierter Ansätze. Auch in der humanistischen Psychologie wird zuerst geschaut, welche Gefühle bisher nicht zum Ausdruck kommen konnten, inwiefern die Klientin gehemmt oder unvollständig ist, und was sie lernen muß, um zu wachsen. Die Seelsorge der protestantischen Kirchen ist noch heute oft auf das Aufdecken der Sünde ausgerichtet, damit dann dem, der seine Schuld bekennt, die umso größere Gnade Gottes zugesprochen werden kann.

Neuere therapeutische Konzepte gehen im Einklang mit Erkenntnissen der Naturwissenschaften davon aus, daß das, was wir für wahr halten, auch mit unserem Erleben und der subjektiven Wahrnehmung der Wirklichkeit zusammenhängt. Was wir aus dem Geschehen um uns herum und in uns selektiv wahrnehmen, bestimmt auch, was wir für wirklich ansehen. Dabei spielen Seh-, Denk-, und Reaktionsgewohnheiten eine große Rolle, denn wir haben bestimmte Weisen der Wahrnehmung schon verinnerlicht und zur Gewohnheit gemacht. In gewisser Weise konstruieren wir, was für uns wirklich ist. Deshalb ist es wichtig, worauf wir unsere Wahrnehmung richten. Wenn wir uns nur auf Defizite und Probleme hin orientieren, werden sie unser Leben zum großen Teil bestimmen. Wenn wir unseren Blick weniger auf das Fehlende, sondern stärker auf das Mögliche, auf die Potentiale richten, werden wir mehr gewünschte Kraft mobilisieren. Dieser Ansatz, der sich an den Ressourcen orientiert und sie zu stärken und zu erweitern sucht, entspricht dem feministischen Ansatz des empowerment. In der seelsorgerlichen Arbeit mit Frauen und Mädchen halten wir es für wichtig, uns gemeinsam auf die Suche nach den eigenen Quellen der Frauen zu machen, weil nur so auf lange Sicht die alten Landkarten, die unhinterfragten Funktionen der Zuarbeit, der Dienstbarkeit, der Benutzbarkeit und das Verdrängtwerden aus den öffentlichen Machtbereichen in Kirche und Gesellschaft von Frauen selbst verändert werden können.

Prozeßhaftes und systemisches Denken

Die in der Aufklärung entwickelten Modelle wissenschaftlicher oder beraterischer Arbeit waren auf das Suchen nach Ursachen von Problemen und das Eliminieren möglicher Fehlerquellen ausgerichtet. Eine Ursache hat eine Wirkung. Um die Wirkung zu verstehen, muß ich also die Ursache kennen und kann dann die Ursache, sprich Fehlerquelle, aufheben. In der Schulmedizin steht dieses Denken nach wie vor im Vordergrund. Damit sind viele psychosomatische Beschwerden und Körpersymptome, die gerade bei Frauen auftreten, nicht erfaßbar. Schmerzen und organische Veränderungen im Unterleib z. B. werden mit Operationen kuriert. Die Lebensgeschichte und Lebenssituation von Frauen wird in der Regel nicht einbezogen. Eine schöne Geschichte, wie dies in der Praxis der Seelsorge in den USA im 17. Jahrhundert aussah, erzählt Brooks-Holifeld in seiner Geschichte der Seelsorge.

Die Lady Joan Drake of Esher kam in eine seelische und geistliche Krise, weil sie dachte, sie habe gegen den heiligen Geist gesündigt und daher die ewige Verdammnis verdient. Eine Reihe von Pfarrern besuchte sie und wollte sie dadurch heilen, daß sie ihre Argumente widerlegten. Sie scheiterten jedoch kläglich. Erst als Thomas Hooker in Esher Rektor der Kirche wurde, konnte er bei Lady Drake eine erstaunliche religiöse Konversion erzielen, die seinen Namen sehr berühmt machte. Er brachte von der Universität eine neue Gesprächsmethode mit, die sich beim Nachlesen der Einzelheiten dieser Seelsorgebegegnung als ressourcenorientiert herausstellt! Joan litt nämlich eigentlich an einer ungewollten Ehesituation und wurde schließlich dadurch geheilt, daß Hooker ihre »Krankheit« nicht als verdammenswert, sondern als besonderen Ruf Gottes interpretierte, da sie an gebrochenem Herzen leide. Da er ein gebrochenes Herz als Vorläufer zu geistlicher Gesundheit interpretierte, konnte er Joan überzeugen, daß ihre Krankheit in der Tat ihre Stärke sei. Statt auf der rationalen Ebene zu argumentieren, vollzog Hooker einen Prozeß der Umdeutung und konnte damit die Situation fließend machen und neue Perspektiven ermöglichen, während an anderen Orten und etwas später, Joan eventuell in der Psychiatrie als Hysterikerin gelandet wäre (Brooks-Holifield, 1983, 36). Mit heutigen Modellen der Naturwissenschaften, der Kommunikation und der Therapie gehen wir eher davon aus, daß Lebensgeschichten und Systeme sehr komplex sind, und einlinige Ursache-Wirkung- Erklärungen nicht viel nützen. Um einen Schmerz oder ein organisches Symptom zu verstehen, braucht es Zeit, Zuhören und das Eingehen auf die komplexen Wahrnehmungs- und Kommunikationsprozesse im engeren Bereich der eigenen Familie, in der erweiterten Familie und im Arbeitsbereich, den Systemen, in denen die Individuen leben. Auch die Prozesse gesellschaftlicher Veränderungen spielen eine Rolle und sind eng verbunden mit ganz persönlichen Erfahrungen.

Während Depressionen die meist behandelte psychische Krankheit der Frauen der Vor- und Nachkriegszeit war, sind heute Eßprobleme, vor allem Bulimie und Magersucht, ein Hauptproblem junger Mädchen und Frauen. Systemische Beratung versucht nicht, die mögliche Ursache in der fehlenden Bereitschaft der Mädchen, weibliche Frauen werden zu wollen, zu suchen und die Psyche der Mädchen zu verändern, sondern lädt ein, die verschiedenen Wahrnehmungs- und Zuschreibungsprozesse der Beteiligten deutlich werden zu lassen, die in den Symptomen zum Ausdruck kommen. Die Freß-, Kotz- oder Magersucht junger Frauen wird als Mitteilung von Bedeutungszuschreibungen gesehen, die nur aus dem Funktionieren von Systemen verstanden werden können, angefangen vom Kommunikationssystem der Familie bis hin zum System der Produktion gesellschaftlicher Frauenideale im Markt der Medien. »Die Identifikation eines »Symptoms« ist immer die *interpretierende, Bedeutung und Sinn stiftende Leistung eines (oder mehrerer) Beobachters«* (Ferel, 1996, 361).

Wie Arist von Schlippe und Jochen Schweitzer in ihrem Lehrbuch der systemischen Therapie aufzeigen, gibt es verschiedene Definitionen und Modelle systemischen, konstruktivistischen und prozeßhaften Denkens, von denen wir hier nur einige Ansatzpunkte erwähnen (Schlippe, Schweitzer, 1996). Eine der ersten Therapeutinnen, die sowohl mit den Energien der Beteiligten wie auch nahe am Prozeß und systemisch gearbeitet hat, war Virginia Satir, die Pionierin der Familientherapie. In ihrer Arbeit mit psychiatrischen Patienten und Patientinnen bemerkte sie, daß die Fragen der Angehörigen sich keineswegs nur auf das Ergehen der Betroffenen richteten. Sobald sie sich ihnen zuwandte und ihnen zuhörte, wurden die eigenen Fragen und Interpretationen der Familie deutlich, und Virginia Satir begann, die Familienmitglieder nicht mehr als unliebsame Störenfriede und

Verursacher der Krankeitssymptome zu sehen, sondern als wichtige BotschafterInnen für den ganzen Prozeß, in dem sich die Familie als System befand. Sie begann, auf die Beziehungsprozesse zwischen den Familienangehörigen zu achten und die Arbeit mit der Wahrnehmung und der Kommunikation über diese Beziehungen in den Mittelpunkt zu stellen (Satir, 1988). Seit diesen Anfängen mit Satir, Bateson und anderen hat sich das systemische Denken erweitert und verändert. Aus verschiedenen naturwissenschaftlichen Bereichen wie Physik, Biologie und Chemie kamen wesentliche Anregungen. So ist eine weitere Einsicht, die vor allem von den Chilenen Humberto Maturana und Francisco Varela publiziert wurde, daß unser Erkennen keine getreue Abbildung einer unabhängigen Realität noch eine willkürliche Konstruktion ist (Maturana/Varela, 1987). Wir erkennen im Dienst der Lebenserhaltung und entsprechend dem Zustand des oder der Erkennenden. Hier kommt die Unterscheidung von Landkarte und Territorium noch einmal zum Tragen: die Landkarte wird von der Erkennenden konstruiert und entspricht nicht der Landschaft.

Lebende Systeme sind zudem autopoietisch, das heißt, sie steuern, verwirklichen und regenerieren sich aus dem Netzwerk und der Organisationsform der eigenen Kräfte. Damit wird der Begriff der *Veränderung* neu verstanden. Da sich Systeme selbst erzeugen und erhalten, sind sie grundsätzlich nicht von außen veränderbar oder bestimmbar, sondern wandeln sich durch die Mobilisierung ihrer eigenen Kräfte und Mechanismen. Direkte Interventionen von außen bewirken keine direkten Veränderungen, sondern höchstens Verstörungen und Verflüssigungen des Festgefahrenen. Veränderungen können daher geschehen, wenn der Einfluß von außen der aktuellen Struktur des Systems entspricht und nicht zu ähnlich oder zu fremd ist. Sie werden also nicht kausal von außen bewirkt, sondern folgen auf Prozesse in den Beziehungen zwischen den Komponenten eines Systems. Wenn z. B. in der systemischen Therapie die Kotzsucht eines Mädchens mit der ganzen Familie bearbeitet wird, und die Eltern der Einladung folgen, das gesamte eingekaufte Essen direkt in die Kloschüssel zu werfen, so verändern sich in der Familie durch diesen symbolischen demonstrativen Akt (»Es ist hier zum Kotzen«) die Positionen und damit auch die Beziehungen untereinander (anstelle »sie ist krank und wo liegt die Ursache?« demonstriert die Familie: »Wir haben verstanden, daß zwischen uns allen etwas Wichtiges vorgeht. Welche Bedeutung es hat, fragen wir alle«). Welche Prozesse solch eine ungewöhnliche Aktion auslöst, kann vorher nicht gesagt werden, jedoch wird auf jeden Fall etwas verändert und damit der Weg frei für neue, bisher nicht gelebte Kommunikations- und Handlungsweisen. Da soziale Systeme sich von biologischen Systemen durch die Bedeutung der Sprache unterscheiden, wurde vor allem die Kommunikationsforschung für Beratung und Therapie wichtig. »Soziale Systeme sind durch Kommunikation erzeugt. Die Relationen zwischen sozialen Systemen lassen sich als »Anschlußbildung« definieren. In psychischen wie in sozialen Systemen wird »Sinn« verarbeitet, als Bewußtsein oder als Verstehen anderer« (Ferel, 1996, 365). Sprache ist das wesentliche Mittel, durch welches Systeme, die einander grundsätzlich fremd sind, aneinander ankoppeln und sich verständigen können. Ein Beispiel für systemische Arbeit mit sprachlichen Mitteln wird in dem narrativen Ansatz von Michael White und David Epston deutlich. Wenn eine Familie ein Kind als gestört oder krank zur Therapie bringt, wird nach der Beschreibung des Problems gefragt, und zwar nach der Bedeutung, die das Auftauchen des Problems für jedes einzelne Familienmitglied hat. Alle Familienangehörigen werden eingeladen, die Anwesenheit und Abwesenheit des Problems zu beobachten und seine Bedeutung für ihr eigenes soziales Beziehungsnetz zu beschreiben. Schon damit erfolgt eine wesentliche Veränderung. Aus der Suche nach einer schuldhaften Ursache wird eine gemeinsame Aufgabe aller Beteiligten am Prozeß des Beobachtens, eine Einladung an die Ressourcen der Neugierde und der Wahrnehmungsfähigkeit (White/Epston, 1994).

In unserer Arbeit halten wir die verschiedenen Einsichten der Systemtheorien, des Konstruktivismus und des Prozeßdenkens für wichtig, weil sie ähnlich wie die feministische Forschung und Praxis das Augenmerk auf die Wichtigkeit von Beziehungen (»alles hängt mit allem zusammen«), auf den Unterschied von Wirklichkeit und Wirklichkeitswahrnehmung (z. B. Konstruktionen von Männlichkeit und Weiblichkeit im Unterschied zur Vielfalt gesellschaftlicher Realität des Lebens von Männern und Frauen) und auf die Macht der Kommunikation und Interaktion als veränderbare Prozesse richten. Im Unterschied zu den frühen systemischen Konzepten haben feministische Therapeutinnen jedoch von Anfang an das Relationale, Prozeßhafte mehr betont als den Funktionalismus, der die frühen Ansätze kennzeichnete (siehe Abschnitt feministische Familientherapie). Die Aufnahme systemischen Denkens in die methodische Arbeit der Therapie und die feministische Kritik daran werden wir in der Darstellung feministischer Familientherapie genauer ausführen.

Für die Seelsorge hat Isolde Karle die Systemtheorie Niklas Luhmanns umgesetzt und eine interessante Kritik an den derzeitigen Seelsorgemodellen, vor allem auch den tiefenpsychologischen, entwickelt (Karle, 1996). Aus den von ihr und von Martin Ferel beschriebenen Ansätzen ergeben sich wichtige Einsichten, die sich in vielem mit unseren Anliegen berühren. Kirche und seelsorgerlicher Kontext werden als eigenes System mit eigenen Traditionen und Ressourcen verstanden. Ressourcen- und Lösungsorientierung werden sinnvoll, wenn die Selbstbezüglichkeit, die eigene Kraft lebender Systeme ernstgenommen wird. Damit wird auch das seelsorgerliche Verständnis von Heilung verändert. Da soziale Systeme sehr an der Aufrechterhaltung ihrer gewohnten Balance und ihres vertrauten Funktionierens interessiert sind, sind Veränderungen nur möglich, wenn vom System selbst her die Motivation dafür geweckt und die Kräfte dafür mobilisiert werden. Diese Dynamik läßt sich in religiöser narrativer Tradition, wie z. B. biblischen Heilungsgeschichten wiederfinden. Viele Geschichten, in denen von Heilungen berichtet wird, beginnen mit der Darstellung der Krankheit oder des Anliegens. Dann wird geschildert, was die Betroffenen alles unternehmen, um eine neue Lebensmöglichkeit zu finden (z. B. die blutflüssige Frau, der Gelähmte, der Blinde, der Vater des verstorbenen Mädchens u.a.). Die Motivation, der Anstoß zur Veränderung kommt aus dem System der Beteiligten selbst. Sie kommen zum Punkt der Begegnung mit Jesus, und nun wird der Prozeß der Begegnung als das Entscheidende für die Heilung beschrieben. Eine Veränderung findet in der Begegnung statt, als Interaktion. Meistens schließen die Geschichten mit der Anerkennung der Ressourcen: »Dein Glaube hat Dich geheilt«.

Die Bedeutung der Beziehungen im Prozeß der Erlösung in der jüdischen und in der christlichen Tradition ist besonders von nordamerikanischen feministischen Theologinnen herausgearbeitet worden, z. B. in der Beziehungstheologie Carter Heywards, Judith Plaskows und in der prozeßorientierten Theologie Catherine Kellers. »Feministische Theorie ist, wie jede Theorie, *theoria* »Sehen«, das bedeutet Vision; indem wir Beziehung sehen (und hören und fühlen), beginnen wir, sie in allem und jedem zu erfassen und die Beziehung einer Sache zu allen anderen Dingen zu spüren. Für diese sich herausbildende feministische Vision bedarf es so etwas wie einer metaphysischen Sensibilität, denn eine solche Vision strebt über die Sphäre des Zwischenmenschlichen hinaus, sucht einen weiteren Kontext, in dem alle Beziehungen neu überdacht werden können. Das ist nicht lediglich eine Frage der Beziehung von Mensch zu Mensch, sondern eines beziehungsdurchdrungenen Ganzen.« (Keller, 1989, 206f.).

Raum

Raum hat mich schon immer fasziniert: Raum zum Fühlen, Denkraum, Raum, der durch das Erzählen entsteht, politischer Raum, Raum, der gebaut wird, getanzter Raum der Bewegung, sozialer Raum, Sprachraum, Sinnesraum, Seelenraum, ritueller Raum.
Wir reden ständig über die Bedeutung der Zeit für unser Leben. Die Theologie hat sich ausführlich mit Konzepten der Zeit befaßt: Heilgeschichte,

Gottes Handeln in der Geschichte, die Entwicklung linearer Zeitvorstellungen als Erlösung der Menschen von zirkulären, im Kreislauf der Natur verhafteten Gesellschaften. Wenig wird jedoch über die Macht reflektiert, die im Umgang mit Raum liegt: in Konzepten des Wohnens und des Städtebaues, in sozialpolitischen Modellen des privaten und öffentlichen Raumes und in philosophischen und religiösen Interpretationen. In der europäischen Theologie und Philosophie können wir eine dualistische Auffassung von Raum wahrnehmen, die sich in der Spaltung von Bereichen äußert: Geist gegen Materie, Himmel gegen Erde, Spiritualität gegen Körperlichkeit, männliche Domäne der Öffentlichkeit gegen weibliche Domäne des Gebärens und Haushaltens, das Reich Gottes gegenüber der Welt. In der klassischen griechischen Philosophie gilt Raum als eigenschaftslose, homogene Leere, die gefüllt und genutzt wird. Die Frau mit ihrem Uterus ist bestimmt, den Samen des Mannes zu tragen, der alles enthält, was für den künftigen Menschen wichtig ist. Sie ist lediglich ein Behälter, in welchem das neue Leben gedeiht, das vom Mann gewirkt ist. Auch hier spiegelt sich die fortschreitende Abwertung. Raum ist wie Natur (Frau) etwas, das dem Geist unterlegen ist und unterworfen wird, um die Entwicklung der Menschheit voranzutreiben. Diese Auffassung der Benutzbarkeit des Raumes, der Natur, des Körpers der Frau als Teil der Natur, setzt sich bis in die Naturwissenschaft der Aufklärung fort: Natur ist etwas, das wir benutzen und ausnutzen, im Sinn technischen Fortschritts (Fox-Keller, 1986, Bauman, 1995).

Im Bereich der Kommunikation und der Wirtschaft wird heute Raum im Sinne von Wohn- oder Lebensort immer unwichtiger. Aus Sicht der Technologieentwicklung spielt es keine Rolle mehr, wo ich geboren und aufgewachsen bin, wo ich familiär oder nachbarschaftlich verwurzelt bin. Mit Handy, Computer und Flugzeug kann ich überall mein Leben und meine Arbeit organisieren, und das wird auch in der globalisierten Wirtschaft erwartet. Verbundenheit mit ganz konkreten Orten gilt als altmodisch und überholt. Von ganzen Bevölkerungsgruppen wird erwartet, daß sie sich problemlos entwurzeln lassen und neue Wohnorte aufsuchen, oder daß sie komplikationslos unter allen Bedingungen und an beliebigen Orten funktionieren.

Nicht von ungefähr haben sich feministische Ansätze von Anfang an auf die Aufdeckung dualistischer Modelle konzentriert und neue Interpretationen des Verhältnisses von Geist und Natur entwickelt. Daraus entstanden Forderungen nach ganzheitlichen Lebens- und Denkformen, die in der Ökologiebewegung und im Ökofeminismus zu konkretem politischem Handeln gefunden haben. Raum spielt entgegen allen technischen Entwicklungen für Frauen eine große Rolle: die Gestaltung des eigenen Lebens- und Arbeitsraumes, die sozialen Beziehungen, der Raum seelischer Veränderungen, die Entdeckung geistigen Raumes und die Gestaltung spiritueller Räume. Wenn immer ich mit Frauen spreche, höre ich sie Bilder des Raumes verwenden, um ihre Gefühle und Gedanken auszudrücken. »Ich weiß, daß ich meinen Platz noch nicht gefunden habe«; »Ich brauche endlich mein eigenes Schlafzimmer«; »Ich möchte abhauen, ganz weit weg«; »Heute geht es mir so, als ob mir die ganze Stadt gehört«. »In Niemands Haus hab ich ein Zimmer, ich wohn darin, doch es ist leer« singt Bettina Wegner. Auch die Buchtitel feministischer Theologie spiegeln eine Veränderung in Raumbildern wider: *The Journey is Home* nennt Nelle Morton (1985) eines der ersten feministisch-theologischen Bücher in den USA. *Aufbruch zu neuen Räumen* (Strahm, 1987) heißt ein Überblick über feministische Theologie. *Expeditionen in den dunklen Kontinent* nennt Christa Rohde Dachser ihre scharfsinnige Analyse der Weiblichkeitsmodelle (1991). In ihrem Buch *The Blue Room* legt die Dänin Inger Agger (1994) Zeugnis von Berichten der Traumatisierung ab, die ihr in jenem blauen Ritualraum ihres Hauses von Flüchtlingsfrauen anvertraut wurden.

Die Räume, in denen erzählt wird, bekommen eine besondere Bedeutung, wenn sie zum Schutzraum werden, der vor existentieller Bedrohung sichert oder zum Raum des Zeugnisses, in welchem vielleicht zum ersten Mal erzählt wird, was geschehen ist. Die Komplexität der Raummetapher wird deutlich, wenn wir wahrnehmen, daß es in der Arbeit mit Schutzhäusern und Flüchtlingslagern nicht nur um den Schutz des physischen und körperlichen Raumes geht, sondern um die Geborgenheit und Akzeptanz von Emotionen, um das Erleben neuer Beziehungen und die Erfahrung der Wahlmöglichkeit, die im Entdecken des Raumes von Geschichten liegt. Erzähle ich meine Geschichte als Geschichte eines Opfers? Hat sie auch andere Aspekte? Habe ich etwas unbeachtet gelassen, was mir Stärke vermitteln kann?

Die Geschichte der Geschlechterbeziehungen läßt sich auch als Geschichte der Raumaufteilung und der Konstruktion von Raum, Macht und Identität verstehen. Mir ist das nie so deutlich geworden wie bei den vielen Hausbesuchen in einem Neubauwohngebiet in Hamburg Wilhelmsburg, das von vielen nicht von ungefähr »Ghetto« genannt wurde. Hautnah habe ich erlebt, wie das Leben schon durch die Anordnung und Architektur dieser Hochhaussiedlungen geprägt wurde, bis dahin, daß die Knöpfe der Fahrstühle so hoch waren, daß Kinder nicht alleine zum Spielplatz fahren konnten und daß die Küchen so winzig waren, daß sich die Hausfrau dort nur isoliert »ihrer« Arbeit widmen kann. Es wurde mir im Laufe der Jahre des Besuchens und Zuhörens immer bewußter, daß die meisten Frauen und Mädchen nicht nur kein eigenes Zimmer in einer Wohnung oder einem Haus haben, sondern daß ihnen seit Jahrhunderten auch klar gemacht wird, daß sie keinen Raum in öffentlichen, wirtschaftlichen, universitären und kirchlichen Machtbereichen einnehmen sollen. Das setzt sich heute in der öffentlichen Diskussion um den Anspruch auf Erwerbsarbeit fort. »Würden die Frauen im Osten nicht so sehr auf Erwerbsarbeit bestehen, gäbe es dort nicht so hohe Arbeitslosenzahlen«, wird argumentiert. Als ideale Frau gilt heute noch weitgehend diejenige, die um ihren Platz an der Seite des Mannes weiß und sich dementsprechend verhält (in Partnerschaft und Beruf). Allerdings gibt es in verschiedenen europäischen Ländern Unterschiede, wie heute Frauen mehr Einfluß im öffentlichen und privaten Raum ermöglicht wird (Pfäfflin, Pfau-Effinger, 1997).

Es ist Zeit, daß wir nicht nur in Metaphern des Raumes sprechen, sondern uns in Beratungssituationen die Bedeutung aller Dimensionen von Raum bewußt machen, angefangen vom physischen bis hin zum spirituellen Raum. In vielen persönlichen und sozialen Konflikten spielt die Enge des Raumes, den Mädchen und Frauen zur Verfügung haben, und Grenzverletzungen in diesen Räumen eine entscheidende Rolle (siehe die Geschichte von Judith). Raum-erweiterung bedeutet für viele Frauen eine Befreiung aus bisherigen Beschränkungen, die sie entweder aufgrund frühen Lernens in sich selbst vollziehen, oder die ihnen von außen auferlegt werden. Jedoch spielt nicht nur die Öffnung und Weitung der bestehenden Lebens- und Arbeitsräume für Frauen eine Rolle, sondern auch die Möglichkeit, sich ihre Räume selbst zu schaffen und zu ihrem Reich werden zu lassen, zu ihrem Ort, an dem sie zuhause sind, und von dem aus sie Begegnungen in ihrem Sinne gestalten. Inger Agger hat als Beraterin und Zeugin die Methapher des Hauses mit verschiedenen Räumen für ihre therapeutische Arbeit gewählt: Im blauen Raum, dem rituellen, schafft sie den Ort, an dem sie den Geschichten der Frauen zuhört und sie durch den Raum der Tochter (Aufwachsen), den Raum des Vaters (der öffentliche Raum), die Zelle (die Verfolgung, Verletzung und Einkerkerung), den Raum der Mutter (in und außerhalb des Körpers) und den Wohnraum (die eigene Gestaltung des täglichen Lebens) begleitet. Schließlich, um die neue Öffnung zu Begegnungen mit anderen anzudeuten, werden auf der Veranda heilende Rituale gestaltet, wird z. B. Scham in politische Würde verwandelt.

Ganzheitlichkeit

Aus diesen Überlegungen über die Destruktivität gespaltener und versperrter Räume, aus der Orientierung an den eigenen Quellen der Kraft und den Ressourcen der Frauen folgt, daß feministische Seelsorge nicht nur im verbalen Gespräch wirksam wird. Ähnlich wie in der Gestaltung feministischer Gottesdienste werden auch im Beratungsprozeß alle Sinne wichtig genommen und als Vermittlerinnen wichtiger Botschaften einbezogen. Die Aufmerksamkeit richtet sich nicht nur auf Worte oder Affekte, die dahinter sichtbar werden, sondern besonders auch auf die Körpersprache, weil viele Konflikte sich für Frauen hautnah in oder mit ihrem Körper vollziehen. Gerade frühkindliche Verletzungen, die sich vor der Verbalisierungs- und Phantasiefähigkeit des Mädchens zugetragen haben, können auf der rationalen oder auf der emotionalen Ebene nicht geäußert werden, sie suchen sich jedoch eine Ausdrucksform in körperlichen Symptomen oder in Verhaltensweisen, in denen alte Konfliktsituationen immer wieder neu inszeniert werden, um endlich Verständnis zu finden.

Die Geschichte der Abwertung des Raumes, der Natur, des Körperlichen, der Sexualität und der Frauen spiegelt sich in dem verinnerlichten Haß, den viele Frauen und Mädchen gegen ihren eigenen Körper richten. Wir halten eine bewußte Umdeutung (re-framing), eine positive Besetzung eigener Körperlichkeit, Sexualität und Raumwünsche für grundlegend. Deshalb bezieht unsere Seelsorge auch bewußt symbolische Arbeit mit nicht-verbalen Methoden ein.

Die Arbeit mit non-verbalen Methoden und Medien setzt neben der Vertrautheit und Lust am eigenen Körper der Beraterin auch eine andere Gestaltung der architektonischen Räume voraus, in denen Begegnungen stattfinden. Günstig sind Räume, in denen genug Platz und Sicherheit ist, um Körpergestik und Rollenspiele zu gestalten oder um starken Gefühlen wie Zorn, Trauer, Scham oder Freude, Ausdruck zu verleihen; wichtig ist die Ausstattung mit Kissen, Materialien, Papier, Farben, Stofftieren, Bathakas[1], Tüchern, Muscheln, Steinen oder Bildern, die zur Identifikation oder zum Ausdruck des Nicht-sagbaren einladen.

Ganzheitlicher Raum schließt auch die Verbindung aller Aspekte und Ebenen ein, die in einer Begleitung oder Beratung wichtig werden können: soziale Aspekte wie Einsamkeit, politische Aspekte wie die Ausgrenzung der Lesben oder alleinerziehender Mütter, ökonomische Aspekte wie Arbeitslosigkeit, psychische Aspekte wie Trauer und Wut über den Verlust eines Kindes, intellektuelle Aspekte wie die Geschichte der Geschlechterbeziehungen und spirituelle Aspekte wie die Fragen nach Gerechtigkeit oder nach dem Sinn einer Entscheidung. Ganzheitliche Seelsorge heißt auch interdisziplinäres Arbeiten, das sich mit anderen Professionellen vernetzt.

»Die Spinne nimmt immer wieder die auseinandergebogenen Fäden zerstörter Beziehungen auf, verbindet sie mit feinen, frischen Fäden, die sie aus

---

1. Bathakas sind stabähnliche Schaumstoffschläger, die weich sind, so daß sie niemanden verletzen, jedoch kräftig genug, um Wut und Zorn zum Ausdruck zu bringen, indem auf Kissen, Teppiche, Sofas etc. geschlagen wird.

ihrer eigenen Substanz absondert – »aus ihrem eigenen Leib«. Solch unerschrockene Zielstrebigkeit schafft eine langfristige Triebkraft: Es bildet sich eine Person heraus, die ihre Ausdauer als netzhaft erkennt, gewoben aus der komplexen Integrität ihrer sich entfaltenden Selbste, von denen ein jedes rezeptiv und geduldig die Welt so, wie sie ist, empfindet und zugleich kreativ und hartnäckig die Welt so aufbaut, wie sie sein wird.« (Keller, 1989, 296).

Spirituelle Präsenz

Spirituelle Präsenz und Offenheit halten wir für wichtig, weil Sinnfragen immer Prozesse des Leidens oder des Glücks, des Sich-Trennens, der Konfliktbearbeitung und der Feier begleiten.

In der protestantischen Seelsorge wird immer wieder die Frage nach dem Proprium der Seelsorge erörtert. In den Sechzigern wurde von Joachim Scharfenberg, Richard Riess und Dietrich Stollberg eher die starke Ausrichtung der Seelsorge an der Theologie Karl Barths und Eduard Thurneysens kritisiert, die im Seelsorgegespräch einen Bruch durch die Zusage des Wortes Gottes an den Einzelnen gefordert hatten (Pfäfflin, 1992). Derzeit wird dagegen eher die Psychologisierung der Seelsorge beklagt, die sich kaum noch von säkularer Beratung und Therapie unterscheide. Neue Wege der Identität christlicher Seelsorge werden gesucht, sowohl in narrativen wie auch in systemischen Ansätzen (Grözinger, 1986). In beiden Richtungen werden wichtige Aspekte genannt. Einmal ist der Raum kirchlicher Arbeit ein spezifischer, der als eigenes komplexes System mit eigenen Traditionen für viele Frauen heute noch Bedeutung hat, sei es, um negative Erfahrungen aufzuarbeiten oder neue Symbolisierungen zu schaffen. An Theologinnen und Seelsorgerinnen werden Erwartungen gerichtet, die so nicht an übliche Beratungsstellen herangetragen werden. Auch in unvorhergesehenen Situationen werden Wünsche nach Gebeten oder Bibelworten, nach Bildern und Liedern geäußert, die Sehnsucht nach geistlichen Quellen der Kraft zum Ausdruck bringen. Andererseits halten wir es auch für wichtig, auf die Zeichen derer zu warten, denen wir begegnen, und nicht unsere spirituellen Energien in einer Weise oder zu einem Zeitpunkt überzustülpen, die für andere nicht angemessen sind.

Fragen nach Sinn, nach Gerechtigkeit, nach Halt, der über menschliche Beziehungen hinausgeht, nach Schuld und Vergebung tauchen jedoch oft in Beratungsgesprächen auf. Gerade bei denen, die als Mädchen verletzt oder mißbraucht wurden, ohne Möglichkeiten der Entscheidung zu haben, ist die Frage nach Sinn und Schuld immer wieder im Raum. Die Verletzung einer Seele geschieht immer dem ganzen Menschen, die Integrität der ganzen Person wird verletzt. Das gilt vor allem, wenn Verletzung und Mißbrauch durch kirchliche Mitarbeiter und Mitarbeiterinnen oder Gremien selbst deutlich werden. Einladungen und Anregungen zur Erinnerung an uralte und Entwicklung neuer Gottesbilder, Gebete und Rituale können hilfreich und heilsam sein, wenn die eigenen Ressourcen der Frauen und Mädchen und ihre Entscheidungen geachtet und gestärkt werden. Feminstische Seelsorge ist für uns nicht nur Bearbeitung und Begleitung bei Problemsituationen, sondern besteht auch in der Feier des Geglückten und Erträumten, in der Stärkung der Wurzeln und der Traumflügel.

Parteilichkeit

Seelsorge ist eine öffentliche Arbeit, auch wenn sie im Zweiergespräch oder in der Gruppe stattfindet. Die gesellschaftlichen Machtstrukturen sInd immer im Raum, und daher ist keine Seelsorge unparteilich, auch wenn sie sich um Neutralität bemüht. Wir halten Parteilichkeit nicht nur für unumgänglich, sondern auch für notwendig, solange asymetrische Machtverhältnisse das Leben jeder Frau und jedes Mannes prägen. »Niemand kann in dieser Gesellschaft eine Frau lieben, ohne vorher die patriarchalischen Herrschaftsverhältnise grundlegend in Frage gestellt zu haben«, sagt Carol Hagemann White. Die Schweizer Analytikerin Ursula Wirtz zeigt in ihrer Behandlung des Inzestes auf, daß schon in der Definition die Standorte der jeweiligen Richtungen zum Ausdruck kommen. Ob ich Inzest eine Blutschande nenne, Mißbrauch oder sexuelle Ausbeutung, ob ich es als Kollusion aller Familienmitglieder bezeichne, an der auch das Opfer teilhat, oder Vergewaltigung und Seelenmord, darin liegt schon ein großer Unterschied, der dann auch für den Umgang mit der Tat eine große Rolle spielt (Wirtz, 1989). Eine differenzierte Analyse der Geschichte der Geschlechterbeziehungen ist Voraussetzung für eine angemessene seelsorgerliche Begleitung.

Zwar ist auch für feministische Beratung klar, daß der Schwerpunkt auf der Problematik oder den Themen liegt, welche die Betroffenen einbringen. Die Beraterin richtet ihre Aufmerksamkeit auf die Geschichte, die Zeichen, die ihr mitgeteilt werden, und stellt ihre eigenen Konflikte, Freuden, Ängste solange in den Hintergrund, bis sie ihren eigenen Ort des Zugehörens aufsucht. Jedoch ist sie zugleich voll mit ihren eigenen Gedanken, Gefühlen und Werten im Raum und wägt ab, wann und wie sie den Betroffenen am besten zur Seite steht, als Advokatin für deren Wohlergehen. Da die eigenen Werte immer in eine Beratung einfließen, ist es wichtig, sie transparent zu machen und gleichzeitig kollegiale Supervision zu suchen, um Rechenschaft über die gewählten Schritte abzulegen.

Besonders in der Arbeit mit traumatisierten Personen ist es wichtig, die eigene Stellung in Bezug auf das traumatisierende Geschehen deutlich zu machen und den Betroffenen einen Raum der Sicherheit und der eigenen Entscheidungskraft zu schaffen, denn die Kernerfahrung einer Traumatisierung sind Machtlosigkeit und Abtrennung von Anderen. Wie Judith Herman in ihrem Buch »Narben der Gewalt« aufzeigt, basieren heilende Erfahrungen daher auf dem empowerment der Überlebenden und auf dem Herstellen neuer Verbindungen. Da die Fähigkeit des Vertrauens, der Autonomie, der eigenen Initiative, der Identität und der Intimität verstört worden sind, müssen sie in neuen Beziehungen, vor allem in der beraterischen oder therapeutischen, wiederhergestellt werden. Judith Herman betont, daß die therapeutische Arbeit vor allem in der Wiederherstellung der Autorinnenschaft über das eigene Leben besteht und daher keine Entscheidungen für die Betroffenen gefällt werden dürfen. Sie unterscheidet jedoch zwischen methodischer Neutralität und moralischer Neutralität. Die Arbeit mit Traumatisierten erfordert eine engagierte moralische Stellungnahme. Die Therapeutin oder Seelsorgerin ist Zeugin einer Tat, eines Verbrechens, und daher muß sie eine Position der Solidarität mit dem Opfer einnehmen. Denn für jede Betroffene ist es wichtig, daß ihr Gefühl für Gerechtigkeit wieder hergestellt wird (Herman, 1994, 133ff.). Da es in der intensiven Arbeit mit Traumatisierten auf jeden Fall zu Übertragungs- und Gegenübertragungsphänomenen kommt, in welchen von beiden Seiten Gefühle und Beziehungsmuster aus der Ursprungsfamilie auf die andere Person projiziert werden, ist es für Beraterinnen und Seelsorgerinnen besonders wichtig, eine Zusatzausbildung zu haben, ein eigenes System der Hilfe für sich aufzubauen und mit klaren Verträgen und Vereinbarungen zu arbeiten. Dies wird später in einigen Fallbeispielen deutlich. Wenn die eigenen Grenzen sichtbar werden, sind eine Kartei, eine Vernetzung, eine Überweisung an andere Beratungseinrichtungen und Zusammenarbeit mit diesen notwendig.

Widerspricht diese advokatorische Sicht der Seelsorge einer systemischen, konstruktivistischen Arbeit? In unserer Sicht liegt hier kein Gegensatz. Zwar gibt es systemische Ansätze, in denen der Funktionalismus überwiegt und keine klare Analyse z. B. des Machtbegriffes durchgeführt wird. Hier wird allen Beteiligten in einem System Macht zugesprochen, ohne zwischen politischer und psychischer Macht zu differenzieren. Jedoch gibt es inzwischen genügend andere Konzepte, in denen gesellschaftliche Konstruktionen genauso entlarvt werden wie persönliche, und Gerechtigkeit, Veränderung der Geschlechterbeziehungen und Abbau von Rassismus erklärte Ziele der Therapie sind, wie z. B. in den narrativen Ansätzen der AustralierInnen und NeuseeländerInnen (Charles Waldgrave, 1990; Michael White, David

Epston, 1994, u.a.). Auch die feministische Familientherapie hat sich kritisch mit den systemischen Entwicklungen auseinandergesetzt und eigene Landkarten entwickelt.

Kontextualität und interkulturelle Vernetzung

Advokatorische Seelsorge stößt oft an eigene Grenzen, wenn wir mit Mädchen und Frauen aus unterschiedlichen Kulturen oder Traditionen arbeiten. Die kulturellen Grenzen unserer Erfahrung und unseres Wissens, der eigene Rassismus und unsere Privilegiertheit werden uns immer bewußter, je mehr Seminare und Gruppen wir im internationalen und ökumenischen Rahmen durchführen. Bei Plenumssitzungen eines interkulturellen Seelsorgeseminars z. B., in denen europäische weiße Männer und Frauen überwiegen, setzt sich oft ein Diskussionsstil durch, der Aggressivität und Konfrontation für heilsam hält. Für KollegInnen, die aus der britischen psychoanalytischen Tradition des Tavistockseminars kommen, ist es wichtig, daß das Unbewußte im Raum bewußt gemacht wird. Da zwischen SeelsorgerInnen aus verschiedenen Traditionen jedes Jahr konfliktgeladene Situationen auftreten, plädieren sie für eine offene, ungehinderte Äußerung der Aggressionen im Raum einer Plenarsitzung mit hundert TeilnehmerInnen. SeelsorgelehrerInnen aus Indien und Thailand halten von dieser Art konfrontativer öffentlicher Auseinandersetzung, die dann nur zwischen einigen Wortgewandten stattfindet, nichts. Sie haben ganz andere Traditionen des Umganges mit Konflikten, andere Weisen der Kommunikation. Da sie jedoch nur Einzelne aus verschiedenen Ländern sind, kommen sie auch kaum dazu, sich als Gruppe oder als gewichtige Stimme in das Plenum einzubringen. Mit diesem Problem hat sich die Vorbereitungsgruppe der Tagung schon etliche Jahre auseinandergesetzt und immer wieder neue Modelle erprobt, aber jedes Jahr kommt es wieder zu Verletzungen. Vor einem Jahr entstand unter einigen Frauen der TeilnehmerInnen ganz klar der Wunsch: wir brauchen unsere eigenen Räume der Begegnung, um eine feministische interkulturelle Seelsorge zu entwickeln. Das heißt nicht, daß unter Frauen unterschiedlicher Traditionen nicht auch Verletzungen und Aggressionen entstehen, weil wir zu wenig wissen und zu wenig zuhören. Aber es gibt zumindest die Gelegenheit, spezifisches Wissen der Frauen zu enttrivialisieren und in ein Erproben neuer Netzwerkarbeit einzubringen. Welche Bedeutung haben Flügel für Nalini, die in Südindien Praktische Theologie und Seelsorge lehrt? Welche Landkarten entwickeln Frauen in Thailand, in den Philippinen, in Korea, auf Papua-Neuguinea, wenn sie ihre Seelsorgeerfahrungen in Seminaren weitergeben?

Das Problem der Fremdheit begegnet uns jedoch nicht nur in der Begegnung mit Frauen aus anderen Kontinenten. Bei den innerdeutschen Tagungen der SeelsorgerInnen wird auch deutlich, daß zwischen den Erfahrungen in Ost und West gravierende Unterschiede bestehen, die jedoch noch viel zu wenig Beachtung finden. »Ich komme mir vor, als ob ich im falschen Film sitze«, sagte eine ostdeutsche Kollegin bei einer Konferenz, in welcher die Erfahrungen der Seelsorge in der DDR immer noch keine Rolle spielen und, wie in anderen Bereichen auch, in den Stil und die Ansätze der westdeutschen Pastoralpsychologie vereinnahmt werden. Kontextuelle Seelsorge sehen wir als Herausforderung an die Seelsorge der Zukunft.

Eigene Ressourcen und kollegiale Beratung

Sich auf die Lebensgeschichten und Wege anderer Frauen einzulassen, ist eine beglückende und anstrengende Erfahrung. Sie zehrt an den eigenen Kräften in einer Weise, daß wir oft an unsere eigenen Grenzen stoßen. Unsere eigene Lebensgeschichte wird wachgerufen; unsere eigenen Ängste und Fluchtbewegungen aktiviert. Wir brauchen selbst Orte, an denen wir aufgenommen werden, an denen wir uns fallen lassen können und neue Kraft sammeln. Die eigenen Grenzen rechtzeitig zu erkennen, ist etwas, das Seelsorgerinnen und Beraterinnen genauso lernen müssen wie Pastorinnen, die sich oft von Anforderungen aufreiben lassen.

Hier sind kollegiale Netzwerke entscheidend. Einmal können wir durch gute Kontakte zu anderen professionellen Frauen leichter überweisen und abgeben, wo wir uns in unserer Kompetenz überfordert wissen. Zum anderen können wir uns selbst Beratung und Seelsorge holen, wo wir sie für uns selbst brauchen. Neben der Supervision durch Fachkräfte, die für jede Seelsorgerin wichtig sind, gibt es Modelle kollegialer Beratung und Supervision, die beraterisch tätige Frauen aus verschiedenen Bereichen (Beratungsstellen, Projekte, Sozialarbeit, Gemeinden, Akademien) untereinander einrichten können, um ihre eigenen Ressourcen zu stärken.

Eine Form dieser kollegialen Beratung kann durch »reflektierende Teams« geschehen, in denen eine Beraterin oder Seelsorgerin ihre Arbeit mit anderen Frauen oder Organisationen einbringt. Die Gruppe der Kolleginnen hört zunächst zu, bis die Erzählende ihren Erzählbogen abgeschlossen hat und zu einem Punkt kommt. Das Erzählen kann frei geschehen oder mit Ausschnitten aus Video- oder Kasettenaufnahmen veranschaulicht werden, so daß die eigenen Stimmen der Klientinnen auch im Raum sind. Nachdem die Beraterin erzählt hat, wird sie eingeladen, sich zurückzulehnen und nur zuzuhören, was immer sie hören mag. Die Teilnehmerinnen des reflektierenden Teams setzen sich nun im Kreis in der Mitte ohne die Beraterin zusammen und äußern, was sie beeindruckt hat, was sie wahrgenommen haben, und welche erweiternden Fragen sie stellen könnten. Dabei ist es wichtig, daß es nicht um Kritik oder Aufweis von Defiziten geht, sondern um das Verflüssigen der Situation durch Einbringen neuer Perspektiven in respektvoller und gleichzeitig offener Kommunikation. Die Beraterin wird dabei nicht direkt angesprochen, sondern das Team reflektiert über das Gehörte; ein Gespräch über das Gespräch. Anschließend wird die Beraterin oder Seelsorgerin eingeladen zu sagen, was bei ihr angekommen ist, und abschließend wertet die ganze Gruppe aus, wie sie den Prozeß erlebt haben und was sie gelernt haben.

Ich habe diese Form kollegialer Beratung in verschiedenen Kontexten erprobt und gute Erfahrungen damit gemacht. Am besten ist es natürlich, wenn die Beratung oder Seelsorge selbst im Raum stattfindet, während die Kolleginnen in einem anderen Teil des Raumes sitzen und zuhören. Auch in der interkulturellen Begegnung bietet sich diese kollegiale Arbeitsform an. In einem Workshop über feministische Beratung mit Frauen und Männern in Thailand, die für Frauenorganisationen arbeiten, wollte eine der Mitarbeiterinnen ihre eigene Geschichte einbringen. Es war die Geschichte einer Vergewaltigung durch verschiedene Freunde ihres Partners, die bei ihr einen tiefen Bruch des Vertrauens und eine existentielle Krise ausgelöst hatte. Von ihrer Familie konnte sie kein Verständnis und keine Hilfe bekommen. So wandte sie sich an eine der beiden Frauenorganisationen, Friends of Women, die sich in Thailand für Frauen einsetzen. Hier bekam sie rechtliche Hilfe und Beratung, auch zeitweilig Unterkunft und Begleitung. Heute arbeitet sie selbst in dieser Nicht-Regierungs-Organisation mit und ficht ihren Rechtsfall öffentlich durch, um andere Frauen in ähnlicher Situation zu stärken.

Der Prozeß mit dem reflektierenden Team, in welchem sie ihre Geschichte zwanzig anderen politisch und beraterisch engagierten Frauen und Männern erzählte, war ein sehr bewegendes Erlebnis für alle Beteiligten. In ihr kamen die unterschiedlichen Grundlagen für feministische Beratung und Seelsorge zum Tragen: die Bedeutung der Erinnerung, die Analyse von Macht und Wissen, die Orientierung an den persönlichen, familiären und öffentlichen Ressourcen, das prozesshafte und systemische Denken, die Bedeutung des Raumes, die Ganzheitlichkeit der beraterischen Arbeit, die spirituelle Präsenz, die Parteilichkeit, die Bedeutung interkultureller Vernetzung und die Kollegialität als Ressource unserer Arbeit.

Orientierungspunkte:
Was ist feministische Seelsorge?

Orte der Entstehung und des Definierens

Als Frauen in verschiedenen Kirchen und kirchlichen Hochschulen vor fünfundzwanzig Jahren anfingen, ihre Erlebnisse mit Kirche und Theologie zu reflektieren und im Austausch mit anderen Frauen als Erfahrungen öffentlich zu machen, entstand ein spannender Prozeß: alle Themen und Bereiche der Theologie und der kirchlichen Arbeit wurden unter neuen Gesichtspunkten angeschaut, in Frage gestellt, auf ihre kontextuellen Hintergründe hin untersucht und revidiert. Ich erinnere mich, als 1974 einige Freundinnen, Theologinnen und Hausfrauen zum ersten Mal zu einer Werkstatt Feministische Theologie nach Bad Boll fuhren. Eine Theologin des Weltkirchenrates aus den USA erzählte uns von der Frauenbewegung und dem Entstehen feministischer Theologie. Wir diskutierten mit Elisabeth Moltmann-Wendel über ihre neuen Ansätze der Auslegung biblischer Texte aus der Sicht der Frauen und begannen selber »wilde Exegese« zu treiben, ohne Kommentare von Rudolf Bultmann oder Ernst Käsemann. Wir lasen den Text der gebärenden Frau aus der Apokalypse, die, vom Drachen an Leib und Leben bedroht, Flügel bekommt und auf ihren Flügeln in die Wüste fliehen kann. Der Drache will sie in einem Schwall von Wasser ersäufen, das er gegen sie ausspeit. Ihr jedoch hilft die Erde, heißt es, indem sie die Flut in sich aufnimmt (Apg 12,13-17). Wir interpretierten wild unsere eigenen Erlebnisse, Gefühle, Einfälle und Gedanken in die Geschichte. War der Drache nicht eine Drachin, bedrohlich wie unsere Mütter? Oder unsere Ehe? Unsere Auseinandersetzungen mit der Kirchenleitung? Oder die Erlebnisse mit Gewalt, denen wir in Seelsorge und Amtshandlungen täglich bei Mädchen und Frauen begegneten? Wir diskutierten, wir hörten zu, wir malten und tanzten, wir gestalteten einen sinnlichen, aufregenden Gottesdienst. Das ist für mich das Grenzerlebnis, von dem an ich mich als die einzige Pastorin im Kirchenkreis nicht mehr wie ein »Mann« mit seltsamen Ansichten, unpassenenden Gefühlsausbrüchen und unrealistischen Visionen verstand, sondern als Frau, deren Gedanken relevant, deren Gefühle angemessen, deren Analysen scharfsichtig und deren Visionen von einem wohlergehenden, gerechten Zusammenleben der Frauen und Männer aller Gesellschaften und Religionen von vielen anderen Frauen geteilt wurden.

Feminismus

Heute ist es ›in‹, sich als Nicht-Feministin oder Nicht-Emanzipierte zu bezeichnen (Annonce in der Zeit: 37-jährige kultur- u. savoir-vivre-erfahrene Nichtemanze (da Selbstbewußtsein vorhanden) sucht ...). Wenn es hochkommt, bezeichnen sich Frauen im Hochschulbereich als Frauenforscherinnen. Feminismus ist zum Stigma für Radikalität geworden, mit der besonders junge Frauen nichts mehr zu tun haben wollen. Für viele, gerade der jungen Studentinnen in Köln und in Dresden, ist nicht nur Feminismus überflüssig und belanglos, sondern auch das Thema Geschlechterbeziehungen überhaupt. Warum halten wir es trotzdem für wichtig, Seelsorge als feministische zu kennzeichnen?

Feminismus verstehen wir als Theorie und Praxis, die davon ausgehen, daß es strukturelle Herrschaftsverhältnisse zwischen Männern und Frauen gibt, wobei es klar ist, daß Frauen benachteiligt werden. Ziel feministischer Ansätze ist die Veränderung dieser Herrschaftsverhältnisse, die auch unter veränderten Bedingungen der Wirtschaft, der Politik, der Kultur und der Religion immer wieder in neuer Gestalt weitertradiert werden. Neben einer Analyse und Dekonstruktion einseitiger Machtmechanismen (Elisabeth Schüssler-Fiorenza nennt sie *Kyriarche)* wurde und werden von Frauen unterschiedlicher Traditionen und Richtungen solche Modelle des Lebens, des Arbeitens, der Kommunikation und der Ökonomie entworfen, in denen einseitige Machtstrukturen und Gewaltausübung eingegrenzt, verwandelt und stattdessen geteilte Macht, Kooperation, Gegenseitigkeit, Anerkennung von Differenzen und Achtung vor allen Lebewesen sowie Respekt für die Umwelt eingeübt werden.

Feministische Familientherapeutinnen wie Thelma Goodrich, Cheryl Rampage, Barbara Ellman und Kris Halstead definieren Feminismus als eine Philosophie, die die Verschiedenheit der Erfahrungen von Frauen und Männern erkennt und feststellt, daß die Erfahrungen der Männer weitgehend formuliert wurden, während die der Frauen weitgehend ignoriert oder mißrepräsentiert wurden. Diese Philosophie erkennt auch, daß die Gesellschaft Frauen keine Gleichwertigkeit zugesteht. Sie ist im Gegenteil so strukturiert, daß sie Frauen ausbeutet und Männer privilegiert. Diese Strukturen werden patriarchal genannt. Feminismus wird also als eine Philosophie definiert, die jeden Aspekt öffentlichen und privaten Lebens als durch patriarchales Denken und Handeln geprägt sieht und deshalb auf eine Revision hinarbeitet.

Diese frühen Definitionen und Ziele des Feminismus sehen wir keineswegs als überholt an. Zwar hat sich in den vergangenen zwanzig Jahren für Frauen und Mädchen vieler westlicher Industriestaaten Wesentliches verändert. Wir haben einen viel höheren Zugang zu Bildung und professioneller Öffentlichkeit, zu wirtschaftlichen und kulturellen Ressourcen und Einflußbereichen. Im kirchlichen Bereich gibt es eine große Zahl von Theologiestudentinnen, Pastorinnen, auch schon Dekaninnen und Bischöfinnen, die neue Modelle theologischer und kirchlicher Arbeit selbstverständlich machen. Gleichzeitig hat sich jedoch weltweit das Wissen darum erweitert, wie viele Frauen und Mädchen täglicher Gewaltausübung und sexuellem Mißbrauch ausgesetzt sind, weniger essen und weniger Geld verdienen, von der Wirtschaft wie z.B. dem expandierenden Sexmarkt ausgebeutet werden und nicht ihrem Können gemäß öffentlich wirksam werden können. In allen Ländern der Welt haben die anfänglichen Veränderungen zugunsten stärkerer Gleichstellung der Frauen zu scharfen Gegenbewegungen geführt, die eine strikte Kontrolle und Minderbewertung der Potentiale der Frauen und Mädchen wieder einführen. Nicht zuletzt die Frauen und Mädchen in den östlichen Bundesländern und in Osteuropa bekommen den Rückschlag der Position, die sie als Erwerbstätige zu spüren hatten, indem sie massenhaft aus der Erwerbstätigkeit zurück in die Haushalts- und Erziehungsbereiche gedrängt werden. Damit verlieren sie die ökonomische Unabhängigkeit, die sie schon jahrzehntelang als selbstverständlich kennengelernt hatten.

Feminismus in unseren Tagen steht vor der Herausforderung, die unterschiedlichen Erfahrungen und Lebensbedingungen der Frauen unterschiedlichster Kulturen und Gesellschaften ernst zu nehmen und die Vielfalt der Probleme und Zielvorstellungen anzuerkennen.

Seelsorge

In der frühen Kirche hieß Seelsorge *cura animarum* und meinte die Sorge um alles Wohl der Gemeinde. Im Hebräschen ist Seele *nephesh* und meint den ganzen Menschen, die Lebendigkeit, das Leben. Dieser ganzheitliche Begriff steckt auch in dem Wort Seele, denn es kommt aus der Wurzel se, Wasser: die aus dem Wasser Kommenden. Früher nahm man an, daß alles Leben aus dem Wasser kommt. Erst mit dem Aufkommen dualistischer Denkmuster im Mittelmeerraum und speziell in der griechischen Philosopie wurden Leib, Geist und Seele auseinanderdividiert und Seele wurde als der Bereich der Innerlichkeit definiert, als den viele »Seelentrost« heute noch sehen.

Seelsorge hat für uns mit dem gemeinsamen Schaffen eines Raumes zu tun, in dem Frauen und Männer Begegnung in Beziehung finden; einen Raum, in welchem ihre jeweilige Geschichte gehört, gehalten, gemeinsam befragt und in den Aspekten erweitert und gestärkt wird, die sie für sich und andere zum gegenseitigen Wohlergehen leben möchten.

Seelsorge heißt, auf sich und andere so zu hören, daß nicht nur das bekannte (auch wissenschaftlich, theologisch und ethisch dominante) Wissen wiederholt und bestätigt wird, sondern, daß bisher ungehörtes, nicht privilegiertes Wissen zugelassen und ernst genommen wird. Dazu gehören Neugierde und Abenteuerlust, Geduld und Mut, Aufmerksamkeit und Wildheit, Respekt und Kreativität. Bilder wie die Begleiterin und Advokatin, die Hebamme und Schützende, die Rebellin, Vorkämpferin und Freundin sind ebenso wichtig wie die alten Symbole der Gesprächspartnerin, der Heilerin, der Priesterin, der Frau am Brunnen, der Botin Gottes.

Feministische Seelsorge

Diese alten Tugenden der Frauenkulturen werden wieder neu entdeckt, aus ihren Stigmatisierungen erlöst, in ihren Mächtigkeiten erkannt und in neuen Landkarten entworfen.

Feministische Seelsorge definieren wir als als Theorie und Praxis, in welcher wir in Anlehnung an feministische Familientherapeutinnen und Soziologinnen die Beachtung folgender Aspekte wichtig finden:

wir identifizieren Botschaften und soziale Konstruktionen, die das Verhalten und die Geschlechtsrollen prägen; besonderes Augenmerk richten wir auf biblische, theologische und kirchliche Botschaften und Konstruktionen des Menschen- und Gottesbildes, die sich auf Frauen und das Geschlechterverhältnis beziehen;

wir entwickeln ein Bewußtsein für das sexistische Denken, das die Möglichkeiten der Frauen einschränkt, ihr Leben ihren Vorstellungen gemäß zu leben;

wir erkennen an, daß Mädchen und Frauen so erzogen werden, daß sie die Hauptverantwortung für Familie und Beziehungen übernehmen sollen und machen auf die Muster aufmerksam, die die Frauen in Familien auseinanderdividieren, indem sie Macht durch Beziehungen mit Männern zu erreichen suchen; wir sind aufmerksam für religiöse Machtmechanismen, die diese Sozialisation und Lebensentwürfe unterstützen;

Wir erkennen das Dilemma und die Konflikte an, die für Frauen auftauchen, wenn sie Kinder bekommen und sie aufziehen. Damit verbunden ist eine Anerkennung der realen Begrenzungen im Zugang zu sozialen und ökonomischen Ressourcen, an die Frauen stoßen;

wir bestärken die Werte und Verhaltensweisen, die charakteristisch für Frauen sind, z. B. Fürsorglichkeit, verbundenes Wissen und Lehren, Beziehungsstärke, Verantwortlichkeit für sich und das Wohl anderer; wir sind uns dessen bewußt, daß traditionale christliche Werte bestimmte Emotionen und Verhaltensweisen bei Frauen als Gefahr darstellen: Zorn, Ärger, Engagement für eigene Interessen und Bedürfnisse und entwickeln neue Bilder des Frauseins in Beziehungen;

wir sehen und unterstützen Möglichkeiten, die Frauen für sich außerhalb der Ehe, der Familie und religiöser Gemeinschaften eröffnen;

wir erkennen das grundlegende Prinzip an, daß keine Intervention frei von dem Einfluß der Geschlechterbeziehungen, der ökonomischen Situation und eigener Weltanschauungen oder Glaubensüberzeugungen geschieht, und daß jede Intervention eine verschiedene und spezielle Bedeutung für jedes Geschlecht, jede wirtschaftliche Situiertheit und für jede religiöse oder spirituelle Tradition hat (Walters et al., 1988, 28f.).

Beratung und Seelsorge sind politische Akte und können nicht von den sozialen Bedingungen gelöst werden, in denen die Seelsorgesuchenden leben. Da sich soziale Systeme ständig verändern, und wir immer nur aus einer selektiven Wahrnehmung heraus definieren, sehen wir auch unser Selbstverständnis als eines an, das sich ständig verändert. Wir erleben an uns und anderen ein Gepräch zwischen Gewohntem und ganz neuen Gesichtspunkten. Wir haben in verschiedenen Kulturen gelebt und arbeiten mit Frauen aus anderen religiösen Traditionen und Lebensstrukturen zusammen. Unsere Definitionen von Feminismus sind längst durch Frauen herausgefordert worden, die sich Womanists, Mujerista und Min-Jung Theologinnen nennen. Die Zukunft feminstischer Seelsorge sehen wir in der interkulturellen Arbeit mit Frauen, die ihre Erfahrungen bisher nicht öffentlich machen konnten. Die Ausrichtung an der Veränderung der Strukturen teilen wir, jedoch die Wahrnehmung unserer eigenen Mittäterschaft an der Ausbeutung anderer Frauen und Mädchen, unseres Rassismus und unserer Privilegiertheit sind neue Herausforderungen für feministische europäische Seelsorge.

Seelsorge, Beratung und Therapie

Wir haben Beratung und Seelsorge bisher alternativ gebraucht. Wie unterscheiden sie sich, und wie verstehen wir sie in Bezug auf Therapie? Auch diese Frage kann nur kontextuell beantwortet werden. In den Vereinigten Staaten gibt es andere Gesetze und ein anderes Selbstverständnis für Seelsorge als in der Bundesrepublik. Während es dort üblich ist, daß sich Seelsorger pastoral counselors oder pastoral therapists nennen, gibt es bei uns klare gesetzliche Vorschriften. Nur wer eine Ausbildung zur Ärztin, Psychologin oder als HeilpraktikerIn hat, kann den Zusatztitel Psychotherapie erwerben. Alle anderen müssen sich BeraterInnen nennen. Neben diesen rechtlichen Aspekten gibt es noch die soziologischen, daß nämlich Beratung oft in einem anderen Kontext durchgeführt wird als Seelsorge. Die Zuordnungen sind jedoch mehr geschichtlich zu verstehen als grundsätzlich. So heißt es in vielen Einrichtungen Krankenhaus-, Gefängnis- oder Telefonseelsorge, jedoch kirchliche Beratungsstelle. Vom Fachlichen unterscheiden sich die Ausbildung zur kirchlichen Beratung oder Seelsorge kaum noch, außer daß in manchen Seelsorgeausbildungen noch mehr Wert auf Bezug zu theologischen und kirchlichen Traditionen gelegt wird als in anderen. So ist es ein fester Bestandteil der Krankenhausseelsorgeausbildung oder CPT, Andachten und Gottesdienste für die Ausbildungsgruppe oder die PatientInnen zu gestalten. Während Seelsorge und Beratung meist in kirchlichen Institutionen mit eigener theologischer und liturgischer Tradition angeboten werden, wird Therapie in säkularen Systemen durchgeführt, es sei denn, es handelt sich um christliche Krankenhäuser. Während von SeelsorgerInnen und BeraterInnen im kirchlichen Bereich erwartet wird, daß sie eine eigene spirituelle und religiöse Identität entwickelt haben und diese auch bei KlientInnen ansprechen oder offen dafür sind, gilt dies im Therapiebereich nur individuell bedingt.

Die fachliche Differenzierung zwischen Therapie und Seelsorge und Beratung ist schwieriger und wichtiger. Ein Kriterium dafür ist die Dimension der Tiefe und Zeitintensität der Arbeit. Aus psychoanalytischer Sicht findet in der Therapie eine Aufarbeitung der Kindheitsgeschichte statt und damit die Möglichkeit der Regression in früheste Kindheitsphasen. Die Risiken einer solchen Arbeit können nur durch ausgebildete TherapeutInnen verantwortet werden und sind deshalb für Beratung und Seelsorge nicht angemessen. Für Seelsorge und Beratung empfiehlt es sich daher, immer mit den erwachsenen Anteilen der KlientInnen so eng in Kontakt zu bleiben, daß jederzeit ein sicheres Zurückkehren aus einer emotionalen oder körperbezogenen Arbeit in das Bewältigen des Alltags möglich ist. Andererseits kann es in jeder Seelsorge oder Beratung zu emotional sehr tiefgehenden Situationen kommen oder zu sehr festen Bindungen, die eine Veränderung ermöglichen. Wenn eine Seelsorge weitergeführt werden soll, dann ist eine enge Zusammenarbeit und Supervision mit klinisch ausgebildeten TherapeutInnen notwendig. Das gilt besonders bei der Arbeit mit Menschen, die Mißbrauch oder andere Traumatisierungen erlebt haben. Zugleich wird jetzt auch von nicht-kirchlichen TherapeutInnen darauf hingewiesen, wie wichtig die Einbeziehung der Sinnfragen für die Durchführung einer Therapie ist und »Seele« wird wieder zu einem Begriff, der auch im nicht-kirchlichen Raum für die Ganzheit der Person in ihrer Beziehung zum Geheimnis des Lebens und des Todes steht.

»Seelsorge muß sich profilieren als Lebensform und Ausdruck des Glaubens jeder Christin und jedes Christen, weil zukünftig noch stärker das *gelebte* Zeugnis mehr zählt als das proklamierte (..). Seelsorge wie Kirche überhaupt steht vor der Aufgabe, *religionsfähig* zu werden. Wir müssen verstehen lernen, wie Menschen ihre tiefsten Sehnsüchte und existentiellen Fragen in einer nachchristlichen Sprache – mehr stammelnd oder symbolisch – zum Ausdruck bringen. Ist es angemessen, von einer »seelsorgerlichen Kirche« zu sprechen? Kirche als Raum, wo zerbrochenes, beschädigtes Leben geschützt und bewahrt wird, wo Verängstigte, Benachteiligte und Gestrandete oder Verfolgte Asyl finden.« (Ferel, 1997).

Begegnungen mit anderen feministischen Ansätzen der Psychotherapie und Beratung

Feministische Seelsorge bewegt sich in einem Geflecht von verschiedenen Entwürfen der Beratung und Therapie für die feministische Praxis, aber auch in einem wissenschaftlichen Theoriebildungskontext, wie z. B. der Diskussion um die Konstruktion des Geschlechterbegriffes und der Frage nach dem Ort der Frauen in der Postmoderne. Aus der Kritik und Infragestellung der klassischen Richtungen therapeutischer und beraterischer Arbeit sind in den letzten zwanzig Jahren Entwürfe zu einem neuen Selbstverständnis der Frauen in ihrem jeweiligen Kontext erarbeitet und gleichzeitig Orte, an denen feministisch-therapeutische Praxis ihren Platz hat, sichtbarer und selbstverständlicher geworden. Orte mit rein feministisch-seelsorgerlichem Auftrag gibt es bisher vor allem in den Vereinigten Staaten und Nordeuropa, aber auch in Indien, Indonesien, Australien und verschiedenen Ländern Afrikas fangen Seelsorgerinnen und Professorinnen an, die traditionellen europa-orientierten Konzepte in Frage zu stellen und ihre eigenen Erfahrungen und Perspektiven der Seelsorge, der Beratung und Therapie sowie der Ausbildung zu entwickeln. Im Folgenden zeigen wir Verbindungslinien zu therapeutischen und soziologischen Ansätzen auf, die uns wichtig sind. Wir fragen nach ihren Kernaussagen und Methoden, nach der feministischen Kritik daran und nach den spezifischen Anregungen, die in feministischen Modellen hilfreich sind.

Humanistische Persönlichkeitstheorien und Feministische Psychotherapie

Eine mitreißende Phase des jetzigen Feminismus entstand Ende der Sechzigerjahre, als die Bewegung der humanistischen Psychologie auf ihrem Höhepunkt war. Ich hatte während des Vikariats eine Ausbildung zur Eheberatung und eine psychoanalytische Zusatzausbildung für Pastoralpsychologie begonnen. In der Gemeindearbeit wurde ich täglich mit Problemen konfrontiert, die kaum Möglichkeit für lang andauernde Beratungen ließen. Mit Kollegen und Kolleginnen gründeten wir eine Beratungsstelle, deren Konzept eine integrative Zusammenarbeit mit Gemeinden und Stadtteil war. Die Welle humanistischer Psychologie kam gerade zur richtigen Zeit bei uns an. Wir hatten jahrelang die Konzepte der antiautoritären Kindererziehung diskutiert und Kinderläden gegründet. Was uns fehlte, waren gute psychologische Ansätze für emanzipatorische Arbeit mit Jugendlichen, Frauen und Männern. Der Wert, der in der *Klientenzentrierten Beratung* von Carl Rogers und der *Gestalttherapie* von Fritz Perls auf individuelle Bewußtheit und Wahrnehmung sowie auf persönliche Verantwortlichkeit gelegt wird, wirkten befreiend, weil sie das Interesse an den Gefühlen Einzelner betonten, eine positive Sicht des Menschen und einen mehr egalitären Therapieansatz vertraten. Die humanistische Perspektive erschien in Form und Struktur offensichtlich weniger patriarchal, sie förderte Unmittelbarkeit, Gleichberechtigung, Respekt des Anderen. Carl Rogers Ansatz ist phänomenologisch, seine Methode klientenzentriert. Mit Einfühlung, Kongruenz und Wertschätzung hört die Therapeutin ihren KlientInnen zu und unterstützt die Differenzierung ihres eigenen Fühlens, Denkens und Handelns aus dem Ausschnitt des Feldes der Erfahrung, so daß die KlientIn zu einer besseren Befriedigung ihrer Bedürfnisse kommt.[1] Rogers hat übrigens nicht nur ein Therapiekonzept für Gesprächspsychotherapie mit Individuen entwickelt, sondern auch für Partnerberatung, für Gruppen (Encounter-Gruppen) und für Unterricht (schülerzentriertes Lernen). In Deutschland wurden seine Ansätze durch Reinhart und Annemarie Tausch verbreitet.

Das Modell der Entwicklung zum Erwachsenen ist in dem Bild des »Wachsens«, des Entfaltens (growth) der an sich guten Person erfaßt, die durch Einschränkungen gehindert ist, sich frei zu entwickeln. Das damit verbundene Menschenbild einer an sich gut geborenen Person, die durch die Einschränkungen und Einflüsse der Gesellschaft in ihrer Entfaltung behindert wird, hat natürlich starke Kontroversen im kirchlichen und theologischen Raum ausgelöst. Hier wurde vermutet, daß Therapie sich als Befreiung zum Egozentrismus, zum Kreisen um sich selbst und damit als Anstiftung zur Sünde auswirkt, da Sünde jahrhundertelang mit Egoismus gleichgesetzt wurde. Diese Auseinandersetzungen sind von vielen PastoralpsychologInnen mit Theologen und kirchlichen InstitutionsvertreterInnen geführt worden und haben das Bild der Seelsorge als Auseinandersetzung zwischen Barth-orientierten Vertretern wie Thurneysen und Asmussen und psychotherapieorientierten wie Pfister, Thilo, Scharfenberg, Riess, Winkler und Stollberg jahrzehntelang geprägt. Inzwischen hat die humanistische Psychologie auch im kirchlichen Raum eine breite Rezeption erfahren und wird in den meisten Ausbildungskursen zur Seel-

---

1. Siehe die ausgezeichnete Darstellung von Hannah Lerman »The Limits of Phenomenology: A Feminist Critique of the Humanistic Personality Theories« in Brown, L. and Ballou, M. 1992, 10.

sorge für VikarInnen in unterschiedlichen theologischen Rahmen angeboten.[2]

Fritz Perls geht von einem Konzept des Organismus im Feld seiner Umgebung aus. Das Feld möchte vollständig sein, trotz der sich immer verändernden Bedingungen. Ein Organismus erhält sich nur durch Wachstum. Das Selbst kommt aus der Vergangenheit und lebt auf Zukunft hin, aktualisiert sich jedoch in der Gegenwart. Deshalb ist in der Gestalttherapie die Betonung des aktuellen Momentes als einzigem Ort der Veränderung so wichtig. Entscheidend ist die Veränderung der Wahrnehmung der Realität, nicht die Veränderung des Wirklichkeit.

Hier setzt die feministische Kritik an. Mehr oder weniger engten beide Theorien ihren Fokus fast ausschließlich auf die phänomenologische Position ein, das heißt, auf die Wahrnehmung der Wirklichkeit (Was empfindest Du, was ist für Dich wichtig, was machst Du in Deinem Kopf daraus?) und nicht auf die sozialen Kräfte im Umfeld. Dadurch brachten sie zwar ein Korrektiv gegen die Psychoanalyse und die Verhaltenstherapie, aber sie gingen aus feministischer Sicht nicht weit genug. Nach Lerman sahen sie nicht, daß keine Person ihre eigene Realität ohne äußere Einflüsse konstruiert (Brown, Ballou, 1992, 13). Sie verweist darauf, daß feministische Psychologinnen und Soziologinnen nachgewiesen haben, wie stark patriarchale Institutionen die Möglichkeiten für Frauen einschränken, egal ob diese Frauen sich selbst für unterdrückt halten oder nicht. Auch der Glaube daran, daß ich das Recht habe, eine gewalttätige Beziehung zu verlassen, ist noch keine Garantie dafür, daß ich es schaffe, sie zu verlassen (ebenda). Heute wäre zu fragen, ob die gleichen Kritikpunkte auch für das systemische Denken gelten.

Lerman entwickelt einige hilfreiche Fragestellungen für eine feministische Auswertung bestehender Therapietheorien. Ist diese Theorie nützlich für Probleme von Frauen? Erfaßt sie die Vielfältigkeit und Komplexität des Lebens der Frauen? Sieht sie Frauen positiv und zentral? Kommt sie auch aus der Erfahrung von Frauen? Bleibt sie nahe an Erfahrungswerten? Erkennt sie an, daß das innere Erleben eng mit den Bedingungen der äußeren Wirklichkeit verknüpft ist? Unterstützt sie nicht-sexistische Formen der Therapie?

Aufgrund dieser Fragen kommt Lerman zu dem Schluß, daß die grundlegenden Konzepte der humanistischen Therapie direkt zu den Werten der Mittelklasse der USA des späten 20. Jahrhunderts passen und deshalb letztendlich auch den patriarchalen status quo unterstützen (Brown, Ballou, 1992, 16).

2. Siehe Veröffentlichungen der Seelsorgekurse in der Zeitschrift Wege zum Menschen.

Bei aller Kritik, der ich zustimme, haben sich viele der damals entwickelten Therapieformen bis heute für bestimmte Arbeitsformen bewährt, so z. B. die *Themenzentrierte Interaktion (TZI)* für Gruppenarbeit (entwickelt von Fanita English) und die *Transaktionsanalyse* (entwickelt von Eric Berne), die mir in der Gemeindearbeit am meisten geholfen hat. Ich habe sie durch Mary und Robert Goulding, zwei exzellente TherapeutInnen, kennengelernt. In ihrer Form der *Neuentscheidungstherapie (Redecisiontherapy),* in der sie Gestalt, Kommunikationstheorie und Familientherapie verbanden, waren schon damals Ansätze späteren systemischen Arbeitens enthalten, die auch für die Beratung von Organisationen hilfreich sind (Goulding, 1979). Mary Goulding war in ihrer ethischen und gesellschaftspolitischen Stellung für Frauen und Mißbrauchte klar erkennbar, und beide Gouldings haben ressourcenorientiert gearbeitet.

In der Transaktionsanalyse sind auch schon Elemente narrativer Methoden enthalten, denn es geht darum, die Beziehungen zwischen Menschen als Transaktionen auf verschiedenen Ebenen (Eltern-Ich, Erwachsenen-Ich und Kind-Ich) zu verstehen und Probleme als Störungen der Mitteilung von Botschaften zu bearbeiten. Neben der genauen Analyse einzelner Kommunikationsschritte werden auch Lebensgeschichten in Bezug auf die Botschaften durchgearbeitet, die Kindern gegeben worden sind. Auch hier wird das Ziel in der Stärkung der AutorInnenschaft für die eigene Lebensgeschichte gesehen, nämlich, daß ich das Skript lebe, das ich für wichtig und erstrebenswert halte, und nicht ein mir von verschiedenen Seiten eingepflanztes und übernommenes Lebensmuster. Wichtig ist, daß Neuentscheidungen von allen Aspekten der Person gefällt werden, also auch aus den frühesten emotionalen Bereichen (freies Kind-Ich), damit sie wirkungsvoll werden. Daher schließt die T.A. nicht nur kognitive und verhaltenstherapeutische Methoden ein, sondern arbeitet auch stark auf der Gefühlsebene.

Julia hat ihre integrative Therapieausbildung bei FSF bekommen.

FSF (Frauenspezifische sozialtherapeutische Fortbildung) wurde von fünf Frauen entwickelt, die alle im Fritz Perls Institut eine gestalttherapeutische Ausbildung absolviert hatten. Sie entdeckten allerdings im Kontext und Setting dieser Ausbildungsstruktur grundlegend patriarchale Ausprägungen, die der feministischen Perspektive, die sie im Blick hatten, eher hinderlich waren. Dennoch orientierten sich die Arbeitsformen der Fortbildung zunächst stärker, später modifizierter und differenzierter, an den Grundüberzeugungen der Gestalttherapie: Bewußtheit, Selbstverantwortlichkeit, kreative Anpassung, Unmittelbarkeit der Begegnung im Kontakt, Ganzheitlichkeit und prozeßorientierte Bezogenheit auf die Frau als Subjekt.

Wesentliche Momente der Gestalttherapie, die von Frauen übernommen und angewandt werden, sind folgende:

- die Reflexion über den Zusammenhang von individueller Entwicklung und historisch-politischen und sozialen Machteinflüssen, gerade hinsichtlich der Diskriminierung und Entwertung von Frauen.
- das wache Bewußtsein in der Gegenwart, das an Körpersymptomen verifizierbar ist, besonders geeignet für die Frauen, die selten gelernt haben, ihre eigenen Bedürfnisse wahrzunehmen, geschweige denn zum Ausdruck zu bringen.
- die Zielsetzung für die therapeutische Arbeit, an die eigenen Potentiale heranzukommen, Therapie also nicht reduziert auf die Überwindung von Krankheit, sondern als Ganzwerdung und Entfaltung der verschütteten Talente, als Grenzüberschreitung im befreienden Sinn und als Überwindung von Unterdrückung und Entfremdung (Voss, 1992).

Feministische Psychologie

Eigene Kriterien für eine *feministische Psychologie der Frau* hat Jean Baker Miller entwickelt. Sie analysiert geschlechtsspezifische gesellschaftliche Konstruktionen wie die Konstruktion der Entwicklung des Selbst, des Ärgers bei Frauen und Männern und das Verhältnis zwischen Macht und Frau. Miller macht deutlich, daß Frauen wie andere gesellschaftliche Gruppierungen zu einer Kultur der Unterdrückten gehören, die gezwungen sind, die Sprache und Handlungsweisen der dominanten Kultur neben der eigenen zu erlernen, um zu überleben, während die Angehörigen der dominanten (weißen, westlichen, männlichen) Kultur nur ihre eigene zu kennen brauchen und Privilegien in Anspruch nehmen, die den anderen aberkannt werden. Viele Verhaltens- und Denkweisen von Frauen versteht Jean Baker Miller nicht als Ausdruck besonderer psychischer Mechanismen, sondern dieser sozialen politischen Lage. Sie plädiert dafür, die Eigenschaften und Verhaltensweisen, die Frauen sich historisch angeeignet haben (z. B. Bezogenheit auf andere, Fürsorglichkeit, Abhängigkeit, Verbundenheit, Verantwortung), nicht systemkonform abzuwerten und als defizitär und veränderungsbedürftig zu sehen, sondern die Stärken darin aufzufinden und sie als Ressourcen umzudefinieren. In einer Auseinandersetzung mit der Beziehung zwischen Frauen und Macht schärft sie folgende Gesichtspunkte ein:
die Erfahrungen von Frauen sind meistens nicht die, die als solche bezeichnet werden; sie sind nicht die Erfahrungen der Männer; sie funktionieren nicht notwendigerweise auf derselben Grundlage, mit denselben Motivationen oder derselben Persönlichkeitsstruktur; wenn wir Frauen untersuchen, dann finden wir Teile der menschlichen Potentiale, die nicht vollständig gesehen, anerkannt oder wertgeschätzt worden sind. Sie haben sich deshalb

auch nicht voll entfalten können und müssen gerade deshalb in den umfassenden menschlichen Anliegen zur Aktion kommen (Baker-Miller, 1991, 181ff. und 205).

Jean Baker Millers Revision einer Psychologie der Frau hat andere Psychotherapeutinnen angeregt, die in jahrelanger Zusammenarbeit ein neues entwicklungspsychologisches Modell entwickelt haben. Es läßt sich in der Überschrift zu ihrem Buch »Entwicklung von Frauen in Verbundenheit« erkennen. Judith Jordan, Alexandra Kaplan, Irene Stiver und Janet Surrey kritisieren mit Miller, daß die bisherigen Modelle der westlichen Entwicklungspsychologie ein Selbst als Norm für menschliche Reife und Gesundheit anvisierten, welches eine zunehmende Fähigkeit zur Trennung, Autonomie, Unabhängigkeit, Selbstbestimmung und zum Meistern des Lebens entwickelte. Frauen wurden in diesem Zusammenhang als zu emotional, zu abhängig, zu unabgegrenzt und zu wenig autonom gekennzeichnet. Demgegenüber begannen sie auf ihre eigenen Erfahrungen zu achten und nahmen die Stimmen von feministischen Forscherinnen wie Chodorow (1978), Gilligan (1977,1982) und Belenky et al. (1986) auf, welche die historisch eingeübten Fähigkeiten der Frauen zur Relationalität und zum Lernen in Verbundenheit nicht mehr als Mangel, sondern als Stärken interpretieren. Außerdem wurden sie durch die Forschungen von Daniel Stern (Stern, 1986) in der Säuglingsbeobachtung unterstützt, der die These von dem abhängigen, passiven Neugeborenen, das sich zur Trennung von der Mutter und zur Autonomie entwickeln muß, völlig aus den Angeln hob. Er stellte fest, daß schon Säuglinge ein aktives Interesse und eigene Wahrnehmungen in der Beziehung zu den ersten Personen haben und daß die ersten Erfahrungen nicht als Objektbeziehungen, sondern als interaktive Prozesse zwischen dem Selbst und Anderen zu beobachten sind. Daraus entwickeln die Frauen vom Stone Center eine Psychologie, die sich als *Theorie und Praxis der Relationalität* versteht und *Gegenseitigkeit* zum Leitbild ihrer therapeutischen Arbeit macht. Von daher werden Themen wie Empathie, Mutter-Tochter-Beziehung, Abhängigkeit zwischen Frauen und Männern, Zorn, Macht, Depression, Arbeit, Eßverhalten, Fürsorge und Veränderung noch einmal unter ganz anderen Voraussetzungen durchdekliniert und neu interpretiert, nämlich mit der These, daß Frauen ein relationales Selbstverständnis bevorzugen, daß ihre Entwicklung beziehungsorientiert ist und daß Empathie und respondierendes Verhalten in Beziehungen grundlegend sind, auch im Bereich der Therapie oder Beratung (Jordan et al., 1991, VI).

Für die Seelsorge sind diese Veränderungen relevant, da auch in verschiedenen Ausbildungsmodellen und Theorien der Seelsorge noch die psychische und spirituelle Entwicklung zur Autonomie, zur Unabhängigkeit im Denken und Glauben, die Trennung von der Mutter und die Eigenständigkeit durch konfrontative Konfliktlösung als Leitbilder des gesunden, reifen Menschen (Mannes) normativen Einfluß üben, und Frauen mit ihren beziehungsorientierten Denk-, Fühl,- und Lebensformen sich oft als unverstanden und abgewertet erleben (Heimbrock, 1993). SeelsorgerInnen und BeraterInnen finden in den relationalen Ansätzen der feministischen Psychologie gemeinsame Grundlinien für ihre neuen Landkarten der Seele. Denn die Verbundenheit aller Geschöpfe mit der Schöpfung und dem Urgrund der Schöpfung, die Anerkennung von Abhängigkeit, Verantwortung für andere als antwortendes Verhalten und Gegenseitigkeit sind Werte, die in der biblischen und nachbiblischen christlichen, vor allem in der weisheitlichen, mystischen und prophetischen Tradition, eine grundlegende Bedeutung haben. Sie werden heute auch in der feministischen Theologie, in der Prozeßtheologie und in der Befreiungstheologie wieder in den Mittelpunkt gestellt (Sölle, Schüssler-Fiorenza, Heyward, Keller etc.).

Feministische Kritik der klassischen Psychoanalyse Sigmund Freuds

Die klassische Psychoanalyse hat von feministischen Wissenschaftlerinnen und Praktikerinnen viel Kritik erfahren. Diese Kritik hat dazu geführt, daß wichtige Konzepte und Methoden der Psychoanalyse nicht mehr gekannt und verstanden werden. Gerade für die Arbeit mit Lebensgeschichten, für die Lehre vom Verstehen von Menschen und von Texten, für die Arbeit mit Symbolen, für die Auseinandersetzung mit Religionsgeschichte und Religionskritik ist jedoch das Gespräch zwischen Theologie und Psychoanalyse grundlegend, wie Joachim Scharfenberg in seiner Entwicklung einer psychoanalytisch orientierten Seelsorgelehre und Pastoralpsychologie deutlich gemacht hat (Scharfenberg, 1968). Der Schlüssel liegt für ihn und andere, wie Klaus Theweleit, darin, daß Freud seine Theorie und Praxis aus anfänglicher Verhaftung in modernen naturwissenschaftlichen Paradigmen zu einer Wissenschaft der Hermeneutik entwickelt hat. In diesem hermeneutischen Ansatz geht es nicht mehr um das Suchen nach kausalen Ursache/Wirkungszusammenhängen und Subjekt/Objekt-Spaltung, sondern um das vielschichtige Verstehen komplexer Geschichte, Geschichte des Lebens von Individuen, Gesellschaften und Religionen. Im Folgenden sollen zunächst die wichtigsten Punkte der psychoanalytischen Theorie und Praxis dargestellt werden, die auch heute noch Bedeutung haben, um dann mit Christa Rohde-Dachser und anderen zu fragen, welche Gesichtspunkte feministische Kritik erarbeitet hat, und welche Ansatzpunkte noch heute für feministische Seelsorge Bedeutung haben. In diesem ersten Teil soll es nur um die klassische Freudsche Analyse gehen, da die späteren Weiterentwicklungen zur Objektbeziehungstheorie und zur Psychologie des Selbst in einem weiteren Abschnitt behandelt werden.

»Kernstück der Psychoanalyse ist die Lehre vom Unbewußten, die Feststellung also, daß ein Teil der Seelentätigkeit unbewußt erfolgt und sich damit der Steuerung durch die Ratio entzieht.« (Rohde-Dachser, 1991, 1). Wurde in der aufklärerischen Tradition der Mensch als denkendes, sich selbst vollständig reflektierendes Subjekt definiert, welches die Natur zu erforschen, sich zu unterwerfen und zu kontrollieren hat, so wurde es zu einer der wichtigsten Einsichten Freuds, daß der Mensch keineswegs der Beherrscher der Natur ist, ja, »nicht einmal Herr ist im eigenen Hause, weil er auf kärgliche Nachrichten angewiesen bleibt von dem, was unbewußt in seinem Seelenleben vorgeht.« (Freud, 1916/17, 295). Die Entwicklung einer Methode, diese unbekannten Seelenräume zu erkunden, wurde ein wesentliches Anliegen der Tiefenpsychologie und ihr erklärtes Ziel, die unbekannten Triebe des ES durch Bewußtmachung in die Kontrolle des ICH zu bringen, Individuum und Gesellschaft aus der Fremdherrschaft von neurotischen Verdrängungsmechanismen und Wiederholungszwängen zu lösen und Grundlagen für Arbeits- und Liebesfähigkeit zu ermöglichen. Mit der Anerkennung des Unbewußten und der Konstruktion eines »ES« wurde – für die Jahrhundertwende revolutionär – auch die Bedeutung der Sexualität anerkannt, die Bedeutung der Kindheit, die Konflikte zwischen gesellschaftlichen und religiösen Interessen und eigenen Lust- oder Aggressionswünschen. »Wo Es war, soll Ich werden«, so lautete Freuds bis heute gültige Zielformulierung psychoanalytischen Tuns, dem die Entwicklung einer Behandlungsmethode dienen sollte, in welcher die Beziehung zwischen AnalytikerIn und PatientIn zum Ort des »Erinnerns, Wiederholens und Durcharbeitens« neurotischer Verdrängungen wird. Wichtige Momente dieser Behandlung sind die Einladung an die PatientIn, sich in ihren Einfällen nicht zu kontrollieren, so daß die unbewußten Anteile sich äußern können, die frei schwebende Aufmerksamkeit der AnalytikerIn, die Deutung und die Nutzung der Wahrnehmung von Prozessen der Übertragung und Gegenübertragung. So wird die aktuelle Beziehung zwischen PatientIn und AnalytikerIn im Raum zum Ort des Verstehens für Beziehungsprozesse und ihre Störungen, die im alltäglichen Leben ablaufen, welche, nach analytischer Theorie, in den Eltern-Kind-Beziehungen gewachsen sind. Was im Alltag jetzt als problematisch oder krankmachend erlebt wird, wird daher anhand der aktuellen Behandlungsbeziehung in ihren Mustern bis zum Ort ihrer Entstehung zurückverfolgt, um – nach einer Arbeit des Wahrnehmens, des Erinnerns, des Erkennens, Anerkennens und Bewußtmachens – vom

»muß« (»ES-triebe«, »Verdrängungsmechanismen«) befreit zur eigenen Wahlmöglichkeit zu werden und damit erwachsen verantwortbar (»ICH«-Funktion) zu sein.

Wer aber ist dieses Ich, von dem hier die Rede ist? Wie spielen Geschlechterunterschiede eine Rolle in Theorie und Praxis der Psychoanalyse? In ihrem Buch »Expeditionen in den dunklen Kontinent. Weiblichkeit im Diskurs der Psychoanalyse« bringt Christa Rohde-Dachser die Anfragen feministischer Kritik am ausführlichsten und genauesten auf den Punkt, indem sie eine der wichtigsten tiefenpsychologischen Methoden, die Tiefenhermeneutik (nach Lorenzer), selbst als Instrumentarium auf die Texte Freuds und seiner NachfolgerInnen wie Helene Deutsch, Melanie Klein und andere anwendet. Ihre wichtigsten Ergebnisse werden in folgenden Beobachtungen und Thesen zusammengefaßt:

1. Leitdeutungsmuster der Freudschen Analyse ist ein Mythos der griechischen patriarchalen Tradition, der Ödipuskomplex, in welchem die Aufgabe des Erwachsenwerdens für Jungen und Mädchen zunächst symmetrisch als Aufgaben des Rivalisierens mit dem gleichgeschlechtlichen Elternteil um den gegengeschlechtlichen Elternteil gedeutet wird, mit dem Ziel, die eigene Geschlechtsrolle anzunehmen. Später ändert Freud seine Interpretation dahingehend, daß das Mädchen im Unterschied zum Jungen von der Enttäuschung geleitet wird, keinen Penis zu haben und daher am eigenen Geschlecht enttäuscht zu sein, welches der Mutter angelastet wird. Das Mädchen wendet sich also von der Mutter ab, dem Vater zu und erwartet von ihm Wiederherstellung des Selbstgefühles (narzistische Restitution), indem es von ihm einen Penis oder später als Ersatz ein Kind erhofft. Mit der Geburt eines Kindes (am besten eines Jungen) wird dieses Ziel später erreicht. Motor der Entwicklung ist der Penisneid, der auch die Defizite der Frau, z.B. mangelnde Moral und Sublimierungsfähigkeit, erklärt. Damit ist die traditionelle Frauenrolle als Mutter, als passives Objekt und defizitäres Wesen grundlegend für die normale, gesunde Entwicklung der Frau gekennzeichnet. Neuere Interpretationen bringen zwar andere Schwerpunkte in der Individuation der Frau zur Geltung, jedoch bleibt die Sprache nach wie vor androzentrisch (Kastrationskomplex, Penisneid, phallische Phase etc.).

2. Viele neue Deutungsansätze von Frauen wie Karen Horney, Melanie Klein, Carol Hagemann-White, Nancy Chodorow, Christiane Olivier, Dorothy Dinnerstein, Luce Irigaray und Margarete Mitscherlich sind neben denen hervorragender Analytikerinnen (Anna Freud, Lou Andreas-Salome, Marie Bonaparte, Sabina Spielrein, Anais Nin etc.) entstanden, haben jedoch den Hauptstrom der Psychoanalyse nicht wesentlich tangiert. Trotz des Relevanzverlustes der Freudschen Weiblichkeitsdeutung ist sie niemals ins wissenschaftliche Aus geraten, so daß mit Luce Irigaray die Frage gestellt werden muß, ob nicht das Phallische so sehr das heimliche Paradigma der Psychoanalyse ist, daß diese es abschirmen muß und daher eine Auseinandersetzung mit der Geschlechterproblematik und der Frauenbewegung meidet. Rohde-Dachser stellt darüber hinaus die Frage, ob nicht die Psychonalyse »auf den gleichen unbewußten Phantasien basiert wie das immer noch patriarchalisch strukturierte so-

ziale Umfeld des psychoanalytischen Diskurses« und damit selbst Unbewußtes produziert, anstatt es aufzuklären (Rohde Dachser, 1991, 15).

3. Freuds Weiblichkeitstheorie kann daher als eine Sozialisationstheorie des Patriarchates gelesen werden, welche die»unbewußten Prozesse sichtbar macht, die bei der Sozialisation der Geschlechter in die patriarchalische Gesellschaft wirksam werden und dazu beitragen, daß das für diese Gesellschaft typische Geschlechterverhältnis sich immer wieder reproduziert.« (Rohde-Dachser, 1991, 55).

4. Abgewehrt werden in Freuds Theorie der Weiblichkeit unbewußte Phantasien über die Autonomie der Frauen in Bezug auf ihre Unabhängigkeit, ihre Macht, ihre Sexualität, ihr Begehren, ihren Besitz, den Rivalen an ihrer Seite, ihre Neidlosigkeit und ihren Vorwurf (seine Schuld) und damit auch über die Bedrohung des männlichen Bildes von sich selbst (die eigenen Schwächen und Abhängigkeiten nicht sehen zu wollen). Dieser Bruch im narzistischen Universum des Mannes macht ihn potentiell ohnmächtig, was wiederum auf die Frau projiziert wird als Verursacherin, als Bedrohliche, Böse.

5. Diese Projektion weist Frauen einen einzigen Ort zu, der akzeptabel ist: den der ergänzenden, den Mann bewundernden und unterstützenden (komplementärnarzistischen) Position, den die meisten Frauen auch heute noch so verinnerlicht haben, daß sie nicht einmal das Böse in sich als etwas eigenes benennen oder verantworten. Rohde-Dachser sieht die»Kollaboration« der Frauen nicht als Kennzeichen für einige Frauen an, sondern als typisch für die unbewußte Zusammenarbeit (Kollusion) der Geschlechter im Patriarchat, welche auch für Übergangszeiten des Umbruches gelten. Ihre Verwandlung wird noch mehrere Generationen in Anspruch nehmen (Rohde-Dachser, 1991, 92).

6. Die Setzung des Weiblichen als Ergänzungsbestimmung eines sich absolut setzenden Männlichen weist den Frauen eine Art»Containerfunktion« zu, welche das kollektiv Abgewehrte hält und durch Imagination immobilisiert wird, da die Bilder des Weiblichen die reale, lebendige Frau überlagern und somit nicht als konkrete, lebendige, andere wahrnehmen lassen. Da die Weiblichkeitsentwürfe der Psychoanalyse dem gleichen kollektiven Unbewußten entstammen wie in Literatur und Kunst (und in der Theologie, in Liturgien etc.), kann eine Analyse dieser Entwürfe zur gegenseitigen Aufklärung herangezogen werden.
Die Asymmetrie des Geschlechterverhältnisses läßt sich hier durchgängig als Kennzeichen patriarchaler Kultur nachweisen, die auf alle möglichen Weisen aufrechterhalten werden soll.

Ähnliche Kritik wird auch von anderen Feministinnen geäußert, z. B. Nina Lykke, die die Verkennung der Mutter-Tochter-Beziehung, welche durch die patriarchale Struktur auseinanderdividiert werden, eine Mystifizierung oder Fetischisierung des Patriarchates nennt und der Psychoanalyse das Fehlen eines historisch-materialistischen Verständnisses vorwirft (Lykke, 1993). Kritisch ist auch noch anzumerken, daß sich besonders das Aufgeben der Verführungsthese durch Freud negativ für die Anerkennung der Traumati sierung von Frauen und Mädchen durch sexuellen Mißbrauch ausgewirkt hat. Anfänglich hörte Freud von vielen seiner Patientinnen Zeugnisse des Mißbrauchs durch eigene Väter oder andere Männer. Nachdem er dies zunächst der Öffentlichkeit vorstellte, dann jedoch Probleme bekam, verschob er das Schwergewicht auf die These, daß die Phantasie der Mädchen es sei, die Verführung wolle und erreichte damit genau, was Rohde-Dachser beschreibt: anstelle das Selbstbild der Männer durch Konfrontation mit ihrem realen Tun in Frage zu stellen, wird die Frau zum Container für die Tat: das Opfer muß nun als Erzeugerin der Tat dastehen, als die, die die Tat phantasiert, ja, geradezu herbeiwünscht. Auch diese Muster, mit sexuellem Mißbrauch und der Asymmetrie der Geschlechter umzugehen, sind heute noch aktuell.

Objektbeziehungstheorie und Selbstpsychologie

In den letzten Jahren hat sich die psychoanalytische Theorie an verschiedenen Orten vor allem außerhalb Deutschlands weiterentwickelt, was vor allem durch die Verfolgung und erzwungene Auswanderung vieler jüdischer AnalytikerInnen nach London und in die USA verursacht wurde. In England entstand vor allem die Objektbeziehungstheorie anknüpfend an Melanie Klein und Margret Mahler (Winnicott, Balint, Bion, Fairbarn etc.), in den USA entwickelte vor allem Kohut die Selbstpsychologie. Ähnlich ist bei allen Ansätzen eine Akzentverschiebung in Theorie und Praxis »weg vom Ödipuskomplex hin zu den sog. präödipalen Konflikten, von der Triade hin zu dyadischen Beziehungsmustern, von der Triebtheorie hin zur Theorie von Objektbeziehungen, von der Neurose zu den ›Frühstörungen‹, von den Vätern zurück zu den Müttern« (Rohde-Dachser, 1991, 172).
Auffällig ist die Konzentration auf die ersten Wochen und Monate des Lebens, die durch eine zunächst vollkommene und sich dann lösende Symiose mit der Mutter gekennzeichnet sind. Der Name »Objektbeziehungstheorie« ist mit der Annahme verbunden, daß das kleine Kind reale Bezugspersonen und Beziehungen als Objekte seines/ihres Wahrnehmens verinnerlicht, zum »Objekt« seiner/ihrer Phantasien macht. Besonders im Mittelpunkt steht damit natürlich die Mutter als »Objekt« kindlichen Erlebens, welcher in dieser Theorie und Praxis eine ausnehmend große Bedeutung zukommt, wird sie doch als die wichtigste und einzige Bezugsperson gesehen, die in diesen entscheidenden ersten Lebenswochen und Monaten alle Regungen des Kindes erfassen, aufnehmen, aushalten und angemessen auf sie reagieren muß. Als geflügeltes Wort entstand damit der Begriff »good enough mothering«, das »angemessen und genügend

gute Muttern«, den Winnicott für seine Interpretation der Aufgabe der Mutter entwickelte. Der Vater spielt hier nur eine indirekte Rolle, indem er die Mutter in ihrer Funktion unterstützt, er wird erst später als wichtige Bezugsperson benannt, nämlich als der, der eine zu enge Bindung von Mutter und Kind durch seine Dreiecksposition verhindert und eine fortschreitende Loslösung des Kindes von der Mutter ermöglicht.

Auch ich habe während meiner Lehr- und Ausbildungstätigkeit in den USA viele Variationen dieser neuen psychoanalytischen Theorien kennengelernt. Wichtig und positiv ist meiner Einschätzung nach die Verlagerung von der Triebtheorie, die noch dem mechanistischen physikalischen Weltbild verhaftet war, zu einer Beziehungstheorie und -praxis, in welcher die Bedeutung der Beziehungsqualität zwischen Menschen von Anfang an betont und beachtet wird. Damit wird auch die Bedeutung der sozialen Umwelt viel stärker einbezogen. Durch die Betonung der frühen Entwicklung des Kindes und der Wichtigkeit von Bezugspersonen, welche dem Kind Anerkennung und Wertschätzung geben (die sogenannte ›Spiegelfunktion‹ der Bezugspersonen), werden auch für die Durchführung der analytischen Behandlung selbst ganz andere Qualitäten entscheidend: statt freischwebender neutraler Aufmerksamkeit und Deutung werden nun Empathie, Halten und Repräsentanz von frühen Mutterfunktionen wichtig, also Beziehungsqualitäten, die üblicherweise als weibliche gelten. Auch wird betont, daß jeder Mensch solche Beziehungsqualitäten sein ganzes Leben lang braucht und daß sie keinesfalls als regressives Zurückfallen in die Kindheit für Erwachsene zu verstehen sind.

Auf der anderen Seite wird durch die starke Betonung der Bedeutung nur der Mutter für die ersten Wochen und Monate wiederum der alte Dualismus der Geschlechterrollen verfestigt, der für die Mutter die haltenden, nährenden, fürsorglichen und auch Aggressionen aushaltenden Funktionen vorsieht, während es dem Vater verbleibt, die »Welt« zu repräsentieren, das Objektive hereinzubringen und das Kind vor dem Machtüberschuß der Mutter zu schützen (die sogenannte Triangulierungsfunktion, das Dritte in die Mutter-Kind-Dyade hereinzubringen). Damit ist auch verständlich, warum der Mutter wiederum eher die Rolle der Bösen, Schuldigen zukommt, denn, wo so viel von einer Person erwartet wird, kann nur Versagen konstatiert werden, und zwar nicht nur von der Phantasie des Säuglings aus, sondern auch in der Beschreibung der Fallgeschichten, in den Deutungen der Analytiker und Analytikerinnen selbst. Auch Rohde-Dachser beschreibt dies als das auffälligste Kennzeichen der Objekt-Beziehungstheorie, »daß die zunehmende Rückwärtsorientierung psychoanalytischen Denkens mit ihrer Zentrierung auf das Bild der präödipalen, »frühen« Mutter auch als ein Versuch interpretiert werden kann, die alte Abwehrkonstellation zu zementie ren, und zwar durch eine immer ausschließlichere Fokussierung auf die Imago der »bösen Mutter«. Je schreckenerregender und gefährlicher sich die Mutterimago präsentiert (und sie ist, wie wir noch sehen werden, der Inbegriff des Bösen), desto notwendiger erscheint es wiederum, ihr ein entsprechend mächtiges und idealisiertes Vaterbild gegenüberzustellen« (Rohde-Dachser, 1991, 172).

Den Vätern gegenüber wird »gebeten, die Augen zuzudrücken« (Freud in einem Traum nach dem Tod seines Vaters), den Müttern die Last für das Böse zugeschoben. Wovon jedoch soll diese Dämonisierung des Weiblichen ablenken, ist mit Rohde-Dachser zu fragen. Was wird in der Realität als zu gefährlich empfunden? Findet hier nicht eine Ablenkung von der Verantwortung der Väter für die Handlungen statt, die unser Jahrhundert in allen Bereichen, von der Vernichtung von Menschen bis hin zur Vernichtung der Natur durchziehen?

So erscheint die neuere Entwicklung der Psychoanalyse nicht als Aufarbeitung der realen Wandlungen im Geschlechterverhältnis des 20. Jahrhunderts, sondern als eine weitere Weise der Verfestigung der alten Rollenbilder von Weiblichkeit und Männlichkeit, bzw. als eine Ablenkung von den sozialen Problemen mangelnder und schuldhafter Vaterfunktion durch die Verortung der Frau als Projektionsfläche des Bösen: »der Ort der Mutter ist der Ort der Schuld« (Rohde-Dachser 1991, 208). Interessanterweise erwähnt Rohde-Dachser selbst den Urmythos unseres Kulturkreises für die Schuldzuweisung zur Frau, nämlich EVA, die erste und prototypische Frau, die Sünderin, von der alle Verführung kommt. An dieser Stelle wird die Bedeutung der feministischen Psychoanalyse für die Theologie und Seelsorge deutlich und umgekehrt, denn auch in anderen feministisch-psychologischen Analysen wird die Darstellung der Frau in der Theologiegeschichte angesprochen, so z. B. in den Untersuchungen über Mißhandlung von Frauen durch Margrit Brückner (Brückner, 1983). Andererseits setzen sich immer mehr Theologinnen mit der Bedeutung psychoanalytischer Konzepte auseinander, so z. B. mit der Analyse der Jungschen Psychologie Naomi Goldenberg, Jean S. Bolen, Gerda Weiler, Hildegunde Wöller und Christa Mulack, oder etwa mit der Objektbeziehungstheorie nicht nur Soziologinnen und Psychologinnen, sondern auch Theologinnen wie Rita Nakashima-Brock und Catherine Keller.

Feministische Klassikerinnen der Auseinandersetzung mit psychoanalytischen Konzepten und der Entwicklung eigener Theorien sind die Werke von Dorothy Dinnerstein, Nancy Chodorow und Jessica Benjamin, auf die sich alle weiteren Diskussionen immer wieder beziehen. Sie haben die gesellschaftlichen Hintergründe für die frühe Kindheitsentwicklung, die unterschiedliche Identitätsbildung von Mädchen und Jungen erarbeitet und den

Zusammenhang von psychischer Entwicklung und Konstellation der Kleinfamilie aufgedeckt. Die Fixierung von Mädchen und Jungen auf die Mutter
als erste und einzige Bezugsperson wirkt sich für beide Geschlechter verschieden aus; Mädchen bleiben mit dem gleichen Geschlecht verbunden
und übernehmen die Rolle der Beziehungsarbeiterin und Mutter, während
Jungen schon früh lernen, daß sie nicht weiblich sind und, um männlich zu
werden, sich auf jeden Fall von allem, was die Mutter oder die Frau verkörpert, abgrenzen sollen. Die Auswirkung dieser Struktur auf spätere Beziehungen zwischen den Geschlechtern wird von allen drei Autorinnen in ihrer
Problematik überzeugend aufgezeigt (Dinnerstein, 1979; Chodorow, 1985;
Benjamin, 1988).
Es ist an dieser Stelle nicht möglich, alle feministischen Rezeptionen der
Psychoanalyse zu würdigen. Auch verzichten wir darauf, die feministische
Aufarbeitung der analytischen Psychologie C.G. Jungs darzustellen, da dies
schon sehr differenziert von Catherine Keller, Gerda Weiler und anderen
geleistet wurde (Keller 1989, 137ff.; Weiler, 1985). Als eine durchgehende
Linie der verschiedenen Landkarten feministischer Psychoanalyse sehe ich
jedoch, daß sie die sogenannten Schwächen der Frau (Penisneid, zu lange
Identifizierung mit der Mutter, Unfähigkeit zur Moral, unzureichendes Mut-
tersein) oder des Weiblichen (die Archetypen der schrecklichen, verschlin-
genden Mutter als Hexe, Drache, Schlange, Grab, Wassertiefe, Tod, Nacht-
mahr, die Unfähigkeit zum Selbstsein, zur Individuation, die Ablehnung der
eigenen Weiblichkeit etc.) aufgrund historisch-kritischer Analysen und durch
genaues Hören auf die Stimmen der Frauen eher *in ihren Stärken aufspü-
ren* und damit ganz neue Deutungen für die Konflikte der Mädchen und
Frauen anbieten. Durch kritische Aufarbeitung der geschichtlichen Entwicklung bestimmter Frauenbilder (Dekonstruktion) gelingt es, neue Möglichkeiten der Identifikation mit historisch wirksamen Frauen oder Bildern der
Weiblichkeit in vorpatriarchaler Spiritualität und patriarchaler Geschichte
aufzuzeigen (Rekonstruktion), und damit die Stärkung eigener Flügel durch
Ressourcen der kollektiven Geschichte der Frauen anzuregen.
Für die feministische Seelsorge sehen wir weiterhin als wichtige Aspekte
tiefenpsychologischer Theorie und Praxis u.a.:
die Bedeutung der Beziehungsqualität im familiären und gesellschaftlichen
Umfeld für frühkindliche und spätere Erfahrungen und damit auch die Bedeutung der Beziehungsprozesse in der Seelsorge;
die Anerkennung des persönlichen und des kollektiven Unbewußten als
eines schöpferischen Widerspruchs zur Machbarkeits- und Kontrollideolo-
gie technokratischer Entwicklung;
die Aufmerksamkeit für Übertragung und Gegenübertragung auch in seelsorgerlichen und beraterischen Prozessen und die Notwendigkeit der eige-

nen Supervision für SeelsorgerInnen; die hermeneutischen Erkenntnisse, die sich auf das Verstehen persönlicher und kollektiver Lebensgeschichten beziehen;

eine kritische Rezeption der Theorien des »Ich« und des »Selbstes«, der Mutter-Tochter- und Mutter-Sohn-Beziehung in ihrer geschlechtsspezifischen Bedeutung;

das Lernen von psychoanalytischen Symboltheorien und der methodischen Arbeit mit Symbolen, Bildern und Mythen;

die Auseinandersetzung mit psychonalytischer Religionskritik und die Erweiterung durch Öffnung für außerchristliche und vorpatriarchale Symbolwelten.

So schließt Catherine Keller ihre Auseinandersetzung mit psychoanalytischen Ansätzen mit einer neuen Deutung des Selbst für Frauen und Männer mit Hilfe des Demeter-Persephone-Mythos.

»Die Verwandlung der Tochter, die in den Basreliefs dargestellt wird, wo sie freudig aus der Unterwelt emporsteigt wie eine Pflanze, die die Erdkruste durchbricht, trägt für alle, die sich darauf einlassen wollen, das Geheimnis eines Selbstseins, das nicht durch zunehmende Abspaltung zur Blüte kommt, sondern durch die Kraft der Beziehung. Das ursprüngliche Kontinuum mit der Mutter muß nicht muttermörderisch durchbrochen werden; im Mythos überlebt es vielmehr die Gewalt und umfaßt die gesamte menschliche Zivilisation, die umgebende grüne Welt der Landwirtschaft, verbindet so Natur und Kultur und die spirituelle Welt, in der das Göttliche auf die Gaben der Menschheit angewiesen ist. Wie wäre es, wenn das ursprüngliche Kontinuum, aus dem wir alle hervorgehen – ob wir es nun präödipal, narzißtisch, ozeanisch oder empathisch nennen –, weder zerschmettert noch verdrängt würde, sondern ausgedehnt und verwandelt? Wenn Reife bedeutete, daß das empathische Kontinuum fortschreitend differenziert und moduliert würde? Dann erlebten wir weder eine zu starke Bindung an, noch die Trennung von Elternfiguren. Freiheit und Kreativität, Humor, Weisheit und Individualität würde sich nicht in der Abspaltung von den Eltern entwickeln, sondern in einem *sich ständig erweiternden Netz von Beziehungen*, in dem die Eltern bedeutsame Gestalten bleiben, in der Realität und symbolisch. (.) Verbindung/Beziehung ohne Einschränkung: Das ist ein Geheimnis, das uns das auferstehende kleine Mädchen vielleicht lehren kann« (Keller, 1989, 200f.).

Feministische Familientherapie

Meine erste Begegnung mit familientherapeutischen Denkweisen und Methoden hatte ich in einem vierwöchigen Kurs in Transaktionsanalyse bei Mary und Bob Goulding in Watsonville, Kalifornien, Mitte der siebziger Jahre. In einer anregenden Atmosphäre internationaler TeilnehmerInnen erlebten wir nicht nur den brillanten Witz, mit dem Bob und Mary zusammenarbeiteten und in überraschender Schnelligkeit die Dynamik von Lebensgeschichten, Ursprungsfamilien und Partnerkonstellationen durchschauten. Wir bekamen neben der Theorie der Neuentscheidungstheorie auch einen die Sinne inspirierenden Schreibworkshop und die Grundzüge der Familien- und Paartherapie durch Ruth und George McLendon vermittelt. Virginia Satirs Methoden, z. B. die vier in Familien zu beobachtenden Grundhaltungen des Anklagens, der Beschwichtigung, der Rationalisierung und der Ablenkung, wurden dargestellt und ihre einfühlsame, am Prozeß orientierte Arbeit durch Rollenspiele vermittelt. Ich erinnere mich auch noch gut an eine Sitzung, in welcher eigene Ansätze, die sich aus der Neuentscheidungsarbeit der TA ergeben, vorgestellt wurden, z. B. in der Paartherapie die Einladung an die PartnerInnen, sich so zu unterhalten, wie sie es zuhause tun würden und die Beobachtung des Zeitpunktes, an welchem beide sich verfestigen oder emotional verfangen. An dieser Stelle werden beide gebeten, ihre Gefühle und Gedanken wahrzunehmen, und dann wird nacheinander mit beiden daran gearbeitet, welche Muster aus der Ursprungsfamilie wiedererlebt werden. Diese Muster werden dann in der Gegenwart der PartnerIn mit den TherapeutInnen durchgearbeitet, so daß eine Klärung von alten Entscheidungen, die die Partnerschaft belasten und Voraussetzung zu neuen Entscheidungen, möglich wird. Oder es wurde im Rollenspiel eine Familie dargestellt, in der alle eingeladen werden, vorübergehend die Position eines anderen Familienmitgliedes einzunehmen, um aus der eigenen Sicht deren Situation zu beschreiben und Lösungsvorschläge für Probleme zu machen. Hier sind schon genaue methodische Schritte für das »Verflüssigen« fester Strukturen sichtbar. Auch für meine eigene Ehe habe ich aus diesem Kurs entscheidende Hilfestellungen bekommen, die unserer Beziehung einen ganz neuen Ausgangspunkt für weitere Jahre ermöglichte: einen Ehevertrag zu entwickeln, in dem die spezielle Dynamik beider Partner ernstgenommen und mittels neuer Entscheidungen zur Veränderung herausgefordert wird.

Wie die Lehrtherapeutin und Supervisorin Gesa Jürgens in einem Überblick darstellt, hat sich die Ehe- und Familienberatung schon in den dreißiger Jahren in den USA entwickelt, und die Arbeit mit ganzen Familien vollzog sich erstmalig durch z. B. Virginia Satir ab 1950 (Jürgens 1982, 438f). Diese Pionierarbeit wurde durch Forschung und Studien aus anderen Bereichen und Wissenschaften unterstützt, so z. B. durch die Kommunikationswissenschaften und das systemische Denken in einigen Naturwissenschaften. Bald wurden Institute und Ausbildungsstätten gegründet, die entweder aus dem »medizinischen Krankheitsmodell« kamen und dies an die Arbeit mit Familien anpaßten (Murray Bowen, Nathan Ackerman, Theodore Lidz) oder aus dem humanistischen Wachstumsmodell wie Satir (Jürgens 1982, 439). Die genaue Entwicklung verschiedener Richtungen der Familientherapie wie die strukturelle, die strategische, die verhaltenstherapeutische, die mit paradoxen Verschreibungen arbeitende, die psychoanalytisch oder konstruktivistisch orientierte, kann hier im Einzelnen nicht dargestellt werden; dafür bietet das Lehrbuch der systemischen Therapie von Schweizer und Schlippe einen guten Überblick (Schlippe, Schweizer, 1996). Wichtig erscheint mir die Beobachtung Gesa Jürgens und anderer Familientherapeutinnen, daß von den Gründern fast nur Männer genannt und zitiert werden und auch Virginia Satir nicht in ihrer Bedeutung gewürdigt wird, während in der Praxis Frauen oft innovatische Schritte gewagt haben. Dies wird sowohl von amerikanischen als auch von deutschen Familientherapeutinnen beschrieben.

So meinen Monika McGoldrick, Carol M. Anderson und Froma Walsh, die 1984 das erste Netzwerktreffen für Frauen in Familientherapie einberufen hatten:»Das Feld der Familientherapie ist erst sehr spät zu der Erkenntnis gekommen, daß Geschlecht eine entscheidende Rolle in Familien spielt. Die ersten zwanzig Jahre lang hat das Berufsfeld in einer Weise gearbeitet, die blind für geschlechtsspezifische Fragen war, so als seien Familienmitglieder nur austauschbare Einheiten eines Systems« (McGoldrick et al., 1991, 9. Übersetzung U. Pfäfflin). Zwar haben Familientherapeuten den Kontext, in welchem Familien existieren, nach außen anerkannt, sie haben jedoch den Schwerpunkt ihres Interesses ganz auf die Interaktionen der Familienmitglieder gelegt, als wären sie austauschbare Teile, die gleichviel Kontrolle über die Ergebnisse von Handlungen hätten. Erst in den vergangenen Jahren ist die Bedeutung der Machtpolitik in Familien und der Machtpolitik in Gesellschaft und Kultur langsam entschleiert worden, in welcher Frauen in fast jeder Hinsicht als weniger wertvolle Mitglieder der Kultur definiert werden. Die Autorinnen analysieren auch, daß selbst im Training zur Familientherapie die Perspektiven der Frauen ignoriert worden sind, und daß auch die Sprache der Familientherapie von männlicher Ausdrucksweise, die menschliche Beziehungen objektiviert und Distanz zwischen Therapeuten und Klienten schafft, dominiert worden ist. So wurde z. B. »Vermischung« als schlecht und »Differenzierung« als gut bewertet, Gefühle als schlecht, Denken als gut. Familientherapeuten benutzen »Techniken der Annäherung« und helfen Familien, sich zu »detriangulieren«. Sie streiten, ob sie »epistemologisch korrekt« sind und sprechen von »ko-konstruierten Wirklichkeiten«, »strategischen Interventionen« und »systemischen Dysfunktionen« (McGoldrick.1991, 10).

Im Unterschied zu einem neuen Zweig der Familientherapie, der sich »Brief Therapy« nennt und den Eindruck erweckt, Probleme seien durch Lösungsorientierung schnell und mit kleinen Interventionen zu lösen, meinen feministische Therapeutinnen, daß die Probleme der Familien in der Tat sehr

74

groß sind, und daß es Generationen dauern wird, sie zu lösen. Dabei müssen alle Ebenen des Systemischen einbezogen werden, vom mikrobiologischen zur sozio-politischen Struktur der Gesellschaft. Einer der wichtigsten Punkte ist dabei die Analyse der Macht zwischen den Geschlechtern, die auch die Arbeit der FamilientherapeutInnen selbst betrifft.

Rachel T. Hare-Mustin meint, daß feministische Theorie eine alternative Konstruktion der Wirklichkeit anzubieten hat, die durch eine unterschiedliche Optik entsteht. »Der Feminismus ist futuristisch, indem er für soziale Veränderung und Veränderung in Frauen und Männern eintritt. Feministinnen sind über die Familie besorgt, weil die Familie der primäre Nutznießer und Fokus der Arbeit der Frauen ist und gleichzeitig die Quelle der fundamentalsten Identität der Frau, nämlich der, Mutter zu sein. (.) Feministinnen sehen die sozial konstruierten Rollenunterschiede zwischen den Geschlechtern als Basis weiblicher Unterdrückung (Hare-Mustin, 1991, 61. Übersetzung U. Pfäfflin). Die nordamerikanischen neuen Konzepte der Familientherapie beachten jedoch nicht nur die Folgen des Sexismus, sondern auch die des Rassismus und der ökonomischen Entwicklungen und haben deshalb interessante Projekte und Theorien über die sozialen und politischen Kontexte der Familientherapie entwickelt. Hier werden nicht nur feministische Gesichtspunkte, Eßprobleme, Frauenmißhandlung, Vater-Tochter-Inzest, lesbische Paare und Suchtprobleme thematisiert, sondern auch die Folgen von Armut, Altern, erzwungener Migration, Sklaverei, Holocaust und atomarer Bedrohung im globalen Kontext (Mirkin, 1990).

In Deutschland hat sich die Aufnahme familientherapeutischer Konzepte verzögert, weil durch den Nationalsozialismus die Ansätze der zwanziger und dreißiger Jahre unterbrochen worden sind, und viele TherapeutInnen und Forscher zur Emigration gezwungen oder ermordet wurden. Durch Anstöße aus der Psychoanalyse wurden über H.E. Richter, J. Willi und Helm Stierlin das systemische Denken und familientherapeutische Methoden eingeführt. Ein erstes Institut wird von Maria Bosch 1975 in Weinheim gegründet, in welchem die meisten FamilientherapeutInnen ausgebildet wurden (Jürgens 1982, 444). In ihrem 1992 veröffentlichten Band »Balanceakte« beginnen auch deutsche Therapeutinnen zu fragen, »warum haben wir uns so lange nicht mit sexistischen Vorurteilen in der Familientherapie befaßt?« (Welter-Enderlin 1992, 119). Ähnlich wie ihre amerikanischen Kolleginnen stellen sie fest, daß in paar- und familientherapeutischen Theorien versteckte Frauenfeindlichkeit herrsche, z. B. die Beschuldigung der Mütter als zornig oder amorph und krankheitsverursachend (schizophrenogene Mutter), die Abwertung und Karikierung von weiblichem Durchsetzungsverhalten und Aggressivität, die Postulierung von Neutralität und damit Ausblendung von asymmetrischen Machtverhältnissen, die Fiktion der Gleichheit aller Flemente eines Systems, die Ausblendung unterschiedlicher Sozialisation und Zugänge zu Ressourcen für Männer und Frauen. Im Mittelpunkt bei der Konstruktion von Mustern in Familien standen die Beziehungen zwischen den Generationen, und der Ablösungsproblematik zwischen den Generationen wurde viel Aufmerksamkeit geschenkt, nicht jedoch der Geschlechterbeziehung. Auch die eigenen Werte und Erfahrungen der TherapeutInnen als Frauen und Männer in ihrer Bedeutung für den Prozeß der Therapie wurden nicht thematisiert und reflektiert (Ebbecke-Nohlen, 1992, 166).

Vorstellungen einer veränderten Theorie und Praxis werden als »Balanceakte« aus der eigenen Erfahrung und Reflektion verschiedener Therapeutinnen sowie an spannenden Protokollen von Therapiesitzungen mit Teambegleitung beschrieben. Als Ziele werden genannt, Landkarten der systemischen Therapie so zu entwerfen, daß sie ihre Guckloch-Perspektive aufgeben und präsentierte Probleme »in ihrer Vernetzung mit dem soziokulturellen Kontext wie auch mit der symbolischen Repräsentation der dominierenden Normen, zum Beispiel in der Sprache, verstehen« (Welter-Enderlin, 1992, 121). Theorien über Familien und Paare werden mit komplementären Konzepten über das Individuum, über die unterschiedlichen Erfahrungen von Frauen und Männern ins Gespräch gebracht, Paare und Familien werden klarer als bisher in ihrem gesellschaftlichen Umfeld lokalisiert; die Wertvorstellungen der TherapeutInnen werden deutlich gemacht, die Sprache genau beachtet (ebda, 123). Als Ressourcen familientherapeutischer Konzepte, die im Sinne der Integration von Männer- und Frauenperspektiven nutzbar gemacht werden können, nennt Andrea Ebbecke-Nohlen das Konzept der Regeln in Familiensystemen, die oft von einer Frauen- oder Männergeneration zur anderen weitergegeben und bewußt gemacht werden müssen. Auch das Konzept der Hierarchien und Rangfolgen kann fruchtbar gemacht werden, indem die Machtverteilung zwischen den Geschlechtern konkret sichtbar gemacht wird (z. B. mit Fragen wie: »Wer verdient wieviel Geld?‹, »Wer bestimmt am häufigsten, wofür das Geld ausgegeben wird?‹, »Wer hat das größte Zimmer im Haus?« (Ebbecke-Nohlen, 1992, 168). Auch das Konzept der offenen oder geschlossenen Grenzen hat geschlechtsspezifische und nicht nur generationenabgrenzende Bedeutung, vor allem in Bezug auf Geschlechtsidentität und Sexualität. Das Konzept der Neutralität muß verändert werden, so daß ersichtlich wird, welche Bedeutung es hat, daß Frauen oder Männer als TherapeutInnen mit Frauen oder Männern arbeiten. Auch die in den Grundentscheidungen beschriebenen Ansätze des Konstruktivismus sowie eine Auseinandersetzung mit feministischer Theorie werden für eine Veränderung der Familientherapie genutzt, so daß Leitlinie eines »gender-sensitiven« Verhaltens entwickelt werden. Die mehr oder weniger vorhandenen männlichen Vorurteile sollen aufgearbeitet, eine konplexere Sicht der Welt und neue Optionen entworfen werden, vernachlässigte Themen wie Inzest, Gewalt, Sexualität und Macht stärker in den Blickpunkt genommen und Frauenperspektiven klar eingebracht werden. »Langfristiges Ziel ist bei allen genannten Punkten die epistemologische Gleichheit von Frauen und Männern« (ebda, 170- 184).

Für mich war es am spannendsten, selbst den Prozeß dieser Veränderungen an einem Ausbildungsinstitut in einem theologischen Seminar mitzuerleben, in welchem SeelsorgerInnen wie auch Familien- und EhetherapeutInnen ausgebildet wurden. Mit amerikanischen Supervisorinnen, die eine feministische Gemeinschaftspraxis eröffneten, um Raum zum Ausprobieren ihrer eigenen Ideen und Beobachtungen zu haben, brachten wir allmählich feministische Aspekte in die Ausbildung ein. Meine Kollegin Linda Ferreira achtete besonders auf die Einführung systemischer Aspekte schon bei der Anmeldung der KlientInnen, die Aufmerksamkeit und Fürsorglichkeit in der Organisation der Beratungsstelle für MitabeiterInnen und Klienten, den Respekt in der Sprache, wenn über KlientInnen und Studierende gesprochen wurde und die Bedeutung des Schutzes für Traumatisierte. Hier erlebte ich meine stärkste Infragestellung und Herausforderung. Denn auch ich war es aus deutschem Wissenschaftskontext gewohnt, Kritik als oberste Tugend zu sehen und anzuwenden und mußte lernen, viel behutsamer, respektvoller und ressourcenorientierter zu denken und zu handeln. Linda Ferreira, Ingrid Sato und Lee Verner waren auch unter den ersten, die die Arbeit mit reflektierenden Teams und konstruktivistische, narrative Ansätze einführten und auf der Transparenz des Wissens für alle an Therapie und Supervision Beteiligten bestanden. Obwohl es natürlich auch viele Kämpfe kostete und schwierige Auseinandersetzungen mit den Kollegen und der Leitung der Hochschule, obwohl wir Abwertungen, Witzeleien und schmerzliche Trennungen erlebten, haben wir doch erreicht, daß feministische Familientherapie eine im Lehrplan verankerte Veranstaltung wurde, ebenso wie eine Lehrveranstaltung zu Sexualität und Gewalt. Auch feministische Theologie fand immer mehr Eingang in die Seminare, in die Bibliographien und Gottesdienste.

Offensichtlich war, daß Gewalt und Mißbrauch nicht nur Themen der KlientInnen waren, die in den wöchentlichen Fallbesprechungsgruppen im Mittelpunkt standen, sondern auch ein Problem in der eigenen Lebensgeschichte vieler Studierender und PraktikantInnen der Seelsorge- und Beratungsausbildung. Auch in der Bundesrepublik werden immer mehr SeelsorgerInnen, BeraterInnen und PastorInnen mit akuten und Langzeitfolgen von körperlichem, psychischem und sexuellem Mißbrauch konfrontiert. Deshalb möchte ich im Folgenden die wichtigsten Ansätze der Traumaforschung und -therapie darstellen und neuere Ansätze der Arbeit mit Gewalttätigen.

Feministische Traumaforschung und -therapie

In meinem ersten Seminar über Sexualität und Gewalt habe ich hautnah erlebt, wie heikel und schwierig dieses Thema selbst auf akademischer Ebene ist, und wieviel Achtsamkeit erforderlich ist, um erneute Traumatisierungen der Beteiligten zu vermeiden. So hatte ich mit meiner Assistentin zusammen lange vorher den Aufbau der einzelnen Einheiten geplant und darauf geachtet, daß durch das ganze Semester hindurch kleine Gruppen arbeiten konnten, die konstant waren und als Schutzraum dienen sollten. Jedoch kam es im gemischt geschlechtlichen Plenum immer wieder zu Äußerungen, die es für manche TeilnehmerInnen unmöglich machten, sich offen einzubringen und zu Verletzungen führten. Auch ich selbst kam in Situationen, in denen meine eigene Verletztheit angesprochen wurde und es war schwierig, den Prozeß der Gesamtgruppe konstruktiv zu leiten. Jedoch habe ich von diesen Anfängen viel gelernt und die neuere Literatur über Traumaforschung und heilende Prozesse hat ganz neue Perspektiven für die Arbeit mit Lebensgeschichten und vor allem für die Diagnostik eröffnet (Bass/Davis, 1992).

In ihrem Buch »Narben der Gewalt« stellt die amerikanische Psychiaterin Judith Herman eindrucksvoll heraus, wie ähnlich die Folgen des Erlebens von Übermacht und Gewalt im politischen Bereich und in der eigenen Familie, im Intimbereich, sind. Sie macht anhand einer Darstellung der Geschichte der psychischen Verletzungen von Menschen in diesem Jahrhundert deutlich, daß die Opfer häuslicher und sexueller Gewalt an ebenso schweren Symptomen leiden wie die Menschen, die bisher als Traumatisierte bezeichnet wurden: Kriegsopfer und -täter, Zeugen von Grausamkeiten, Opfer von Unfällen und Katastrophen. Aber die Familien und die Öffentlichkeit scheuten die Wahrnehmung der Folgen der Gewalt, und deshalb ist es notwendig, nicht dem allgemeinen Trend der Abspaltung und des Vergessenmachens zu folgen. Deshalb beginnt ein Verstehen psychischen Traumas mit einer Wiederentdeckung und Benennung der Geschichte der Gewalt, genau wie die Heilung der Traumatisierten mit dem Schaffen eines Raumes der Sicherheit, mit einer Rekonstruktion der Geschichte der Traumatisierung und mit dem Wiederherstellen der Beziehung zwischen Überlebenden und ihrer Umgebung beginnt. Denn seelisches Trauma ist verknüpft mit dem Erleben totaler Ohnmacht, Verlust an eigenem Eingreifenkönnen, mit dem Erleben der Hilflosigkeit gegenüber einer überwältigenden Macht, in welcher Menschen das gewohnte System der Fürsorge verlieren, welches ihnen ein Gefühl des Einflusses, der Verbundenheit und der Sinnhaftigkeit ihres Seins gibt. Eine zentrale Dialektik des Traumas ist der Konflikt zwischen der Verleugnung der schrecklichen Ereignisse und dem Wunsch, sie laut herauszuschreien. Die Geschichten von Gewalterleben werden oft voller Emotionalität, voller Widersprüche und in Bruchstükken erzählt und werden deshalb oft nicht geglaubt. Aber erst, wenn die Wahrheit endlich anerkannt wird, können Überlebende ihre Heilung beginnen (Herman, 1992, 1).

Als zentrale Symptome beschreibt Herman eine Übererregbarkeit, die sich darin äußert, daß Traumatisierte sich schnell angegriffen fühlen, schlecht schlafen, immer wachsam, leicht erregbar sind und psychosomatische Beschwerden haben. Dies hängt mit dem Erleben der Angst zusammen, die jederzeit wieder geweckt werden kann. Eine andere Folge sind ungewollt sich aufdrängende Erinnerung und Gedankenstücke, Albträume, die sich immer wieder in den Alltag einschieben und sich wiederholen, so daß der Moment des Traumas immer wieder erlebt wird. Psychische Erstarrung und gefühlsmäßige Betäubung sind weitere Symptome, die Opfern begegnen und für diese selbst sehr schwer zu verstehen sind. Eine Studentin, die zweimal vergewaltigt worden ist, sagte in einer kleinen Studiengruppe, in der sie ihre Geschichte erzählte: »Ich weiß heute noch nicht, ob ich beim nächsten Erleben einer Bedrohung wegrennen oder mich wehren könnte. Ich fühle mich immer noch wie gelähmt, wenn ich nur daran denke.« Andererseits fühlen sich Opfer auch von Zorn überwältigt und nehmen Abstand von Beziehungen, da ihr Vertrauen mißbraucht wurde.

Probleme des Umgangs mit den Geschichten und Symptomen gerade der vielen Mädchen und Frauen, die uns in der Seelsorge begegnen, sehe ich darin, daß die meisten PastorInnen und Seelsorger keine Ausbildung für die Arbeit mit Traumatisierten haben und daher oft schon im Verstehen und in der Diagnose ähnliche Probleme auftauchen wie im klinischen Bereich. Speziell Frauen werden leicht von Teilsymptomen her diagnostiziert: als schwer verstehbar, irrational, stimmungsabhängig, überempfindlich, überreagierend, unzuverlässig, als Depressive, als Borderline, als Hysterische oder Persönlichkeitsgespaltene. Sie werden also als persönlichkeitsgestört bezeichnet, pathologisiert und psychiatrisiert. Wenn jedoch die Persönlichkeit des Opfers einer Gewalthandlung als gestört diagnostiziert und behandelt wird, weil sie Symptome der Erregbarkeit, der Schlaflosigkeit, der Traurigkeit, plötzlicher Zornesausbrüche abwechselnd mit Gelähmtheit erlebt, dann wird die Verantwortung der Tat in die betroffene Person, also das Opfer verlegt, und nicht dort, wo sie hingehört, nämlich in die Verantwortlichkeit der Täter der Gewalt oder des Mißbrauches. In einem veränderten Konzept der Diagnostik werden die Symptome als Folgen eines Eingriffes von außen anerkannt und als Überlebensweisen. Um also Opfer des Mißbrauches nicht in die Gefahr der Pathologisierung zu bringen, schlägt Herman eine Revision der Diagnose vor und nennt sie »Komplexes post-traumatisches Belastungssyndrom« (ebda, 121). Von Herman und anderen wird speziell ein Überlebensmechanismus verstehbar gemacht, nämlich der der Abspaltungsfähigkeit, der Dissoziation, der nicht mit psychotischen Reaktionen verwechselt werden darf. Eine genaue Differentialdiagnose ist deshalb wichtig, weil Opfer von Mißbrauch in der Kindheit oft falsch, das heißt fragmentarisch und nicht ihrem Erleben angemessen behandelt werden. Gerade für Opfer, denen von klein an Schuldgefühle und Verantwortung für den Mißbrauch einsuggeriert wurden, ist es wichtig, die Ursache ihrer Probleme nicht in sich selbst zu suchen, sondern in mißbräuchlicher Umgebung erkennen zu können. Denn die Erkenntnis und die Anerkennung der Traumatisierung sind die erste Voraussetzung für eine Heilung.

Da die Kernerfahrung des Mißbrauchs äußerste Hilflosigkeit ist, baut sich der Prozess der Heilung auf der Stärkung eigener Kraft, der Achtung eigener Entscheidungen und der Wiederanknüpfung mit Beziehungen und Umgebung auf. Deshalb kann nach Herman Heilung nur im Kontext vertrauensvoller, sicherer, stärkender Beziehungen stattfinden. Für Therapeutinnen heißt daher das Grundprinzip, die Entscheidungsfähigkeit der Betroffenen achten und stärken, die Isolation reduzieren und die Hilflosigkeit vermindern. Das verlangt auch eine Veränderung der Regel der Neutralität. Hier unterscheidet Herman zwischen methodischer Neutralität und moralischer Neutralität. Moralisch muß eine Therapeutin oder Beraterin eine Position der Solidarität mit dem Opfer einnehmen, da sie Zeugin eines Vergehens ist. Eine Wiederherstellung des Gefühles von Gerechtigkeit ist grundlegend für neue Erfahrungen. Das wird auch durch die Arbeit der Schweizer Therapeutin Ursula Wirtz bestätigt, die mit Inzestopfern gearbeitet hat (Wirtz, 1989) und durch die Dänin Inger Agger, die die Geschichten der Gewalterfahrung von Asylantinnen und Flüchtlingen als Zeugenschaft weitergibt (Agger, 1992). Therapie wird hier also zur Zusammenarbeit, in welcher beide PartnerInnen auf der Basis von Vertrauen, Überzeugung und nicht Zwang, von Gegenseitigkeit und nicht Kontrolle handeln, also Werte beachten, die gerade durch die Traumatisierung zerstört worden sind. Schwierig ist es natürlich, die Übertragungs- und Gegenübertragungsprozesse durchzustehen, die die Therapeutin zwischen dem Wiedererleben von Terror und Hilflosigkeit als omnipotente Retterin oder Ziel des Zornes erleben läßt. Jedes Wort und jede Geste der Therapeutin kann bedeutsam werden, auch kann eine projektive Identifikation stattfinden oder eine Sexualisierung der Übertragung. Hier ist es unbedingt notwendig, daß die TherapeutInnen selbst eine gute Quelle der Unterstützung für sich und eigene Supervision haben, denn die eigenen Gefühle können von äußerster Hilflosigkeit über grandiose Rettungsphantasien bis zum Zorn oder zu tiefer Traurigkeit reichen (Herman, 1992, 140ff.). Auf dieser Grundlage kann die Arbeit der Heilung beginnen, die Herman mit drei Phasen kennzeichnet: Sicherheit herstellen, Erinnerung zulassen, Trauern und die Wiederanknüpfung und Verbindung mit dem normalen Leben.

Nicht nur Judith Herman und Ursula Wirtz haben auf die Bedeutung ethischer Werte und Sinnfragen in der Arbeit mit Traumatisierten hingewiesen. Auch die amerikanische Familientherapeutin Cloe Madanes hat betont, daß *die physische, psychische oder sexuelle Verletzung eines Menschen auch immer spirituelle Bedeutung hat*, denn in ihr wird immer die Integrität der ganzen Person verletzt. Auch in der feministischen Theologie wird das Problem des Mißbrauchs und der Gewalt an Mädchen und Frauen in seiner ungeheuren Verbreitung aufgenommen und nach Verbindungen zu klassischen theologischen Traditionen gefragt, so z. B. von Hildegunde Wöller, die die Opferung der Tochter als biblische Tradition untersucht (Wöller, 1991). Rita Nakashima-Brock lädt in ihrem Buch »Journeys by Heart« zu einer neuen Interpretation der Sünde ein und zu einer kritischen Überprüfung christlicher Deutung der Liebe, wenn als Kernstück christlicher Verkündigung die Opferung des einzigen unschuldigen Sohnes durch Gott, Vater als Sühnopfer interpretiert wird (Brock, 1988). Für mich ist auch bedeutsam, daß einige männliche Kollegen angefangen haben, Mißbrauch als Thema der Strukturen zwischen den Geschlechtern und der Männlichkeitssozialisation zu verstehen und Konzepte nicht nur für die Arbeit mit Frauen, sondern speziell für die Arbeit mit Tätern, die nach wie vor in der Überzahl Männer sind, zu entwickeln (Poling, 1996; Leehan, 1989; Jenkins, 1994).

Für die Seelsorge sind alle diese Ansätze der Arbeit mit Traumatisierten und Tätern von Wichtigkeit, weil Pastorinnen und Beraterinnen die Erfahrung machen, daß ganz viele Mädchen und Frauen (und auch Jungen und Männer) offener über ihre Geschichte und Gewalterfahrungen sprechen, wenn sie durch ein öffentliches Thematisieren seitens kirchlicher oder beraterischer Einrichtungen darin unterstützt werden. Eine verantwortliche Arbeit mit Tätern und Mittätern ist dringend notwendig, um die bisher übliche Diskrepanz zwischen Nicht-zur-Verantwortung-ziehen und Kriminalisierung aufzuheben, die auf lange Sicht weder den Opfern noch der Veränderung der Strukturen dient.

Außerdem wird über fünzig Jahre nach Ende des zweiten Weltkrieges deutlich, wie viele Frauen und Männer noch nicht über ihre damals erlebten Traumatisierungen gesprochen haben. Pastorinnen berichten, daß alte

Frauen zum ersten Mal von Vergewaltigungen erzählen. Hier hat Seelsorge meiner Einsicht nach auch eine politisch-prophetische Aufgabe, nämlich, nicht an der allgemeinen Amnesie der zu verantwortenden Taten unserer Familien teilzunehmen, sondern die öffentlichen Möglichkeiten kirchlicher und theologischer Arbeitsfelder zu nutzen, um modellhaft kollektive Traumatisierung und Täterschaft anzusprechen (Pfäfflin/Smith, 1996).

Narrative gerechtigkeitsorientierte Therapie

Ein therapeutischer Ansatz, der bewußt politische und feministische Analysen und Veränderungsmodelle zur Grundlage nimmt, ist in der interkulturellen Arbeit des Familienzentrums in Lower Hutt auf Neuseeland zu finden. Dieses Familienzentrum arbeitet als Team mit MitarbeiterInnen und Klientele aus verschiedenen Kulturen, z. B. Maori, Frauen und Männern aus Samoa und den Pazifischen Inseln und mit EuropäerInnen. Ihr Ausgangspunkt war familientherapeutisches Training, welches sie jedoch ähnlich wie feministische Autorinnen als zu indifferent gegenüber politischen und kulturellen Machtverteilungen erkannten. In Zusammenarbeit mit australischen TherapeutInnen entwickelten sie auf der Grundlage der Machtanalyse Foucaults einen therapeutischen Ansatz, der sich »just therapy« nennt, also soziale Gerechtigkeit als Ziel therapeutischen Wirkens sieht. »Eine ›gerechte Therapie‹ ist eine, die Geschlecht und den kulturellen, sozialen und ökonomischen Kontext der Hilfesuchenden ernst nimmt. Es ist unsere Ansicht, daß TherapeutInnen die Verantwortung haben, angemessene Wege zu finden, diese Probleme anzusprechen und Ansätze zu entwickeln, die die oft vergessenen Themen der Fairness und der Gleichberechtigung ins Zentrum stellen. Solche Therapie reflektiert Themen der Befreiung, die zu selbstbestimmten Lösungsergebnissen und zu Hoffnung führen« (Waldgrave, 1990, 5). Ähnlich wie die Australier Michael White und David Epston werden die Grundzüge dieser therapeutischen Arbeit mit narrativen Mitteln als ein Prozeß dargestellt, in welchem das dominante, bisher privilegierte Wissen von Kindern, Frauen und Männer herausgearbeitet wird (Methode der Externalisierung), und das bisher nicht privilegierte Wissen sichtbar gemacht und gestärkt wird, wenn es von den KlientInnen als das gewünschte für ihr weiteres Leben gewählt wird. Wichtig ist jedoch für die neuseeländischen TherapeutInnen, daß in der Arbeit mit persönlichen und kollektiven Lebensgeschichten nicht die realen sozialen, politischen und ökonomischen Lebensbedingungen übergangen werden, und daß die eigenen kulturellen Muster und Kommunikationsformen der Klientele geachtet und aufgenommen wird. So betont Charles Waldgrave, daß bei den Maori und Samoanern die Symbolik des Webens eine Rolle spielt, weil sie die Arbeit vieler Frauen im Südpazifik widerspiegelt.«Menschen kommen mit problem-zentrierten Mustern, und die Aufgabe der TherapeutInnen ist es, neue Fäden der Bedeutung und Möglichkeiten hineinzuweben, die neue Farben und neue Texturen ergeben« (Waldgrave, 1990, 12). Die eigenen Kräfte der KlientInnen werden bestärkt, die Ursachen und Schuld für ihre sozialen und wirtschaftlichen Probleme nicht in sich selbst zu suchen, sondern an die Entscheidungsträger zu richten, die für Ungerechtigkeiten in Bezug auf Ökonomie, in Bezug auf Geschlechterbeziehungen und in Bezug auf Rassismus verantwortlich sind. Kiwi Tamasase, eine Mitarbeiterin des Familienzentrums meint:»Es gibt bevorzugte Bedeutungssysteme und solche, die nicht bevorzugt sind. Das Sinnsystem, welches das Überleben einer Familie in schrecklichen Bedingungen bestärkt und sie in selbstbestimmte Ziele leitet, ist für uns ein bevorzugtes Sinnsystem, im Gegensatz zu solchen, welche die Familie anpaßt, das Leid anzunehmen, mit dem sie zu leben haben« (Tamasase und Waldgrave, 1994, 21).

Eine Analyse der Macht ist jedoch nicht nur für die Situation der Klientele wichtig, sondern auch für die Arbeit der MitarbeiterInnen aus unterschiedlichen Kulturen selbst. Charles Waldgrave meint, daß die postmodernen Ansätze der Machtteilung durch reflektierende Teams und andere demokratische Vorgehensweisen in vielen Kulturen gar nicht hilfreich sind, weil sie immer noch aus einer weißen, westlichen, individualistischen Perspektive und deren sozialwissenschaftlichen Ansätzen kommen. In anderen Kulturen spielt ein gemeinschaftbezogenes und spirituelles Denken eine viel größere Rolle, und es ist wichtig, daß diese Kulturen ihre eigenen ausgebildeten MitarbeiterInnen in ihren Zentren haben und Raum für ihre eigenen therapeutischen Formen schaffen. Authentische kulturelle Partnerschaft sehen beide AutorInnen nur als möglich an, wenn die bisher Unterdrückten die Regeln für die Partnerschaft benennen, und die Arbeit nicht durch die bisher dominante Kultur bestimmt wird. Dafür haben sie ein Konzept entwickelt, welches »partnership-accountalbility« genannt wird, also eine Verantwortlichkeit der bisher dominierenden MitarbeiterInnen gegenüber denen, die bisher nicht-privilegiert waren (also Männer gegenüber Frauen, Weiße gegenüber Farbigen, Heterosexuelle gegenüber Homosexuellen etc.). So wird keine Therapie mit SamoanerInnen durchgeführt, in welcher nicht Unterstützung und Weisung durch eine/n SamoanerIn gesucht wird und struktureller Rassismus wird bewußt in die Diskussion des Teams und die Therapie einbezogen. Auch das Verhältnis zwischen Männern und Frauen wird im Team und mit den KlientInnen angesprochen und neue Modelle des gegenseitigen Zuhörens und Ernstnehmens entwickelt. So schließt jede

Arbeit mit einer Familie, in der die Arbeit sich auf die Gewalttätigkeit des Vaters bezieht, notwendigerweise Informationen über die Natur und die Entwicklung des Patriarchats ein (Waldgrave, 1990, 11).

Da Spiritualität jeden Aspekt des Lebens für die Kulturen der Maori und Pazifischen Inseln beeinflußt, spielt sie auch in der Therapie eine große Rolle, und die EuropäerInnen haben anstelle ihrer traditionell dualistischen Weltsicht gelernt, die Heiligkeit des Lebens zu respektieren. »Wir sehen den Prozeß der Therapie als heilig an. Leute kommen oft in einem sehr verletzlichen Zustand und teilen einige ihrer tiefsten und schmerzlichsten Erfahrungen. Für uns sind diese Geschichten Geschenke, die unserer Ehrerbietung würdig sind. Die TherapeutInnen ehren sie, indem respektvoll auf ihren Sinn horchen, und neue Bedeutungszuschreibungen anbieten, die Lösungen, Hoffnung und Selbstbestimmung unterstützen. Dieser Prozeß verlangt eine hohe Meinung von Menschlichkeit und Beziehungen und ist als solcher heilig« (Waldgrave, 1990, 7).

Seit einigen Jahren arbeite ich schwerpunktmäßig in Beratungen und in der Lehre mit diesen narrativen und gerechtigkeitsorientierten Ansätzen und habe sie für die Bereiche der Seelsorge, der Beratung und auch der Diakonie/Sozialarbeit als sehr hilfreich und zukunftsorientiert empfunden, weil sie das zu begrenzte psychologische Paradigma der Begleitung und Beratung aufbrechen und sowohl politische als auch spirituelle Dimensionen als entscheidende Markierungen für die Arbeit mit den Lebensreisen unserer KlientInnen und die Entwicklung ihrer Landkarten achten.

Zusammenfassung

Die wieder entdeckten und neu erforschten Landschaften und Orte therapeutischer und beraterischer Ansätze sind vielfältig und komplex. In diesem kurzen Überblick konnten nur wenige Konzepte und ihre VertreterInnen genannt und skizziert werden. Die Auswahl erfolgte nach subjektiven Kriterien eigener Erfahrung und beansprucht keine Vollständigkeit oder normative Gültigkeit. Einige Territiorien feministischer Arbeit sind in diesem Überblick nicht ausführlich angeschaut worden, sind jedoch für die derzeitige Diskussion und für die zukünftige Entwicklung sehr wichtig, nämlich alles, was mit Bedeutungs- und Körperarbeit verbindet und die derzeitige Fixierung auf verbale Methoden in ganzheitlichere Dimensionen bringt: Bewegungstherapie, Tanztherapie, Yoga, Meditation, Selbstverteidigung und andere Kampfsportarten, Shiatsu, Kontakt-Improvisation, Bauchtanz und liturgischer Tanz, Menstruationshütten, Ritualgestaltung und im gemeindlichen Bereich Bibliodrama (Keßler, 1996), um nur einige zu nennen. Auch in diesen Ansätzen werden meist sehr alte Frauentraditionen wieder aufgegriffen oder aus ihrer patriarchalen Gestalt gelöst und neu entworfen. Hierzu gehören auch Entwicklungen in feministischer Kunst, welche in ihrer Bedeutung für Seelsorge später in den Fallgeschichten deutlich werden, z. B. anhand einer Ausstellung, die bei vielen kirchlich engagierten Frauen eine enorme Wirkung auslöste. Nicht ausführlich dargestellt haben wir auch die spannende Debatte über die Begriffe männlich-weiblich, und die Bestimmung des Geschlechts überhaupt, wie sie noch einmal vehement von Judith Butler (Butler, 1997) angeregt wurde. In Zukunft werden auch alternative ethische und ökonomische Modelle verstärkt eine Rolle für die Beratung spielen, denn auch wir sind der Meinung, daß die derzeitige Entwicklung in Technologie und Ökonomie zu weiteren strukturellen Ungerechtigkeiten mit personalen Auswirkungen besonders für Frauen und Mädchen führen wird (Bennholdt-Thomsen, Mies, 1997). Deshalb sehen wir eine Herausforderung für die Zukunft darin, eine feministische Seelsorge an Strukturen in interkultureller Zusammenarbeit zu entwickeln, die ressourcenorientiert, konkret, kontextuell und darin prophetisch ist, daß sie neue Formen der gemeinsamen Teilhabe an Macht mitgestaltet.

Theologische Aspekte feministischer Seelsorge

Schon in unseren Biographien ist angeklungen, wie sehr unsere Suchbewegung und die Entwicklung eines feministischen Seelsorgeansatzes mit unserem theologischen Ringen verbunden war und immer noch ist. »Glauben Frauen anders?« (Dirks) lautete der Titel einer der vielen Veröffentlichungen zu Beginn der 80er Jahre, die die religiösen Erfahrungen von Frauen hörbar machen wollten. Inzwischen gibt es eine Vielzahl feministisch-theologischer Entwürfe, die die unterschiedlichen systematisch-theologischen, pastoralpsychologischen Aspekte aufgreifen.

Wir beschränken uns im Folgenden auf die für die Praxis feministischer Seelsorge wesentlichen theologischen Themen, die sich auch in den ausgewählten Fallgeschichten widerspiegeln, die uns also in Seelsorge und Beratung mit Frauen und Mädchen immer wieder begegnet sind.

Heimat und Heimatlosigkeit.
Die Suche nach einem Raum für die eigene Spiritualität

Durch die Jahrhunderte hindurch haben Frauen, die in der Kirche ihre Heimat suchten, sich mit der primär aus männlicher Erfahrung erwachsenen Symbolik des Christentums identifiziert. Sie haben das getan, weil das Sein immer schon das Bewußtsein bestimmte. Das heißt, weil sie in einem patriarchalen System lebten, in dem die gesellschaftliche Realität ideologisch unterstützt und mitgetragen wurde von einem theologischen Gedankengebäude, in dem die Frau sich dem Mann unterordnen sollte und in dem das Wesen Gottes als dreieinige Männlichkeit bestimmend für alles theologische Denken und Ringen wurde. Das Ausmaß der Entwertung und Unterordnung von Frauen war immens. Entscheidend ist, daß die Verinnerlichung der eigenen niedrigeren Wertschätzung durch die Frauen selbst ebenso zum System dazugehört wie die Projektion und Festschreibung entsprechender Eigenschaften auf sie. Das Dienen als klassische Tugend der Frauen gehört zwar weitgehend der Vergangenheit an. Aber was ist an die Stelle dieses Modells getreten? Bleiben die Erfahrungen der Frauen, die ihre Autonomie begründen können, ebenso wie die intensiven, vielschichtigen Erfahrungen, die Frauen als Mütter machen, in der Theologie nicht nach wie vor auf der Strecke? Goldenberg zeigt Verbindungen auf zwischen der religiösen Suche der Frauen und der Auseinandersetzung der Psychoanalyse mit frühkindlichen Prägungen. Sie geht davon aus, daß das einseitig androzentrische Gottesbild eine Abspaltung der Verbundenheit mit der Mutter bedeutet. Und was ist mit den Frauen, die Frauen lieben, wo bleiben die Frauen, die sich nicht in das klassische Modell der Kleinfamilie einordnen lassen? (Goldenberg, 1988)

Die Frage und die Suche nach Heimat zog sich wie ein roter Faden durch meine Zeit als Pastorin für Frauenberatung und Mädchenarbeit. Viele Frauen hatten eine lange Geschichte mit der Suche nach ihrem Zuhause, dem Ort, wo sie sie selbst sein können in Theologie und Kirche. Ich traf Frauen, die ihr Theologiestudium abgebrochen hatten, weil sie einfach nicht ihren Platz in der Universität und vor allem nicht im Theologiestudium fanden.

»Immer wieder fragte ich mich, ob etwas mit mir falsch sei, da ich solche Mühe hatte, mich in den theologischen Gedankengebäuden zuhause zu fühlen. Es war nicht einmal so, daß ich alles uninteressant gefunden hätte. Aber der Punkt, an dem ich die Segel gestrichen habe, kam, als ich merkte, ich komme nicht vor in diesem Gebäude. Ich irre umher, schaue mir alles an, aber kann mich nirgendwo niederlassen.« So und ähnlich formulierten einige Frauen, die sich größtenteils mehr oder weniger mühsam durch den Dschungel von Theologie und Männerkirche gequält hatten.

Andere waren jahrelang in kirchlichen Gremien aktiv gewesen, als Presbyterin, in Ausschüssen für Diakonie oder in der Frauenarbeit. Gemeinsam war ihnen, daß sie sich mehr und mehr von kirchlichen Zusammenhängen entfremdet fühlten, daß sie mit zunehmendem Bewußtsein über patriarchale Strukturen im allgemeinen eine Verbindung zu ihrem Frausein in der Institution Kirche erkannten und mühsam und teilweise unter großen Abschiedswehen einen Prozeß der Loslösung durchmachten. So war eine Frau vier Jahre lang in einer meiner Gruppen, obwohl sie im ersten Gespräch signalisiert hatte, daß sie mit Kirche »nichts mehr am Hut haben wolle, weil sie sich in dem Apparat wundgerieben habe«. In den Gesprächen mit mir erzählte sie dann, daß von ihrem »festen Glauben«, den sie noch als 20jährige gehabt habe, nichts mehr übriggeblieben sei. »Mit zunehmendem Engagement in meiner Gemeinde ... ich hätte ja auch nicht gedacht, daß ich mal soviele Pöstchen in der Kirche haben würde, fühlte ich mehr und mehr die Trägheit des Systems. Manchmal haben wir eine gesamte Presbyteriumssitzung nur mit Formalia und äußerlichen Sachen verbracht, z. B. wann der Küster seine Freistunden nehmen darf, und ob die Hunde des Organisten in den Garten vom Gemeindehaus pinkeln dürfen ... Einmal wollten wir mit unserem Frauengesprächskreis einen Gottesdienst mit Tanz und offenem Ende in der Kirche machen. Da hätten sie mal die anderen Presbyter erleben sollen. Mir warfen sie vor, ich würde die anderen Frauen infiltrieren. Und hinter meinem Rücken wurde ständig schlecht über mich geredet. Als meine Tochter von zuhause wegzog, hatten wir eine ganz nette junge Vikarin in unserer Gemeinde. Sie schlug vor, ein Abschiedsritual für uns zu gestalten. Meine Tochter hing sehr an der Kirche und war hellauf begeistert. Aber die Vikarin wurde im Presbyterium so dermaßen runtergemacht, daß ich es nicht fassen konnte. Die Argumente waren so hanebüchen. Es ging um heidnische Elemente und das spezifisch Christliche und darum, daß nicht jeder sein eigenes Süppchen kochen könne. Dabei wäre das für viele Frauen, wenn ihre Kinder aus dem Haus gehen, ein ganz wesentlicher Meilenstein, sich im Gottesdienst und von der Gemeinde Unterstützung für diesen Weg zu holen.«

Unterstützung auf dem eigenen Lebensweg, Gemeinschaft mit anderen, Vernetzung und Bereitsein für das große Geheimnis, welches ich Gott nenne, all das sind wesentliche Bausteine auf dem Weg zur Heimat in Theologie und Kirche. Aber die kirchlichen Strukturen sind oft zu langsam, zu schwerlebig und zu marode, um Frauen mit ihren Bedürfnissen nach Sichtbarwerden und Sichtbarmachen ihrer religiösen Erfahrungen entgegenzukommen. Dazu gehört ja nicht nur die Öffnung von Gottesdiensten für andere Formen, die Veränderung der liturgischen Sprache und die Bereitschaft der Männer zu Machtabgabe. Dazu gehört auch und besonders die Infragestellung christlicher Tradition, insbesondere was die Legitimation der Ausbeutung von und der Gewalt gegen Frauen angeht.

Feministische Theologie nun, die ja aus verschiedenen Strömungen besteht, beschäftigt sich unter anderem auch mit dem Widerstand und Protest gegen Ungerechtigkeit. Damit eröffnete sie eine weitere Dimension der klassischen Religionskritik und forderte zugleich eine grundlegende Transformation der christlichen Symbolwelt.

Dies ist entscheidend, da m. E. die gesamte Debatte um Heimat und damit die Suche nach dem eigenen Ort, den Frauen in der Kirche für sich beanspruchen, letztendlich nur dann wirkliche Veränderungen bewirken wird, wenn die Symbole, die Sprache, der ganze Sinnzusammenhang theologischen Denkens und Arbeitens auf die Selbstbestimmung und wahrhaft freie Entfaltung der Frauen hin befragt und ausgerichtet werden.

Wenn wir in unserer religiösen Vorstellungswelt Befreiung und Autonomie von Frauen zu einem wichtigen Paradigma erklären, stellen wir implizit die Frage nach deren Heimat.

Es ist vielleicht bezeichnend, daß ich an dieser Stelle die Gruppe italienischer Frauen mit ihrem Projekt:»Wie weibliche Freiheit entsteht« (Libreria delle donne di Milano), im Blick habe. Sie erheben keinen theologischen Anspruch mit ihrem Buch. Zunächst beschreiben sie im Rückblick und aus der Erinnerung 20 Jahre italienische Frauenbewegung. Primär geht es ihnen um die Frage, wie eine Transformation/Revolution des Symbolischen dergestalt stattfinden kann, daß weibliche Autonomie und Befreiung sowie eine dementsprechende veränderte Praxis folgen. Ausgehend von dem Differenzgedanken zwischen den Geschlechtern, postulieren sie die Notwendigkeit einer weiblichen Transzendenz. Gerade nachdem Frauen durch die Analysen der Frauenbewegung, durch den Differenzgedanken etc. ihre ersten politischen Ausdrucksformen in den Selbsterfahrungsgruppen gefunden hatten, wurde ein eigener Transzendenzgedanke ausgeklammert. Die Deutungen und Sinnsysteme ihrer Existenz waren von Männern entworfen und richteten sich nach Kriterien, die der Erfahrung von Frauen entgegenstehen, bzw. nichts mit ihnen zu tun haben.

Während Männer sich in der patriarchalen Tradition mit Symbolen und Bildern eine Heimat schufen, sich mit dieser symbolischen Ebene etwas kreierten, das eine unmittelbare Transzendenz ermöglichte, blieb den Frauen die Welt des Symbolischen für eine lange Zeit verschlossen. Darum plädieren die Mailänderinnen für die Notwendigkeit einer Öffnung dieser symbolischen Ebene für die Frauen.

Sie stellen die These auf, daß Frauen ihre Unterschiedlichkeit in bezug auf Biographien, politische Positionen etc. auch wahrnehmen müssen, um nicht in dem ewiggleichen Strudel des »Wir sind doch alle unterdrückt ... sind wir nicht alle Opfer?« steckenzubleiben. In diesem Strudel gibt es nämlich keinen Platz für Bilder der Freiheit und der Autonomie (vgl. dazu meine Ausführungen zum Gedanken des »Krabbenkorbs« auf Seite 246). Befreiung aus diesem Manko gibt es nur, so die Mailänderinnen, wenn »Frauen der Beziehung zu einer anderen Frau Sinn und Wert verleihen, sie in Worten und Bildern darstellen« (Libreria, 1989, 17). Diese Beziehung sollte von Freiheit und gegenseitiger Achtung geprägt sein, und elementar ist die Fähigkeit, sich gegenseitig Autorität zuzusprechen. »Nicht die Härte der Unterdrückung erklärt das Fehlen weiblicher Freiheit, sondern der Mangel an Autorität, an symbolischer Zuweisung von Autorität.« (Libreria, 1989, 173). Diese Autorität kann eine Frau nur in einer anderen Frau finden, denn nur diese legitimiert sie in ihrer Differenz. Die »merkwürdige Weise, einen Ausdruck für sich zu finden« (Libreria, 1989, 56) bezeichnen die Mailänderinen als Akt der symbolischen Geburt, die mit Hilfe einer »autonomen Mutter« gelingt. Mit Hilfe dieser Mutter, an die keine Forderungen gestellt werden und die auch selbst nichts fordert, gelingt die Kreation einer weiblichen Transzendenz, die der persönlichen und politischen Realität von Frauen eine befreiende Dimension eröffnet.

Die »autonome Mutter« kann jede andere Frau in der Gruppe, auch die reale Mutter oder die ganze Frauengruppe sein. Es geht um die Schaffung einer Triade, die traditionell männlich besetzt ist. Es geht um die Schaffung eines Dritten, das Frauen Befreiung und Autonomie ermöglicht. (Günter,

1997, 15, spricht in ihrem Aufsatz von einem Dreiecksverhältnis, das das Mensch-Sein in Beziehungen ausmacht: Frau, Welt, konkrete andere Menschen. Für religiöse Menschen postuliert sie sogar ein Viereckverhältnis, wobei Frau, Gott, Welt und andere Menschen aufeinander bezogen sind.) Hierin sehe ich einen entscheidenden, für die Frage nach Heimat, wesentlichen Punkt. Wenn Frauen sich auf andere Frauen beziehen, hat das auch Auswirkungen auf das religiöse Bezugssystem und letztendlich auch auf die Institution Kirche. Wenn Frauen andere Frauen als Vorbilder verinnerlichen, verbinden sie sich symbolisch mit einer Kraft, die ihnen als Modell genau die Unabhängigkeit, Souveränität und Freiheit vorlebt, die den Frauen im patriarchalen Kontext immer untersagt und verboten wurde. Die Heimatlosigkeit der Frauen rührt ja gerade daher, daß die Frau ihren Ort beim Mann suchen soll und ihn dort nicht findet (Thürmer-Rohr, 1987, 120). Auf der symbolischen Ebene bedeutet das die Notwendigkeit eines Bezugssystems, das Frauen die Möglichkeit anbietet, sich an andere »große« Frauen anzubinden. Dies gilt für die Alltagsbeziehungen wie auch für die Anbindung an historische Frauen und Bilder weiblicher Transzendenz. Wie schon Luce Irigaray aufzeigte, fehlt in unserer Kultur der Mutter-Tochter-Beziehung jeder Symbolwert. Die (Gottes-)Mutter ist immer nur mit dem Sohn zu sehen. Erna Kutter hat mit einem Hinweis auf eine Frauenfigurengruppe aus dem 15. Jahrhundert darauf hingewiesen, daß das nicht immer so war. Sie zeigt in ihren Seminaren eine Figurengruppe von 1439, die im Schnütgenmuseum Köln zu besichtigen ist. In der Mitte steht eine ältere Frau, die ihre beiden Arme um zwei Kronen tragende Mädchen legt, die beide ein Buch in der Hand halten. Diese Figurengruppe erinnert daran, »daß es auch hierzulande Traditionen gegeben hat, die die Weitergabe weiblichen Wissens und weiblicher Macht von der Mütter- zur Töchtergeneration garantierten« (Kutter, 1997, 12).

Für mich wurde das Thema »Heimat« in neuen Dimensionen sinnlich erfahrbar, als ich nach dem Studium in dem Frauenprojekt in Philadelphia arbeitete. Zunächst einmal, weil ich als Deutsche das erste Mal so eng mit Jüdinnen zu tun hatte, deren Eltern und Verwandte im Holocaust umgebracht worden waren. Zu den vielen Fragen, die ich schon im Gepäck mitgebracht hatte, kamen nochmal neue, unter die Haut gehende dazu. Zum anderen, weil sich in dem Frauenprojekt, in dem ich arbeitete, fast der ganze Erdkreis versammelt hatte. So kam es mir jedenfalls damals vor. Wir Frauen aus den unterschiedlichsten Kulturen und mit den verschiedensten religiösen Hintergründen hatten ein gemeinsames Ziel und eine gemeinsame Aufgabe, die uns zwar auf der gesellschaftlich-analytischen Ebene Solidarisierung und Zusammenhalt ermöglichten, die aber per se nicht ausreichten, um Raum für sinnstiftende Autonomie und den Transzendenz-

Gedanken für alle anzubieten. So gab es immer wieder starke Anfragen der afroamerikanischen Frauen, inwieweit wir Weißen ihnen unsere Brille aufzusetzen versuchen, oder Theresa, die als einzige vom lateinamerikanischen Kontinent kam, fühlte sich häufig übersehen und mit ihrem stark katholisch geprägten Hintergrund nicht ernstgenommen bzw. abgewertet. Auch darum geht es, wenn wir uns der Frage nach Heimat aussetzen. Wie können wir es schaffen, unsere weiße, privilegierte, eindimensionale Sicht zu öffnen und offenzuhalten für die vielen, die an unseren Diskussionen gar nicht teilnehmen, weil sie nicht das Geld und nicht die Möglichkeiten dazu haben, wie können wir wirklich aufeinander hören, wie unseren Horizont nicht begrenzen auf die kleine Welt, in der wir versuchen, wenn auch oft mühsam, so doch so bequem als möglich uns einzurichten?

Beide Autorinnen arbeiten in Kontexten, die immer wieder die Frage nach dem eigenen Raum aufkommen lassen. Wir bemühen uns, mit anderen Frauen Netzwerke und Verbündungen einzugehen, um der Heimatlosigkeit, die wir ja häufig genug auch selbst erleben, etwas entgegenzusetzen. Manches Mal sind wir sicher die »autonome Mutter« für andere gewesen, manchmal haben wir selbst nach ihr in anderen Frauen gesucht.

Wenn Frauen zu mir in die Beratung kamen, einen Frauengottesdienst mitvorbereiten wollten oder an einem Workshop zu frauenspezifischen Themen teilnahmen, stand die Frage nach gelungener Orientierung und sinnstiftender Gemeinschaft immer wieder im Raum. Wenn Frauen im christlichen Wertesystem nur Bilder und Worte finden, die von weißen Männern erfahren und bedacht wurden, bleiben sie Heimatlose und »gänzlich Unerkannte«, wie eine Frau zu mir sagte, als es um die Suche nach ihrer eigenen Spiritualität ging.

Darum kann nur eine Transformation des theologischen Denkens und Redens, eine, die sowohl die Wertschätzung der Frauen in ihrem Ganzsein als auch ihre Transzendierung herausfordert, aus dem Unerkanntsein herausführen.

Denn, das ist mir im Lauf meiner frauenspezifischen Arbeit immer deutlicher spürbar und benennbar geworden: Es geht nicht nur darum, Bestätigung und Anerkennung und Wertschätzung zu erfahren, wenn das auch konstitutives Element des seelsorgerlichen Kontakts ist. Es geht vielmehr auch entscheidend darum, daß Frauen ihre Autonomie erleben, indem sie an entscheidenden Punkten Anderssein, Verunsicherung und Infragestellung des Gewohnten erleben. Das habe ich ganz besonders von Grenzgängerinnen wie Beate und Frauen aus anderen Kulturen und Kontexten gelernt. Im Kontakt an und auf der Grenze zeigt sich, daß wir alle sehr ähnliche, aber auch unterschiedliche und vielfältige Sehnsüchte in uns tragen. Wir wollen Vertrautes entdecken und uns verbunden fühlen, aber wir sehnen uns auch danach zu entdecken oder zumindest davon zu träumen, welche ungelebten Potentiale, welche Flügel in uns stecken ...

Heimat für Frauen auf der Spur zu bleiben, bedeutet, diesen Träumen und Ahnungen Platz einzuräumen. Es bedeutet, daß ich offen bleibe und Offenheit vermitteln kann für das große Geheimnis von Leben und Sterben, am Ende zu sein und mich wieder neu zu finden, es bedeutet, daß ich spüre, welche ungeahnten Möglichkeiten das Leben für mich bereit hält, jenseits dessen, was ich schon kenne und erkannt habe.

Die Frage nach der Heimat und die Frage nach den Gottesbildern hängen eng zusammen. Frauen brauchen Gottesbilder, durch die sie sich erkannt und gesehen fühlen. Frauen brauchen einen Raum, der ihnen Orientierung und Offenheit zugleich anbietet.

In der feminstischen Theologie gibt es verschiedene Modelle, Symbole und Entwürfe von Gottesbildern. Im Folgenden will ich versuchen, einige von ihnen mit den Erfahrungen der Frauen und deren Biographien in einen Dialog zu bringen.

Gottesbilder. Selbstverständliches und feministische Neuinterpretationen

Die verschiedenen Strömungen der feministischen Theologie beschäftigen sich in unterschiedlicher Gewichtung alle mit der Suche nach Heimat und einem Ort der Autonomie und Vergewisserung zugleich.

Am Anfang war der Abschied. Der Abschied von Vertrautem, Gewohntem, auch Liebgewonnenem. In den Gesprächen mit den Frauen zeigte sich immer wieder, wie bestimmend und einschneidend sich gewisse Erlebnisse in der Kindheit und Jugend auf die Ausprägung der Gottesbilder und die wichtigsten theologischen Glaubenssätze auswirken.

Manche Frauen fühlten eine starke Entfremdung gegenüber den Sätzen und Inhalten, mit denen sie aufgewachsen waren, zugleich aber kam mit zunehmender Selbstreflexion auch Verwirrung und Orientierungslosigkeit auf. So hatte ich z. B. Kontakt zu einer Frau, die nach einem Frauengottesdienst ernsthafte Anfragen formulierte, weil sie mit der Fokussierung auf weibliche Gottesbilder in große innere Konflikte kam. Ihre Anfragen formulierte sie so massiv und einklagend, daß ich ihr vorschlug, einen gesonderten Seelsorgetermin wahrzunehmen. Für sie sei Gott immer ein Mann gewesen, gerade das mache ihn ja besonders und hebe ihn von allen anderen Männern und ihren schlechten Erfahrungen mit diesen ab. So wie in ihrer Kindheit genieße sie es auch heute noch, zu Gott als Vater zu sprechen, der es eben wirklich gut mit ihr meine, und der sie als einziger wirklich verstehe (im Gegensatz zu ihrem realen Vater, mit dem sie eine heftige Mißbrauchsgeschichte verband). In vielen Gesprächen mit ihr kamen wir dann im Seelsorgekontakt auf ihre Wut. Die Wut auf ihren realen Vater, die Wut auf das Patriarchat und die internalisierte Wut, die sie bisher immer nur gegen sich selbst und gegen ihre Mutter gerichtet hatte. Sie schrieb am Ende unserer Gespräche folgendes Gedichtgebet, wie sie es selbst nannte.

Gedichtgebet

Dichten wollte ich dich
nicht mehr beten
wenn ich bete
sollte ich schreien
wollte ich,
ach wenn ich es könnte.
Lieber kann ich dich in Bilder fassen
die weiter und runder und größer sind.
Wenn du denn kein Vater bist
wie könntest du auch in Wahrheit einer sein
so ganz bestimmt auch keine Mutter
das hätte ich erfahren und gefühlt.
Vielleicht bist du tatsächlich ein Uterus
sagten sie nicht gar in der Bibel so
die Männer?
Im Uterus fühlt es sich unbeschreiblich an
das könnte doch auf dich zutreffen
und es soll immer genug zu trinken geben
das sättigt und stillt den Durst nach Leben
Also bete ich doch zu dir
Still meinen Durst
Laß mich dich spüren
und schmecken
Komm lösche meine Wut
du Gott Göttin
bevor es zu spät ist.

(Die Autorin möchte ungenannt bleiben.)

Vielschichtige und tiefgründige Gottes-Erfahrungen von Frauen, die immer mit ihrer Biographie und ihrer (religiösen) Sozialisation korrelieren, spiegeln sich in Gedichten wie diesem wider. Je nach Entwicklung sind die Gottesbilder wandel- und veränderbar. Es gibt in der feministischen Theologie verschiedene Wege, die von Frauen eingeschlagen wurden. In aller Breite sind die Entwürfe zu feministischen Gottesbildern von vielen anderen schon erörtert worden (Gerber, 1987/Meyer-Wilmes, 1996).

Im Folgenden sollen drei Strömungen der feministischen Theologie unter dem Blickwinkel von Heimat und Vergewisserung als Herausforderung und Chance für die feministische Seelsorge genauer betrachtet werden.

Die biblische Tradition und ihre Gottesbilder

Weibliche Gottesbilder in der Bibel wurden über Jahrhunderte hinweg und werden auch immer noch weitgehend ignoriert oder verdrängt. Es gibt in der feministischen Theologie inzwischen jedoch eine Vielzahl von Entwürfen, die sich mit diesen Bildern auseinandersetzen (Wörterbuch der feministischen Theologie, 1991, Gerber, 1987).

Viele Frauen finden sich in den lange nicht wahrgenommenen Gottesbildern der Hebräischen Bibel, der Beschützerin als Henne oder als Bärin, der Adlermutter, die ihre Flügel ausbreitet oder der Hausfrau, die ihre Familie mit den lebensnotwendigen Dingen versorgt, wieder. Hier stellt sich für mich jedoch die Frage, inwieweit diese Bilder wirklich zu einer Transformation und Transzendierung der realen Situation der meisten Frauen beitragen. Letzten Endes sind sie nicht nur marginalisierte Symbole in der Bibel, sondern unterstützen auch größtenteils, eben aus einer patriarchalen Perspektive heraus, die marginalisierte und begrenzte Rolle der Frauen.

Überzeugend sind hingegen die biblischen Bilder, die Gott als Frau symbolisieren, ohne sie von vornherein auf eine bestimmte Rolle festzulegen. Dies hat mir die Arbeit mit Frauen, besonders in der Vorbereitung von Gottesdiensten gezeigt.

Da sind zunächst die Jesus-Gleichnisse, in denen Gott mit einer Frau verglichen wird (Lk 15,8-10), in denen Frauen eine herausgehobene, gottgleiche Position haben (Lk 18) oder in denen Frauen eine wegweisende und entscheidende Rolle zukommt (Mk 7,24-30).

Immer wieder habe ich das große Erstaunen erlebt, wenn wir in einer Gruppe bibliodramatisch das Gleichnis von der Frau inszenierten, die ihren verlorenen Groschen suchte und suchte, bis sie ihn wiederfand: das Erstaunen darüber, daß die Frau Gott, daß Gott eine Frau ist und daß den meisten das vorher gar nicht bewußt war, während ihnen Gott in den beiden anderen Gleichnissen im selben Kapitel, dem vom verlorenen Schaf und dem vom verlorenen Sohn viel geläufiger und vertrauter war.

Ein anderes Bild, das mir aus der biblischen Tradition heraus für die Begleitung von Frauen viel Kraft und Inspiration gegeben hat, ist Sophia, die Weisheit. Sophia, die uns ja aus dem Buch der Weisheit oder aus den Sprüchen als »Frau Weisheit« bekannt ist, umfaßt einen ganzen Traditionsfluß, der von der hebräischen Bibel bis hin zur Jesusüberlieferung sein Flußbett ausgeweitet hat. Da ist es dann auch teilweise nicht deutlich, ob die Weisheit als Göttin selbst redet, oder ob Aspekte der Gottheit zum Ausdruck kommen. Wichtig ist aber in jedem Fall, daß Sophia in ihrer Vielschichtigkeit, als Ratgeberin und Beschützerin, wie auch als kritische ethische Instanz, als Schöpferin, als Tänzerin, als Kind, unzählige Identifikations- und Auseinandersetzungsmöglichkeiten für Frauen anbietet. Ich verweise in diesem Zusammenhang auf E. Johnson, die in großer Sorgfalt ein trinitarisches Erfahrungsmuster der biblischen Sophia auf die »rechte Weise, über den einen Gott zu sprechen« (Johnson, 1994, 257) überträgt. Sie zeichnet die dialektische Bewegung der Geist-Sophia auf, die in der Welt anwesend und abwesend ist, der Jesus-Sophia, die ihren Ursprung als Geheimnis in der Gestalt Mutter-Sophias hat. Faszinierend ist, daß die personale Gottesbeziehung auf den verschiedenen Ebenen unterschiedlich erkannt und erlebt wird. Sophia als Geist, die die Welt durchdringt, um zu beleben und zu erneuern, Sophia als Jesus, wo Gott sich mit der Welt im Fleisch verbindet, um zu erlösen, zu heilen und zu befreien, Sophia als Mutter, die ein immanentes Aufeinanderbezogensein zwischen Gott und Welt verkörpert und Beziehung als eine Art konstituiert, in der sich die göttliche Freiheit selbst darstellt (Johnson, 1994, 255).

Eine andere Möglichkeit, die Frauen und auch Männer in den letzten Jahren verstärkt für sich entdeckt haben, ist die Suche nach Gott in Bildern der Schöpfung, der Beziehung aller Geschöpflichkeit untereinander und der Natur in ihren verschiedenen Dimensionen, wie z. B. in Ps 104. Dabei ist vor allem der Gedanke der gegenseitigen Bezogenheit und der Ganzheitlichkeit entscheidend (Sölle/Schottroff, 1990). Das, was in der Theologiegeschichte jahrhundertelang auseinandergerissen und gespalten wurde, Körper und Geist oder die Liebe zur Erde und die Liebe zu Gott, wird in einen untrennbaren Zusammenhang gestellt.

So verheißungsvoll die verschiedenen Ganzheitsentwürfe auch sind, so tragen sie doch die Gefahr einer Fortsetzung der traditionellen, eindimensionalen Weltsicht in sich. Die alte schlichte und fatale In-eins-Setzung von Frau und Natur wird dann nicht kritisch gesehen. Trotz des Anspruchs auf Ganzheitlichkeit kann den Frauen nahegelegt werden, in ihrer »typisch weiblichen« Rolle zu bleiben, also als Gebärerin und Lebensspenderin für die Reproduktion und Versorgungsarbeit der Familie zuständig zu bleiben oder auf diesen Bereich reduziert zu werden. Diese biologistischen Engführungen gilt es, im Blick zu haben.

Zugleich ist aber die spirituelle Dimension gewisser weiblicher Tiefenerfahrungen für die feministische Seelsorge nicht außer acht zu lassen. So habe ich häufig erlebt, daß Frauen aufgrund gewisser einschneidender Erfahrungen mit ihrer manchmal schon verloren geglaubten und dann wiederentdeckten körperlichen Kraft abgeschnitten geglaubte Flügel neu spüren konnten. Eine Frau, die nach einem traumatischen Erlebnis jahrelang keine Menstruation mehr gehabt hatte, empfand die Wiederkehr ihres Menstruatiationszyklus wie eine göttliche Offenbarung.

Schon in den ersten Anfängen der feministischen Theologie formulierte N. Morton:

»Wir lernen, mit dem ganzen Körper zu horchen, mit dem Auge zu hören, mit dem Ohr zu sehen und mit dem Gehör zu sprechen.« Der Ort, von dem aus solche Prozesse möglich sind, ist der »tiefste Grund unseres Seins ... wo die Kluft zum Mann am weitesten klafft« (Moltmann-Wendel, 1983, 202ff.)

Wenn Frauen Gott in der Beziehung alles Lebendigen untereinander suchen und finden, finden sie vielleicht manchmal das, was D. Sölle die Mehrdimensionalität der Liebe genannt hat:

»Lieben heißt ganz sein

Mehrdimensionalität

Integration unserer physischen, psychischen,

intellektuellen, ästhetischen, emotionalen und spirituellen

Fähigkeiten.« (Sölle, 1985,186ff.)

An dieser Stelle sei noch einmal auf die Frauen des Mailänder Frauenbuchladens (Libreria delle Donne) verwiesen, die als Beispiel für eine gelungene Frauenbeziehung die Geschichte von Ruth und Naomi (Die Bibel, Das Buch Ruth) anführen. In der Auseinandersetzung mit der Erfahrung von Frauen, Beziehungen zu Frauen als bestärkend und zugleich bedrohlich zu erleben, lautet das von ihnen eingeführte Stichwort »Affidamento«. Affidamento beschreibt das gegenseitige Bezogensein von Frauen aufeinander als eine dialektische Bewegung, in der Frauen gegenseitiges Verständnis und Konkurrenz als Teil derselben Beziehung begreifen. »Affidamento« trägt Wörter wie fede (Glaube), fedelta (Treue) und fidarsi (Vertrauen) in sich. Es beinhaltet jedoch, daß Frauen sich in der Herauslösung auf die Fixierung auf das andere Geschlecht als unterschiedlich und zugleich miteinander verbunden erleben. Frauen können aus einer solchen Beziehung Selbstvertrauen, gegenseitigen Respekt und freiheitliche Perspektiven für sich gewinnen. Allerdings gehen die Mailänderinnen nicht, jedenfalls nicht explizit, so weit, dieses Beziehungsgeflecht auf die Beziehung von Frauen zu Gott zu übertragen. V. Mollenkott hat das getan. Sie sieht in der Beziehung von Ruth zu Naomi eine Verbindung zu Gott, denn in der Affinität der beiden zueinander gibt es ein Mehr, in dem Transzendenz aufleuchtet (Mollenkott, 1985, 59ff.). Ruth sieht in Naomi die Verkörperung Gottes und ist aufgrund der starken Affinität, die sie zu ihr spürt, in der Lage, sich eindeutig auf sie zu beziehen, sich an sie zu binden und bei ihr zu bleiben. Der Satz, den Ruth ihrer Schwiegermutter als Zeichen ihrer Verbundenheit sagt, ist aus dem Affidamento herausgelöst worden und wird heute als Trauspruch für die Bezogenheit von Frauen und Männern verwandt (Das Buch Ruth 1,16).

Wenn ich mit Frauen in Gruppen oder auch in Paarberatungen zu dieser Geschichte gearbeitet habe, war die Beziehung zwischen Ruth und Naomi häufig ein Symbol für das, was an göttlicher Präsenz in ihrem Miteinander aufleuchtet. Ein lesbisches Paar, das diese Geschichte für ihre Vision von Beziehung selbst ausgesucht hatte, stellte im Ausagieren der beiden Rollen fest, daß Ruth sich in Naomi mehr als eine Schwiegermutter und Freundin gesucht habe.

»Und genau dieses Mehr ist es doch, das ich meine, verstehst du das denn nicht?« sagte die eine, während die andere sie gerührt und sichtlich bewegt anschaute.

In solchen Momenten dachte ich, daß die biblische Tradition auch uns Frauen Hoffnungsvolles eröffnet. Wenn auch häufig so verborgen und überlagert von patriarchaler Auslegung, so ist dennoch die Suche nach den Flügeln der Frauen in der biblischen Tradition ein wesentlicher Meilenstein auf dem Weg der feministischen Seelsorge. Nach weiblichen Gottesbildern zu suchen und die Flügel der Frauen zu spüren, eröffnet neuen inneren Raum und äußere Ausweitung.

Gott als Macht in Beziehung

Da Frauen, seitdem es feministische Theologie gibt, immer von ihren eigenen Erfahrungen her kommen, gehen sie aus von der Beziehungsfähigkeit und -abhängigkeit, mit der sie groß geworden sind, und mit der sie tagtäglich zu tun haben. Ich habe keine einzige Frau getroffen, für die Frausein nicht auch in Beziehung zu sein bedeutet, oder für die Frausein nicht zumindest bedeutete, die Sehnsucht danach zu verspüren. Ich habe in allen seelsorgerlichen Kontakten, wie auch immer sie geartet waren, das Element der Beziehung als konstitutives Element erlebt.

Was heißt das nun für das Gottesbild der feministischen Theologie? Zunächst einmal bedeutet es Abkehr von dem weit entfernten, unnahbaren, allmächtigen Gott. Der Gott, der über den Wolken schwebt und unbeteiligt von oben herab beobachtet, ist ja spätestens seit Auschwitz und der Theologie der Shoah gestorben. Ein Gott, der nicht leidet, sich nicht mithineinbegibt in das Gefühl der Ohnmacht und der Verzweiflung, der sich nicht ein-läßt auf das, was Menschsein eigentlich in aller existentiellen Verwirrung ausmacht, würde zum Zyniker oder würde in Menschen einen bodenlosen Zynismus verursachen (Wiesel, 1970).

Frauen wie D. Sölle, L. Siegele-Wenschkewitz u.a. haben daran angeknüpft, haben dieses Gottesbild weiterentwickelt, und Heyward hat in ebendieser Tradition schließlich eine »Theologie der Beziehung« entwickelt. Sie spricht auf die Beziehungsabhängigkeit der Menschen an und bezieht sich auf die Erfahrung, daß es zwischen den Menschen immer eine Begrenzung, Begrenztheit gibt, die die Sehnsucht nach deren Aufhebung in sich trägt. Diese Sehnsucht nach mehr findet sich in der dynamis, der Macht in Be-ziehung, welche Gott ist. Gott ist Liebe und wird damit bei ihr zu einem ethischen Begriff, der ein gerechtes und nicht-symbiotisches Miteinander postuliert. Die allgemeine Ausrichtung ihres Ansatzes wird beeinflußt vom jüdischen Personalismus (Buber, 1966) und der befreiungstheologischen Vision einer gerechten gesellschaftlichen Wirklichkeit im Hier und Jetzt. Feministisch wird die Theologie der Macht in Beziehung insofern, als es in dieser dynamis um das Entdecken der eigenen Sinnlichkeit und Sexualität als wesentliche Elemente geht. Wenn Menschen ihre Sinnlichkeit und Kör-perlichkeit in gelungenen Beziehungen erfahren, dann erfahren sie die Quelle beziehungshafter dynamis und damit Gott.

Was aber fangen Menschen, insbesondere Frauen, mit einem solchen An-satz an, die Sexualität und Sinnlichkeit in Form einer gelungenen Beziehung nie erlebt haben? Was sagt uns diese Vision über den unterschiedlichen Zugang von Frauen und Männern zu Sexualität? Mir ist in der Arbeit mit Frau-engruppen an theologischer Literatur zu »Macht in Beziehung« deutlich ge-worden, daß Heyward die Geschlechterdifferenz gerade an einem so heiklen Punkt wie der Beziehungsfähigkeit und -bereitschaft von Männern und Frau-en nicht reflektiert. Schließlich leben wir nicht in einer Welt, in der Beziehun-gen geschlechtsneutral wertgeschätzt und gewürdigt werden. Vielmehr ist es so, daß Frauen mit ihrer Beziehungsarbeit nicht ernstgenommen oder in den Hintergrund geschoben werden, während Macht sich in unserer Gesell-schaft doch in erster Linie über Geld und Einfluß manifestiert. Machtvolle Positionen sind für Männer in unserer Gesellschaft immer noch leichter zu-gängig. Wagner-Rau (Wagner-Rau, 1992, 163) beschreibt in ihrem theologi-schen Teil, daß Heyward mit der Macht in Beziehung »zwar an das verdräng-te Frauenerbe anknüpfe, daß aber die Frage, wie diese Perspektive einzulö-sen sei, in einer Gesellschaft, die eben die Beziehung und damit auch die Frauen beharrlich in den Hintergrund schiebt«, offen bleibt.

Zugleich habe ich aber in Predigten, wenn ich mich auf die Quelle der be-ziehungshaften Kraft bezog, immer wieder gespürt, wie nahe ich hier bei dem bin, was feministische Seelsorge eigentlich ausmacht: Frauen in ihrer Suche nach Bildern einer identitätsstiftenden Kraft für sich selbst zu begleiten und zu ermutigen.

Die Vorstellung, daß Gott sich als eine Kraft erschließt, die in Beziehung erfahrbar wird, ermöglichte jedenfalls vielen Frauen zum ersten Mal die Möglichkeit, Gott als Freundin oder als Schwester, als Vertraute oder als Ratgeberin anzusprechen und auch als solche zu erfahren. In den Seelsorgegesprächen habe ich das häufig nicht reflektiert oder thematisiert, sondern einfach praktiziert, indem ich meine eigene Beziehung zu Gott als einer Freundin, als einer, die mich kennt, mit allen meinen Seiten, in den Kontakt eingebracht habe. In Gruppen, besonders in der Gruppe, in der es um feministische Spiritualität ging, war das Thematisieren dieser Gottesbeziehung häufig auch Teil des Prozesses. Die Anknüpfung an die eigene Erfahrung eröffnete den Frauen den Zugang zum unmittelbaren Erleben des Symbolcharakters einer Transzendierung, die sie so noch nie benannt hatten. Hier taucht wieder das »Mehr« auf, das in der Beziehung zwischen Ruth und Naomi den entscheidenden Unterschied machte.

An dieser Stelle möchte ich auf das Buch von E. Johnson (1994) verweisen, die sich auf die Suche nach den verdrängten Spuren des Weiblichen in der Rede von Gott begibt. Sie postuliert eine Offenheit für das heilige Geheimnis, die sich ergeben könnte, wenn weibliche Symbole freigesetzt würden, um das Denken anzuregen. Auch wenn es völlig angemessen sein mag, von Gott in nichtpersonalen oder überpersonalen Begriffen zu sprechen, so ist doch zugleich deutlich, daß die meisten geschätzten Merkmale der Beziehung Gottes zu den Menschen wie Liebe, Treue, Erbarmen, Gnade der menschlichen Welt angehören. Deshalb hält Johnson es für angemessen, Gott in personalen Symbolen auszudrücken, die die Ausschließlichkeit der männlichen Metaphern relativieren. Da sie ähnlich wie Heyward am Aspekt der Beziehungsmacht zwischen Gott und Mensch interessiert ist, sucht sie nach einem Orientierungspunkt im Sprechen, der sowohl die Fülle des weiblichen als auch des männlichen Menschseins und die kosmische Wirklichkeit zugleich aufnimmt (Johnson, 1994, 74). Auch wenn sie theoretisch das Ideal einer Sprache für Gott billigt, die gleichwertig männliche und weibliche Begriffe benutzt, plädiert sie aufgrund der peripheren und unterentwickelten Praxis weiblicher religiöser Symbole für ein Sprechen über Gott, »das weibliche Metaphern verwendet, die auf die Kennzeichnung der Ganzheit des Gottesgeheimnisses abzielen« (Johnson, 1994, 86). Dies exemplifiziert sie nicht nur anhand der trinitarischen Sophia, sondern noch bildlicher am Beispiel des brennenden Dornbusches. SIE DIE IST offenbart sich im Dornbusch und sagt ICH BIN DIE ICH BIN. »Mit diesem Namen bringen wir in einer weiblichen Metapher die ganze Macht zur Geltung, die in dem ontologischen Symbol absoluter, relationaler Lebendigkeit zusammengefaßt ist, eine Lebendigkeit, die die Welt mit Energie auflädt« (Johnson, 1994, 327). Selten habe ich in Lesekreisen mit Frauen soviel poetische Inspiration gespürt wie zu der Zeit, als wir uns mit den Bildern des großen Geheimnisses, der Ungenannten und der Schönen von Johnson beschäftigten.

Symbolisierung der Göttin

Für viele Frauen sind Symbolisierungen der Göttin, der Menschen, der Natur und des Kosmos aus vor- und außerpatriarchaler Sicht im Lauf ihrer spirituellen Entwicklung und Suchbewegung zu einem wesentlichen Halte- und Wendepunkt geworden. Nachdem sie die patriarchal besetzten Bilder als einschränkend und ausgrenzend erkannt hatten, suchten sie nach anderen Traditionen und Symbolen. In den durch die feministische Forschung der Archäologie, der Geschichts- und Religionswissenschaft, der vergleichenden Mythen- und Märchenforschung erarbeiteten Studien über matriarchale Gesellschaften fanden sie sinnstiftende ganzheitliche Modelle, die nicht einfach eine Umkehrung der jetzigen Ordnungen und Verhältnisse bedeuteten, sondern einer radikalen Veränderung von Werten, Idealen und Paradigmen den Weg ebnen. Endlich gab es eine Möglichkeit, »Ganzwerdung« und »Identität« von Frauen mit einer Transzendenz in Verbindung zu bringen, die sie eben nicht in ihrem So-Sein abwertet, sondern sie aufwertet, in allen Schwächen als gut, schön und ganz anerkennt und ihnen als Frauen weibliche Macht als historisch existierende und aktuell mögliche zugänglich macht. Es gibt nun innerhalb der Matriachatsforschung und der Göttinnen-Bewegung verschiedene Zugänge und Herangehensweisen:
die eher historische Herangehensweise (Gimbutas, Göttner-Abendroth, Weiler),
die eher an Ritualen und spirituellen Prozessen orientierte (Starhawk, Francia, Iglehart)
und die eher an psychologischen, hellenistischen und theologischen Entwicklungen ausgerichtete (Christ).
Viele dieser Ansätze überschneiden und ergänzen sich natürlich. Carol Christ, eine nordamerikanische Theologin, die eher aus der psychologisch-spirituellen Motivation heraus schreibt, hat in ihrem Aufsatz »Warum Frauen die Göttin brauchen« in fünf Aspekten benannt, was Frauen in der Symbolisierung der Göttin auf der Suche nach Tiefe und spiritueller Identifikation finden können:
1. Eine positive Bejahung der weiblichen Macht, die sie befreit von der Angewiesenheit auf den männlichen Erlöser und Retter. Ob diese Kraft eine

den Frauen innewohnende oder eine von außen wirkende ist, bleibt offen und von der jeweiligen Situation abhängig.

2. Eine positive Bejahung des Frauenkörpers und der gesamten Leiblichkeit, also auch Menstruation, Gebären und Altern werden als wesentliche Bausteine spiritueller Identität anerkannt und ernstgenommen.
3. Eine positive Bejahung des weiblichen Willens, der eher dem Persönlichkeitsstil der Eva als dem der Maria entspricht. Christ bezieht sich hier vor allem auf Frauen, die die Göttin und magisches Denken in Verbindung bringen, wie z. B. Starhawk.
4. Eine positive Bejahung der Verbundenheit unter den Frauen. Besonders die Mutter-Tochter-Beziehung wird in ihrer Bedeutung und Kraft wieder sichtbar und wertgeschätzt.
5. Eine positive Bejahung des weiblichen Erbes, das sich auf unsere persönliche Geschichte als Frauen, aber auch unsere Vorgeschichte und die unserer Mütter, Vormütter, Ahninnen bezieht (Christ 1985, S. 9-15).

Die fünf Thesen erfassen den Kern der Faszination und Bedeutung, den die Göttin für viele Frauen in ihrer Suchbewegung bekommen hat. An zentralen Punkten wird die Identität der Frauen bestätigt und auch die Frage nach Autonomie und Bindung durch das Göttinnensymbol auf den verschiedenen Ebenen (psychisch, physisch, intellektuell, emotional) unmittelbar berührt und zum Schwingen gebracht.

GottYn (Ursula Riedel-Pfäfflin)

Warum genügt es mir nicht, mich als Theologin und Seelsorgeausbilderin auf neue Interpretationen biblischer Texte und weiblicher Präsenz in der Kirchengeschichte zu beziehen und den traditionalen Gottesbegriff weiterhin zu verwenden, wobei dann Nebensätze gebildet werden, die auch weibliche Form haben? Als ich Pastorin war, habe ich in der Gemeindearbeit solche Ausdrucksformen benutzt. Ich habe Gebete angeleitet, in denen ich Gott als die Liebe oder die Weisheit ansprach, »die uns leitet, erquickt und heilt«. Ich habe jedoch für mich selbst entdeckt, daß die Symbolisierung »Göttin« sehr viel mehr bedeutet als das Bild »Gott«, der dann als Vater oder Mutter, Freund oder Freundin bezeichnet wird. Für mich ist der Name »Gott« mit männlichen und weiblichen Beschreibungen eine Möglichkeit, die auch heute noch Relevanz hat. Aber sie reicht mir nicht mehr aus, weil für die meisten Menschen und für mich auch der Name »Gott« automatisch mit männlichen Vorstellungen verbunden ist. Ich möchte die Weiblichkeit des Göttlichen genau wie das neutrale Allumfassende des Göttlichen gesondert und ganzheitlich zur Sprache bringen. Namen schaffen auch Wirklichkeit. Die Vermeidung der Tradition der Göttinnen verlängert auch ausschließende Konstruktionen der Wirklichkeit in Kirche und Theologie.

Es genügt mir für meine eigene Lebensgeschichte auch nicht, mich als Mensch, der eben weibliche und männliche Anteile hat, zu verstehen. Es war für mich ein elementares Erlebnis, mich überhaupt erst als Frau und Mädchen, das ich war und bin, zu erkennen, und zwar ganz als Frau mit allen meinen Zügen und Energien, die nicht männlich sind, wenn ich klug, abenteuerlustig und aggressiv bin, sondern Frauenenergien rundum, weil ich eine Frau bin. Dieser Schritt ist mir wie vielen anderen Frauen erst möglich geworden, nachdem ich auch die historische Präsenz unserer Vorfahrinnen in ihrer ganzen Vielfalt und Fülle kennengelernt habe. Genauso, wie ich die Erinnerungsarbeit für eine persönliche Lebensgeschichte für wichtig halte, sehe ich es als entscheidend für eine Entwicklung der Identität von Frauen heute an, daß wir unsere kollektive Geschichte in all ihrer Unterschiedlichkeit und all ihren gesellschaftlichen, ökonomischen und religiösen Aspekten rekonstruieren (siehe Abschnitt Erinnerungsarbeit).

Für mich geht es nicht um eine »Göttinnenbewegung«, sondern eine Bewegung des affidamento im gesellschaftlich historischen und politischen Sinn, daß wir uns nämlich der reichen Fähigkeiten und Lebensformen unserer Vorfahrinnen bewußt werden und uns bewußt auf sie beziehen. Dazu gehören auch die Symbolisierungen, die sie im Zusammenhang mit ihrem Leben in den Rhythmen der Natur und des Kosmos als Ganzen gewählt haben. Sich auf die Göttin beziehen heißt auch, altes Wissen und alte Künste wieder neu zu entdecken und für sich innerhalb einer veränderten Zeit und Gesellschaft fruchtbar zu machen. Für mich bestehen z. B. enge Verbindungen zwischen dem Weltbild der VorsokratikerInnen und dem heutigen Prozeßdenken; zwischen der Symbolgestalt der Maat, der Göttin der kosmischen Ordnung, und dem heutigen systemischen Denken. Denn der Kosmos wird nicht nur als hierarchische Ordnung von oben nach unten verstanden, sondern als eine Verknüpfung von allen Lebewesen mit allem. Solche Verbindungen werden auch von PhysikerInnen und anderen NaturwissenschaftlerInnen hergestellt (Gaia als Respräsentantin der Erde, Chaostheorien etc.). Matriarchatsforschung, Göttinnen- und Vorfahrinnenerinnerung haben für mich auch politische Bedeutung, da sie gerade in der Begegnung mit Frauen aus anderen Kulturen, die ihre eigene matrilineare Geschichte und ihre spirituellen Traditionen erinnern, eine befreiende Wirkung haben kann. Ich habe in meiner Arbeit die Bedeutung des Wissens um alte Frauenreligionen und Spiritualität immer mit klarer intellektueller und gesellschaftsverändernder Arbeit verbunden und gerade darin eine Stärkung vieler suchender Frauen erlebt, bis hin in die Einzelberatung. Ich habe mich entschlossen, abwechselnd mit dem Begriff »Gott« auch den Begriff »GottYn« zu verwenden. »GottYn« bringt die Geschichte der Frauen in der Silbe Yn hinein und macht gleichzeitig die historische Distanz zur Bedeutung der vielen Gestalten der »Göttin« in unterschiedlichen Gesellschaften deutlich, die wir nicht bruchlos übernehmen können. Auf der anderen Seite knüpft der Klang jedoch an die Tradition der Göttin an, die mir als Symbolisierung der Vielschichtigkeit weiblicher Lebensformen und Macht sehr wichtig geworden ist. Die Flügel der Maat oder Isis z. B. drücken nicht nur die Kraft des Sich-erhebens und des Umfassens von Himmel und Erde aus, sondern auch Schutz und Segnung, einen Raum der Geborgenheit und der Freiheit.

Kritische Gesichtspunkte (Julia Strecker)

Im Folgenden möchte ich die Matriarchatsdiskussion kritisch beleuchten, indem ich den Blick auf die Gefahren und Problematiken richte, die sich mir bei näherer Auseinandersetzung stellen. Ich schreibe dies aus einer langjährigen Geschichte und Erfahrung mit Frauen, die in der Göttinnenbewegung beheimatet sind, mit denen mich teilweise viel verbindet, nämlich die Suche nach anderen Lebensformen, nach herrschaftsfreiem Zusammenleben, nach der Möglichkeit, Identität und Spiritualität von Frauen und Mädchen mit feministischen Kriterien zu benennen und zu füllen. Ich schreibe dies auch aus der Erfahrung heraus, daß eine gemeinsame Suche nach Spiritualität und Religion mit Anbindung an Frauengeschichte und -erfahrungen auch Trennung, Abgrenzung und Abschied bedeuten kann. In vielen Frauengottesdiensten und Frauengruppen, die ich in meiner Zeit als Pastorin für Frauenberatung und Mädchenarbeit initiierte, mitgestaltete und begleitete, tauchte diese Diskussion bis zur Schmerz- und Trennungsgrenze auf.
Der Abschied beginnt an dem Punkt der Rekonstruktion von Rollenzuschreibungen von Weiblichkeit und Frausein in eine zurückgedachte Zeit. Die Andersartigkeit der Frau wird beschrieben als das archetypisch Weibliche. Verbunden damit ist der Glaube an eine friedliebendere, sanftere, sensiblere Natur der Frauen, die sich im Matriarchat durchsetzen konnte. Die Göttin hat in diesem Kontext unter anderem die Funktion, den Naturkreislauf wieder ins Lot zu bringen. So kommt z. B. Göttner-Abendroth nach Rekurrierung auf eine dreigestaltige Göttin in der matriarchalen Urzeit zu dem Schluß, daß die Zukunft der Erde, wenn überhaupt, nur von dieser Göttinnenkraft ins Positive gewendet werden könne, wenn überhaupt: »... was die matriarchalen Religionen verstanden und respektierten: die natürlichen Kreisläufe, wurden von (den patriarchalen Religionen) mißachtet und zerstört. Was wird uns dage-

gen helfen? Vielleicht der Aufstand der Hera, um die irdische Ordnung wieder zu einer des Überlebens zu machen. Vielleicht – wenn uns die Zeit bleibt!« (Göttner-Abendroth, München, 1985, 132).

M. E. ist dies die Rückprojektion einer herrschenden, patriarchalen Konstruktion in die Geschichte. Ich halte dies insofern für problematisch, als die klassischen Zuschreibungen von dem, was weiblich ist, fortgesetzt und unkritisch übernommen werden, was wiederum dazu führt, daß das Frauenbild sehr einseitig ausfällt. Die Identifikation mit diesen Attributen und Projektion auf die Symbolisierung der Göttin führt zu einem polar gedachten Geschlechterverhältnis. Die Göttin wird zur Projektionsfläche für eine einseitige und m. E. reduzierte Welt- und Frauensicht.

Zugleich findet in der Matriarchats- und Göttinnenbewegung das statt, was gesellschaftlich, verstärkt seit Beginn der 80er Jahre, festzustellen ist: Ausgelöst durch die Komplexität der Probleme entwickelt sich ein Kulturpessimismus, der den Glauben an die Veränderbarkeit von gesellschaftlich bedingten Problemen bedroht. Stattdessen wird eine Hinwendung zum mythischen Forschen und Analysieren propagiert, was zugleich beinhaltet, daß die Analyse sich auf die inneren Prozesse, die mythologischen Zusammenhänge und die Wiederentdeckung der eigenen Prozesse im Mythos beschränkt. Gesellschaftsanalyse, die die Möglichkeit von politischen Handlungsstrategien und Widerstand gegen ungerechte Strukturen im Blick haben sollte, ist nicht gefragt. Stattdessen verliert sich das Subjekt im Strudel der remythologisierenden Rede vom ewig Wiederkehrenden (Wagner-Hasel, 1993, 9). Statt der konkreten politischen Tat konzentrieren sich die Vertreterinnen der Göttinnenbewegung auf energetische Prozesse und Kreisläufe, die als solche keine politischen Konsequenzen haben.

So können Frauen zu Übereinstimmung kommen, wo in einer kritischen Haltung zur patriarchalen Gesellschaft ein permanenter Konflikt droht. In Übereinstimmung meint, mit ihrer Sozialisation als Frau und zugleich mit den Ansprüchen feministischer, oder besser: sich einer gewissen Szene zugehörig fühlender Bewegung.

Letztendlich führt diese Identifikation jedoch nicht zu einer Transformation der herrschenden Verhältnisse, sondern dadurch, daß mit klassischen Zuschreibungen das Weibliche als gut und das Männliche als böse qualifiziert wird, reproduzieren diese Affirmationen das Frausein als Mittäterin in einem patriarchalen, frauenverachtenden System.

An dieser Stelle, last not least, möchte ich noch einmal auf den Differenzgedanken der Mailänderinnen zurückkommen, die davon ausgehen, daß es Differenz zwischen ganz unterschiedlichen Wirklichkeiten von Frauen gibt. Konkret bedeutet das: Daß es die Differenz zwischen Frauen gibt, ist offensichtlich, aber wie sie sich im einzelnen ausdrückt, muß sich erst noch

erweisen. Dieser Differenzgedanke müßte sich m. E. auch auf die Beziehung zu dem göttlichen Gegenüber übertragen lassen. Es ist jedoch sehr schwer, eine wie auch immer geartete Differenz im Kontext der Göttinnenbewegung zu verorten. Meistens läßt sich eine möglichst große Übereinstimmung und komplette Identifizierung mit der Göttin feststellen. Es fehlt m. E. eine kritische Affidamento-Haltung, in der sowohl das gegenseitige Verständnis als auch die gegenseitige Konkurrenz und Infragestellung als Teil der gleichen Beziehung gesehen werden. Wenn Affidamento bedeutet, daß Frauen sich als unterschiedlich und zugleich miteinander verbunden wahrnehmen, so würde das in Auseinandersetzung mit der Göttin bedeuten, daß die Anbindung an sie die Differenz und damit auch die mögliche politische Sprengkraft, die diese Differenz in sich trägt, herausbringt. Vielleicht hat Ursula Riedel-Pfäfflin das gemeint, wenn sie von einer Bewegung des affidamento im gesellschaftlich historischen und politischen Sinn spricht. Ich habe jedoch kritisch anzumerken, daß die Praxis der meisten Matriarchatsforscherinnen eine andere ist, nämlich die, die Weiblichkeitsbilder der naturnahen und emotional gedachten Frau aufrechtzuerhalten. Damit bleibt kaum Spielraum für eine visionäre Utopie von einem Ort, an dem die Frauen eine andere gesellschaftsnonkonforme Haltung zum gleichen Geschlecht, geschweige denn zur Göttin, einnehmen könnten.»... die vermeintliche Alternative zur beklagten Wirklichkeit sichert nur die Anpassung an bestehende Rangfolgen.« (Wagner- Hasel, 1993, 10)
Die Erfahrung an und auf der Grenze, die eigene Abgrenzungsfähigkeit und zugleich die eigene Begrenztheit zu spüren, würde auch die Beziehung zur Göttin erst zu dem machen, was sie eigentlich ausmacht.

Zum Schluß

Von den Mailänderinnen übernehme ich: Es gibt keine klare Definition »So hast du als Frau zu sein«, sondern das Frausein wandelt und verändert sich, bleibt und ist im Prozeß der Entwicklung von Frauen zum Identischwerden mit sich selbst immer wieder neu zu erfahren.
So ist es auch mit dem Gottesbild der feministischen Seelsorge. Es gibt kein statisches, fertiges, festes Bild ... es gibt Bilder, Ahnungen, Symbole, Träume, Fantasien, Gebete, auch Schreie der Verzweiflung, der Hoffnung, der Wut und Entrüstung. Es gibt offene Wunden, die auch geheilt werden wollen und es gibt tiefe, bedrohliche Löcher, es gibt das gläserne Herz und die Traumflügel. Diese Flügel, die etwas in uns zum Schwingen bringen, die uns von bedrohlichen Orten wegführen zu sicheren und geschützten Oasen oder auch Wüsten, diese Flügel sind es letztendlich, die uns die Ge-

genwart Gottes zu einer Erfahrung werden lassen, die sich nicht in Reflexionen und theoretische Auseinandersetzungen eingrenzen läßt.

Für mich als Theologin ist entscheidend, daß ich nicht immer Antworten parat haben muß ... daß ich manchmal mit Frauen vor dem bedrohlichen Loch saß und manches Mal mit Frauen vor der geballten Faust erstarrt bin, daß auch ich Leere, Ratlosigkeit, Wut und Verzweiflung gespürt habe. Und als ich in der Antoniterkirche (siehe S. 23) im Raum der Kirche die vielen ungehörten Geschichten und Verzweiflungsschreie von Frauen gehört habe, da spürte ich, daß genau in diesem Moment Gott als eine dieser Frauen in dieser Kirche präsent ist.

Vielleicht ist auch das eine wichtige Bedeutung der Flügel, daß wir Frauen nicht müde werden, unseren Erfahrungen Raum und Stimme zu geben, daß wir sie damit aus der individuellen Begrenzung auf die gesellschaftlich-kollektive Ebene holen.

Damit drücken wir auch etwas von unserer Hoffnung aus, daß nämlich allen Frauen und Mädchen, die keinen Raum und keine Stimme gefunden haben, diese Traumflügel versprochen sind ... nicht erst im Jenseits oder überübermorgen, nicht von einem allmächtigen, weit entfernten und unnahbaren Gottvater, sondern von Gott, die sagt:»Ich bin, die ich bin, heute im Hier und Jetzt. Ich sehe dich, so wie du bist, so wie du geworden bist und so wie du sein wirst. Ich sehe deine Schmerzen, deine Wunden und deine Verletzungen und ich weiß, du bist nicht allein.«

Schuld und Vergebung

In meiner Arbeit mit vergewaltigten Mädchen und Frauen habe ich immer wieder gemerkt, daß wesentliche Aspekte des Heilungsprozesses Gefühle der Wut und konkrete Rachefantasien sind. Vorher jedoch waren andere Gefühle im Vordergrund: die der Schuld und die der Einsamkeit.»Ein unendlicher Schmutzfilm hat sich in mir breitgemacht. Er sitzt da wie ein fetter, schmieriger Ölfilm auf meinen Organen und in all meinen Gliedern«, so eine Frau, die zwanzig Jahre nach ihrer Mißbrauchsgeschichte als Kind zu mir in die Beratung kam, nachdem sie Fotos von rachelustigen Frauen in der Kirche gesehen hatte.

Während der Fotoausstellung zum Thema »Gewalt gegen Frauen« von Bettina Flitner in der Antoniterkirche in Köln stellten wir lebensgroße Fotos von Frauen und Mädchen aus, die alle Gewalt erfahren hatten und die mit diesen Erfahrungen sehr unterschiedlich umgingen. Auf die Frage:»Haben Sie einen Feind, und, wenn ja, was würden Sie mit ihm tun, wenn Sie es ungestraft dürften?« (Flitner, 1995, 91), antworteten fast alle Frauen mit konkreten Leidensgeschichten aus ihrem Leben. Sie hatten alle mindestens einen Feind, den Vater, Stiefvater, Onkel oder besten Freund der Mutter, und dies nicht grundlos, sondern weil er ihnen Gewalt angetan hatte. Die Fotografin hatte ihnen ein Arsenal von Spielzeugwaffen angeboten, und fast alle wählten sich eine Waffe aus, mit der sie dann ihre Rachegedanken und Wutgefühle zum Ausdruck brachten. Unter den Fotos standen Zitate wie z. B.: »Mein Feind ist eine Person. Ich kenne ihn mein Leben lang. Er hat mich nie anders behandelt als mit Verachtung« (Flitner, 1995, 66). Während der Ausstellung strömten Hunderte von Frauen und Mädchen, auch Männer, in die Kirche. Wir boten Andachten an, in denen es Gelegenheit gab, den ungehörten Geschichten Raum zu geben. Viele schrien ihre Wut und ihre Ohnmacht in den Kirchenraum hinein. Es gab Anlehnungen an biblische Texte, in denen geklagt und geschrien wurde. Viele Frauen, verschieden an Aussehen, Alter und Herkunft, brachten ihre Betroffenheit und ihre Gefühle zum Ausdruck. Nach den Meditationen führte ich oft noch lange Gespräche mit Frauen, die zu mir kamen. Fast alle drückten ihr Erstaunen darüber aus, daß so etwas in einer Kirche stattfinde. Viele erzählten von ihrem Leid mit der Kirche und den Schuldgefühlen, die sie schon als kleine Mädchen eingetrichtert bekamen. Plötzlich erzählte eine alte Frau mir: »Schon als 16jährige habe ich eine Riesenschuld gespürt, wenn mein Großvater mich genötigt hat, seinen Schwanz zu lutschen und anschließend drohte, wenn ich es jemandem erzähle, würde er mich bestrafen. Ich fühlte mich damals schmutzig und dachte immer, daß ich schuld daran sei, daß er mich so behandelte. In die Kirche gingen wir regelmäßig, und ich kannte viele Geschichten aus der Bibel. Im Seitenschiff unserer Stadtkirche hing ein altes Bild von Eva und der Schlange. Mein Großvater befahl mir, ich solle es mir einprägen. Die Sünde sei schließlich durch Eva in die Welt gekommen. Wut habe ich damals nie gespürt und solche Rachephantasien, die natürlich hin und wieder auftauchten, nur ganz zaghaft. Ich war ein solches Angsthäschen. Mit 45 erst, als meine Tochter sehr krank wurde und ich Angst hatte, daß sie sterben wird, habe ich angefangen, meine Mißbrauchsgeschichte aufzuarbeiten. Ich war bei einer Beratungsstelle, und im ersten Gespräch mit der Therapeutin spürte ich, daß ich zehn Tonnen Wut in mir trage, und früher dachte ich immer, das seien alles Schuldgefühle ...«

So wie dieser Frau ist es vielen ergangen. Sie haben die erlittene Gewaltgeschichte als eigenes Versagen internalisiert, fühlen sich schuldig und wissen nicht wohin mit ihren Gefühlen von Versagen und Scheitern. Die Kirchen sind Trägerinnen einer christlichen Tradition, die den Frauen die Auseinandersetzung mit der erfahrenen Gewalt erschweren, wenn nicht verunmöglichen. Die Kirchen haben den Frauen und Mädchen seit Jahrhunderten eingeredet, daß durch sie das Böse in die Welt gekommen sei, und sie haben durch verschiedene Mythenbildungen und Geschichten das Bild von Eva als Verführerin und der Schuldigen zugleich vermittelt, weitertradiert und zementiert. Nur langsam beginnen diese Zementierungen zu bröckeln. Viele Frauen haben sich verabschiedet von diesen Bildern, sind aus den Kirchen ausgezogen und haben sich eigene neue Geschichten gesucht. Aber auch jenseits des kirchlichen Bezugsrahmens hat sich der Mythos tief hineingegraben in das Unbewußte, in Bilder, Überzeugungen, Gedankengebäude.

Eine Frau, ich nenne sie hier Petra, kam über mehrere Monate hinweg in meine Beratung. Sie war in ihrer Kindheit und Jugend mit Religion oder Glaubensinhalten kaum in Berührung gekommen, hatte aber das Gefühl, daß ihr unaufgearbeiteter Schuldkomplex nur mit einer Pfarrerin zu besprechen sei. Sie fühlte sich schuldig, weil ihre Eltern sich getrennt hatten, als sie fünfjährig war.

Sie war der Überzeugung, daß sie der eigentliche Trennungsgrund war. Obwohl ihre Eltern nicht religiös waren, betete sie jeden Abend zu Gott, daß er sie von ihrer Schuld reinwaschen möge. Als dann die Trennung tatsächlich stattfand, hatte sie den Eindruck, zu wenig dafür getan zu haben, daß ihre Eltern sich versöhnen. Sie empfand die Scheidung ihrer Eltern wie eine Strafe für ihre Schuld. Erst nach vielen Gesprächen erzählte sie mir, was ich vorher schon geahnt hatte. Sie war, seitdem sie sich erinnern kann, vom Bruder der Mutter, der jeden Abend zum Essen kam, sexuell und psychisch gequält worden. Er setzte sie unter Druck, redete ihr Schuld ein und drohte permanent mit Bestrafung. Er redete ihr ein, daß sie nicht artig genug gewesen sei, und daß ihre Eltern in solch einem schlechten Verhältnis zueinander stünden, weil sie so ungezogen und wenig liebevoll mit ihnen umginge. In den Gesprächen wollte sie von mir wissen, warum das Böse überhaupt in die Welt gekommen sei, warum die Frauen immer eher Schuld haben als die Männer und was sie tun könne, um die Schuld loszuwerden. In vielen Gesprächen versuchte ich mit ihr an einem positiveren, bejahenden Selbstbild zu arbeiten und mußte dabei feststellen, wieviel Ballast sie auf ihre Schultern geladen hatte. Sie konnte sich nicht vorstellen, daß die Schuldfrage die Perspektive, mit der sie ihre Familie, ihre Sozialisation etc. betrachtete, völlig verkürzte. Beispielsweise sah sie sich selbst im Verhältnis zu ihren Eltern immer nur in einem Tun-Ergehens-Zusammenhang. Wenn ihre Eltern Streit hatten, wenn sie von ihnen gelobt wurde, wenn später in Zeiten der Trennung ihre Mutter nicht wollte, daß sie regelmäßig zu ihrem Vater ging, wenn ihr Vater ihr etwas versprach und dann das Versprechen nicht einhielt, so lagen die Gründe immer in ihr und ihrem Handeln oder Nicht-Handeln begründet. Später begriff sie, daß die eigentlichen Gefühle, nämlich die Verlassensängste, die Wut, die Rachegedanken an ihrem Onkel und der Zorn nicht sein durften, weil sie ja schuldig war. So kam sie nur in mühsamer, langsamer Arbeit an die unausgedrückten Gefühle und versteht heute, daß Schuld häufig ein »Pseudogefühl« ist, auf das sie sich jahrzehntelang zurückgezogen hat, das aber gleichzeitig lähmend und sehr verengend auf ihr Leben wirkte.

Wie läßt sich aber von Schuld so reden, daß diese nicht zu Lähmung, Entmutigung und mangelndem Selbstwert führt, sondern stattdessen zu Erkenntnis, Aufdecken und Veränderung? Dieser Dreischritt ist in der feministischen Diskussion verschiedentlich aufgegriffen worden, und er gibt Hilfestellung zu einem ganzheitlicheren und konstruktiveren Umgang mit der Wirklichkeit (Schaumberger, Maaßen, 1986).

Das Erkennen bedeutet, die Situationen von Unrecht und Entfremdung als solche zu benennen und Zusammenhänge als menschengemacht und nicht als gottgegeben zu durchschauen. Sünde wird dann zu einem Begriff, der strukturell verankert ist. Es gibt sündhafte Strukturen und Beteiligung von Menschen an diesen.

Das Aufdecken beinhaltet, die Rolle von Frauen und Männern genauer zu beleuchten, Strukturen zu benennen und zu fragen: Wer sind die eigentlichen Nutznießer des Systems? Auf wessen Kosten kann das System existieren?

Das Verändern zielt im befreiungstheologischen Kontext auf Bekehrung (Schaumberger, Schottroff, 1988,198). Damit ist wirkliche Veränderung gemeint, was über Umkehrung des Vorgegebenen hinausgeht. Letztendlich zielt diese Bekehrung auf eine Gesellschaft und Kirche, in denen die Machtverhältnisse transparent gemacht werden. Macht wird »... als kreatives Vermögen und subversive Durchsetzungskraft, Erlösung als Lösung von Fesselung und Befreiung als Herausholen aus Unterdrückung ... und Erfüllung des Lebens« (Schaumberger/Schottroff, 1988, 198) angestrebt.

In Petras Situation bedeutete das Erkennen, daß sie sich selbst als Teil des Systems Familie begriff und verstand, daß sie selbst als eine, der Gewalt angetan wurde, in die Rolle der Schuldigen gedrängt wurde. Erkennen bedeutete im seelsorgerlichen Prozeß ihr Einsehen, daß die Verantwortung für die Gewalt bei ihrem Onkel liegt, daß die Trennung der Eltern im Verantwortungsbereich der Eltern liegt. So konnte sie beginnen, langsam und vorsichtig, sich nicht länger selbst abzulehnen.

Hier setzt das Aufdecken ein. Ihre eigene Verantwortung für ihr Leben, ihre Rolle im Ganzen zu beleuchten und zu verstehen, daß sie, sobald sie in Berührung mit ihren tieferliegenden Gefühlen kam, aus der Lähmung und dem Niedergedrücktsein heraustreten konnte, setzte neue Dimensionen frei.

Das Verändern beinhaltete eine neue, transformierte Sichtweise auf die Welt. Petra konfrontierte ihre Eltern mit ihren neuen Erkenntnissen. Sie entschied sich, eine Namensänderung vorzunehmen und sie verabschiedete sich von dem Selbstbild der ewig schuldigen, kleinen Petra. Sie erfuhr, daß ihre Beziehungen sich veränderten und daß sie ganz langsam ein Gefühl der Akzeptanz und Selbstliebe entwickeln und spüren konnte.

Die notwendige »Bekehrung« aus Schuld bedeutet jedoch nicht, daß wir als Frauen der Auseinandersetzung mit den Fragen nach unserer Schuld und Verantwortung enthoben sind. Sölle hat auf das wesentliche Potential der Schuldfähigkeit hingewiesen, die auf Einsicht in Beteiligung und Verstrickung, nicht auf der allgemeinen Schuldgefühlsduselei basiert (Sölle, 1973, 25-31). Schulderkenntnis bedeutet, Verantwortung zu übernehmen und sich nicht auf ein Abstellgleis zu begeben. Thürmer-Rohr hat in ihrer These von der Mittäterschaft wiederholt kritisiert, daß die Vorstellung von der Unschuld der Frauen dazu geführt habe, daß die Männer in ihrem Handeln und Agieren ent-schuldigt wurden. »Was die Frau tat, ließ Männer fortschreiten, ohne daß sie selbst fortschritt« (Thürmer-Rohr, 1987, 108). Verantwortung und Schulderkenntnis »irritiert und stärkt Frauen und macht sie daher – ganz im Gegensatz zur »reinen« und »unschuldigen« Frau unbeliebt« (Schaumberger/Schottroff, 1988, 276).

An dieser Stelle ist Vergebung ein wesentliches Stichwort. Menschen, die Verantwortung übernehmen, sollten auch lernen zu vergeben. In der christlichen Tradtion gibt es ein Reden über Vergebung, das nahelegt, die Opfer müßten den Tätern vergeben. So fordern Eltern von ihren Kindern, die Deutschen von den Juden, die Weißen von den Schwarzen etc., daß sie ihnen vergeben mögen. Ein Mädchen, das in einer Mädchengruppe bei mir war, störte sich an dem Titel einer Postkarte, die eine Zeitlang an meiner Bürotür hing: »Brave Mädchen kommen in den Himmel, böse kommen überall hin ...« Sie meinte, daß zum Bravsein dazugehöre, ein großes Herz zu haben und vergeben zu können, Dinge, die sie eigentlich für sich ziemlich wichtig fänd. In der Gruppe erzählte sie, daß ihre Eltern ihr letztendlich ja auch immer vergeben hätten, wenn sie ausgerissen war oder sich »daneben« verhalten hatte. In mehreren Gesprächen entdeckte sie, daß die Vergebung, die ihre Eltern von ihr forderten, eine andere Ebene hatte als die Vergebung, die sie hin und wieder von ihren Eltern erfahren hatte. Auch sie hatte eine Gewaltgeschichte hinter sich mit psychischen und physischen Druckmitteln, die sie selbst in der Rolle der Ohnmächtigen und der Abhängigen sein ließen. In der Gruppe fand sie heraus, daß Vergebung zwischen gleichberechtigten Personen in einer Gemeinschaft eine andere Qualität hat als Vergebung zwischen Eltern und Kindern. Die angelernte, oft unausgesprochene Vergebungspflicht korrespondiert mit der erneuten Schuldzuweisung, die Menschen mit Gewalterfahrungen erleben, wenn sie nicht vergeben. Vergebung im neuen Licht bedeutet also nicht, dem Zwang ausgesetzt zu sein, vergeben zu müssen, vor allem nicht als Pflicht der Ohnmächtigen gegenüber denen, die Macht haben. Vielmehr ist Vergebung eine Möglichkeit, die geschehen kann, wenn ein Täter, der Unrecht getan hat, dieses bereut und Schritte gegen sich akzeptiert, die den vom Unrecht Betroffenen Gewißheit verschaffen, daß er sich ändern will. Vergebung und Schuld gehören unmittelbar zusammen, denn der Täter muß das Ausmaß der Schuld, die er auf sich geladen hat, akzeptieren. Um die Größe der Schuld wahrzunehmen, muß eine Sensibilität und Empathie für die Folgen, an denen die Mädchen und Frauen noch jahrelang leiden, an den Tag gelegt werden. Die Überlebenden sexueller Gewalt müssen den Tätern nicht vergeben. Für ihr Überleben ist es aber lebensnotwendig, daß es nicht ihre Schuld war, so daß sie sich selbst vergeben können. »Wirklich wichtig ist nur, daß du dir selbst vergibst ... Du mußt dir vergeben, daß du dich arrangiert hast, so gut du konntest ... Du mußt dir vergeben, daß du als Erwachsene mit Einschränkungen gelebt hast, daß du deine Opferrolle weitergelebt hast, daß du nicht wußtest, wie du deine eigenen Kinder beschützen solltest ...« (Bass/ Davis, 1992, 143).

Religiöse Sozialisation von Mädchen

Die feministische Theologie hat in ihren verschiedensten Ausprägungen in den letzten fünfzehn Jahren auf ihre Weise auf die Unsichtbarkeit und das Verschwiegenwerden von Frauen geantwortet. Es hat einen Exodus einer bestimmten Gruppe von Frauen gegeben, die sich im christlichen Werte- und Symbolgebäude nicht mehr zu Hause fühlen, und es gibt nach wie vor eine Minderheit von Frauen, die sich auf die unterschiedlichsten Weisen ihren Platz in Kirche und Religion suchen.

Wo aber sind die Mädchen?

Das, was von Carol Gilligan (München 1984)[1] zur entwicklungspsychologischen Entwicklung von Mädchen und Jungen aufgezeigt wurde, ist in diesem Zusammenhang insofern interessant, als die religiöse Identitätsausbildung m. E. in unmittelbarem Zusammenhang mit der sozialen steht.

Gilligan sagt, daß die Entwicklung von Mädchen und Frauen im Kontext ihrer Verbundenheit zu anderen Menschen und ihr ganzes Bezugssystem

---

1. Gilligan legte ihrer Studie empirische Untersuchungen zugrunde, in der mehr als 200 Frauen, Männer und Kinder befragt wurden. Leider ist es an dieser Stelle nicht möglich, Chancen und Grenzen ihres Ansatzes zu diskutieren. Vgl. dazu A. Maihofer In: Feministische Studien 6 (1988), Heft 1, 32-52.

von dieser Verbundenheit und Beziehungsorientiertheit her gesehen werden muß. Ihre moralischen Entscheidungen machen sich an den konkreten, jeweiligen Beziehungskonstellationen und -problemen fest.

Jungen und Männer hingegen definieren sich über die Getrenntheit. Ihre moralischen Entscheidungen machen sich an bestimmten Werten, wie zum Beispiel dem Plädieren für grundsätzliche Rechte für alle, fest.

Diese unterschiedliche Entwicklungsweise von Mädchen und Jungen spiegelt sich dann auch im Verhältnis der Mütter zu ihren Töchtern. Mütter können sich von ihren Töchtern von Anfang an schlechter unterscheiden als von ihren Söhnen. Die inneren und äußeren Verbindungen, die in der schon ganz frühen Lebensphase entstehen, bleiben elementar und wegweisend für die Lebensgeschichte der Mädchen. So ist es zum Beispiel für viele Mädchen sehr schwierig, wichtige Entscheidungen zu treffen, die konträr zur Lebensgeschichte der Mutter laufen. Ein Mädchen, das in einer meiner Mädchengruppen war, erzählte mir unter extremer Anstrengung, daß sie Medizin studieren wollte, allerdings große Angst habe, dies ihrer Mutter zu erzählen, die doch »nur« Krankenschwester gewesen sei und insgeheim immer Ärztin werden wollte. In mehreren Gesprächen mit ihr erfuhr ich, daß sie ihre Mutter so sehr idealisierte, daß sie sich nicht vorstellen konnte, einen anderen Beruf oder gar einen anderen Lebensweg zu wählen.

Wo aber können sich die Mädchen mit ihren Sehnsüchten und Ahnungen vom Mehr des Lebens anbinden? Wo sind die Bilder und Geschichten in der christlichen Tradition, die Mädchen Orientierung, Sinnstiftung und Identitätsstützen anbieten? Wenn ich meine Nachbarsfreundin Gloria (vier Jahre alt) nach ihren liebsten Gegenständen frage, ihren Edelsteinen, die sie am liebsten wie einen Schatz hüten und in der Erde verbuddeln möchte, damit sie niemand findet, antwortet sie: »... mein Lieblingskuscheltier, die Barbiepuppe Shelley oder meine Lieblingsjeans«. Anna (8) liebt ihr Tagebuch und ihre Kassette mit den Märchen. Wenn ich sie nach Mädchen, die sie aus Büchern kennen und bewundern, gefragt habe, nannten sie mir »Pipi Langstrumpf«, »Ronja, die Räubertochter« oder auch diverse »Mädchen« aus den aktuellen Seifenopern wie »Verbotene Liebe« oder »Lindenstraße« etc.

Aber ein Mädchen aus der biblischen Tradition?

»Erzähl mir doch von einem Mädchen«, sagt Gloria.

Und schon komme ich wieder ins Schleudern. Schließlich gibt es kaum Mädchen, und wenn, dann tauchen sie auf in Vater-Tochter-Geschichten (zum Beispiel die Geschichte von Jephta und seiner Tochter in Ri 11 oder die Geschichte von Lots Töchtern in Gen 19) und reproduzieren alle Bilder, von denen wir Frauen uns in mühsamer Kleinarbeit verabschiedet haben: der allmächtige, weit entfernte Gott, der fast genauso mächtige Vater, der seine Tochter den Feinden ausliefert, die kleine Tochter, die sterben muß und ausgeliefert wird oder gnädigerweise trotz vieler Verfehlungen und Sünden weiterleben darf.

Wo sind die Geschichten, die uns Frauen auch für unsere Arbeit mit Mädchen etwas vom Leben und Sterben, vom Angst haben und Mut zusprechen erzählen, ohne uns oder die Mädchen in alte, festgefahrene Zuschreibungen verfallen zu lassen? Und wo sind die Power-Mädchen, die sich wie der kleine David durchsetzen und wissen, daß ihnen das Recht zusteht?

Wo sind sie, die Mütter-Töchter-Geschichten, die von der Einmaligkeit der Verbundenheit und der Besonderheit dieser Bezogenheit erzählen? Gut, es gibt die eine von Ruth und Naomi, die ja nun in diesem Buch schon häufig zitiert wurde, aber die eine ist uns nicht genug, und sie ist auch keine Mädchengeschichte. Und so wichtig die feministische Hermeneutik (Schüssler-Fiorenza, 1988, 63ff.) auch ist, wenn es um die alten Texte geht, so sehr ich mich auch bemühe, die Geschichte vom verlorenen Sohn auch als die der verlorenen Tochter umzudichten: sie bleibt eben doch eine Männergeschichte und für ein Mädchen wie Gloria in der Form nicht zu verwenden, wenn ich ihre religiöse Identität als eine autonome und sie stärkende Sinnsuche unterstützen will.

Und was mache ich? Ich erzähle trotzdem oder gerade darum Geschichten. Weil ich die Unsichtbarkeit der Mädchen in der Tradition genauso schlimm finde wie die der Frauen und weil ich den feministisch-christlichen Rahmen auch für meine Nachbarsfreundin als eine Symbolwelt empfinde, die sie ermutigen und begleiten, in Frage stellen und über sich hinausweisen kann. So erzähle ich von Rahel und Leah, den beiden Schwestern, die es so schwer miteinander hatten, in erster Linie nicht aus sich heraus, sondern weil die Männer sie gegeneinander ausspielten. Und von Rahel insbesondere, daß sie auch so einen alten Schatz hatte, in denen ganz viele Geschichten von ihren Müttern und Großmüttern und Urgroßmüttern gesammelt waren, und daß sie diesen Schatz gehütet hat wie ihren Kleinod, das Allerliebste und Wertvollste überhaupt. Und daß ihr Vater unbedingt an diesen Schatz herankommen wollte, und das ganze Zelt, in dem Rahel lebte, von oben bis unten durchsuchte. Aber er konnte den Schatz nicht finden, weil Rahel ihn versteckt hatte.»Wo hat sie ihn wohl versteckt? Wo würdest du ihn verstecken« frage ich Gloria. Und sie sagt:»In meiner Unterhose«, ohne auch nur einen Moment zu überlegen. Ja, so ähnlich war das mit Rahel auch. Sie versteckte ihn unter dem Sattel ihres Kamels, setzte sich darauf und sagte dann, daß sie nicht aufstehen könnte, weil sie gerade ihre Tage habe. Und dann hat der Vater den Schatz nicht gefunden. Und Rahel konnte ihn behalten.

Oder ich erzähle die Geschichte von Hagar und Sara, die von Rahab und die von Maria und Elisabeth. Ich lasse die Mädchen auch selbst ihre Geschichten erzählen und verbinde diese dann mit biblischem Material, das mir im jeweiligen Moment einfällt. Zum Beispiel eignen sich Symbolgeschichten wie »der brennende Dornbusch« oder »die Himmelsleiter« wunderbar dazu, die religiösen Bilder der Mädchen aufzunehmen und feministisch zu füllen. »Glaubst du eigentlich, daß Engel Mädchen sind?« fragte Gloria mich kürzlich, und ich sagte »Was glaubst du denn?« »Ich glaub', meistens ja, vor allem weil sie so schön sind und Flügel haben.«

Diese positiven Ansätze, mit der christlichen Tradition positiv und bestärkend für die Mädchen umzugehen, entbindet aber nicht von der notwendigen Auseinandersetzung mit der Entfremdungs- und Verletzungsgeschichte, die Mädchen genauso wie Frauen schon oft im frühen Alter erfahren. Schon die Unterrichtsmaterialien für die Arbeit mit KonfirmandInnenarbeit lassen ein differenziertes Bild vermissen. Da ist die Rede von den zehn Geboten, und besonders dem 4. Gebot, der Elternehre, wird nach wie vor ein wesentlicher Platz eingeräumt. Was aber ist mit den Müttern, den doppelt belasteten, denen oft die Ehre weniger zuteil wird als sie ihnen allemal zustehen würde?

Zugleich habe ich in der Vorbereitung auf die Arbeit mit Konfirmandinnen fast nirgends etwas über die vielschichtige, teilweise auch gewaltvolle Lebenswirklichkeit der Mädchen gelesen. Wäre das nicht in der theologischen Arbeit mit Mädchen unbedingt zu thematisieren und in den Blick zu nehmen? Daß mindestens jedes vierte Mädchen sexuelle Gewalterfahrungen erleidet, und was das dann zum Beispiel in Bezug auf die Elternehre heißt, wenn man schon weiß, wie tief der Mechanismus des Schweigegebots bei den Mädchen sitzt.

Und wie gehen wir mit den Geschichten aus der Bibel um, in denen Mädchen/Töchter vergewaltigt und ausgebeutet werden? Auf der einen Seite ist es ja immerhin insofern gut, daß es diese Zeugnisse gibt, weil wir uns erinnern können, daß es die strukturelle Ungerechtigkeit und die sexuelle Gewalt von Männern gegen Frauen und Mädchen schon so lange wie das Patriarchat gibt, auf der anderen Seite aber müssen wir Wege finden, um mit diesen ungeheuerlichen Geschichten umzugehen, zu leben! Wie können wir Wege finden, unseren KonfirmandInnen über die Mädchen in der Bibel zu erzählen? Wege, die nichts mehr verschleiern und zudecken, sondern die Augen öffnen, Tabus aufdecken und die Dinge (auch Strukturen) beim Namen nennen?

Es gibt sicher keine leichten Lösungsmöglichkeiten, keine einfachen Wege, denn das Gestrüpp der patriarchalen Tradition ist dicht und wild gewachsen, aber dennoch gibt es Hoffnungsschimmer, Lichtstrahlen, die uns als TheologInnen und SeelsorgerInnen Orientierung auf dem oft undurchsichtigen Weg sein können.

Zunächst einmal ist es jedoch wichtig, die Hauptstränge der christlichen Tradition, die Frauen und Mädchen in ihrer Entwertungshaltung immer wieder Nahrung geben, als frauenfeindlich und revisionsbedürftig zu entlarven. Es handelt sich hier besonders um die drei Komplexe von Schuld, Sünde und Vergebung, die in der kirchlichen Tradition eine wesentliche Rolle dabei spielen, Frauen die Auseinandersetzung mit tiefgreifenden Entfremdungserfahrungen und Verletzungen wie erfahrener Gewalt zu verunmöglichen oder zumindest zu erschweren.

Rituale

Wenn ich Rituale definiere als eine Möglichkeit, inneren religiösen und psychischen Prozessen eine symbolische Ausdrucksform zu geben, wenn ich zudem davon ausgehe, daß Seelsorge unbedingt auch Möglichkeiten eröffnen sollte, Kontingenzerfahrungen nonverbal und auf verschiedenen Symbolebenen auszudrücken, so frage ich, warum auch in den traditionellen Seelsorgeansätzen so wenig Gewicht auf die Arbeit mit Ritualen gelegt wird. Zum einen erklärt es sich von daher, daß Rituale in unserer Gesellschaft als »bewußt inszenierte«, religiöse Gestaltungselemente für Gemeinschaften an Wert verloren haben und durch »Mythen des Alltags«, wie das Fernsehen, ersetzt wurden. Zum anderen ist es sicherlich auch systemisch zu erklären: Seelsorge wird in den letzten Jahren nach wie vor unter »dem Einzelnen« verhandelt und in Überblicksliteratur zur Praktischen Theologie z. B. nicht der Kirche oder der Gesellschaft zugeordnet (Karle, 1996, 206ff.).

Zeitgemäß und unbedingt erforderlich ist aber, daß Seelsorge alle Themen, die in ihrem Spektrum auftauchen, unter gesellschaftstheoretischen und kritischen Bedingungen in den Blick nimmt. Das bedeutet für alle intrapsychischen Prozesse, die sich in den einzelnen von uns dargestellten Fallgeschichten widerspiegeln, daß diese auf ihre gesellschaftliche Struktur und Semantik hin befragt werden sollten.

Gerade weil die feministische Seelsorge die individualistische Engführung überwinden will, können Rituale helfen, individuelle Selbstdeutungsmuster als sozial hervorgebrachte zu identifizieren. Indem Rituale nämlich die Frage nach dem Woher und nach dem Wohin stellen, ist die Klientin noch einmal ganz anders herausgefordert, ihren eigenen Deutungszusammenhang zu überprüfen.

Außerdem können Rituale an »den Grenzen« des Lebens eine religiöse Dimension aufscheinen lassen. Seelsorge als Ritual übernimmt in diesem Fall die Rolle der »Störung« (Karle, 1996, 214), das heißt: die alltäglichen

Wahrnehmungsmuster und Zuschreibungen werden hinterfragt und/oder in einem neuen Licht gesehen.

Ein Beispiel: Eine bulimische Frau, die immer ißt, wenn sie auch nur Gelegenheit dazu findet, bittet mich, ihr bei der Neugestaltung ihres Morgenrituals zu helfen. Auf meine Frage, was denn ihr jetziges Ritual sei, sagt sie: »Bei offenem Kühlschrank fernsehen.« In vielen Gesprächen kommt sie ihren Verwundungen und Verletzungen auf die Spur. Sie spürt selbst, wieviel Wut und unaufgearbeitete Aggressionen sie in sich trägt. Ich ermutige sie, Töne und Namen für die Wut zu finden, und sie entdeckt, daß sie beim Tönen sehr viel Spannung loswerden kann. Eines Tages kommt sie zur Beratung und erzählt mir, sie habe ihr eigenes Ritual gefunden. Es sah folgendermaßen aus:

Sie stellte sich in Gebetshaltung, mit offenen Armen, mit dem Rücken zu ihrem Kühlschrank, öffnete sich für Gottes Geist, wie sie sagte, und dann machte sie einfach Töne in Schattierungen und Klangfarben, wie es ihr am besten gefiel. Wenn sie fertig war, machte sie eine Yogaübung, verbeugte sich und sang ein Morgenlied.

Ebenso wichtig erscheint mir die Funktion des Rituals für das Verhältnis zwischen Seelsorgerin und Klientin. Am Vollzug des Rituals exemplifiziert sich, was wir zu unseren Grundvoraussetzungen feministischer Seelsorge erklärt haben:

Die Seelsorgerin sieht sich nicht als allwissende Autorität, sondern als Begleiterin, die zur Umwelt des ganzen Systems dazugehört. Indem sie die Klientin anleitet, das eigene Ritual für sich zu entwickeln und durchzuführen, vertraut sie ihr und weiß sich angewiesen auf deren eigene Kompetenz und Integrität. Die Klientin selbst setzt die Maßstäbe: ob sie das Ritual allein oder mit FreundInnen durchführen will, ob es sich über einen längeren Zeitraum erstrecken soll oder eine einmalige Erfahrung sein wird, welche Gestalt es haben soll.

Konstitutiv für ein christlich fundiertes Ritual ist, daß etwas von dem aufleuchten kann und meistens auch aufleuchtet, was in apologetischen Abhandlungen über die Seelsorge das Proprium schlechthin genannt wird. Damit meine ich nicht nur, daß an entsprechenden Stellen vielleicht Bibelstellen oder Gebete mit hineingenommen werden, sondern auch, daß während des Rituals die Gemeindefunktion und damit auch der kirchliche Rahmen von Seelsorge wesentlich herausgehoben werden. Rituale entstehen ja nie im luftleeren Raum, sondern im Kontext der Kirche, in der die Seelsorge stattfindet. Die Kirche bietet ihre Räume und Rituale an, die Gottesdienste und Amtshandlungen, auch Lieder und Gebete, evtl. noch besondere Feste zu besonderen Anlässen des Jahres. Und so können wir uns als Seelsorgerinnen an der Aufwertung bestimmter kirchlicher Rituale beteiligen, wenn wir sie nicht gänzlich ablehnen, sondern zu unseren eigenen machen. Bedeutet dann nicht die Selbstaneignung eine logische Veränderung der bestehenden Rituale?

Ich denke da an so manchen Wiedereintritt der einen oder anderen Frau, die in meinen Gruppen waren oder einfach zu mir in die Beratung kamen. Im Gottesdienst sind diese Frauen feierlich und begleitet von der Gemeinde und von Freundinnen und Freunden aufgenommen worden. Es gab Altes und Neues, es gab eigene Texte und alte Gesangbuchslieder. Und vor allem gab es die Erfahrung, daß das Verweilen im Übergang, das Innehalten und das sich dabei Zeit nehmen (Luther, 1992, 254) wesentlich für den seelsorgerlich-spirituellen Prozeß ist.

Letzten Endes wird sich Kirche an den Grenzen und Schwellen unseres Lebens intensiver und zuverlässiger als Advokatin für die Erfahrungen, die dort aufschimmern, beweisen müssen, wenn sie überhaupt überleben will. Die Erfahrungen aus der feministischen Seelsorge zeigen, daß zu den alten Ritualen wie Konfirmation, Taufe, Hochzeit, Beerdigung etc. neue hinzukommen müssen, wenn die Erfahrungen und Anliegen der Frauen und Mädchen ernst genommen werden.

Da sind zunächst die Frauen, die mit Gewalterfahrungen in die Öffentlichkeit gehen wollen. Kirche kann hier die wichtige Funktion übernehmen, ihre Räume zu öffnen und Frauen bei dieser Enttabuisierung zu unterstützen.

Dann all die Frauen, die sich für eine andere Lebensform als die kirchlich tradierte und erwartete entschieden haben: Wo sind die Lesben und die Frauen, die sich nicht in das klassische Kleinfamilien-Modell zwängen lassen, wenn in Köln in der Antoniterkirche alle drei Monate Gottesdienst der HUK und LUK[1] gefeiert wird? Die Kirche ist meistens zu 80-90% von Männern besucht, ein sonst ja eher ungewöhnliches Bild. Ich glaube aber, daß die Frauen sich ihre eigenen Rituale wünschen und in diesen Männer-dominierten Settings nicht zu Hause sind.

In den letzten Jahren gibt es Veröffentlichungen zu Scheidungspredigten (Korenhof, 1996, Merian, 1995). Wo aber finden Menschen Anregungen für Abschiedsrituale, die sich nicht auf das klassische Gottesdienst- und Predigtmuster reduzieren lassen wollen?

Und die Mädchen. Es müßte Übergangsrituale für Mädchen geben, die auch in der Kirche einen selbstverständlichen Platz haben. Eine Frau, die lange zu mir in die Beratung kam, hatte drei Töchter und betrauerte in der gesamten Zeit unseres Kontakts, daß die Kirche ihr keinerlei Hilfestellungen für die Übergänge ihrer Mädchen angeboten hätte.»Warum kreieren wir nicht Rituale für das Feiern der ersten Menstruation, wie für den Auszug von zu

1   HUK – Homosexuelle und Kirche / LUK – Lesben und Kirche

Hause, die erste Liebe und auch ein Ritual für Liebeskummer und Trennung sollte es geben«, sagte sie.

In einer Mädchengruppe habe ich die Mädchen gefragt, ob sie sich vorstellen könnten, mit einem Mädchen, das für mehrere Monate in eine Klinik eingewiesen wurde (Diagnose: Magersucht), ein Abschiedsritual durchzuführen. Ich habe selten etwas so Bewegendes in dieser Gruppe erlebt wie dieses Ritual. Alle waren dabei, engagierten sich bei den Vorüberlegungen und Planungen. Zuerst hatte ein Mädchen vorgeschlagen, sie in einem Familiengottesdienst zu verabschieden, aber die Mädchen hatten Bedenken und wollten ihr einen geschützten Raum anbieten, durchaus die Kirche in das Ritual mit einbeziehen, aber nicht die gesamte Gemeinde mit dabeihaben. Es gab mehrere Treffen, in denen die Mädchen selbst ihre Verantwortlichkeiten absprachen. Mir wiesen sie die Rolle der Begrüßung und des Segens zu, ... alles andere gestalteten sie: eine Art »Abschiedslitanei«, Musik, Trommeln und Tanz, einen Teil, in dem das zu verabschiedende Mädchen ihren Raum abschreiten konnte und alles dalassen, was ihr nicht gut tut, was sie loslassen will, dann gab es einen Part mit Wünschen und am Schluß den Segen. Nach dem Ritual, das wir mit ca. 20 Mädchen und einigen Frauen, die von den Mädchen persönlich eingeladen worden waren, gefeiert hatten, fragte mich die Gruppe, warum es so etwas nicht für jedes Mädchen gibt. »Da hätte ich mehr von gehabt als von meiner langweiligen Konfirmation.«

Wir brauchen Rituale, wenn wir glaubhaft Seelsorge betreiben. Und in jedem Ritual wird auch wieder die existenzielle Frage nach der spirituellen Heimat von Frauen in der Kirche neu aufgeworfen. Schließlich macht sich an der Rituallosigkeit, an der für die meisten Frauen und Mädchen mangelnden Fähigkeit, sich im kirchlichen Gefüge zu beheimaten, wieder Elementares und Wesentliches des eigentlichen Dilemmas, der Heimatlosigkeit, fest.

Zugleich aber gibt es die Erfahrung, daß positiv erlebte und selbst-ausgefüllte Rituale im Kontext von Kirche Türen öffnen und neue Dimensionen von Spiritualität und Glauben ermöglichen.

Denn im Ritual kann ich mich dem Geist und der Verbindung zu Gott unmittelbar aussetzen. Ich brauche nichts mehr zu erklären, wenn ich gute Vorarbeit geleistet habe. Die allerdings ist wesentlich, damit es nicht zu unreflektierten, emotionalen »Highlights« kommt, die weder im seelsorgerlichen Prozeß, noch im kirchlich-sozialen Gefüge verankert sind.

Erotik und Wissen – die spirituelle Macht der Lebenskraft

Da wir in unseren Begegnungen mit Frauen immer wieder auf das Erleben von Mißbrauch gestoßen sind und auch in unseren theoretischen Überlegungen sehr oft Sexualität in Verbindung mit Traumatisierungen und Gewalt auftaucht, ist es uns wichtig, auch andere, anregende, spirituelle Flüge in das Reich der Sexualität und Erotik zu unternehmen.
Erotik und Macht sind in unserer Kultur oft mit negativen Assoziationen verbunden. Erotik ist in den Bereich der Eros-Center und Pornofilme geraten, Macht in das Territorium der schmutzigen Geschäfte und Kriege, des Regierens von oben nach unten. Auch in der Kirche ist der Begriff Macht für viele mit Allmachtsvorstellungen von Gott und dem Allmachtsgebaren von Kirchenleitungen und Bischöfen oder anderen Amtsträgern verknüpft. Die meisten Frauen wollen mit Macht nichts zu tun haben, weil sie Macht bisher nur als unterdrückende, einseitige Formen der Durchsetzung erfahren haben.
Im kirchlichen Raum über Sexualität, Körpererfahrungen, Sinnlichkeit oder Erotik zu sprechen, können sich die meisten Frauen kaum vorstellen. Hier haben sie von Sexualität und Lust meist im Zusammenhang mit Sünde und Schuld, mit Reinheit und Beschränkung auf Ehe gehört. Erotik und Glaube? Sexualität und das Heilige? Sinnlichkeit und Körper, Homosexualität, Freundschaft und Liebe zwischen Frauen als Themen der Theologie? Theologinnen wie Carter Heyward, Mary Hunt, Karen Lebacqz, Mary Pellauer, Elga Sorge, Elisabeth Moltmann-Wendel und andere haben alte Tabus gebrochen und den Zusammenhang von Sexualität, Erotik und Spiritualität reflektiert. Pastoralpsychologen wie James B. Nelson und James Poling erarbeiten neue Sichtweisen der Macht und der Männlichkeit, der Homosexualität und der Religiosität (Nelson/Longfellow, 1994).
Im Folgenden möchte ich Deutungen der Erotik und Macht darstellen, die ein anderes Wissen mitteilen, ein Wissen aus der Tiefe der eigenen Erfahrung, der intensiven Analyse der dominanten Kultur und des Erinnerns der eigenen Geschichte. Eine dieser Wissenden ist die afrikanisch-amerikanische Schriftstellerin Audre Lorde, die in ihrem Artikel »Vom Nutzen der Erotik« Erotik als Macht interpretiert. Ihre Gedanken gehören für mich zu dem Schönsten, was über Erotik geschrieben worden ist, und ich möchte im Gespräch mit ihr eine ungewohnte, spirituelle Sicht des Erotischen beschreiben (Lorde, 1983).

Erotik als Macht der Lebendigkeit

»Es gibt viele Arten von Macht, genutzte und ungenutzte, erkannte und unerkannte Macht. Erotik ist ein Potential, ein »Lebens-Mittel« in uns allen, das einer zutiefst weiblichen und spirituellen Ebene angehört und fest in der Macht unserer unausgesprochenen Gefühle wurzelt.« In diesem Verständnis von Macht wird ein ganz anderer Gesichtspunkt als der der Repression, der Durchsetzung von Hierarchie, der einseitigen und von Gewalt abgesicherten Einflußnahme von oben nach unten deutlich: Macht als Möglichkeit, als Potential, als Quelle der Kraft von innen und in Beziehung zu anderen, und zwar einer Kraft zum Leben. Diese Lebendigkeit, die zutiefst in dem Potential der Frauen verankert ist, Leben schöpferisch weiterzugeben, nennt Audre Lorde spirituell. Spirituell ist hier nicht im Sinne dualistischer Aufteilungen gemeint, wie sie sich in der europäischen Philosophie und Theologie durchgesetzt haben. Dort wird der Bereich des Körperlichen, Sinnlichen, Sexuellen, Materie-gebundenen und Welt-verfangenen mit dem Weiblichen, Subjektiven verknüpft. Diesem Bereich des »Niederen« steht das »Höhere« entgegen, das Reich des Geistes, des Nicht-sinnlichen, des A-sexuellen, des Göttlichen (Männlichen, Objektiven). Spiritualität ist in dieser Tradition als Geistlichkeit verstanden, die vom konkreten, sinnesbezogenen Leben abgegrenzt wird. Audre Lorde dagegen verbindet »spirituell« mit der Macht unserer »unausgesprochenen Gefühle«, die aus unserem »tiefsten, nicht-rationalen Wissen« entspringt (Lorde 1983, 187). Nicht nur wird Macht also neu definiert, sondern Erotik und Spiritualität werden anders verstanden. Erotik, Macht und Spiritualität gewinnen eine neue Bedeutung, indem sie miteinander und mit dem Wissens- und Wahrnehmungsbegriff verbunden werden. Erotik ist »eine Quelle erfüllender und provozierender Macht für diejenige Frau, die ihre Offenbarung nicht fürchtet und auch nicht dem Glauben erliegt, mit dem Gefühl der Erregung sei es getan(.) Erotik ist ein Maß der beginnenden Wahrnehmung unserer selbst im Chaos unserer stärksten Gefühle(.) Sie ist eine Frage nach der Stärke und Intensität unseres Fühlens bei unserem Tun« (ebda, 188).
Macht können wir also als Stärke und Intensität der Lebendigkeit im Fühlen und Handeln ansehen, die nicht beherrscht, sondern als Prozeß in ihrer Diversität und Fülle erlebt und wahrgenommen werden kann und in unsere Arbeit einfließt. Ziel dieses Handelns und Wissens ist es, »unsere Leben und das Leben unserer Kinder lebenswerter und reicher zu gestalten« (ebda, 188). Wir können also Macht als einen Prozeß der Einflußnahme von innen und als mit anderen geteilte Kraft verstehen, in welchem die Wahrnehmung unserer tiefsten und stärksten eigenen Gefühle beim Handeln einfließt. Diese Macht fließt so in unser Handeln und in gesellschaftliche Arbeit ein, daß sie

das eigene Leben und das der anderen lebenswerter und reicher werden läßt. Erotik wird von Lorde und von anderen feministischen Theologinnen viel weiter gefaßt als im traditionellen Verständnis des Begehrens und der Selbstsucht oder des Vorspieles, das zu einer Befriedigung der eigenen sexuellen oder gewalttätigen Interessen dient. Erotik ist schöpferische Gestaltungskraft, die aus der Wahrnehmung der tiefsten Emotionen fließt und sich für geteilten Reichtum des Lebens einsetzt. Sie ist zugleich spirituell im Sinne von spiritus als Atem, als Kraft der Lebendigkeit im biblischen Sinn von Geist, Lebensodem. »*Wenn ich daher von Erotik spreche, dann im Sinne einer Bestätigung der weiblichen Lebenskraft – dieser machtvollen schöpferischen Energie, die wir uns nun zu unserer Erkenntnis und zu unserem Nutzen in unserer Sprache, unserer Geschichte, unseren Tänzen, unserer Liebe, unserer Arbeit und in unserem Leben zurückgewinnen*« (ebda, 189).

Wissen als Macht der Wahrnehmung und der Erkenntnis unserer Potentiale

Für Frauen ist eine der problematischsten Folgen des in unserer Kultur dominierenden Wissens, daß es einerseits wichtige Dinge voneinander trennt, z. B. Spiritualität (das Psychische und Emotionale) vom Politischen, Erotik von Wissen und von Macht. Andererseits vermischt das dominante Wissen Erotik und Pornographie und leitet durch Erziehung Mädchen und Frauen an, ihrer eigenen erotischen Kraft mit Verdacht und Verdrängung zu begegnen. »*Wir wurden gelehrt, diesem in unserer westlichen Gesellschaft mißachteten, mißbrauchten und seines Werts beraubten Potential zu mißtrauen. Einerseits wurde oberflächliche Erotik als Zeichen weiblicher Minderwertigkeit gefördert und andererseits hat man die Frauen dazu gebracht, unter der Erotik zu leiden und sich ihretwegen selbst zu verachten und zu mißtrauen. Von da aus ist es nur ein kurzer Schritt zu dem Irrglauben, allein die Verdrängung der Erotik aus unserem Leben und Bewußtsein mache uns Frauen wirklich stark. Aber diese Stärke ist eine Illusion, denn sie entsteht in einem Kontext männlicher Machtmodelle*« (ebda, 187).
Ein wesentlicher Schritt der Frauenbewegung und feministischer Wissenschaft war und ist es, traditionelle Modelle von Macht und Wissen in allen Disziplinen und Gesellschaftsbereichen zu analysieren und nach ihrem Kontext zu differenzieren. Ein Beispiel für eine unterschiedliche Analyse ist die Einschätzung der sogenannten sexuellen Revolution. Wenn also vielerorts argumentiert wird, daß europäische und nordamerikanische Frauen nach den sechziger Jahren emanzipiert seien und keiner sexuellen oder

erotischen Einschränkung mehr ausgesetzt sind, daß sie die Pille benutzen können und sich sexuelle Freiheiten erlauben, dann geht das an einem tieferen Verstehen vorbei. Zwar haben weiße westliche Frauen gegenüber Frauen aus anderen Kontinenten und Systemen viele Privilegien und viel mehr Wahlmöglichkeiten, jedoch haben sie das dominante Wissen um ihre Minderwertigkeit als sexuelles Wesen durch unsichtbare Techniken der sozialen Kontrolle jahrhundertelang gründlich verinnerlicht. Die meisten Frauen haben den dazugehörigen Selbsthaß so erfolgreich gelernt, daß heute wenige Mädchen und Frauen sich getrauen, die Mächtigkeit und Fülle ihrer erotischen und sexuellen Kraft in allen Bereichen des Lebens, auch dem des Wissens und der Arbeit, zur Wirkung kommen zu lassen. Ich kenne kaum eine Frau, die von sich uneingeschränkt sagen würde, daß sie sich schön findet oder daß sie sich und ihren Körper liebt; hier war die Arbeit feministischer Theologinnen bahnbrechend, die neben wissenschaftlichen Analysen auch einfache Slogans formten wie »Ich bin gut, ich bin ganz, ich bin schön« (Moltmann-Wendel) und den Mut hatten, lesbische Beziehungen als Thema in die kirchliche und theologische Diskussion einzubringen (Mary Hunt, Hertha Leistner, Ute Knie).

Ein weiterer Schritt in der Wahrnehmung durch Theologinnen war es, Unterschiede zwischen Frauen genauer zu sehen und zu respektieren. »Die Frau« ist genauso eine künstliche Vereinheitlichung wie der Begriff »Weiblichkeit«. Wie weibliche Lebensenergie, Macht und Erotik sich äußern, ist sehr unterschiedlich und trotz vieler Gemeinsamkeiten nicht zu vereinheitlichen. Schwarze Theologinnen aus den USA nennen sich »Womanists«, hispanische Frauen »Mujerista«, um ihre eigenen Erfahrungen und Erinnerungen zu Gehör zu bringen. Um die eigene Stimme anderer Frauen zu achten, ist es wichtig, sie nicht einfach zu vereinnahmen. Aus diesem Grund möchte ich die Stimme Audre Lordes so viel wie möglich als ihre eigene hören, denn als weiße Frauen nehmen wir die machtvollen Energien der farbigen Frauen oft nur in Abhängigkeitsverhältnissen und Dienstleistungen für uns in Anspruch. Audre Lordes Wunsch ist es, aus ihrer eigenen Erfahrung mitzuteilen, wie diese andere Mächtigkeit in uns, die Kraft der Erotik, unser Leben und unser Zusammenleben verwandeln kann. »*Eine andere wichtige Funktion erotischen Bezogenseins ist die offene, furchtlose Betonung meiner Fähigkeit zur Freude. Genauso wie mein Körper sich nach einer Musik streckt und sich im Hören auf ihre innersten Rhythmen zu einer Antwort öffnet, öffnet sich jede Ebene meines Fühlens der erotisch befriedigenden Erfahrung – ob ich tanze oder ein Bücherregal baue, ein Gedicht schreibe oder einer Idee nachgehe*« (ebda, 191).

Hier wird noch einmal deutlich, was Lorde mit Spiritualität meint und warum sie Spiritualität und Politik nicht trennt. Wenn Spiritualität die schöpferische

Intensität der inneren Kräfte meint, die im Teilen mit anderen entsteht, also eine Beziehungsmacht ist, dann gehört sie mit Politik zusammen, weil es im politischen Bereich um die Strukturierung von Beziehungen zwischen Systemen geht. »*Die verbindende Brücke zwischen beiden ist nämlich die Erotik – die Sinnlichkeit, das Teilen/Mitteilen des physischen, emotionalen und psychischen Ausdrucks für das, was unser aller tiefstes, stärkstes und reichstes Potential ist: die Leidenschaft des Liebens – des Liebens in seiner tiefsten Bedeutung*« (ebda, 190). Die Anerkennung der Macht der Erotik in unserem Leben kann die nötige Energie geben, um auf Veränderung unserer Welt hinzuzielen, und insofern hängt sie eng mit politischem Handeln zusammen.

Innere Macht, Verbindungsfähigkeit und Wissen in theologischer und biblischer Sicht

In der hebräischen Bibel gibt es ein Wort, das auch von den innersten, tiefsten Gefühlen einer Person spricht: *rachamim.* Üblicherweise wird rachamim mit Erbarmen übersetzt, Mitleid, Barmherzigkeit. Jedoch weist Jürgen Kegler zurecht darauf hin, daß damit der Ort dieser Gefühle in der deutschen Übersetzung ins Herz verlegt wird, während rachamim im Hebräischen mit rechem zusammenhängt: Mutterleib, Uterus. Er weist darauf hin, wie stark sich physische und psychische Dimensionen im hebräischen Denken durchdringen und wie sehr vitale Bedürfnisse in einer komplexen Beziehung zum menschlichen Körper stehen. Nefesch z. B. ist als Kehle, Schlund und Rachen zugleich der Ort der Gier und Begierde und gleichzeitig der Begriff für »Leben« oder »Person« (Kegler 1992, 28). Die komplexe Verbundenheit von Körper, Seele und Bedeutung für das Ganze des Lebens gilt auch für den Ort tiefster Gefühle: *rechem.* »Das besondere an »diesem Körperteil« ist zunächst dies, daß *nur Frauen* es besitzen. Es ist das zentrale Organ, in dem (neues Leben) entsteht: der Mutterleib oder -schoß(.) Der Mutterleib ist ein geschützter Raum und ein schützender Raum« (ebda, 31). Welche Gefühle verbinden sich also mit diesem Organ? Kegler gibt hier die Unmöglichkeit zu, als Mann die Bedeutungsbreite der Gefühle, die hier erlebt werden, zu erfassen. Seine Vermutung ist, daß es um »Behütenwollen, Schutz gewähren, Freude am Werden des Lebens, Leben fördern, Leben lieben« geht. »Im Reichsaramäischen und im biblischen Aramäischen hat das Wort *rhmjn* die Bedeutungen: Zuneigung, Liebe, Erbarmen. Wichtig ist dabei die starke Affinität zur Liebe« (ebda, 31f.).
Die Verbindung zwischen Liebe zum Leben, Erotik, Spiritualität und Macht sind für das israelitische Menschen- und Gottesbild nicht provozierend,

sondern naheliegend. In Jeremia 31,20 wird Ephraim als Kind des Vergnü-gens, der Lust Gottes bezeichnet. An vielen Stellen, an denen Luther mit Erbarmen übersetzt hat, würde das Wort *lieben* nach Keglers Interpretation besser passen. Wenn von »Gottes rachamim« gesprochen wird, dann geht es um die Fähigkeit der Mütterlichkeit, Leben durch Liebe zu geben, zu schützen und zu fördern (Kegler, 32). So, wie Lorde Erotik als Beziehungs-macht interpretiert, meint auch rachamim die Liebe, die aus der engsten Verbundenheit zwischen zwei Menschen, Mutter und Kind, entsteht und zur intensiven Lebendigkeit beider führt. Vom biblischen Gottes- und Men-schenbild her kommt die Interpretation hinzu: dort, wo in enger Beziehung Liebe auch Erbarmen einschließt, kann Leben weitergehen und immer wie-der Lebendigkeit entstehen. Die tiefsten Gefühle schließen nicht nur die der Freude, sondern auch die der Verzweiflung, des Zornes, der Trauer ein. Aus der Bejahung ihrer Intensität (dem intensiven Mitfühlen, Compassion, rachamim) entsteht auch wieder Offenheit, neue Nähe, neue Lust an sich, an anderen, am Leben.

In einem weitereren hebräischen Begriff wird der Zusammenhang von Lie-be und Erkennen angesprochen: *jd. Jd (jadah)* bedeutet merken, sich küm-mern um, kennen lernen, aber auch sexuell erkennen, sexuell verkehren, etwas verstehen, wissen, erkannt haben. Während in unserem Sprachraum verstehen, wissen, erkennen dem Kopf, dem Gehirn zugeordnet werden, wird hier im Hebräischen das Sexuelle mit dem Wissen verknüpft. Ge-schlechtlich miteinander sein bedeutet nicht nur zeugen oder empfangen, sondern Erkennen in der Begegnung, vertraut werden miteinander, sich ganz und gar kennen (ebda, 39f.).

In feministisch theologischer Arbeit ist auf die Wichtigkeit des ganzheitli-chen Menschen-, Welt- und Gottesbildes von Anfang an hingewiesen und die Trennung von Natur und Geist, Körper und Seele, Sinnlichkeit und Spiritualität, Erotik, Sexualität und Agape in ihren verheerenden Folgen aufgedeckt worden. Die Theologin Catherine Keller macht in ihrer Analy-se des abendländischen Selbst deutlich, daß dieses Selbst auf dem Er-richten eines Dualismus beruht, in welchem auf der einen Seite das tren-nende Selbst des Helden propagiert wird, der sich im Gegensatz und in der Bekämpfung Anderer definiert. Auf der anderen Seite wird das sich auflösende, hingebende passive Selbst (der Frau) konstruiert, deren Le-benssinn es ist, das »Andere« darzustellen. Damit macht sich das tren-nende Selbst jedoch ironischerweise vom Anderen abhängig. »Dieses Andere«, meint sie, »besonders in der Gestalt der Frau, wird dann ver-ständlicherweise abwechselnd zum Gegenstand der Anbetung und des Abscheus: *Sie* symbolisiert zugleich, was *ihm* fehlt und was *er* fürchtet.« (Keller 1989, 40).

124

Wie andere Theologinnen hält Keller die alten Dichotomien für destruktiv, weil sie Gewalttätigkeit als Strukturelement einschließen. Sie hält ausschließliche Gegensätzlichkeiten auch für überflüssig, denn die Forderung nach einem Paradigma der Verbundenheit in der feministischen Theologie heißt nicht, daß Unterscheidungen und Abgrenzungen nicht notwendig wären oder aufgehoben werden sollen. Unterscheidung und Verbundenheit schließen sich nicht aus. Das bindungsfähige Selbst wird als eines verstanden, das eine tiefe Affinität zu allen Wesen hat. »Ein Selbst ist ein Knotenpunkt im Netzwerk der Welten, und in jedem Selbst beseelt ein Eros die Welt. Die Welt hat Herz – dort umfangen wir ein verdichtetes, personifiziertes, in einzelnen sich darstellendes Universum, dem wir in jenen Metaphern des Heiligen begegnen, die uns inspirieren. Wenn wir Gott in uns begegnen, dann treffen wir Sie im heißflüssigen Kern des Verlangens unseres Herzens an, wo Sie unserem Mut und unserer Suche immer wieder neue Energie zuführt« (ebda, 283).

Dieses Verständnis von Gott, Mensch und Universum aus der immer neu entstehenden wechselseitigen Beziehung ist in einer Theologie entwickelt worden, die von der Prozeßphilosophie Alfred North Whiteheads inspiriert wurde und sich Prozeßtheologie nennt (Cobb und Griffin 1976). Prozeßtheologie und feministische Theologie berühren sich in vielen Punkten, unter anderem auch darin, daß Gott selbst als Prozeß und in Beziehung sich verändernd verstanden wird. Jedoch ist es durch Frauen wie Catherine Keller oder Carter Heyward, Elga Sorge, Christa Mulack oder Gerda Weiler gewagt worden, eine Beziehung zwischen Gott, schöpferischer Macht und Erotik herzustellen, die auch biblisch begründet wird.

Das schönste Zeugnis von der Macht des Erotischen ist im »Hohen Lied der Liebe« in der Bibel selbst anzutreffen. In der Auslegung dieser Texte ist am besten zu erkennen, wie sehr das Wort *spirituell* von einer dualistischen Tradition vereinnahmt wurde. In der christlichen theologischen Tradition wurde das Hohe Lied nämlich später nicht mehr als Ausdruck intensiver, auch körperlicher, leidenschaftlicher Sehnsucht und Liebe verstanden, sondern nur noch »vergeistigt« ausgelegt und auf das Verhältnis von Seele und Christus interpretiert. Feministische Theologinnen haben hier neue Interpretationen gewagt, daß nämlich hier und an anderen Stellen der Bibel in Resten und Bruchstücken ein Verständnis der Beziehungen zwischen Frauen und Männern rekonstruierbar ist, das von der Schwester-Bruder-Verbundenheit ausgeht. Wichtig ist die Beziehung zwischen Bruder und Schwester, da sie von der gleichen Mutter geboren sind und sich ein Leben lang gegenseitig bei den schwierigen Aufgaben des Überlebens helfen. Noch heute gibt es Gesellschaften, z. B. bei den Khasi in Nordindien, in denen solche Traditionen gelebt werden. Auch von der matriarchalen Struktur der Stammessysteme finden sich noch Anklänge im Hohen Lied. Braut und Bräutigam bezeichnen sich wiederholt gegenseitig als Bruder und Schwester. »*Du hast mir das Herz genommen, meine Schwester, liebe Braut, mit deiner Augen einem und deiner Halskette einer. Wie schön ist deine Liebe, meine Schwester, liebe Braut, Deine Liebe ist lieblicher denn Wein, und der Geruch deiner Salben übertrifft alle Würze.. Ich bin gekommen, meine Schwester, liebe Braut in meinen Garten. Ich habe meine Myrrhe samt meinen Würzen abgebrochen ... Esset, meine Lieben, und trinket, meine Freunde, und werdet trunken.*« (Hohes Lied 4,10-5,1) und die Braut anwortet: »*Oh, daß du mir gleich einem Bruder wärst, der meiner Mutter Brüste gesogen. Fände ich dich draußen, so wollte ich dich küssen, und niemand dürfte dich höhnen! Ich wollte dich führen und in meiner Mutter Haus bringen, da du mich lehren solltest. Da wollte ich dich tränken mit gewürztem Wein und mit dem Most meiner Granatäpfel*« (Hohes Lied 8,1-2). Die Macht der Beziehung, welche die gegenseitige tiefste Berührung zwischen Frauen und Männern, Körper und Geist, Natur und Kosmos feiert, wurde symbolisch in der heiligen Hochzeit zwischen Priesterin und König zum Ausdruck gebracht. Nach Ansicht einiger TheologInnen und ReligionswissenschaftlerInnen besteht das hohe Lied aus Fragmenten, in denen diese Feier sich widerspiegelt. Die heilige Hochzeit ist auch in anderen Texten der Tradition erhalten, so in der Tradition der Hochzeit zwischen der Göttin Inanna und ihrem Geliebten Tammuz. »*Mein Geliebter, der mit Üppigkeit angetan, der mit Üppigkeit angetan, deine Reize sind süß, Mein Granatapfel, der mit Üppigkeit angetan, deine Reize sind süß, mein Granatapfel, der reiche Früchte trägt, deine Reize sind süß(.) Heute steht mein Herz nach Freudenfeier und Musik*« (Schmökel 1956). Von der Feier der heiligen Hochzeit über die hebräischen Texte der Bibel zur heutigen Auslegung verschiedener Frauen und Männer und der Entwicklung neuer Interpretation von Erotik, Macht und Wissen sind wir den verschiedensten Kontexten, Kulturen und politischen Systemen begegnet. Es ist wichtig, hier nicht Übereinstimmungen zu konstruieren, die die gravierenden Unterschiede überdecken. Was in vor-patriarchalen Gesellschaften als Erotik gefeiert wurde, ist für uns heute nicht mehr nachvollziehbar. Trotzdem ist es wichtig, vorbiblische und biblische Traditionen der Erotik und der Macht zu erinnern, weil sie Möglichkeiten bezeugen, die in einer technisierten Welt schon für undenkbar gehalten werden. Lorde hält es für diejenigen schwer, die erotische Spannung zu teilen, die weiterhin einer ausschließlich weißen, europäisch-amerikanischen Tradition unterstehen. Sie unterscheidet zwischen Kontext-gebundenen Erfahrungen und solchen Bedürfnissen, die sie als allgemein menschlich bezeichnet: das Bedürfnis, tiefe Empfindungen zu teilen.

Erotik, Macht und Wissen in Beratung und Seelsorge

Beratung und Seelsorge sind Bereiche, in denen das Bedürfnis, tiefe Empfindungen zu teilen, einen besonderen Raum bekommen: den Raum des Erzählens, den Raum emotionaler und non-verbaler Begegnung und den Raum geistiger und geistlicher Suche. Hier spielt die Lebendigkeit, das Miteinander-können eine große Rolle. Durch die Offenheit und das Anvertrauen von Dingen, die vielleicht niemand anderem erzählt werden, entsteht Nähe und manchmal über Jahre hinweg eine tiefe Verbundenheit, die intensiver sein kann als Familienbeziehungen. Indem sich Frauen einer Beraterin oder Seelsorgerin anvertrauen, entsteht auf Zeit auch ein a-symetrisches Machtverhältnis, dessen sich alle Beteiligten bewußt sein sollten, auch wenn sie Macht als innere und geteilte Macht verstehen. Zu viel Mißbrauch ist auch in Frauenbeziehungen passiert. Wie schwierig es ist, wohltuende Beziehungsmacht und Mißbrauch von Macht zu unterscheiden, hat Carter Heyward in der Darstellung ihrer eigenen Therapie deutlich gemacht: sie hat von ihrer Therapeutin nach einiger Zeit des Miteinanderarbeitens erwartet, daß sie zu ihrer Freundin wird und sie damit erst wirklich in ihrer Heilung begleitet. Die Therapeutin hat sich dem verschlossen und Carter Heyward stellt diese Weigerung der Grenzüberschreitung nun als einen Bruch dar, ja, sogar als Mißbrauch ihrer selbst, in ihrer Situation. Grenzen sind für sie dann mißbrauchend, wenn sie den Prozeß einer Entwicklung von Therapie zu Freundschaft hindern (Heyward, 1993). Damit bricht sie natürlich für alle beraterisch Ausgebildeten ein Tabu, denn es gibt so viele Fälle von destruktiven Grenzüberschreitungen in Beratungs- und Seelsorgebeziehungen, daß es wichtig ist, nicht die Machtprobleme zu verwischen. Mir haben die Aussagen Lordes geholfen, auch in Arbeitsbeziehungen die Macht der Lebendigkeit als erotische Kraft zu bejahen und gleichzeitig respektvoll mit Grenzen umzugehen und Übertragungsphänomene deutlich zu machen. Für die Seelsorge und Beratung möchte ich folgende Punkte festhalten:

Wenn wir von Macht sprechen, ist es wichtig, genau zu kennzeichnen, welche Art von Macht wir meinen. In der Literatur über psychischen und sexuellen Mißbrauch wird durchgängig deutlich gemacht, daß es sich hier nicht um Lustgewinn, Befriedigung erotischer oder sexueller Wünsche handelt, sondern um Erniedrigung, um das Durchsetzen von Geltungswünschen, Bestätigungs- und Herrschaftsinteressen, welche letztendlich weder das Opfer noch die Täter befriedigen. Es geht um Macht über andere und auf Kosten von anderen, nicht um die Mächtigkeit des Teilens von tiefer Freude und Lebendigkeit. In der Arbeit mit Familien, mit Partnerschaften, Gruppen und Organisationen könnte eine Neuinterpretation der Macht und der Erotik als Lebenskraft neue Ausgangspunkte für Beziehungsqualität und Glaube sein.

Das viele Reden von sexueller Gewalt, von Prostitution, vom Mädchenhandel, von Vergewaltigung als Kriegswaffe, von Ausbeutung in Eros-Centern, Sexskandalen in der Politik wird nach außen als Kampagne gegen Machtausübung im Sinne von Brutalität und Ausbeutung verkauft. Mit Michel Foucault wäre jedoch zu fragen, ob nicht die Durchgängigkeit, mit der allerorten Sexualität, Erotik und Gewalt zusammen diskutiert werden, gerade das Gegenteil etablieren hilft: eine allgemeine Gewöhnung daran, daß Gewalt, Grausamkeit, Mißbrauch von Vertrauen, Objektivierung anderer und Ausbeutung für die eigenen Interessen im Bereich intimster Beziehungen selbstverständlich sind. Es wird damit ein dominantes Wissen erzeugt und verbreitet, welches den Zusammenhang von Erotik, Macht und Gewalt als normal voraussetzt. Damit wird das Wissen noch mehr an den Rand gedrängt, daß alle Menschen sich nach liebevollen, achtungsvollen, anregenden Beziehungen in Familie, Arbeit, Politik und Kirche sehnen und solche Begegnungen bevorzugen, in denen Lebendigkeit, Intensität des Wahrnehmens der Gefühle und gegenseitige Wertschätzung Raum haben, aber nicht gewalttätig sind.

Für die beraterische und therapeutische Arbeit mit Tätern werden neue Ansätze entwickelt, die den Rahmen der »Strafverfolgung« verändern in einen Rahmen der »Einladung zur Verantwortlichkeit«. Der Täter oder die Täterin werden eingeladen, zwischen dem dominanten Wissen über »Mannsein«, »Frausein«, »männliche/weibliche Sexualität« und den eigenen, tiefen Wünschen nach guten Beziehungen zu unterscheiden. Der so entstehende Zwischenraum des Wissens, das zwischen den vorherrschenden Konstrukten und den eigenen tiefen Wünschen und Möglichkeiten unterscheiden kann, wird dann zum Ausgangspunkt einer verantwortlichen Handlungsorientierung: das bisher privilegierte, andere mißbrauchende Verhalten wird beschreibbar gemacht und veränderbar, das bisher nicht privilegierte eigene Wissen um den Wunsch nach gegenseitigen guten Beziehungen wird verstärkt und gestützt, bis befriedigende Beziehungen allmählich stärker erlebbar und gestaltbar werden (Jenkins, Poling, Mirkin).

In der Ausbildung zur Seelsorge und Beratung können TeilnehmerInnen ihre Stärken wahrnehmen und einsetzen lernen, wenn sie die Macht der Erotik im Sinne feministischer und womanistischer Interpretation selbst erleben, eine Macht, die in der Verbindung des Wissens um unsere tiefsten

Gefühle und des Wissens um Unterscheidungen der Geister entsteht, in einem Prozeß, den Frauenforscherinnen »verbundenes Lernen« genannt haben. In diesem Lernen werden eigene Gefühle, Erfahrungen, das Lernen von Fakten und Analysen, die selbständige Bewertung von Traditionen und das eigene kreative Verstehen und Entwerfen neuer Verbindungen miteinander verknüpft. Erotik und Wissensvermittlung schließen sich in diesem Verständnis nicht aus, sondern bedingen sich gegenseitig. Auch Theologie, Theorie der Seelsorge und Praxis werden in der Ausbildung und Supervision nicht funktionalisiert, sondern in allen notwendigen Funktionen bleibt ein Leitinteresse wichtig: »*das Teilen/Mitteilen des physischen, emotionalen und psychischen Ausdrucks für das, was unser aller tiefstes, stärkstes und reichstes Potential ist: die Leidenschaft des Liebens – des Liebens in seiner tiefsten Bedeutung,* die Erotik« (Lorde, 190). Das ernstzunehmen würde eine umgreifende Umwandlung bisheriger theologischer Ausbildung voraussetzen und das Wissenschaftsverständnis der Theologie grundlegend verändern, gleichzeitig jedoch auch dem Sinn uralter biblischer Zeugnisse näherbringen.

Teil 2

Feministische
Seelsorge

Biographien und
Methoden

Rosies Geschichte

Thematischer Aspekt: Arbeit und Geld

Als sie das erste Mal in meine Sprechstunde kam, war sie beinahe wortlos. Sie hatte lange gewartet, bis sie mit mir sprechen konnte, denn es war einer der Vormittage, an denen Frauen ohne Termin, unangemeldet, zu mir kommen können. Sie saß mir gegenüber, hager und ausgemergelt, mit wunderschönen blau-türkisfarbenen Augen und einem Gesicht, das schon viel Trauer und Aufregung gesehen hat ... *vielleicht auch viel anderes, das ich ebenso nur erahnen konnte, als ich sie zum ersten Mal sah.*

»Darf ich rauchen?« fragte sie etwas verhalten, und als ich das verneinte, war erstmal fünf weitere Minuten Schweigen.

»Wundern Sie sich nicht, daß ich nichts sage?« fragte Rosie mich.

»Nein, ich denke, daß Sie ihre Gründe haben. Außerdem ist es gut, manchmal ganz langsam und behutsam anzukommen, sich Zeit zu lassen, um spüren zu können, was im Moment am wichtigsten ist.«

»Oh, da brauch' ich nicht lange zu spüren ... das weiß ich auch so ... ich spüre es in meiner Kehle, die fühlt sich nämlich wie zugeschnürt an.«

»Wer oder was schnürt Ihnen denn die Kehle zu?«

»Ich habe das Gefühl, daß es von außen kommt. Es ist ein riesiger Druck, der von außen auf mich zukommt und mich einengt, ... alle möglichen Leute machen mir Vorwürfe und ich selbst mir auch.«

Im Verlauf dieses Erstgesprächs klärte ich dann mit Rosie in der noch verbleibenden Zeit ihre Bedürfnisse und mögliche Perspektiven für eine Fortführung unseres Kontaktes. Rosie formulierte als Hauptbedürfnis, eine Gesprächspartnerin in mir haben zu wollen. Sie kam zu mir in meiner Funktion als Pastorin und legte in der ganzen Zeit Wert darauf, mit mir selbstverständlich und ohne Scheu auch religiöse Fragen berühren zu können. Ich erklärte ihr die Gegebenheiten des äußeren Rahmens, sagte ihr, daß die Gespräche mit mir für sie eine erste Klärung ihrer Situation bringen könnten, daß sie aber kein Ersatz für eine therapeutische Begleitung seien.

Deutlich wurde, daß es bei Rosie um ein gesellschaftliches Thema geht, da sie als Alleinerziehende großen strukturellen Problemen und Ungerechtigkeiten ausgesetzt ist. Sie arbeitet seit ihrem 16. Lebensjahr, ist jetzt 29, hat ihr erstes Kind mit 19, ihr zweites mit 24 bekommen. Die Kinder haben unterschiedliche Väter, von denen Rosie aber nichts wissen will und auch nie einen Pfennig Geld gesehen hat. Sie ist zu mir gekommen, weil sie auf dem Weg zum Sozialamt an der Kirche vorbeiging, an die mein Büro angeschlossen ist. Sie sagt:

»Als ich an der Kirche vorbeikam, dachte ich plötzlich, daß ich gern eine Kerze anzünden würde. Wissen Sie, ich bin katholisch groß geworden, und als ich klein war, bin ich oft mit meiner Großmutter zu »Madonna in den Trümmern«[1] gegangen. Da haben wir jedesmal eine Kerze angezündet, und meine Großmutter war immer ganz andächtig, und ich habe gespürt, daß hier etwas Wichtiges passiert, daß ihr das eine Menge bedeutet ... heute habe ich mit der Kirche nicht viel zu tun, obwohl ... die Frau beim Allgemeinen Sozialen Dienst, die sagt jedesmal zu mir, daß ich ein religiöser Mensch sei, und daß ich da mehr mit machen solle. Schließlich sei das etwas Schönes, das viele Menschen gar nicht so haben. Jedenfalls bin ich heute zu Ihnen gekommen, weil ich das mit Gott und dem Ganzen, Sie wissen schon, auch gern mal klarkriegen würde ...«

Ich sagte zu Rosie, daß ich nicht sicher sei, ob sich das mit »Gott und dem Ganzen« so einfach klären ließe, aber daß ich ihr anbieten könne, in den nächsten fünf Sitzungen, die es zunächst als Angebot von mir aus gab, auch das Thema ihrer Religiösität zu beleuchten.

Für mich kristallisierten sich drei Schwerpunkte für unseren weiteren Kontakt heraus, die ich aber in dieser Sitzung nicht mehr mit ihr besprach, zumal die Zeit schon erheblich fortgeschritten war.

1. Ihre berufliche Situation.

2. Ihre Rolle als Mutter im Kontext ihrer gesamten sozialen Situation.

3. Ihre Religiösität bzw. ihre Schwierigkeiten, diese zu leben.

Wir verabredeten uns für die kommende Woche. Ich stellte ihr gegenüber deutlich heraus, daß ich ihr keine längerfristige Therapie anbieten könne, sondern stattdessen ganz klar ein- und abgegrenzt mit ihr arbeiten wolle. Sie akzeptierte das.

Ich spürte jedoch, daß Rosie durch ihre Art bestimmte Reaktionen in mir hervorrief, die mich in Berührung mit meiner eigenen Schwierigkeit brachten, Grenzen aufzubauen und einzuhalten.

Das zweite Mal, als sie kam, wirkte sie etwas entspannter und gelöster als beim ersten Mal. Sie fing auch gleich an zu sprechen, im Gegensatz zum ersten Besuch, wo es sehr viele Situationen des Schweigens gegeben hatte. Ich bat sie nach einem ca. fünfminütigen »Check-in«, in dem sie ihre augenblickliche emotionale Verfassung kurz schilderte, ein Panorama ihrer beruflichen Identität aufzumalen. Zuerst wollte sie nicht, da sie nicht zeichnen könne. Als ich ihr jedoch versicherte, es käme nicht auf die Qualität des Zeichnens an, sondern sie könne wild herumexperimentieren ... mit

---

1. Sehr schöne Kapelle im Kölner Zentrum, die auf den Trümmern einer im Krieg völlig zerstörten Kirche aufgebaut wurde.

Farben, Strichen, Symbolen ... der Phantasie seien keine Grenzen gesetzt, nahm sie Papier und Wachsmalstifte, setzte sich auf den Teppich in meinem Büro und fing sehr konzentriert, beinahe in sich versunken, an zu malen. Irgendwann stand sie auf, schmiß mir das Bild vor die Füße und sagte: »Da.«

»Ist es Absicht, daß Sie mit ihrem eigenen Bild so lieblos umgehen?«

»Nein, das hat nichts mit Absicht zu tun ... ich kann nicht anders. Ich kann mir das Bild kaum anschauen ... so viele abgeschnittene Fäden und kaum ein Lichtblick. Ich möchte das Bild am liebsten zerreißen.«

»Was hält Sie ab davon, es zu tun.«

»Ich weiß nicht (scheuer Blick zu mir) ... vielleicht Sie, daß Sie mit mir schimpfen könnten, so wie meine Mutter mich auch immer fertig gemacht hat, wenn etwas nicht so lief, wie sie das gerne wollte.«

»Es ist ihr Bild, und Sie haben die Freiheit damit zu tun, was Sie wollen.«

Nach langem Zögern und Blicken der Unsicherheit:

»Gut, dann würd ich es gern mit Ihnen zusammen zerreißen.«

Ich zögere und denke, daß ich auf jeden Fall die Chance haben will, mit dem Bild zu arbeiten, also sage ich es ihr:

»Ich würde aber gern vorher mit Ihnen zusammen das Bild anschauen ...«

Nach einem langen Schweigen. »Ich weiß zwar nicht, was Sie damit bezwecken ... aber von mir aus ... aber danach zerreißen wir es gemeinsam.«

Das gemeinsame Betrachten des Bildes mit Rosie eröffnet mir neue Perspektiven. Ich frage wenig nach, die vielen abgeschnittenen Fäden sprechen für sich. In der Mitte ist ein riesig großer, leuchtend roter Feuerball gezeichnet, umrandet von einem schwarzen Flor, beinahe wie ein Trauerrand. Während wir gemeinsam vor dem Bild sitzen, erzählt Rosie ihren beruflichen Werdegang: die abgebrochene Schulbiographie, die abgebrochene Lehre zur Kauffrau, dann das erste Mal richtig gut »Kohle verdienen« als Kellnerin in einem Spielsalon, dann die Geburt ihres ersten Kindes, große Identitätskrise, Erschütterungen, Aufenthalt in einer Klinik mit dem kleinen Kind.

»Dort traf ich eine junge Pfarrerin, die hat mir das Leben gerettet. Die hat mich verstanden, die war ganz für mich da. Ich hab' ihr erzählt, daß ich immer schon Werbegrafikerin werden wollte, aber daß ich nun keine Power mehr hätte. Da hat sie mich an die Hand genommen, und ich dachte, jedenfalls für eine Weile, alles ist möglich, wenn man nur fest genug dran glaubt.«

»Und dann?«

»Als ich aus der Klinik draußen war, habe ich mich sofort bemüht, mein Leben zu verändern. Ich hab', als der L. erst ein Jahr alt war, nebenbei mein Fachabitur nachgemacht, damit ich auf die Schule für Werbegrafik in D. gehen kann. Das war eine ganz anstrengende Zeit. Nachts habe ich noch gekellnert. Sonst hätte es mit der Kohle einfach nicht hingehauen. Aber ich war immer am Anschlag, total erledigt, und manchmal, wenn ich die Mütter ihre Kinderwagen Richtung Spielplatz schieben sah, überkam mich die blanke Wut.«

»Hatten Sie denn auch eine Freundin?«

(schaut mich ganz nachdenklich an.) »Nö, eigentlich nicht. Doch – eine, als L. noch nicht geboren war, verstand ich mich gut mit ihr, aber dann, als ich in der Klinik war, ist der Kontakt schon ziemlich eingeschlafen, und später hat sie mich sogar beschuldigt, daß ich keine gute Mutter sei und ich sei, so egoistisch und ... ach, es war ganz schrecklich, ich fühlte mich immer richtig schlecht, wenn ich mit ihr zusammen war.«

»Es hört sich so an, als ob ihre Freundin gar kein Verständnis für sie hatte.«

»Ja, das war so. Aber ich hab damals immer alles auf mich bezogen, und gar nicht kapiert, daß sie alles Mögliche auf mich abwälzt, was eigentlich gar nicht mein Fehler oder Versagen war. Aber ich denke ja heute noch, daß ich keine gute Mutter bin.« (fängt an zu weinen)

An dieser Stelle gab es einen längeren Wortwechsel über das Bild der »guten Mutter« vs. der »bösen Mutter«zwischen uns. Die Stunde endete mit einer Übung aus der Gestalttherapie. Ich schlug Rosie vor, zwei Stühle in die Mitte des Raumes zu stellen und einen mit der guten und den anderen mit der bösen Mutter zu besetzen. Abwechselnd setzte sie sich auf die beiden Stühle und identifizierte sich mal mit der einen Rolle, mal mit der anderen.

Mir fiel dabei auf, daß sie beide Rollen einnehmen konnte, daß es nach außen gar nicht wie eine Spaltung wirkte, die ich die ganze Zeit bei ihr vermutete. Vielmehr war sie von ihrer Persönlichkeit in der Lage, mit den unterschiedlichen Facetten ihrer selbst jonglieren zu können, was ich ihr am Ende der Stunde so sagte.

»So, und was machen wir jetzt mit dem Bild?«

Sie schmunzelte: » Ich glaube, ich will es doch noch behalten, jedenfalls ein bißchen ...«

Als Rosie das nächste Mal kam, wirkte sie sehr erschöpft und übermüdet. Auf meine erste Frage, wie es ihr denn seit unserer letzten Begegnung ergangen sei, stürzte es aus Rosie heraus, als ob sie tagelang mit niemandem geredet hätte und nur darauf gewartet habe, daß jemand den Hahn aufdrehe. Sie erzählte mit ausholenden Bewegungen und fast ohne Kommastrich von ihren Kindern, den langen Tagen und kurzen Nächten, von ihrer Sehnsucht nach »Normalsein« und von dem Schmerz, der letzte Woche immer wieder aufgetaucht sei, wenn sie an ihr Bild gedacht habe.

»Lassen Sie uns mal einen Moment bei dem Schmerz bleiben. Schauen Sie sich nochmal ihr Bild an und beschreiben Sie mir, wo Sie den Schmerz fühlen.«

Ich hatte das Bild vor ihr ausgebreitet, und es vergingen mindestens drei bis fünf Minuten, in denen sie nichts sagte und völlig regungs- und bewegungslos vor ihrem Werk saß.

»Wo sind Sie gerade mit Ihren Gefühlen?«

Nach einer längeren Seufz- und Schweigepause

»Bei dem schwarzen Rand, der um den roten Ball kreist. Das macht mich ganz fertig, das ist so stark, da kann ich gar nicht gegen an.«

»Und es tut weh ...«

»Ja, in meinem ganzen Unterleib spüre ich es.«

»Immer oder nur jetzt ...?«

»Eigentlich sehr oft. Es ist wie eine Faust, die sich bei mir eingegraben hat.«

»Wann hat sich die Faust eingegraben?«

Nach langem Schweigen und unruhigem Hin- und Herrutschen auf ihrem Stuhl.

»Ich war ganz klein. Meine Mutter war schon alt, meine zwei Brüder und ich waren dann allein. Meine Mutter oft weg. Anschaffen. Dann kam sie morgens oder mittags wieder, und jedesmal habe ich Angst gehabt. Sie war immer ganz schlecht gelaunt, wenn sie kam, und sie ging meistens sofort in ihr Bett, wollte niemanden mehr sehen.«

An dieser Stelle krümmt Rosie sich, als ob sie Schmerzen habe.

»Und da hat sich die Faust schon eingeschlichen?«

»Ich weiß nicht. Ich hab sie vielleicht schon früher gespürt, als mein großer Bruder und ich das erste Mal meine Mutter gepflegt haben. Da war ich drei oder vier, und mein Bruder ein Jahr älter. Da ist meine Mutter fast abgekratzt. Sie hatte irgendwas mit der Lunge, und sie hat immer geschrien im Traum und war ganz dünn und bleich, und mein Bruder hat mir gezeigt, wie man diesen komischen Brei kocht, den sie immer essen sollte. Aber ich konnte noch gar nicht an den Herd ranreichen, dann hab ich mir immer den Hocker aus dem Schlafzimmer geholt, und meine Mutter dachte, ich wollte zu ihr. Aber ich hatte Angst vor meiner Mutter. Sie war gar nicht berechenbar, und sie hat immer nur an sich gedacht ... und vielleicht noch an meine Brüder, aber jedenfalls nicht an mich ...«

»Das hört sich ja nach mehreren Fäusten zugleich an, und so, als ob Sie sich gar nicht gesehen gefühlt haben.«

Rosie guckt mich etwas erstaunt an.

»Gesehen? Ich weiß nicht, ob Sie sich eine Vorstellung machen können, wie das bei uns war. Es ging doch nur ums Überleben ... ich habe als kleines Kind oft gedacht, daß meine Mutter stirbt, und daß wir dann alle sterben, weil dann ja kein Geld mehr da ist und sonst auch niemand. Und das hat meine Mutter uns schon ganz früh gesagt, daß wir ohne Arbeit nichts zu essen haben, und daß wir nur leben können, weil sie immer anschaffen geht«.

»Und das war dann auch wieder eine Faust?«

»Ja, wenn nicht ein ganzes Dutzend. Meine Mutter hat mir eigentlich immer sehr zugesetzt. Sie wollte ein ganz anderes Leben führen, aber es hat alles nicht geklappt ... und später hat sie dann an uns immer schön abgegeben, so nach dem Motto, ich hab´s zwar nicht geschafft, aber wenn Ihr Euch nur anstrengt, dann werdet Ihr es mal zu mehr bringen, und schließlich wollt Ihr ja nicht so enden wie ich.«

»Sie hat Ihnen mit ihrem eigenen Tod gedroht?«

»Was meinen Sie denn? Von ganz klein auf, ich hab doch nicht umsonst gedacht, daß sie immer stirbt ...«

Ich merke, daß R. sehr wütend und erregt ist und biete ihr an, alles was sie gerade spürt, was in ihr rumort und herumwühlt, nach außen zu bringen oder auch in Bewegung umzusetzen. Sie ist sofort begeistert und steigt ein. Bevor sie in die Körperarbeit einsteigt, stecke ich mit ihr die Grenzen im Raum ab, erkläre ihr, daß nur der Teppich und die Sofaecke ihr Bereich ist, und daß sie die Schreibtischregion des Büros als Tabuzone betrachten soll. Ebenso ist das Verlassen des Büros während der Körperarbeit nicht sinnvoll.

Dann biete ich ihr eine Puppe als fiktives Gegenüber für ihre Mutter an und frage sie, ob sie mit der Mutter allein im Raum ist. R. schaut mich konsterniert an.

»Was ist das denn für eine Frage? Ich hätte mich niemals getraut, meine Mutter anzuschreien oder gar vor ihr in wütende Gefühlsausbrüche zu verfallen, und wenn, dann nur, wenn jemand wie meine Tante dabeigewesen wäre.«

»Sonst hätten Sie Angst vor Ihrer Mutter gehabt?«

»Nicht sonst, ich hatte einfach Angst, basta. Sie verstehen das irgendwie nicht, Sie können das gar nicht verstehen.«

Schreit und brüllt und wirft sich mit den Knien auf den Boden, trommelt mit den Händen auf den Boden und ist für einige Minuten wie in Trance.

Ich setze mich neben sie auf den Boden, versuche während dieser harten Arbeit bei ihr zu sein. Sie kommt nach einer ganzen Weile wieder zu sich und sagt:

»Jetzt brauche ich gar keine Puppe oder sonst irgendwelche Gegenstände mehr. Ich hab mich gerade genauso gefühlt wie damals, als ich klein war, und meine Mutter hat im Bett gelegen.«

»Sie hat aber nicht mitbekommen, wie es Ihnen damals ging ...«

»Nö, sie hat gar nichts mitbekommen, sie war dazu nicht fähig.«

»Und wie war das jetzt gerade, als Sie so wütend waren und auf den Knien rutschend herumgetrommelt haben?«

Rosie schaut mich nachdenklich an. Sie sagt lange nichts. Ich stelle bei einem Seitenblick auf die Uhr fest, daß unsere Zeit schon abgelaufen ist.
»Wenn Sie mir das heute nicht mehr sagen wollen, können wir ja nächstes Mal damit anfangen. Die Zeit ist nämlich für heute vorbei.«
»Oh, wirklich? Na gut, ich weiß aber noch nicht, ob ich Ihnen Ihre Fragen beantworten werde. Sie fragen manchmal ziemlich komisch und indiskret, so als ob Sie einfach ganz schön neugierig sind. Aber eins kann ich Ihnen ja schon sagen: Als ich eben aufgehört habe zu toben, da hab ich gemerkt, daß Sie da sind, und das hat sich schon anders angefühlt als früher ...«
Ich rede noch ein paar Minuten mit Rosie über ihre Gefühle. Sie sagt, daß sie sich selbst sehr wundert, so aus sich herausgegangen zu sein, und daß sie spürt, wieviele Gefühle in ihr stecken, die sofort da sind, wenn jemand sie nur antippt. Gleichzeitig wisse sie aber nie, ob sie diese Gefühle dann auch wirklich zulassen dürfe, zumal sie eigentlich noch niemals vorher so offen darüber gesprochen habe.
Wir verabschieden uns freundlich voneinander.
Als Rosie weg ist, notiere ich mir, daß ich beim nächsten Mal an dieser Schnittstelle, nämlich der Erfahrung, schon als kleine Rosie nie ernstgenommen oder gesehen zu werden, einsetzen werde.
Ich habe die Vermutung, daß Rosie bestimmte Primärerfahrungen (Erfahrungen, die sie in ihren ersten Lebensjahren vor allem mit ihrer Mutter gemacht hat), auf den Kontakt zu mir überträgt, und ich nehme mir vor, diese Mechanismen transparent für sie zu machen und sie damit zu konfrontieren.
Außerdem stelle ich bei mir eine gewisse Neigung zur Gegenübertragung fest, und ich will künftig noch genauer darauf achten, was in den einzelnen Interaktionen mit Rosie bei mir passiert. Z. B. möchte ich ihr gern das Gefühl vermitteln, sie wahrzunehmen und zu sehen, und es fällt mir dann schwer, mit ihren Abgrenzungsmechanismen wertfrei umzugehen.
Ich weiß aber, daß ich in der Seelsorgesituation mit Rosie auf das angewiesen bin, was in der jeweiligen Situation zwischen uns geschieht, und daß ich ihre Schutz- und Vorsichtsbedürfnisse als solche eben auch stehenlassen und akzeptieren muß.

Rosie kommt zu spät, ich habe schon nicht mehr mit ihr gerechnet, als sie doch noch hereingeschneit kommt.
»Hallo, tut mir leid, aber meine Tochter ist krank, und ich wollte sie erst nicht allein lassen. Dann hab' ich´s mir doch noch anders überlegt ... mhm ...«
»Das finde ich gut, daß Sie doch noch gekommen sind. Wie geht's Ihnen denn?«
»Ach, irgendwie ziemlich beschissen, das mit der Kohle stimmt halt nicht, vorne und hinten und überhaupt nicht, und die Kinder sind im Moment sehr

nervig, wollen tausend Dinge, und ich weiß ja nicht mal, wie ich die Miete und das Nötigste bezahlen soll.«

»Lassen Sie uns später mal über Ihre berufliche Situation sprechen, aber vorher möchte ich nochmal da anknüpfen, wo wir letztes Mal aufgehört haben ... erinnern Sie sich?«

Rosie schweigt, stützt ihren Kopf in ihre Hände und sinkt völlig in sich zusammen.

»Was ist es, das Ihnen den Kopf so schwer macht?«

Rosie fängt an zu schluchzen, erst leise, dann immer lauter ...

»Alles, meine Mutter, die ja schon lange tot ist, meine ganze ausweglose Situation, und das Gefühl, daß Sie mich halt auch nicht so verstehen. Sie wollen immer alles Mögliche wissen, sagen dann was dazu, aber ich bin dann ja doch wieder ganz allein mit meiner Situation.«

»Was kann ich denn für Sie tun, was würde sich denn besser anfühlen?«

Schweigt, schaut mich kurz an und sagt:

»Sie könnten mir einen Job als Werbegrafikerin besorgen, einen Ganztagsplatz für die Kinder und eine größere Wohnung.«

Ich muß lächeln und verberge das auch nicht vor Rosie. Dann fängt sie auch an zu lachen, erst etwas verhalten, dann immer stärker.

»Wissen Sie, warum ich gerade lachen mußte?«

Sie nickt und schaut mich etwas verlegen aus ihren blau-türkisfarbenen Augen an.

»Vielleicht können wir ja gemeinsam überlegen, wie das mit dem Job klappen könnte, ja?«

Sie sinkt wieder in sich zusammen und reagiert nicht.

»Was macht es so schwierig für Sie, mit mir darüber zu sprechen?«

»Sie wissen doch, daß ich nicht einfach einen Job als Grafikerin finde, ich hab' die Schule damals nach einem Jahr wieder abgebrochen, und das ist jetzt auch schon wieder ein paar Jahre her, und ich hab´ auch große Angst, daß ich es wieder nicht schaffen würde ...«

In dem Moment realisiere ich, daß ich davon ausgegangen war, daß sie die Ausbildung, von deren Beginn sie mir erzählt hatte, auch beendet hatte. Außerdem wird mir die Wiederholung der Geschichte ihrer Mutter sehr offensichtlich.

»Ja, ich verstehe, daß das ganz ganz schwer für Sie ist, und ich hatte auch ehrlich gesagt gar nicht kapiert, daß Sie die Ausbildung zur Werbegrafikerin nicht abgeschlossen hatten.«

»Ach so, naja, sehen Sie, wie unmöglich das alles ist?«

»Nein, unmöglich ist es nicht. Ich bin überzeugt davon, daß Sie den Abschluß immer noch machen können ... die Frage ist nur, ob Sie es wollen.«

»Meinen Sie?«

Für den Rest der Stunde, die sowieso verkürzt war, biete ich ihr eine Entspannungsübung an, in der sie mit ihren Potentialen und Kräften in Verbindung kommt. Sie ist sofort einverstanden, und ich führe sie nach kurzen Atem-Entspannungsübungen durch ihren Körper zu den Stellen, an denen sie sich geborgen und aufgehoben fühlt, zu der inneren Mitte ihres Körpers. Während ich sie immer wieder an das tiefe, gleichmäßige Atmen erinnere, lasse ich sie selbst gedanklich und phantasievoll zu dem Ort der Geborgenheit in ihrem eigenen Körper wandern. Ich begleite sie bei Fragen wie: Wie kann ich meine eigene Stärke fühlen? Wo sind meine Kraftquellen? Und am Schluß dieser Übung gehe ich bestimmte Affirmationen mit ihr durch, die sie aber selbst für sich formuliert, z. B.: Ich will im nächsten Jahr nicht mehr von Sozialhilfe leben. Ich will meinen Kindern und mir selbst ein anderes Lebensgefühl vermitteln, als ich das von meiner Mutter mit auf den Weg bekommen habe.

Als Rosie geht, bedankt sie sich bei mir und sagt:
»Sie sind echt in Ordnung, auch wenn ich mich manchmal über Sie aufrege. Ich glaube schon, daß Sie den Draht nach oben haben und für mich herstellen können. Das tut verdammt gut, wissen Sie ...«

Mir wurde nach dieser Sitzung mit Rosie bewußt, daß ich das Eingehen auf die Wut und all die heftigen Gefühle, die in der Sitzung davor aufgekommen sind, nicht verfolgt habe. Es wurde mir im Kontakt mit Rosie nicht erst während dieser Sitzung deutlich, daß es nicht möglich war, auf einer Tiefungsebene all das aufzuarbeiten, was an offenen Fragen und unerlösten Gefühlen im Raum stand. So war für mich noch klarer als nach dem Erstkontakt mit Rosie, daß ich ihr eine anschließende Therapie empfehlen wollte.

Für die nächste (und vorletzte) Stunde nehme ich mir vor, das Thema der Religion mit ihr näher zu beleuchten, denn schließlich ist das ihr äußerer Anlaß gewesen, zu mir zu kommen.

Rosie kommt pünktlich und scheint recht gut gelaunt, als sie mein Büro betritt. Bevor ich etwas sagen kann, fängt sie sofort an.
»Sie werden es nicht glauben, ich hab' letzte Woche, als ich bei Ihnen weggegangen war, bei der Schule für Werbegrafik angerufen, und ich könnte im nächsten Ausbildungsjahr wieder anfangen, und das eine Jahr würden sie mir anerkennen.«
»Das ist ja toll, dann müssen Sie ja nur noch eine Lösung für Ihre Kinder finden.«
»Stimmt. Das wird gar nicht so leicht sein, vor allem mit L. ... da hab' ich echt Schiß.«
»Wovor haben Sie Angst?«

»Na, das der genauso 'ne Scheiße erlebt wie ich damals mit meiner Mutter. Und daß ich mich dann auch gar nicht mehr um die Kinder kümmern kann, weil ich so viele andere Sachen im Kopf habe ...«

»Aber glauben Sie denn auch, daß sich das von Ihnen aus steuern und beeinflussen läßt, oder meinen Sie, das passiert einfach, und Sie sind dann hilflos ausgeliefert?«

Rosie schaut mich etwa 30 Sekunden lang an, und dann sagt sie wohlüberlegt:

»Das kennen Sie wohl gar nicht, das ist Ihnen ein Fremdwort, Sie als Pfarrerin sind immer aus dem Schneider, und wenn Sie nicht mehr weiter wissen, dann reden Sie mal eben mit dem Chef, und der richtet es dann schon wieder so ein, daß es paßt. Super, echt toll ...«

Ich denke, daß Rosie jetzt von sich aus das Thema angeschnitten hat, und daß ich versuchen will, sie ernstzunehmen und ihr zugleich deutlich zu machen, daß mein Gottesbild ein anderes ist, als sie das augenscheinlich bei mir vermutet.

»Ich würde Ihnen gern eine Geschichte erzählen. Haben Sie Lust, sie zu hören?«

Rosie nickt.

»Vor vielen Jahren, als die Welt noch überschaubarer und kleiner wirkte, lebten in einem kleinen Dorf mehrere Familien. Sie ernährten sich vom Akkerbau und hielten sich ein paar Kühe und Hühner, und manchmal, zu einem besonderen Anlaß, wurde eins der Tiere geschlachtet, und dann gab es ein großes Fest. Die Menschen waren alle sehr fromm. Sie wußten, daß Gott ihnen alles Nötige zum Leben gab, und sie beteten regelmäßig, gingen in die Kirche und versuchten, als fromme Christenmenschen ihr Leben zu gestalten. In dem Dorf lebten nur Christen und Christinnen, bis auf zwei Familien, die aber zu den Wichtigsten gehörten, die des Lehrers und die des Bürgermeisters. Diese beiden waren jüdisch, und sie hatten mit den frommen Übungen der anderen Dorfbewohner nichts zu tun. Eines Tages kam der Erlaß, daß die Juden und Jüdinnen separat leben sollten, daß sie auch nicht mehr in der normalen Dorfstruktur integriert sein sollten. Der Bürgermeister hatte eine Dorfversammlung einberufen, aber die frommen Christenmenschen waren überfordert mit diesen Erlassen und sagten, daß sie Gott entscheiden lassen wollten. So gingen sie in die Kirche und beteten und hörten, daß der Pfarrer sich nicht eindeutig äußerte, aber von der Grundbotschaft her eher zu der Durchführung der Erlasse tendierte. Es kam, wie in sovielen Dörfern und Städten zu dieser Zeit: die jüdischen Familien wurden gemieden, irgendwann wurde die Familie des Bürgermeisters in einer Nacht- und Nebelaktion von Männern der Gestapo abgeschleppt, die Familie des Lehrers war schon vorher verschwunden.

Die frommen Dorfmenschen hatten das so zur Kenntnis genommen, aber sich auch nicht weiter darüber aufgeregt.

Ein paar Jahre später begann der Krieg, das ganze Dorf war in Unruhe und Aufruhr, manche gingen weg, manche versteckten sich tage- und wochenlang.

Nach dem Krieg, als die entsetzliche Geschichte der Judenvernichtungen offiziell ans Licht kam, stand der Pfarrer, der sich damals uneindeutig geäußert hatte, vor seiner Gemeinde und sagte:

»Gott ist in Auschwitz mit unserem Bürgermeister gestorben, es gibt unseren Gott nicht mehr. Laßt uns die Kirche zumachen ...!«

Rosie hat mir die ganze Zeit gebannt zugehört. Sie hängt auch bei dem letzten Satz noch an meinen Lippen.

»Das verstehe ich nicht. Gott ist gestorben ... was soll denn das? Dann könnten Sie ja Ihren Job auch an den Nagel hängen ...«

»Moment mal, ganz so einfach ist das nicht ... Ich habe Ihnen die Geschichte erzählt, weil ich Ihnen deutlich machen wollte, daß das mit dem »Draht nach oben« wie Sie das nennen, so eine Sache ist ...«

Rosie schaut nachdenklich zu mir 'rüber, dann sagt sie verhalten:

»Naja, aber beten tun Sie doch, und Kerzen anzünden für die Kranken und die Einsamen und die, die nichts zu beißen haben, auch. Und Sie predigen doch auch, daß Gott allmächtig ist und alles sieht und weiß und immer da ist, auch wenn ich mal grad nicht dran denke ...«

»Nein, solche Dinge predige ich nicht, und wenn ich bete, so hat das oft etwas damit zu tun, daß ich um Kraft bitte, mich eben nicht so ohnmächtig zu fühlen bzw. in meiner Ohnmacht gesehen und verstanden ...«

»... in meiner Ohnmacht gesehen und verstanden ... ja, das wünsche ich mir auch ... aber Gott ist für mich nie ohne Macht, niemals so verloren und ahnungslos und am Ende wie ich.«

»Und wenn er es wäre. Wenn Gott eine Frau ist, die, so wie Sie und ich auch, manchmal ganz viel Kraft hat und manchmal völlig am Ende, ohne Hoffnung sich nach einem Halt sehnt. Und wenn das genau Gott ist, daß in den Momenten der Hoffnungslosigkeit eine Stimme ertönt, in die ich einstimmen kann ...«

Rosie ist sehr bewegt, ich sehe in ihren wachen Augen den Geist der Rührung und des Erstauntseins. Sie steht auf und geht im Zimmer auf und ab.

»Ich finde das alles ganz schön, was Sie da sagen, aber wenn ich mal wieder nur den schwarzen Rand sehe auf meinem Bild und gar nicht mehr den Feuerball, dann höre ich doch nicht Gottes Stimme ...«

»Aber vielleicht schaffen Sie es dann, Ihrer Stimme Gehör zu verleihen, sich auszudrücken.«

»Ja. Und? Selbst wenn ich das schaffe ...? Was hat denn das mit Gott zu tun?«

»In dem Moment, wo Sie das schaffen, ist Gott bei Ihnen, mit Ihnen, vielleicht können Sie ihn oder sie sogar in sich spüren ...«

Rosie setzt sich wieder hin, schaut immer zwischen mir und einem Bild, das hinter mir hängt, hin und her.

»Komisch, was Sie da so alles sagen. Gott als Frau ... das ist mir noch nie in den Sinn gekommen, obwohl, wenn ich bei »Madonna in den Trümmern« war, dann hab ich mir immer Maria vorgestellt ... irgendwie anders als eine normale Frau, und irgendwie doch viel näher für mich als Gott. Aber so, wie Sie von Gott reden, ist er irgendwie viel näher ... ich weiß nur nicht, ob das dann noch etwas mit Gott zu tun hat ... zu so einem Gott könnte ich niemals beten ...«

Ich fühle einen ganz starken Wunsch in mir, mit Rosie zu beten, denke aber, daß es von ihr aus kommen müßte.

»Wieso, was fehlt denn?«

Rosie schüttelt sich ein bißchen ...

»Also, das mit Gott, das ist in meinem Kopf irgendwie alles viel heiliger als bei Ihnen. Ich kann es Ihnen auch nicht so genau erklären ...«

»Und wenn ich jetzt und hier mit Ihnen beten würde?«

Rosie blinzelt etwas mit ihren Augen und nickt dann zustimmend.

»Ja, warum eigentlich nicht. Ich würde nur gern noch eine Kerze anzünden. Und dann auch noch den Stuhl wechseln, vielleicht sogar auf Ihrem Teppich dabei knien ...«

»Ja, das ist eine gute Idee ...«

»Und wie fänden Sie es, wenn wir zusammen das Gebet sprechen ... jede immer das, was ihr gerade am Herzen liegt ... und wenn zwischendurch Stille ist, so ist das Teil unseres Gebets.«

Die nächsten fünf Minuten vergehen in ruhiger Geschäftigkeit. Wir zünden eine Kerze an, räumen die Sessel ein wenig zur Seite, Rosie breitet noch einen Schal auf dem Boden aus. Am Schluß knien wir nebeneinander auf dem Boden, die Kerze brennt, es ist eine sehr entspannte, konzentrierte Atmosphäre, und ich schließe meine Augen.

»Gott, du meine Schwester und meine Vertraute, sieh uns beide hier sitzen, schau uns an, sieh unsere offenen Fragen, unsere Sehnsüchte und die vielen ungelösten Probleme. Laß uns spüren, daß du jetzt hier bist, hier in diesem Raum, und daß du unser Reden und Fragen begleitest.«

Für einen Moment lang hätte man eine Stecknadel fallen hören können. Dann räuspert Rosie sich:

»Gott, für mich bist du immer noch weit weg, aber beten zu dir, das kann ich doch auch nur, weil du so in der Ferne und so allwissend bist. Und trotzdem, ein paar Fragen hätte ich schon an dich, zum Beispiel, warum du nicht mehr in diese Welt eingreifst, und warum so vieles so ungerecht ist, und warum sich viele so quälen müssen und manchen alles hinterherge-schmissen wird ....«

Ich warte einen Augenblick, aber Rosie ist in völlige Stille verfallen.

»Und, Gott, was ist eigentlich los, wenn ich mich oft so kraftlos fühle? Ich wünsche mir, daß ich deine Gegenwart dann auch spüren kann, und daß ich gerade in solchen Situationen weiß, daß ich nicht ganz allein bin, und daß du gerade auch meine Schwachheit und meine Verzweiflung siehst ... und eigentlich wünsche ich mir dann, daß ich von dir gestärkt werde.«

Rosie seufzt und fährt dann fort:

»Und eines möchte ich dir noch sagen, Gott, daß ich manchmal schon ganz schön an dir verzweifelt bin, ja, ich hab' dann immer ganz doll daran gezweifelt, ob es dich überhaupt gibt ... und letzten Endes gibt es ja auch keinen Beweis, und auch wenn ich jetzt hier mit der Pfarrerin mit dir spre-che, ist das überhaupt kein Beweis.«

»Ja, Gott, zeig dein Angesicht. Laß uns deine Wärme spüren und das Licht und die Kraft, die jede noch für sich selbst entdecken kann ... Amen.«

»Amen«.

Die Zeit war schon überschritten, als wir unser Gebet beendet hatten. Ro-sie stand wortlos auf, rückte den Stuhl wieder an seinen Platz, blies die Kerze aus, und wir sagten uns, daß das ein sehr spezieller Moment für uns beide war.

»Bis zum nächsten Mal.«

»Ja, Sie wissen, daß das unsere letzte Sitzung ist?«

Rosie schaut mich völlig entsetzt an.

»Das sagen Sie aber ziemlich spät. Find' ich ziemlich blöd von Ihnen. Und dann so ganz zum Schluß. Naja ...«

Ohne sich noch einmal mir zuzuwenden, verläßt sie den Raum, sogar noch mit so einem Impuls, die Tür zuzuschlagen, wovon ich sie gerade noch abhalten kann.

Ich überlege, ob ich ihr die Terminierung eher hätte in Erinnerung rufen sollen, beschließe dann aber, daß sie es ja gewußt hat, und es fühlt sich insgesamt stimmig an, daß Rosie erstmal in den Protest geht, was den bevorstehenden Abschied angeht.

Rosie kommt zu spät, wirkt zerstreut und hektisch und ein bißchen unge-duldig.

»Hallo, Sie wirken so abgehetzt.«

»Ja, so kann man das nennen. War mal wieder alles ziemlich viel mit den Kindern, und außerdem wollte ich heute sowieso nicht kommen.«

»Weil es unsere letzte Stunde ist?«

Rosie nickt, etwas traurig wirkend.

»Ich hasse Abschiede und ich finde es auch nicht fair, daß ich nicht mehr zu Ihnen kommen kann. Schließlich hab' ich Ihnen viel von mir erzählt, und ich weiß gar nicht so richtig wozu, wenn das jetzt vorbei ist.«

»Ja, ich verstehe Sie. Ich glaube allerdings, daß es eine große Chance war, daß Sie mir soviel von sich erzählt haben. Denn auch wenn Sie nicht mehr weiter zu mir kommen, können wir doch gemeinsam schauen, auf welchen Schienen ihr Lebenszug weiterrollen wird ... Die Weichen können wir hier gemeinsam stellen ...«

Rosie winkt etwas verächtlich ab.

»Sie sind so eine richtige Pfarrerin, haben immer tolle Worte und Bilder, aber was hilft mir das. Ich hab' immer noch keinen Job, meine Kinder sind nach wie vor da und brauchen mich, ich lebe allein mit ihnen und muß mich um alles kümmern ... was soll ich da schon für Weichen stellen?«

»Ich glaube, ein paar Weichen haben Sie schon in den letzten Wochen gestellt.«

Längere Pause, Rosie ist absolut still,

aber ich merke ihre darunter schwelende Unruhe.

»Ich weiß nicht, was Sie meinen.«

Ich hole das Bild, das sie in der zweiten Stunde gemalt hat, und gemeinsam schauen wir es uns fünf Minuten an.

Dann seufzt Rosie:

»Das mit dem schwarzen Rand macht mir gleich wieder Angst.«

»Spüren Sie auch wieder die Faust?«

Rosie nickt.

»Sehen Sie, und ich glaube, da haben Sie schon eine Weiche gestellt, nämlich daß es darum geht, sich die Angst anzugucken, nicht die Augen zu verschließen ...«

»Ja, toll, aber jetzt kann ich das ja mit Ihnen nicht mehr tun.«

»Aber ich könnte Ihnen eine Therapeutin empfehlen, bei der sie längerfristig auf diesem Weg weitergehen könnten.«

»Therapie? Und wer soll das bezahlen?«

»Ich kann Ihnen Adressen von Therapeutinnen geben, die über die Krankenkasse abrechnen können.«

Rosie sagt nichts, guckt ziemlich unbeteiligt.

»Ich bin aber nicht zu Ihnen gekommen, weil ich Therapie machen wollte ...«

»Sondern?«

»Weil Sie Pfarrerin sind, und ich mit Ihnen über alles sprechen kann, und weil Sie auch an Gott glauben, und weil ich Ihnen einfach erzählen kann, daß ich bei »Madonna in den Trümmern« eine Kerze anzünde ... und weil ich ....«

Rosie unterbricht ihren eigenen Satz und verfällt in Schweigen.

»Aber da haben Sie doch gerade schon eine zweite wichtige Weiche benannt.«

»Ja, das mit Gott und so, das hat sich mit Ihnen schon ganz gut angefühlt. Und an letztes Mal und unser Beten zusammen und so, da hab' ich noch oft dran gedacht ...«

»Können Sie sich denn vorstellen, daß Sie etwas davon mitnehmen?«

»Wie, mitnehmen?«

»Zum Beispiel, daß Sie zuhause auch beten, oder sich einen Ort in ihrer Wohnung suchen, der ihr heiliger Ort ist ...«

»Ja, in gewisser Weise schon, aber das ist trotzdem etwas anderes als wenn ich hierhin komme ...«

Plötzlich wurde mir klar, daß Rosie mit mir um eine Verlängerung der gemeinsamen Zeit buhlte, und daß ich bereit war, einen gewissen Deal mit ihr einzugehen.

»Was halten Sie von dem Vorschlag, daß wir uns noch anschauen, welche Weiche noch gestellt wurde, und wie dann der Zug weiterfährt.«

»Ja, auf jeden Fall werde ich das mit der Ausbildung weitermachen, da bin ich auch froh drüber, daß Sie mir nochmal Mut gemacht haben. Hat mich in dem Moment auch ein bißchen an die Pfarrerin in der Klinik erinnert, die hat ja auch immer gesagt, wenn man etwas ganz fest will, dann geht es auch. Ich muß halt nur noch gucken, wie ich das mit den Kindern mache, aber vielleicht finde ich ja eine Ganztagsschule ...«

»Ich habe den Eindruck, daß Sie in den letzten Wochen eine Menge für sich geklärt haben, und Sie wissen auch schon wie die nächsten Schritte aussehen, oder?«

»Kommt drauf an, wie ich Ihnen schon sagte, manche Sachen gehen halt nicht mit ´ner Therapeutin, und außerdem kenne ich sonst keine Pfarrerinnen, zu Pfarrern hab ich überhaupt kein Vertrauen.«

»Vielleicht können wir ja eine Vereinbarung treffen. Sie kümmern sich um die nächsten Schritte, und in regelmäßigen Abständen kommen Sie zu mir. Ich erkläre mich bereit, die spirituelle Begleitung für Sie zu übernehmen. Jedenfalls für das kommende Jahr.«

Rosie schaut mich ungläubig an.

»Aber dann muß ich ja ganz schön oft kommen. Vielleicht genauso oft wie jetzt ... dann ändert sich ja gar nichts.«

»Doch, es wird sich eine Menge ändern, sie werden regelmäßig zu Ihrer Therapeutin gehen, Sie werden durch die Schule sehr eingespannt sein, und ab und zu, vielleicht alle vier bis sechs Wochen, kommen Sie dann mal zu mir ...«

»Und wenn bei mir der spirituelle Notstand ausbricht?«

Ich muß lachen, *weil Rosie immer noch mit mir ringt.*

»Zunächst können Sie ja alles mit der Therapeutin besprechen, und Sie werden auch merken, daß das, was Ihnen die Frau vom ASD mal gesagt hat, nämlich daß Sie ein religiöser Mensch sind, Ihnen viel Kraft gibt, wenn Sie sich das immer wieder bewußt machen. Und wie gesagt, für den absoluten Notfall bin ich da.«

Rosie strahlt mich an.

»Gut, dann brauch' ich mich ja heute gar nicht von Ihnen zu verabschieden.«

»Doch, ich möchte, daß wir uns voneinander verabschieden. Manchmal ist es wichtig, sich voneinander zu verabschieden, um sich dann neu begegnen zu können.«

»Puh, Sie haben immer so tolle Worte.«

»Zum Abschied möchte ich ein kleines Ritual mit Ihnen machen. Wir können es hier in meinem Büro machen, oder wir können zum Rhein gehen.«[2]

»Oh ja, ein Ritual am Rhein, das hört sich gut an.«

Der Abschied von Rosie war sehr dicht und intensiv.

Wir haben uns Steine genommen, die in ihrer Größe und Form für das standen, was wir miteinander erlebt haben. Dann haben wir sie ins Wasser geschmissen, jeweils mit der Vorgabe, daß es ums Loslassen geht, ums Loslassen der schönen Erlebnisse, ums Loslassen der schwierigen Interaktionen. Rosie sagte zu jedem Stein, was er für sie bedeutet, von Dankbarkeit über Verständnis bis hin zu Wegschicken-wollen und Nicht-gehen-wollen war alles dabei. Ich sagte, daß es mir auch nicht leicht falle, sie gehen zu lassen, aber daß ich ein gutes Gefühl für ihren weiteren Weg habe, und daß ich sehr gespannt sei, wie ihr Leben wohl in ein paar Jahren aussehe.

Rosie hat mich in regelmäßigen, ca. vier-sechswöchigen Abständen in meiner Sprechstunde aufgesucht. Sie fand eine Gestalttherapeutin, mit der sie sehr zufrieden war, und sie machte ihre Ausbildung zu Ende. Ab und zu kam sie sogar mit ihren Kindern in meinen Gottesdienst. Kürzlich rief sie mich an, um mir zu erzählen, daß sie eine Teilzeitstelle als Grafikerin in einer kleinen Agentur gefunden habe ... und ... daß sie sich verliebt habe ... ich war ganz erstaunt, daß sie meine neue Arbeitsstelle ausfindig gemacht hatte.

»Sie wissen doch, wenn man etwas ganz doll will, dann klappt es«, war ihre Antwort.

---

2. Mein Büro lag direkt oberhalb des Rheins, in fünf Min. Fußlänge.

Methodischer Aspekt: Die Bedeutung der Vereinbarungen im seelsorgerlichen Prozeß

Von Anfang an war die Beziehungsebene zwischen Rosie und mir konstitutiv und grundlegend für den Beratungsprozeß.

Rosie kam zu mir, um mich in meiner Rolle als Pastorin in Anspruch zu nehmen. Schon in unserem ersten Gespräch wurden Weichen gestellt, Grenzen abgesteckt und, soweit möglich, methodische Entscheidungen im Vorfeld abgeklärt.

Meine diagnostische Kompetenz als Seelsorgerin war wie in jeder seelsorgerlichen Beziehung sehr stark gefragt. Im ersten Gespräch wurde mir deutlich, daß Rosie mit einer großen Erwartungshaltung gekommen war. Ich selbst hatte ein starkes Bedürfnis nach Struktur, was zum einen mit der starken Bedürftigkeit, die ich spürte, zusammenhing. Zum anderen, mindestens genauso, wenn nicht noch wichtiger, nahm ich wahr, daß sie mit verschiedenen Themen gekommen war. So versuchte ich innerhalb der ersten Stunde wesentliche Kernpunkte bzgl. ihrer Biographie, ihrer beruflichen Situation und ihrer Spiritualität zu sondieren. Ich entschied mich vom ersten Kontakt an, keine intensivere therapeutische Begleitung anzubieten. Das lag zum einen daran, daß ich zu der Zeit sehr viele feste Klientinnen hatte, zum anderen spürte ich deutlich meine »Zuständigkeit« für den spirituellen Bereich.

Deshalb haben wir schon am Ende der ersten Stunde klare Vereinbarungen getroffen: Zunächst einmal die zeitliche Begrenzung, nämlich daß sie fünf weitere Sitzungen mit mir haben könnte. Zweitens die thematische Fokussierung: daß wir in dieser Zeit schwerpunktartig auf die drei Themen, die nach dem Erstgespräch im Raum standen, eingehen könnten. Drittens stellten wir die Notwendigkeit fest, gerade aufgrund der zeitlichen Befristung weitere Perspektiven zu klären. Dies hieß auch zu schauen, ob sie längerfristig eine Therapie bei einer Therapeutin machen werde. Wie sich am Schluß herausstellte, war es wichtig, die Vereinbarungen einzuhalten.

Hier sei jedoch noch betont, daß es für die seelsorgerliche Arbeit verschiedene Möglichkeiten gibt, Vereinbarungen zu treffen:

Die Zeitfrage: Ich kann als Seelsorgerin nach einem Erstkontakt der Meinung sein, diese Person für eine längere, zunächst unbefristete Zeit begleiten zu wollen. Häufiger jedoch ist es sinnvoll, klare Absprachen zu treffen. Gerade wenn ich als Seelsorgerin meine Grenzen spüre, sollte ich diese auch äußerlich sichtbar machen. Auch in Kontakten, wo ich gern als empathische und vertrauenswürdige Seelsorgerin präsent sein möchte, ist es hilfreich, klare Zeitabsprachen zu treffen. Ein fester Gesprächstermin einmal die Woche oder alle zwei Wochen ist m. E. besser als kontinuierliche spontane Besuche. Zeitliche Perspektiven abzuklären schafft Erleichterung für Klientin und Seelsorgerin, z. B.: Erstmal schauen wir die nächsten drei Monate, dann nehmen wir nochmal eine Bestandsaufnahme und neue Standortbestimmung vor.

Eine *thematische Fokussierung* ist als diagnostisches Handwerkszeug absolut notwendig. Hier eignen sich z. B. die fünf Säulen aus der Integrativen Therapie (Rahm u.a., 155), die von der feministischen Sozialtherapie um eine sechste erweitert wird:

1. Leiblichkeit – wie ist der körperliche Zustand der Klientin? Welches Körperbild hat die Klientin? Wie lebt sie ihre Sexualität?
2. Beziehungen und soziales Netz – wie waren/sind die Beziehungen in der früheren/heutigen familiären Situation? Wie ist das soziale Netz der Klientin? Wer war/ist besonders wichtig?
3. Arbeit und Leistung – Welche Ausbildung/welchen Beruf hat die Klientin? Wie zufrieden ist die Klientin mit ihrer jetzigen Tätigkeit? Welche Perspektiven hat sie für sich?
4. Materielle Situation – Fühlt sich die Klientin finanziell abgesichert? Wie sieht der Vergleich mit anderen Familienmitgliedern und dem sozialen Umfeld aus? Welche Perspektiven gibt es?
5. Werte und Normen – welchen Werten fühlt sich die Klientin verbunden? Wie lebt sie ihre Spiritualität? Wie weit entsprechen ihre religiösen und sozialen Werten denen ihres sozialen Umfeldes und denen ihrer Primärfamilie?
6. Gewalt – wie ist die Klientin mit Gewalt konfrontiert worden? Welche Umgangsmechanismen hat sie entwickelt? Welche schlimmen Ereignisse hat die Klientin relativ heil überstanden?

Bei allen sechs Säulen der Identität sollte die Therapeutin unbedingt auf die Ressourcen und Kraftquellen der Klientin achten.

Drittens ist die *Klärung möglicher Perspektiven* wesentliches Element einer gelungenen Seelsorgebeziehung. So kann es passieren, daß eine Klientin in einer gegenwärtig so stark belasteten Situation zur Seelsorgerin kommt, daß diese entscheiden muß, ob die Klientin aufgrund der Krise oder einer Suizidalität gefährdet ist. Falls eine akute Gefährdung vorliegt, sollte die Seelsorgerin mögliche Schritte unternehmen, also die Einweisung in eine Klinik veranlassen oder zumindest die soziale Situation der Klientin abklären. Wenn die Seelsorgerin sich vorstellen kann, für eine Weile als Begleitperson zur Verfügung zu stehen, sollte sie deutlich machen, wie weit ihre therapeutischen Kompetenzen gehen, oder an welchem Punkt sie die Klientin an eine Therapeutin oder andere Person weiterverweisen will.

Daß ich mich im Kontakt mit Rosie nach der fünften Stunde trotz der klaren Absprachen dennoch für eine gewisse Kontinuität entschied, hing vor allem mit der Beziehungsebene zusammen, die sich zwischen Rosie und mir entwickelt hatte. Ich nahm sie wahr als eine Frau, zu der ich sofort eine Verbindung hatte. In ihrer Direktheit ist sie mir vielleicht ähnlich, auf jeden Fall kommunizierten wir vom ersten Moment an sehr offen und unkompliziert miteinander. Zugleich hatte ich aber die große Befürchtung, meine eigenen Grenzen nicht früh und deutlich genug zu spüren.

Übertragung und Gegenübertragung waren Bestandteil meiner Arbeit mit Rosie. Mit Übertragung meine ich, daß die Klientin eine frühere Person oder Szene aus ihrem Leben in der gegenwärtigen Beziehung zur Seelsorgerin/Therapeutin wiedererkennt. In der Übertragungssituation verhält die Klientin sich so, als ob ihr Gegenüber ihre Mutter, ihr Vater oder eine andere wichtige Person aus der Biographie ist. Besonders in kürzeren Begleitungen kann es passieren, daß die Therapeutin dies nicht sofort mitbekommt, was dann wiederum dazu führen kann, daß die Klientin die Therapeutin dazu bringt, ihr »Spiel« mitzuspielen.

Gegenübertragung meint zunächst eine »bewußtseinsfähige Resonanz« (Rahm u.a., 361) der Therapeutin auf das, was ihr die Klientin entgegenbringt und kann unterschiedliche Auswirkungen haben. Entweder ich fühle als Seelsorgerin empathisch mit, z. B. »wie Rosie, deren Mutter im Bett liegt, während sie sich einsam und verloren fühlt.« Oder ich gehe in die Rolle der anderen Person, in diesem Fall der Mutter und fühle dann bestimmte Dinge, die die Klientin auf mich überträgt.

Rosie übertrug auf mich nicht nur ihre Muttergeschichten, sondern auch Allmachtsphantasien (die Pfarrerin mit dem direkten Draht zu Gott, Gottes Allmacht überträgt sich auf die Pfarrerin etc. ...). Meine (Gegen-)Übertragungen auf sie wurden mir vor allem in den Situationen bewußt, in denen sie in den Widerstand ging oder einfach nicht meinen Interventionen entsprechen wollte bzw. mir etwas Klares und Eindeutiges entgegensetzte. Ich erlebte in ihrem Agieren dann Teile meiner eigenen Persönlichkeit, machte mir das in den jeweiligen Situationen, die mich dementsprechend aufwühlten, bewußt (z. B. in der dritten Stunde, oder auch in der fünften Stunde, als es um den bevorstehenden Abschied ging).

Am Punkt des Abschieds, auf den ich bestehen mußte, wurde mir deutlich, daß ich zwar keine therapeutische Verantwortung für Rosie übernommen hatte, jedoch eine seelsorgerlich-spirituelle in dem Sinn, daß ich sie auf den Weg des Gebets geführt hatte, viele neue Impulse, Gedanken zum Gottesbild, zu ihrer persönlichen Gottesbeziehung etc. vermittelt hatte, und daß ich sie damit nicht im Regen stehenlassen wollte.

Die gesellschaftliche Dimension von Rosies Geschichte war von Anfang an im Blickfeld meiner Interventionen, was aber nicht heißt, daß ich sie ständig thematisiert habe.

Wichtig für die Interaktionen war vielmehr, daß ich als Seelsorgerin den Überblick habe und ihr als Klientin an entscheidenden Punkten Hinweise auf die gesellschaftliche Bedingtheit bestimmter Problemfelder aufzeige (siehe z. B. in der zweiten Stunde beim Anschauen des Bildes und der Übung mit der guten und der bösen Mutter, in der dritten Stunde beim genauen Nachfragen und Zuhören in bezug auf ihre eigene Muttergeschichte).

Das Gebet als Quelle von Kraft und Veränderung

In meiner seelsorgerlichen Kompetenz ist das Beten ein wesentliches Element. Ich bete selbst, wenn es mir um Klärung und/oder Vergewisserung geht. Ich laufe durch den Wald und schreie zu Gott, flehe sie an, wenn ich es nicht mehr aushalte. Das Leben in seiner Komplexität und Vielschichtigkeit ist einfach sehr häufig eine Überforderung, ein absolutes Vabanquespiel und Zuviel. Das Gebet kann klären, beruhigen, eigene Standortüberprüfung leisten, es kann mich immer wieder zum Wesentlichen, zu dem wirklich Wichtigen, zum Kern meiner selbst und des Daseins als solchem führen. Ebenso bedeutet es, daß ich mich neben mich stelle. Beten relativiert meine eigene Begrenztheit, macht mir bewußt, daß ich in einem Sinnzusammenhang stehe. Beten öffnet mein Herz, und in manchen besonderen Situationen schenkt es mir sogar Flügel.
In der seelsorgerlichen Beziehung entwickelt sich über kurz oder lang eigentlich fast immer eine spirituelle Dimension, evtl. ist sie auch von Anfang an vorhanden. Denn die Klientin kommt zu mir als Pastorin mit einer bestimmten Erwartungshaltung. Sie erwartet nicht nur, daß ich gut zuhören kann, ein offenes Ohr und Herz für ihre Situation habe, sondern sie erwartet auch, daß ich als religiöse Expertin bestimmte Fragen für sie beantworten kann bzw. im Kontakt mit Gott selbstverständliche Antennen eingebaut habe. An der Begegnung mit Rosie läßt sich gut zeigen, daß Religion und Gottesbeziehung für sie von Anfang an Thema im Gespräch mit mir waren. Gleich in der ersten Stunde war es ihr ein Anliegen, ihre katholische religiöse Sozialisation, ihre eigene Spiritualität und ihre Erwartungshaltung an mich hinsichtlich meiner religiösen Autorität in den Raum zu werfen. Aufgrund ihres Wunsches, »das mit Gott und dem Ganzen ... mal klarzukriegen ...« bot sich das Gebet als Möglichkeit der Klärung an. Gebet bedeutet ja, ich setze mich in Beziehung zu Gott; und in der seelsorgerlichen Beziehung bedeutet es auch, wir öffnen unsere Dyade auf eine Triade hin, wenden uns gemeinsam zu Gott und einer Kraft, die vieles relativiert und in ein anderes Licht stellt.

In der gemeinsamen Hinwendung mit Rosie zu Gott erfuhr ich die Kraft und Bedeutung dieser Ebene, gerade im Vergleich zu der, wenn auch nicht unbedeutenden Erzählebene der Geschichte, die ich erzählt hatte (siehe Seite 142). Im Gebet mit Rosie tat sich die Dimension der Klärung, die Rosie sich vorher so gewünscht hatte, wie von selbst auf.

Wie selbstverständlich haderte sie mit Gott, was sie aber nicht davon abhielt, in der letzten Stunde in mehrfacher Hinsicht ihre religiöse Affinität zu betonen und von daher auch eine gewisse Legitimation zu beanspruchen, weiter zu mir kommen zu dürfen.

Beten bedeutet eben im Sinne des guten alten Wortes *religio* nicht nur Rückbindung, sondern auch Bindung. Eine andere Komunikationsebene öffnet sich, eine Verbindung und Tiefe der Gegenseitigkeit wird spürbar, die sich rein verbal nicht erschließen, nicht begreifen läßt.

In dieser Anbindung öffnet das Gebet den Weg zu den eigenen Quellen, den eigenen Ressourcen der Kraft, wie es auch in Situationen der Ausweglosigkeit Trost und Beistand herstellen kann. Gerade solche Menschen wie Rosie, die in fast jeder Lebenssituation in das Agieren gehen, können vom Gebet eine neue Haltung für sich entdecken. Sie können lernen, daß Flügel wachsen, wenn sie sich völlig kraftlos fühlen, und daß sie gar nichts dafür tun müssen, außer vielleicht in das schwerste aller Lebenswagnisse einzuwilligen: sich zu öffnen für das große Geheimnis, welches ich Gott nenne.

Eine Häutung

Thematischer Aspekt: Lebensformen

Sie war sehr konzentriert und wirkte relativ positiv gestimmt, als sie das erste Mal in mein Büro kam. Vorher hatten wir schon mehrmals telefoniert. Ich kannte nicht nur ihren Namen (Karin), sondern auch wesentliche Eckdaten ihrer augenblicklichen Lebenssituation. Sie war am Telefon immer sehr schnell und lebendig, fast ein bißchen überdreht. Sie war mir sympathisch und zugleich konnte ich ihr eigentliches Dilemma noch nicht begreifen.

In der ersten Stunde erzählte sie mir so viel aus ihrem Leben, daß ich Mühe hatte, alles zu bündeln und den Blick auf das Wesentliche zu richten. Ich entdeckte eine Unzahl von losen Enden, an die ich hätte anknüpfen können, während ich ihren Verstrickungen zuhörte. Jedoch entschied ich mich in den ersten paar Sitzungen mit ihr, ihrem Erzählstrom freien Lauf zu lassen und nur an wesentlichen Schnittpunkten und Stellen, an denen ich Verständigungsschwierigkeiten hatte, nachzuhaken.

Sie erzählte, daß sie seit Wochen akute Schlafstörungen habe und tagsüber so müde sei, daß sie es kaum schaffe, ihre täglichen Aufgaben zu verrichten. Das war aber zunächst auch die einzige Information, die sie mir von ihren Schwierigkeiten mitteilte, und diese Mitteilung geschah, wie auch andere gebrochene und ambivalente Erfahrungen, durchaus mit einer gewissen Verschönung oder Relativierung. Sie war 35 Jahre alt, kam aus einer »intakten« Familie (damit meinte sie ihre Ursprungsfamilie), wie sie selbst immer wieder betonte. Seit 12 Jahren ist sie verheiratet, hat zwei Söhne, 10 und 6 Jahre alt.

Ihr Mann ist Lehrer in einem kleinen Dorf.

Damals, als sie ihn kennenlernte, studierte er Theologie und Musik, und sie arbeitete auf einer vollen Stelle mit Schichtdiensten etc. als Krankenschwester. Bis zur Geburt des zweiten Sohnes arbeitete sie für den Erwerb der ganzen Familie, während ihr Mann in Examensvorbereitungen, Prüfungen, ständigen Streß- und Höchstspannungssituationen steckte.

Eigentlich wollte sie immer Ärztin werden, aber ihre Eltern hatten ihr das als Mädchen schon ausgeredet. Immerhin wolle sie ja auch bald Geld verdienen, und so ein Studium dauere einfach sehr lange und schlußendlich sei so ein Beruf wie Krankenschwester doch für Frauen besser geeignet, gerade wenn sie später einmal Beruf und Familie miteinander verbinden wolle. Sie hatte das für sich irgendwann akzeptiert und auch für gut befunden. In der zweiten Stunde sagte sie zu mir:

»Im nachhinein war ich meinen Eltern eigentlich immer sehr dankbar. Sie haben es ja sowieso immer sehr gut mit mir gemeint, und sie wußten besser, was richtig für mich ist.

Ein Studium und zwei Kinder hätte ich nebeneinander nicht geschafft, zumal Stefan (ihr Mann) ja auch keinen Pfennig Geld nach Hause gebracht hat.«

Im Kontakt zu K. fiel mir auf, daß sie ein großes Bedürfnis nach Harmonie und positiver Grundstimmung ausstrahlte. Alles, was sie erzählte, war eigentlich positiv oder zumindest »nachvollziehbar«, und erst im Lauf der Geschichte, im Lauf der Beziehung, die sich zwischen uns entwickelte, erkannte ich, daß sie mir immer wieder kleine Hinweise auf die Schwierigkeiten und Probleme, in denen sie steckte, gab ... allerdings konnte sie diese selbst gar nicht oder nur sehr schwer als solche erkennen.

So hatte sie z. B. ein akutes Hautproblem, rote juckende Stellen an empfindlichen Zonen ihres Körpers. Dies erwähnte sie auch mal in einem Nebensatz, machte dann aber zugleich wieder deutlich, daß sie das ja schon immer als Problem gehabt habe, und in Phasen, wo sie besonders belastet sei, trete diese Neurodermitis (so bezeichnete sie sie selbst) eben auf. Sie müsse dann darauf achten, daß sie genug Schlaf bekomme und genug Ruhe finde, und das gelinge ihr im Moment nur sehr sporadisch.

Ebenso erwähnte sie, daß sie vor einiger Zeit mit Bauchtanz begonnen habe, daß aber in letzter Zeit an dem Abend, der eigentlich dafür reserviert sei, immer etwas anderes dazwischen komme, und sie fände das zwar nicht so gut, hoffe aber, daß bald wieder andere Zeiten kommen und sie sich auch ihren Hobbies etwas intensiver widmen könne.

Dann sagte sie einmal, daß sie ihre Freundin, die sie vor einem guten Jahr über einen Tanzworkshop kennengelernt habe, schon so lange nicht mehr gesehen habe ... als ich nachhaken wollte, lenkte sie schnell wieder auf ein anderes Thema und relativierte die Gefühle, die offensichtlich auch mit Entbehrungen und Verlust zu tun hatten.

Ich entschloß mich, an diesem Punkt einzuhaken. Es war vielleicht die dritte oder vierte Sitzung, in der sie zu mir kam. Ich hatte bestimmte Informationen. Sie hatte als Grund ihres Kommens ihre Suche nach eigener »frauenorientierter Spiritualität« genannt. Anders als ich das häufig in Beratungssituationen erlebe, war Karin nie mit einem spezifischen Problem gekommen, sondern vermittelte eben das Bild der positiv gestimmten Sonnenfrau, die mich als Gesprächspartnerin aufsucht, nicht weil sie in der Krise ist oder gewisse Dinge in ihrem Leben verändern will, sondern weil sie auf ihrer Suche nach feministischer Spiritualität Gleichgesinnte, Bündnispartnerinnen sucht.

Dies faszinierte mich im Kontakt mit ihr. Ja, ich fand es bestechend, da es meiner eigenen Sehnsucht nach positiver Anbindung und ressourcenori entierter Arbeit eben nahekam. *Zugleich hatte ich aber im Arbeiten mit ihr immer einen starken hermeneutischen Verdacht, nämlich daß unter dem Gesicht der strahlenden Sonnenfrau ein anderes steckte, das auch angeschaut und gesehen werden will.*

Im Folgenden versuche ich darzustellen, wie ich mit diesem Verdacht, der ja zugleich auch mit Ahnungen anderer Geheimnisse und anderer Wissensschätze verbunden war oder ist, gearbeitet habe.

»Ich kann es auch nicht ändern ... irgendwie macht es mich schon traurig, daß ich meine Freundin so lange nicht gesehen habe ... aber ich hab ja auch immer soviel um die Ohren, und die Kinder sind jetzt in einem Alter, wo sie ganz viel Aufmerksamkeit brauchen. Und ich hab meinem Mann in letzter Zeit auch öfters in den Vorbereitungen für die Schule geholfen ... alles geht eben nicht.«

»Die Traurigkeit über den Abstand zu ihrer Freundin wollen Sie mir aber lieber nicht zeigen ...?«

Karin schaut etwas trotzig, lächelt dann verlegen.

»Was wollen Sie denn von mir sehen? Was soll ich Ihnen denn zeigen? Ich hab eigentlich das Gefühl, daß ich schon meine ganzen Gefühle und Gedanken und und und vor Ihnen ausgebreitet habe ...«

»Ich meine die Traurigkeit. Ganz konkret. Wo spüren Sie die?«

K. schaut nachdenklich, dann abwehrend.

»Es ist nicht so massiv, daß ich da jetzt drunter leiden würde. Ich hab auch keine Migräne oder Verstopfung, falls Sie sowas meinen. Ich meine, Sie bewerten das jetzt über ...«

»Aber Sie haben doch in letzter Zeit auch körperliche Symptome gehabt, die Ihnen zu schaffen machten?«

»Sie meinen, die Neurodermitis? Hatte ich Ihnen das erzählt?«

Ich nicke zustimmend und zuhörend.

»Aber die hatte ich doch schon als Kind. Das ist halt auch wetter- und phasenbedingt ... und es geht auch meistens, wie es gekommen ist ...«

»Und seit wann ist es mit den Flecken jetzt schlimmer geworden?«

K. guckt mich etwas konsterniert an, sagt längere Zeit nichts und dann:

»Ich glaube, es fing so vor sechs Wochen an, ungefähr ...«

»Können Sie sich erinnern, was da geschah?«

K. ist nachdenklich, schaut auf den Boden, sagt nichts. Ich lasse sie eine ganze Weile so, obwohl ich ahne, daß es in ihr ganz anders aussieht als sie mir das vermittelt.

»Wenn Sie wollen, können Sie es mir sagen.«

»Ich will aber nicht!«

»Was wollen Sie denn?«

K. sieht mir in die Augen und sagt längere Zeit nichts.

»Ich muß die ganze Zeit an ein Bild denken, das ich in einem Traum gehabt habe. Dieses Bild verfolgt mich, aber ich finde keine Worte dafür. Es ist eben ein Bild.«
»Haben Sie denn eine Idee, wie Sie es ausdrücken könnten?«
K. nickt.
»Geht das jetzt und hier?«
K. schaut wieder sehr nachdenklich. Sie bewegt sich lange Zeit gar nicht.
»Was macht es so schwer für Sie?«
»Ach, wenn Sie wüßten ... das mit dem Hier und Jetzt ist doch genau das Problem. Es ist ja nur mein Traum. Ich hatte ihn schon ein paarmal. Er taucht immer mal wieder in meinen Tagträumen auf, aber eben auch nachts.«
»Wie wäre es, wenn Sie mir den Traum in Form eines kleinen Rollenspiels präsentieren?«
K. schüttelt zuerst den Kopf, streicht sich unruhig durch die Haare.
»Ich glaube, das ist zu schwierig. Ich bräuchte zwei Frauen. Eine davon bin ich ...«
»Und die andere?«
»Die ist eben nicht hier.«
»Ja, darum das Rollenspiel. Da ist es doch auch so, daß Menschen dargestellt werden, die real woanders sind, gar nicht mehr leben oder sonstwo stecken ...«
»Also gut, ich versuche es mal. Ich bräuchte aber noch ein paar Requisiten ...«
»Was denn?«
»Samt- und Seidenstoffe, einen Sandkasten und rundherum Wasser ...«
»Gut, das besorge ich zum nächsten Mal.«
K. ist sichtlich verwundert.
»Das wollen Sie wirklich machen? Das finde ich klasse von Ihnen. Ehrlich.«

In der Woche, die zwischen dieser Stunde und der nächsten Sitzung verstrich, organisierte ich mehrere Bahnen Stoffreste (Samt und Seide), außerdem (symbolisch) eine große Holzkiste, gefüllt mit Sand und eine Yves-Klein-blaue Schale mit Wasser. Ich gestaltete außerdem das Büro komplett um, d.h. alle überflüssigen Gegenstände und störenden Möbel wurden hinausbefördert. Zugleich machte ich mir viele Gedanken über Karins Geschichte und hatte auch den Eindruck, daß das Psychodrama sie nochmal mit anderen Schichten ihres Bewußtseins in Berührung bringen könnte.
Am Tag, als sie kommen sollte, hatte ich vorher eine Stunde Zeit, um mich auf die Arbeit mit ihr einzustellen. Der Raum sah komplett umgestaltet aus, und ich erwartete sie mit Neugier und Vorfreude. Fünf Minuten vor der Stunde

rief sie mich an, um abzusagen. Sie klang ziemlich kurz angebunden, und ich machte einen neuen Termin mit ihr aus.

Die Woche darauf wiederholte sich das Ganze. Sie sagte, ihre Haut habe sich verschlimmert, und sie müsse zum Hautarzt.

Als ich ihr anbot, sie ein paar Stunden später noch sehen zu können, lehnte sie ab, weil sie sich um ihre Kinder kümmern müsse.

Wochenlang hörte ich gar nichts mehr von ihr. Die Stoffe, Kiste und Schüssel standen jedoch in meinem Schrank und warteten auf Karin.

Die ganze Situation beunruhigte mich sehr. Ich hatte immer wieder den Gedanken, sie anzurufen und machte mir Sorgen, ob sie vielleicht in solche Schwierigkeiten gekommen sei, daß sie sich gar nicht mehr zu mir traute. Denn ein Thema in unserer Interaktion war ja immer, daß sie eine bestimmte Seite von ihr, nämlich die Strahlende und positiv Gestimmte, sehr viel mehr in den Blick stellte. Ich entschied mich dann aber, sie nicht anzurufen, sondern ihr selbst den Prozeß zu überlassen.

Eines Tages stand sie in der Tür, unangemeldet, in meiner offenen Sprechstunde. Es waren viele Frauen da, und sie mußte längere Zeit warten. Als sie an der Reihe war, holte ich die Requisiten schon vor ihrem Betreten meines Büros hervor, allerdings nicht so sorgfältig drapiert wie in der geplanten Sitzung.

»Oh, was haben Sie denn alles vorbereitet? Ich weiß nicht, ob Sie mich richtig verstanden haben. Ich sagte Ihnen doch, daß es um Träume, besonders um einen Traum geht, aber den habe ich jetzt auch schon lange nicht mehr geträumt.Ich glaube, weil er so unreal ist ...«

»Ja genau, weil er so unreal ist, ... darum hatte ich Ihnen doch vorgeschlagen, daß Sie ihn in ein Theaterstück umsetzen. Dann wird er realer.«

K. schweigt, dann sagt sie:

»Ich will aber nicht. Es ist gar nicht möglich. Und wenn ich die schönen Stoffe sehe und die schöne Schale, dann fange ich sofort an, sie in ein Gespräch zu verwickeln.«

»Und was sagen Sie zu Ihnen?«

»Zu dem Samt sage ich. Hey, du bist doch viel zu schön für mich. Warum hast du die ganze Zeit auf mich gewartet?«

Ich entscheide mich spontan, die Rolle des Samtes zu übernehmen und sage, während ich ihn mir überhänge:

»Weil ich dich schmücken will, dich und die andere Frau, die leider nicht hier ist.«

»Wieso sagst du leider?«

»Weil ich merke, daß sie dir fehlt, und daß du sie vermißt ...«

»Ja, das stimmt, aber woher weißt du das?«

Ich zucke wissend mit den Schultern, Karin lächelt.

»Die andere Frau heißt Martina und ist in Norddeutschland. Ich habe sie vor über einem Jahr kennengelernt. Wir haben immer miteinander telefoniert, uns geschrieben ... es war ganz anders mit ihr als mit anderen Freundinnen ... aber als mein Mann mitbekommen hat, daß wir uns zärtliche Briefe schreiben und immer aneinander denken, hat er mir verboten, den Kontakt mit ihr weiterzuführen.

Seitdem habe ich nur ein paarmal heimlich mit ihr telefoniert, und der Traum ist weniger geworden.«

»Der Traum von Ihnen beiden, in Samt und Seide gehüllt ...?«

»Ja, und das Wichtigste daran ist, nur wir beide, geborgen in einer Sandmulde, umgeben vom Meer ...«

An diesem Punkt entschied ich mich, die Szene doch noch psychodramatisch mit K. auszufüllen. Im Lauf dieser Sitzung nahm sie die verschiedenen Rollen ein, den Samt, den Sand, das Wasser, die Freundin, sich selbst. Später ging ich dann mit ihr in die Rolle des Mannes hinein, der skeptische und abwertende Bemerkungen machte, ja sogar mit Liebesentzug und Scheidung drohte.

Es stellte sich heraus, daß sie, schon als sie das erste Mal zu mir kam, in einer tiefen Krise steckte, die aber im Lauf der Wochen noch eskalierte. Sie spürte plötzlich ihre verborgenen Wünsche und sie begann, ihren Konflikt körperlich auszuagieren.

Schließlich erreichte sie einen Punkt, an dem sie nicht mehr zu mir kommen wollte.

Was sie dann doch bewog, die Hemmschwelle zu überwinden, konnte sie nicht benennen, außer es mit einem diffusen Gefühl zu versehen.

Mit dem Psychodrama jedoch gelang es ihr, Träume und Wünsche sichtbar zu machen, ihnen Gefühle und Namen zu geben und diese laut auszusprechen.

In dieser Sequenz erfuhr ich auch, daß ihr Mann für sie eben schon lange nicht mehr der liebevolle Partner war, den sie sich wünschte, sondern daß sexuell und emotional eine völlige Blockade auf beiden Seiten eingetreten war. Eine gemeinsame Paartherapie, die beide vor über einem Jahr begonnen hatten, hatte er nach fünf Sitzungen abgebrochen, »weil es ja sowieso nichts bringt ...«.

In den Wochen danach kam sie regelmäßig und wir redeten über all das, was vorher nicht Thema gewesen war. In einem langwierigen und teilweise sehr anstrengenden Prozeß gelangten wir zu ihren Schattenseiten und zugleich zu den kühnsten und wildesten Träumen, die sie nie zuvor ausgesprochen hatte.

In einer Stunde ließ ich sie nur auf den Samt-und Seidenstoffen liegen und begleitete sie auf eine Traumreise zu ihren tiefsten Sehnsüchten und

Geheimnissen. Ich regte sie an, ihren eigenen Bildern und Phantasien zu folgen.

So sagte ich zum Beispiel:

»Lassen Sie sich innerlich ganz los, so als ob sie in einer warmen, für sie ausgebreiteten Hand liegen. Sie schmiegen sich an, wie es für sie am bequemsten ist und um es so richtig schön zu haben, brauchen Sie gar nichts zu tun oder zu leisten oder gar für jemand zu sorgen. Sie sind einfach nur, in diesem Augenblick ...«

Sie fing in dieser Sequenz an zu weinen und schluchzte irgendwann so sehr, daß ich mir ernsthaft Sorgen machte, ich hätte sie zu einer traumatischen Erfahrung geführt, die sie ins Bodenlose führe ... sie jedoch schluchzte einfach eine lange Weile und hörte irgendwann wieder auf.

Als ich die Traumreise später mit ihr auswertete, sagte sie, sie habe sich einem paradiesischen Zustand so nahe gefühlt, daß sie nur noch weinen konnte. Ich sah ihr an, daß sie sehr entspannt und ruhig geworden war. Als ich dann dem Weinen nochmal nachging, kamen wir ihrem eigentlichen Drama endlich auf die Spur.

Sie begann, ihre Ursprungsfamilie zu rekonstruieren, und auf einmal war es eben nicht mehr die »intakte, glückliche« Familie, sondern eine im Patriarchat geformte und mit den üblichen Beschädigungen und Strapazen versehene. Vor allem ihre Mutter, über die ich vorher immer nur andeutungsweise erzählt bekommen hatte, erschien in neuem und durchaus gebrochenem Licht. Ihr Erbe an die Tochter war, daß sie selbst nie studiert hatte und dieses Privileg ihrer Tochter nicht gönnen wollte. Seitdem Karin ein kleines Mädchen war, durfte sie nicht größer als die Mutter werden, sondern wurde mit verschiedenen Methoden angehalten, ihre Identität in der aufopfernden, zugewandten, dem Mann zuarbeitenden Rolle zu finden. Jahrelang hatte diese Sozialisation funktioniert, sie hatte Karin ein klares und eindeutiges Rollenmodell vorgegeben, mit dem sie sich identifizieren konnte.

Aber an dem Punkt, als sie in einem ganz anderen Kontext andere Begegnungen und andere, auch für sie mögliche Lebensmodelle entdeckte, begann das Kartenhaus zu kippen. Sie fühlte sich mit ihrem Mann, der weder auf die Bedürfnisse ihrer Kinder, noch auf ihre eigenen eingehen konnte/wollte, nicht mehr wohl, und sie merkte, daß die Ehe auch nur funktioniert hatte, solange sie bereit war, ihre Rolle als fürsorgliche Mutter, Ehefrau uneingeschränkt zu übernehmen. Vor allem entdeckten wir gemeinsam, daß ihre Neurodermitis schon als Kind immer mit Erfahrungen von Einengungen und Grenzen besonders durch die Mutter zusammenhing.

In einer Stunde ließ ich sie psychodramatisch mit ihrem eigenen Bild von der kleinen Karin spielen. Dabei stellte sie selbst fest, daß sie für die »typisch weiblichen« Verhaltensmuster belohnt wurde, während alles, was mit dem Entwickeln ihrer eigenen Wünsche verbunden war, schon in ihrer frühen Kindheit sanktioniert wurde. In der Inszenierung tauchte immer nur die Mutter auf, manchmal die kleinere Schwester, der Vater war als Geschäftsmann in ihrer Erinnerung kaum präsent.

Letzten Endes zeigt sich hier das typische Drama einer Mädchensozialisation in der kapitalistischen, westlichen Gesellschaft. Als Frauen und Mütter sind wir selbst so sehr in die Dynamik verstrickt, daß ein scharfer und stechender Blick notwendig ist, um die eigentlichen Fallstricke zu entlarven.

In den ersten Wochen/Monaten hatte ich selbst nur eine Ahnung von dem eigentlichen Drama der K. Sie hatte es so perfekt internalisiert, daß ich erst in der psychodramatischen Inszenierung den Zugang zu ihrem Dilemma, verknüpft mit ihren kühnsten Träumen und Wünschen, bekam.

K. kam insgesamt über zwei Jahre zu mir, sie trennte sich in dieser Zeit von ihrem Mann, organisierte sich eine neue Halbtagsstelle, suchte sich eine neue Wohnung und intensivierte die Beziehung zu ihrer Freundin ... ihre Neurodermitis verschwand fast vollständig, allerdings wußte ich bis zum Schluß nie so ganz, wie sehr sie sich selbst kontrollierte und dementsprechend auch immer wieder ihren eigenen Täuschungen unterlag. Es war jedoch nach einer Weile wesentlich leichter, im Kontakt mit ihr ihren eigenen Tricks und Taktiken auf die Spur zu kommen. Zum Beispiel war eine häufige Interaktion zwischen uns, daß Karin mir auf die Frage nach ihrer Befindlichkeit antwortete, alles sei bestens, und sie habe doch eigentlich die Sonnenseite erwischt. Manchmal genügte meine Rückfrage »Eigentlich?«, um sie an die verborgenen, von ihr zunächst nicht so gern gesehenen Seiten zu führen und mir diese auch zu zeigen.

In einer der letzten Stunden wies ich sie darauf hin, daß sie ihr eigentliches Anliegen, nämlich der feministischen Spiritualität näherzukommen, von der zweiten oder dritten Stunde an nicht mehr zum Thema gemacht habe.

»Ja, das stimmt ... aber in gewisser Weise waren wir doch beide die ganze Zeit dem Thema sehr nahe ... und spätestens, als Sie mir die Samt- und Seidenstoffe in meinen Lieblingsfarben besorgt hatten, fühlte ich mich ihnen sehr verbunden ... irgendwie anders als vorher, eben spirituell, oder klingt das blöd?«

»Außerdem haben Sie sich ja im Lauf der letzten zwei Jahre gehäutet, mindestens einmal, und das empfinde ich auch als einen spirituellen Vorgang.«

»Gehäutet? Ja, das ist ein gutes Bild für mich. Ich habe durch die Neurodermitis ein Stück meiner alten Haut abgeworfen, bin weicher und stärker zugleich geworden, habe nicht mehr die Schere im Kopf, nur als treusorgende Ehefrau ein Recht auf Liebe zu haben, ja ...«

»... und sie sind tatsächlich durch die Häutung ein Stück näher an Ihren Kern, Ihr Innerstes und auch an Ihre Träume gekommen.«

»Darüber bin ich wirklich sehr froh. Sie haben mir geholfen, im realen Leben etwas zu verändern, konkrete Schritte zu tun und zu sehen und zu spüren, daß es geht. Der Samt und die Seide waren wichtig dafür, für meine innere Haut, wissen Sie?«

Methodischer Aspekt: Zur Arbeit mit kreativen Methoden in feministischer Seelsorge

Ich habe Karins Biographie die Geschichte einer Häutung genannt, weil in diesem Fall körperlich sicht- und spürbar wurde, daß eine Haut von ihr abfallen wollte, dies aber nicht ohne Schmerzen, Irritationen und grundlegende Veränderungen möglich war. Von der ersten Begegnung mit ihr wußte ich, daß es unter dem Gesicht der strahlenden und positiv gestimmten Karin eine zweite gab, die danach dürstete, gesehen und gehört zu werden. Zugleich war und ist mir in jeder beraterisch-seelsorgerlichen Situation bewußt, daß ich mich als feministische Theologin auf dem schmalen Grat zwischen gesellschaftlicher Realität und einer visionären Nische bewege.

Als sie am Anfang mehrmals betonte, daß ich als feministische Theologin sicherlich wisse, was sie meine, wenn sie von der Suche nach einer frauenorientierten Spiritualität spreche, wußte ich zwar, daß es sich hier um eine recht vielschichtige, komplexe Angelegenheit handelt, theologische Fragestellungen in bezug auf frauenorientierte Spiritualität haben ja immer auch mit Fragen von Beziehungen und des Lebensstils zu tun. Genaueres aber konnte ich mir nicht vorstellen. Als ich nachfragte und mehrmals betonte, daß ich das eben so allgemein nicht wisse, und daß sie schon etwas konkreter benennen könnte, worum es ihr eigentlich geht, kamen in den ersten Stunden nur vage Andeutungen und zugleich eine etwas verklärte Sicht von ihrer eigenen Biographie sowie ihrer jetzigen Situation.

In der Arbeit mit ihr entschied ich mich, zunächst wenig zu intervenieren, stattdessen ihrer Geschichte zuzuhören und sie kennenzulernen. Die entscheidende Weichenstellung für unseren veränderten, intensiveren Kontakt, geschah in dem Moment, als ich ihr vermittelte, daß sie bestimmte Gefühle als solche zwar benenne, diese aber nicht ausdrücke. Nachdem sie zunächst abwehrend auf meine Nachfrage reagierte, war sie letzten Endes doch sehr bereit, mehr von sich zu zeigen.

Am Beispiel der Arbeit mit ihr läßt sich die Verwendung gewisser kreativer Methoden näher aufzeigen, da diese wesentlich zur Intensivierung und Verdichtung der Beziehungsarbeit mit Karin beitrugen.

Alle Methoden und Interventionen sind Hilfsmittel im Prozeß der Beziehungs- und Begegnungsarbeit zwischen Klientin und Seelsorgerin. Sie können unterstützend im Bewußtseins- und -werdungsprozeß der Klientin wirken. Kreative Methoden können die Klientin befähigen, vom inneren »Unaussprechlichen« zum Ausdruck, vom Ausdruck zum Verstehen, vom Verstehen zum Erschließen neuer Möglichkeiten und Spielräume zu gelangen. Es ist jedoch wichtig zu berücksichtigen, daß die Seelsorgerin genau darauf achtet, inwieweit die jeweils angewandten Methoden für den gesamten Prozeß der Klientin sinnvoll sind. Hierzu muß sie einschätzen können, wie ein bestimmtes Setting sich in das gesamte Procedere einfügt. Für alle Methoden, gerade auch die nonverbalen, gilt, daß sie die Klientin sehr viel schneller mit den unbewußten Schichten ihrer Selbst konfrontieren kann. Diese können sie auch mit den Teilen ihrer Selbst in Verbindung bringen, die sie vielleicht über Jahre hinweg verdrängt hat, manchmal können auch unangenehme Schattenseiten auftauchen, die die Seelsorgerin dann wahrnehmen und je nach Situation beschützend begleiten sollte. Überhaupt muß die Begleiterin sich in der Beziehung zu ihrer Klientin immer wieder der Rolle des Schutz- und Sicherheit-Gebens bewußt sein und sich dafür öffnen, diese Rolle auch auszufüllen.

In der Arbeit mit Karin wandte ich folgende kreative Methoden an:
Bevor das eigentliche Rollenspiel begann, entwickelte sich aus dem Gesprächsverlauf heraus die

Gegenstandsarbeit

Der Gegenstand wird zum Gegenüber oder zum Selbst, je nach Grenzziehung. Ich habe diese Arbeit von Polina Hilsenbeck (Hilsenbeck, 1992, 121ff.) gelernt. Sie hat vor allem in der Arbeit mit Psychotikerinnen und Borderline-Frauen auf der spirituellen Ebene damit sehr viel erreicht. Die Arbeit mit den Gegenständen ermöglicht eine gewisse Distanzierung, zugleich aber eine starke Identifizierung. So ist es auf der spielerischen Ebene möglich, zwischen den Welten tänzerisch hin- und herzuwandeln. Die Welten, das können sein, die reale, angstbesetzte, schwierig-komplizierte und die fantasierte, lustbetonte, freie, beschwingte. Oder auch eine magische Welt, die im Spiel mit dem Gegenstand genau den gleichen Stellenwert wie die real-physische hat. Wichtig im Spiel mit Karin war ja, daß sie durch die Kontaktaufnahme mit dem Samt fast mühelos über das mit mir sprechen konnte, was vorher nur in Andeutungen und zwischen den Zeilen Platz gehabt hatte.

Diese Methode eignet sich besonders für Frauen, die sich in einer Welt der Bilder, Tagträume und Phantasien mühelos zurechtfinden und bewegen können. In der Interaktion mit Karin hatte ich sehr rasch den Eindruck, daß sie mit Bildern lebt, die ihr auch bei der Bewältigung diverser Gefühle und ungelebter Emotionen helfen. Zugleich spürte ich ihren Widerstand, bestimmte Dinge zu benennen. Die Gegenstandsarbeit erschien mir als ein gutes Mittel, auch auf spielerischen Ebenen nicht beim Verbalen stehenzubleiben.

Das Rollenspiel als Inszenierung verschütteter oder zugedeckter Gedanken und Gefühle

Eine sehr geeignete Methode, um verborgene Gefühle ans Tageslicht zu bringen, ist das Rollenspiel oder das dialogische Ausagieren bestimmter Situationen aus der Erinnerung. Ebenso die Arbeit mit dem leeren Stuhl (vgl. hierzu die Arbeit mit Rosie).

Auch alle Psychodrama-Techniken gehören hierzu.

Zunächst einmal ist das Setting wesentlicher Bestandteil einer jeden Inszenierung.

Welche Personen sollen auftauchen, wer sitzt/steht wo, welche Rolle(n) übernimmt die Klientin, wer bestimmt das Ende der Sequenz, wie ist der Schutz der Klientin gewährleistet, gibt es eine Möglichkeit auszusteigen oder Stop zu sagen.

In der Arbeit mit Karin inszenierte die Klientin das Rollenspiel fast von selbst, da Karin von sich aus eine spielerische Haltung einnahm. Ich ging darauf ein, weil ich spürte, daß sie eine große Bereitschaft hatte, auf diese Ebene einzusteigen, und weil ich genau an dem Punkt, als sie von ihrer Lust sprach, mit den Gegenständen in ein Gespräch zu treten, herausspürte, daß die Requisiten bereits das Setting für das Spiel gesetzt hatten.

Bei Klientinnen mit einer größeren Hemmschwelle ist eine längere Vorbereitung und Einstimmung auf das Rollenspiel unbedingt erforderlich. So habe ich mit manchen Frauen schon einige Stunden mit Lockerungs-, Einstimmungs- und Vorbereitungsübungen verbracht, bevor sie sich dann, manchmal fast wie von selbst, in die jeweilige Rolle hineingaben. Es kommt aber auch vor, daß die Klientin solche Hemmungen hat, die tieferliegenden Gefühle auszuagieren, daß es bei den Vorbereitungen bleibt. Meistens jedoch bietet das Rollenspiel eine gute Möglichkeit, auch verbal gehemmten Menschen über die Distanzierung im Spiel, Selbsterkenntnis und vor allem auch eine humorvolle Vogelperspektive zu eröffnen.

Während des Rollenspiels ist es wichtig, die Hinführung zur Rolle exakt zu begleiten und auch bei Rollenwechseln auf gute Separierung zu achten.

Als Karin in die Inszenierung der einzelnen Gegenstände und Personen hineinging, leitete ich sie bei jedem Übergang an, die alte Rolle zu verabschieden und sich Zeit zu nehmen, in die neue Rolle hineinzugehen. Am Ende der Inszenierung ist es ganz bedeutsam für den Rollentausch, Karin als Karin wahrzunehmen und anzusprechen. Als solche reflektierte sie dann rückblickend, wie sie sich in den unterschiedlichen Rollen fühlte. Wesentlich im Rollenspiel mit ihr war, daß sie durch das Ausagieren der verschiedenen Stimmen plötzlich die ganze Bandbreite der Gefühle, den Jetzt-Zustand vor uns ausgebreitet hatte. Im Identifikationsspiel mit dem Samt und der Seide tauchte z. B. schon mehrmals die Mutter auf. Während Karin mit ihr sprach, war sie sichtlich so aufgebracht, daß ich hier einen Schlüssel zu ihrem Gesamtthema sah, ohne daß sie es an dieser Stelle thematisierte.

Die Arbeit mit den Gegenständen kann auf vielfältige Art und Weise in die Rollenspielarbeit integriert werden. So arbeitete ich mit einer älteren Frau zur Rekonstruktion ihrer Ursprungsfamilie mit Gegenständen, die sie sich selbst auswählte. In dem Moment, als sie begann, die Gegenstände auszusuchen, setzte der Erinnerungsprozeß ein, der vorher völlig zugeschüttet gewesen war. So erinnerte sie sich plötzlich an ganz konkrete Auseinandersetzungen mit ihrem heimtückischen ältesten Bruder, als sie für ihre sechs Brüder Steine auswählte und für den ältesten einfach nicht den passenden, genügend eckig und kantigen fand.

Körperarbeit

Grundsätzlich gilt für jede Intervention auf der Körperebene, daß sie als gesondertes, tiefgehendes Verfahren einer Körpertherapieausbildung bedarf. Selbst dann ist die Wahrung der Grenzen und des Schutzes allerwichtigste Bedingung für einen verantwortungsvollen Umgang mit diversen Techniken aus der Körperarbeit. Die von mir am häufigsten eingesetzte Methode ist die Phantasiereise, die ich auch mit Karin anwendete. Oft haben Phantasiereisen in meiner Arbeit Vertiefungsfunktion. Sie unterstützen Prozesse des Bewußtmachens, sie ermöglichen das Öffnen neuer Fenster zum Unbewußten, Verdrängten, aber auch zu der spirituellen Ebene. In der Arbeit mit Karin hatte die Fantasiereise aber primär die Funktion, ihr Entspannung und Geborgenheit zu vermitteln. Meistens entscheide ich intuitiv, wann die Intervention für eine Körperarbeit stimmig und für den Prozeß der Klientin hilfreich ist. Ich hatte in der Arbeit mit Karin z. B. irgendwann das Gefühl, daß sie zwar nahe bei ihren Tränen und der Traurigkeit angelangt war, aber eine Wegbereitung für ihre Tränen unbedingt brauchte

Es kommt auch vor, daß Klientinnen im Gespräch mit mir so verspannt und müde wirken, daß eine kurze Entspannungsübung die ganze Atmosphäre und letztendlich auch das dann folgende Gespräch verändert. Eine Frau, die nach dem Tod ihres Lebensgefährten in eine tiefe Depression gerutscht war, kam über Wochen zu mir, ohne daß sie sich öffnen konnte. Als ich ihr einmal, aufgrund meines eigenen Unwohlseins anbot, die Sitzordnung zu verändern, so daß sie sich bei umgedrehtem Sessel, mit von mir abgewandtem Gesicht, an mich anlehnen konnte, veränderte sich sofort die Stimmung im Raum. Ich verbrachte dann mehrere Sitzungen mit ihr, in denen ich ihren Rücken stärkte und ihr einen Halt bot. Die Haltung dieser Frau änderte sich durch einen Halt, den sie körperlich erfuhr und dann, ganz langsam, auch auf andere Situationen übertragen konnte.

Wenn ich in meinen »Fallgeschichten« beschreibe, daß ich die Klientin zu ihren schönsten Bildern begleitete, so öffne ich verbal nur den Raum dafür, lasse sie entspannt atmen, führe sie gedanklich aus dem realen Raum heraus, lasse sie phantasieren, wo sie gern sein möchte, wie es sich anfühlt, was sie sieht, wen sie trifft, was in ihr geschieht.

Im Grunde genommen rege ich mit meinen Worten nur ihre eigene Sinnestätigkeit und Phantasie an.

Eine andere körpertherapeutische Intervention, die ich häufig anwende, ist die »verstärkende« Interaktion. So nahm ich z. B. zu Karins Hautproblemen Stellung und konfrontierte sie auch mit ihren Gefühlen dazu. Oder eine andere Klientin, die in schwierigen Situationen immer den Kopf wegdrehte, ließ ich in das Gefühl während des Wegdrehens hineingehen, so daß sie mit alten Situationen aus ihrer Kindheit, wo es um Nähehabenwollen und Erfahrungen des Weggestoßenwerdens ging, konfrontiert wurde.

Mit Hilfe der Phantasiereise und des Rollenspiels gelang es Karin, den entscheidenden Schritt zu gehen. Nämlich, sich aus der Dominanzgeschichte ihrer Ursprungsfamilie zu lösen und sich ihren echten Bedürfnissen und Gefühlen anzuvertrauen. Erst als sie sich entschieden hatte, daß es hier um etwas Wesentliches und Geheimnisvolles geht, konnte sie auch darum kämpfen, daß das ihr Weg sein könnte.

Sicher war es kein Zufall, daß Karin sich im Vorfeld des Rollenspiels Samt und Seide, zwei Stoffe, die etwas mit Kostbarkeit, Geheimnis und Verlockung zu tun haben, aussuchte ... sicher war es auch kein Zufall, daß es dann nochmal wochenlang dauerte, bis sie endlich ihren Platz im ganzen Szenario fanden. Und ich betrachte es im nachhinein auch als stimmig, daß Karin zunächst mit ihnen haderte und sie auf ihre eigentliche Bedeutung hin befragte. In dem Moment aber, als sie sich auf das Rollenspiel einließ, entdeckte sie etwas von ihren tiefsten und geheimsten Sehnsüchten. Sie stellte fest, daß sie in der Beziehung zu ihrer Freundin etwas an Intensität, an Verstehen und Verstandenwerden entdeckte, das sie vorher nie erlebt hatte. Sie entdeckte, daß sie Zeit ihres Lebens immer an ihren eigentlichen Bedürfnissen und Wünschen vorbeigelebt hatte. Und sie entschied sich für die gesellschaftlich schwierigere, viel weniger legitimierte Lösung, die aber letztendlich für sie ungleich zufriedenstellender war.

Und wie war das mit dem Thema, das Karin eigentlich zu mir gebracht hatte?

Im Rückblick waren Spiritualität und Religion insofern ständiges Thema, als Karin mich als Pastorin bewußt als Gesprächspartnerin gewählt hatte und immer wieder selbst auf ihre Ahnungen zu sprechen kam. So sagte sie einmal zu Beginn unserer Gespräche zu mir, daß sie im Zusammensein mit ihrer Freundin geahnt habe, daß ihr Leben auch ganz anders hätte verlaufen können. Als ich nachfragte, dementierte sie jedoch, daß dies ein ernstzunehmender Wunsch sei, denn eigentlich könne sie sich ja nicht beklagen ...

Durch mein stetiges Insistieren, an den entscheidenden Stellen nicht locker zu lassen und durch mein Angebot, kreativ mit dem Potential der Traumbilder und Phantasien umzugehen, konnte Karin sich auf den Weg ihrer Häutung machen.

»Leben heißt langsam geboren werden«, steht auf der Karte, die Karin mir zum Abschied schenkte ... oder ich könnte auch sagen »Leben heißt, Flügel wachsen zu lassen und das Fliegen zu lernen.«

Traumflügel

Thematischer Aspekt: Raum für Mädchen

Von Judith erfuhr ich zunächst durch einen Kollegen, mit dem ich gemeinsam Seelsorgeseminare durchführe, und der mir manchmal Beratungen überweist. Er erzählte mir, daß er sehr viel Arbeit habe und zur Zeit mit einer Situation beschäftigt sei, in welcher zwei junge vierzehnjährige Mädchen verschwunden waren. Tagelang hätten die Eltern nicht gewußt, wo sie seien und sie suchen lassen. Dann seien sie von der Polizei einer westdeutschen Großstadt aufgegriffen worden. Jetzt sei das Problem, wer mit den Mädchen sprechen könne. Er habe die Beratung der Eltern übernommen.

Ich sage ihm, daß ich für eines der Mädchen Zeit habe und bekomme wenig später den Anruf ihres Bruders, der sehr besorgt um seine Schwester ist. Ich vereinbare einen Termin und beide kommen. Judith wirkt zunächst sehr schüchtern. Ihr Bruder spricht zuerst die Situation an. Auf jeden Fall möchte Judith nicht, daß die Eltern in den Prozeß miteinbezogen werden oder darüber wissen. Im Gespräch wird deutlich, daß beide Jugendlichen (Judith ist 15, ihr Bruder 17) seit Jahren ein Zimmer teilen und daß Judith schon seit Jahren darunter leidet, daß sie keinen eigenen Raum hat und sich nicht in der Weise entfalten kann, wie sie möchte. Sie erzählt von häufigen Situationen, in denen sie etwas machen möchte (Radio hören, malen, sich unterhalten), jedoch keine Zeit und keinen Raum findet, in dem sie ungestört und laut sein kann. Sie paßt sich dann den Bedürfnissen des Bruders an, der sowieso der Ältere, Aktivere, Erfolgreichere ist. Auch in der Schule hat sie Schwierigkeiten, Freunde und Freundinnen zu finden. Schon als Kind sei sie eine Einzelgängerin gewesen, und habe sich sehr gegen die Einschulung gewehrt. Mit dreizehn hatte sie eine Freundin gefunden, der sie vertraute. Diese schrieb ihr Briefe und Judith ging in ihren Antwortbriefen sehr auf sie ein. Später fand sie heraus, daß die Freundin diese Briefe anderen zum Lesen gegeben hatte. Sie fühlte sich in ihrem Vertrauen total hintergangen und zog sich noch mehr aus der Klasse zurück. Um aus dieser Situation zu entkommen, hatte sie sich dann mit einer Freundin zusammengetan, der es ähnlich ging. Sie hätten durch Bekannte von einer Gruppe im Westen gehört, und wollten dorthin, um etwas anderes zu sehen, zu hören, nur weg.

Ich bin beeindruckt von der Nähe, die zwischen den Geschwistern zu bestehen scheint, und der Aufmerksamkeit, mit der der Bruder das Tref-

fen vereinbart hat und sich mit hineinbegibt. Im Fragen nach seinem Erleben der Geschichte wird jedoch deutlich, daß er als Älterer es ganz anders sieht und nicht gemerkt hat, daß seine Schwester überhaupt Probleme hat. Die ganze Familie war völlig überrascht von ihrem Verhalten. Jetzt sehe er es anders, aber er habe mit dem Teilen des Zimmers und dem Wohnen zu Hause nicht solche Probleme. Er fühle sich noch nicht soweit, auszuziehen.

Ich kann Judiths Situation gut verstehen, da ich seit Jahren über die Bedeutung von Raum nachdenke und dazu arbeite, inwiefern sich dieses Thema für Frauen und Männer unterschiedlich darstellt, und auch dazu, welche Formen von Macht sich darin äußern: Macht, den eigenen äußeren Raum zu gestalten und auch zu nutzen, Macht, im eigenen inneren Raum »zu Hause« zu sein, Erleben von Ausschließlichkeit, sich nicht trauen, Raum in Anspruch zu nehmen, den Wunsch nach Ausbruch, die Suche nach eigenen Räumen als Jüngste in einem festen System, der Wunsch, abzuhauen und die Welt allein zu erkunden ...

Judith macht deutlich, daß sie große Probleme hat, weiterhin zu Hause zu wohnen oder in die gleiche Lage zurückzugehen, in der sie vorher war. Sie hat von den Eltern Zustimmung bekommen, zunächst bei einer Freundin zu wohnen, und möchte ein eigenes Zimmer suchen. Ich biete ihr an, daß sie zu Gesprächen zu mir kommen kann. Sie macht deutlich, daß keine Informationen über die Eltern laufen sollen. Das ist insofern nicht leicht, als sie für Terminänderungen kaum zu erreichen ist und ich ihren Vater ab und zu in einer Ausbildungsfunktion treffe.

Zu den nächsten Treffen kommt Judith alleine. Sie spricht zunächst stokkend und langsam und wirkt schüchtern, verhalten. Zugleich beschreibt sie sehr genau und reflektiert, was in ihr und um sie herum vorgeht. Sie erzählt von der Fahrt mit ihrer Freundin und wie sie die ganze Zeit auf ihr inneres Gefühl vertraut hat, während sie in verschiedene ungeschützte Situationen kamen, während sie Übernachtungsgelegenheiten suchten und Menschen kennenlernten. Sie habe sich nicht unsicher gefühlt und es sei ja auch alles gut gegangen. Sie habe jetzt Probleme, weil ihre Eltern so besorgt seien und ihr Vater immer mit ihr reden wolle. Sie brauche jetzt eigenen Raum und wisse nicht wohin. Ihr Bruder sei zwar offener und aufmerksamer als vorher, aber sie wolle von zu Hause weg. Ihre Mutter habe gemeint, sie könne eventuell auch ein Zimmer bei einer Bekannten bewohnen. Dann wäre es gut, daß sie auch einmal die Gastgeberin sein könnte, die ihre Familie zu Besuch einladen könnte. Es nerve sie sehr, daß sie nicht mal in Ruhe lesen oder weinen könne, ohne daß die anderen es mitkriegten. Zu Hause wird sie auch mehr zu Hausarbeiten herangezogen als ihr Bruder,

Judiths Wunsch, sich auch innerlich von den Eltern, vor allem von ihrem Vater, abzugrenzen, wird sehr deutlich. Die Einengung auch durch Sorge und Mädchenpflichten kann ich gut nachvollziehen. Für mich ist es beeindruckend, wie in Judiths Erzählen die verschiedenen Ebenen einer Geschichte zum Ausdruck kommen: einmal das reale Erleben physischen Raumes, der aufgrund gesellschaftlicher Bedingungen in Ostdeutschland noch heute zu knapp und einengend für heranwachsende Jugendliche ist. Dies betrifft Mädchen besonders, weil sie sich nicht so frei im öffentlichen Raum bewegen können wie junge Männer (Judiths Bruder arbeitet z. B. in einer Rundfunkanstalt mit und hat vielfältige soziale Beziehungen). Der Ausbruch und das heimliche Abhauen von zu Hause, aus dem Osten in den Westen, hat daher eine ganz reale Ebene des Erlebens von Raumerweiterung, Erkundung neuer Territorien, anderer Städte, anderer Menschen. Dazu kommt die symbolische Ebene, die auch die innere Konstruktion des Mädchenseins zum Ausdruck bringt: die Neigung, wenig Raum einzunehmen, sich eher nach außen zu verstecken, besonders die eigenen Probleme und tiefen Gefühle. Das Schwanken zwischen Zurückhaltung und Ausbruch, zwischen Kleinmachen und Abwehr, das Erleben von Ausschluß sind mir von vielen anderen Gesprächen mit Mädchen und Frauen und auch von mir selbst vertraut.

Judith erzählt, daß sie in der Waldorfschule ist und sehr darunter leidet, daß sie in ihrer Klasse kaum Anschluß hat. Sie läßt sich sehr intensiv auf Freundschaften ein und ist dann enttäuscht, wenn ihr nicht das gleiche Interesse entgegengebracht wird. Durch den Mißbrauch ihres Vertrauens habe sie die Freundin in der Klasse verloren und diese sei nun sehr feindselig und mache sie schlecht. Sie fühle sich isoliert und allein. Sie möchte gerne Freunde haben. Auch als Kind habe sie kaum mit anderen gespielt und sich total gegen die Einschulung gesträubt. »Ich mache mir sehr viele Gedanken über meine Freundinnen. Ich höre ihnen lange zu und gehe auf sie ein, aber wenn ich dann mal ein Problem habe, dann ist es anders. Dann kommt bei ihnen etwas dazwischen oder sie fertigen mich kurz ab. Dann bin ich enttäuscht. Ich hab' große Schwierigkeiten, mir wieder eine Freundin zu suchen oder einen Freund. Obwohl ich da einen kennengelernt habe, der gefällt mir gut. Aber wie komme ich näher an ihn heran? Er scheint auch Drogenprobleme zu haben. Also, das versteh ich nicht, das heißt, ich versteh's schon, aber ich selbst habe damit kein Problem, aber so viele andere um mich herum, und dann hör ich denen lange zu und laß mich sehr auf sie ein, aber ich selbst bin gar nicht glücklich. Meine Eltern haben jetzt eine Wohnung in Aussicht, aber ich weiß gar nicht, ob ich da mitziehen will. Es dauert auch noch so lange, bis nächstes Jahr. Also, ich will erst mal nach Weihnachten raus in das Zimmer von der Bekannten.«

Ich freue mich auf meine Treffen mit Judith, sie ist verläßlich, sie hält ihre Verabredungen ein, sie sagt Bescheid und entschuldigt sich, wenn sie absagen muß, sie ist besorgt, daß die Beziehung zwischen uns gut läuft, sie kümmert sich mit Gefühlen und Gedanken darum, wie es anderen geht, sie kann ihre eigenen Gedanken und Gefühle sehr gut beschreiben, sie bemüht sich, eine gute Schülerin zu sein und trotzdem Spaß zu haben; sie wertet ihre Erlebnisse aus und versucht, Neues auszuprobieren, sie sieht nie nur eine Seite, sondern auch immer die anderer Beteiligter. Manchmal ertappe ich mich bei dem Gedanken, daß es schön sein müßte, eine solche Tochter zu haben und wie froh ich wäre, wenn einer meiner Söhne so beziehungsbesorgt und zugewandt wäre! Judith ist zwar in vielem wie andere Jugendliche dabei auszubrechen, sie trinkt ab und zu und raucht bisweilen, aber sie ist gleichzeitig sehr verantwortlich, liefert sich nicht destruktiven Situationen aus, ist künstlerisch interessiert und liebevoll. Nach außen erscheint sie »unproblematisch«. Fast stellt sich die Frage, wo hier ein Problem sein soll? Alle pubertierenden Jugendlichen gehen einmal durch eine Krise. Das gibt sich von selbst. Ich denke, daß genau dieses »guterscheinen« der Schlüssel zu Judiths Problemen ist. Sie verkörpert eigentlich ein Frauenideal in unserer Gesellschaft und Religion: die, die alle für problemlos halten, bis sie eines Tages einen Ausbruch versucht oder krank wird, am ehesten depressiv. Nach unseren Gesprächen geht Judith eigentlich oft erleichtert und zuversichtlicher weg, sie wird zunehmend sicherer. Ich vertraue daher ziemlich auf ihre eigene Schnelligkeit und gehe mit dem mit, was Judith einbringt und an Wünschen äußert.

Da es Judith in den folgenden Stunden immer mehr um das konkrete Anliegen des eigenen Wohnens geht, telefoniere ich mit einigen Initiativen darüber, wo eine Möglichkeit bestehen könnte. Nachdem sich unsere Beziehung gefestigt hat, und konkrete Schritte abzusehen sind, schlage ich doch einen gemeinsamen Termin mit den Eltern vor, um die Verabredungen für die Situation zu besprechen. Darauf geht Judith nach einiger Zeit positiv ein. Wir bereiten die Sitzung gemeinsam vor, indem Judith sich klar macht, was sie besprechen und für sich klären möchte.
Die ganze Familie kommt, Mutter, Vater und Judiths Bruder. Wir besprechen, wie alle Beteiligten die Situation erleben und was Judith im Moment braucht. Die Eltern zeigen sich sehr bereit, ihr einen Freiraum zu schaffen. Es geht ihnen darum, Judith zu unterstützen. Sie möchten je-

doch genügend Informationen von ihr bekommen, um zu wissen, wie es ihr geht, wenn sie auszieht. Judiths Vater vor allem ist sehr bewegt, er weint, was mich überrascht, mir aber auch noch einmal deutlich macht, daß es nicht ein Mangel an Zuwendung oder Nähe ist, der Judith bedrückt, sondern eher, daß sie sich für die Gefühle und das Befinden ihrer Eltern auch noch verantwortlich fühlt.

Ich war schon zuvor bei einigen Beratungsgesprächen mit Familien in den neuen Bundesländern beeindruckt, wie stark die Familienmitglieder aufeinander bezogen sind, und wieviel sie an Fürsorge und Verläßlichkeit füreinander investieren. Auch die Bereitschaft der Eltern, etwas an ihrem Verhalten zu ändern und für die Jugendlichen etwas auszuprobieren, hat mich schon in drei verschiedenen Familien überrascht und gefreut. Ich habe ein gutes Gefühl, daß Judith ihren Weg gehen kann.

In den folgenden Wochen wird unser Kontakt etwas loser. Judith zieht nach Weihnachten kurz aus, richtet sich aber im Ganzen auf den Umzug der Familie in eine größere Wohnung ein. Sie erlebt eine intensive Liebesbeziehung mit einem Jugendlichen, die sie aber nach einiger Zeit von sich aus zum Abschluß bringt. Ich höre eine Weile nichts von ihr, da sie ein Praktikum in einer anderen Stadt macht. Kurz vor Weihnachten des folgenden Jahres ruft sie wieder an und möchte ein Gespräch. Als sie kommt, erzählt sie, daß es in der neuen Wohnung mit dem eigenen Zimmer besser ist. Sie nimmt seit einiger Zeit Gesangsunterricht und fühlt sich dabei total gut. Das ist der Ort, wo sie ihre Kraft spürt und auch herauslassen kann. Aber sie hat verstärkt das Gefühl, ihrem Bruder unterlegen zu sein und in seinem Schatten zu stehen. »Ich habe mir gerade einen Freundeskreis aufgebaut und jetzt funkt er mir da rein, obwohl er total viele Freunde hat. Er hat eine Freundin von mir zu seinem Geburtstag eingeladen, das finde ich total beschissen. Ich komme neben ihm nicht zum Zug und fühle mich in allem schlechter als er.« Auch ihre Freundin hat jetzt einen Freund und es glückt ihr alles. Sie ist total beliebt bei allen und hat Erfolg in der Schule. Ihr Körper krümmt sich, sie senkt den Kopf, wenn sie davon erzählt.
Sie merkt selbst, wie sie sich mit ihm und anderen vergleicht und sich damit runterzieht. Ich sage zu ihr: »Es kommt mir so vor, daß auf Dir drauf, also Dir im Nacken, etwas sitzt, das Dich herunterdrückt. Wenn Du Dir das, was Dich herunterzieht als Gestalt oder Person vorstellst, wie würdest Du sie nennen?« *Ich möchte Judith von dem dauernden Reflektieren und Selbstzweifeln auf konkrete Beobachtungen lenken, die eine Veränderung ermöglichen.* Zu meiner Überraschung antwortet sie prompt

und ohne Zögern: »Salieri«. »Salieri?« »Ja, Salieri!« »Der Schuft, der Mozart so fertig gemacht hat?« »Ja, genau der. Er ist gemein und bucklig und sucht auf alle Weise, Mozart klein zu machen. Er verfolgt ihn überall und zwar verdeckt. Und dann ist da noch eine Gestalt, eine weibliche, die sich so hingibt. Die hört immer zu, wenn andere Probleme haben, sie begibt sich genau in sie hinein und krümmt sich.« Wir sprechen noch etwas mehr über diese Gestalten. Da Judith so prompt die Bilder brachte, beende ich die Sitzung mit der Frage, »Hast Du nicht Lust, diese Gestalten mal zu zeichnen oder zu malen zum nächsten Mal?«

Zum nächsten Mal bringt Judith mehrere Bleistiftzeichnungen von Salieri mit. »Er ist eine schwarze Gestalt, das Bedrückende, das auf mir hockt: eine alte, bucklige Gestalt, fies, hat Warzen, ist unfreundlich, gemein, dunkel, hat keine Farben.« Die Zeichnungen schauen wir uns gemeinsam an. Fünf verschiedene Figuren von Salieri, gekrümmt, kohlefarben, eckig, mit viel Gepäck oder Buckel auf dem Rücken, fast wie ein Raubtier. Auf einer der beiden Seiten hat Judith noch die andere Gestalt gemalt, eine bunte: eine dienende, zuhörende, die sie ist, wenn sie anderen zuhört, gelb und rot, »zu schwach«. »Ihre Schönheit kommt nicht zum Zug, sie hat nichts Kräftiges, ein Engel.« Wir sprechen noch mehr über die Figuren, die sie gezeichnet hat. Dann sagt Judith zwischendrin plötzlich: »Wenn mir Salieri gefallen würde, dann wäre er anders: grün und blau, mit rotem Umhang, schwarzen Haaren.« Da ich gerade eine große Tasche voller Malmaterialien von einem Seminar im Raum habe, frage ich Judith. »Willst Du das nicht gleich mal malen?« Sie nickt und fängt ziemlich engagiert an, die Farben auszuwählen. Ich merke, daß es ihr Spaß macht, nicht nur zu reden. Ich setze mich ruhig auf den Boden neben ihr und schaue ihr zu, nehme mein Notizbuch und schreibe Sätze auf, die sie dabei sagt. Sie malt jetzt große Figuren, zwei von Salieri, wie er ihr gefallen würde und eine von der Frauengestalt. »Er erinnert mich an Jesus, der den Sturm stillt, mit seiner Geste der Hände: Kraftvoll, er hat ein großes grünes wachsames Auge, seine Wachheit ist mir wichtig.« Salieris Arme hängen links herunter, sie sind im Bild ohne Hände. Der rechte Arm ist erhoben, auch ohne Hände. »Er ist kräftig und wach, er kann etwas erreichen, er hat schwarze Haare, Zöpfe, er hat auch Wut.«

»Die andere Gestalt hat ein rotes Auge, das sehr wach ist, ein gelbes Gesicht, knallrote Haare, einen blauen Körper, sie ist weiblich und hat ein blaues Gewand. Ihr Gesicht ist ganz gelb und ihre Haare sind sehr rot. Sie hat einen lächelnden Mund. Ihre Schönheit, das Lächeln, ist ein inneres Lächeln, ihre Augen zeigen Leben, Freude. Sie ist schön, stehend.«

Judiths Spontaneität gefällt mir sehr. Ihre Kraft, die ich schon von Anfang an gespürt habe, kommt in dem Malen viel besser zum Ausdruck als beim Reden. Sie malt sehr entschlossen und intensiv und spricht dann zu den Gestalten. Ich bin froh, daß wir einen Weg gefunden haben, einen Zwischenraum zwischen ihr als Person und dem, wodurch sie sich bedrückt fühlt, zu eröffnen, der ihr einen Spielraum zum Kreativen öffnet. Sie malt, sie gestaltet, sie verändert die Figuren, sie beginnt, ihre Visionen konkret zu schaffen und zu beschreiben und sie damit wirklich werden zu lassen, ihnen einen Ort und Entfaltungsraum zu geben. Was bedeuten die fehlenden Hände?
Und wer in ihrem Leben ist Salieri oder die Hingebungsvolle, die ihre Schönheit und Kraft nicht entfaltet?

Dieses Mal nimmt Judith ihre Bilder mit und geht in ziemlich munterer Stimmung. Sie hat ihren 16. Geburtstag vor sich. Sie möchte am liebsten ein Konzert in der Schule geben und singen, damit ihre Kraft auch mal deutlich wird.

Das nächste Mal beginnt die Stunde mit einem langen Schweigen. Nach etlicher Zeit meint Judith, daß sie sich wieder dauernd mit Stimmen kleinmacht. Sie hat sich verliebt, in einen Jungen aus ihrer Klasse. Aber sie traut sich nicht, etwas zu unternehmen. Sie hört dauernd in sich, das hat doch sowieso keinen Zweck, Du wirst doch nur wieder enttäuscht, laß es lieber gar nicht an Dich heran, laß Dir keine Gefühle anmerken. Und sie fühlt sich unentschlossen, unsicher. Da ich gemerkt habe, daß direkte, gestalterische Arbeit für Judith hilfreich ist, schlage ich vor, daß sie die verschiedenen Stimmen in sich im Raum entstehen läßt und sich dabei, je nach Botschaft der Stimme, auf verschiedene Stühle setzt. Ich setze fünf Stühle nebeneinander und wir besprechen, welche Stimmen auf welchen Stuhl kommen. Judith beginnt mit der kleinen, verzagten Stimme und antwortet mit der scheltenden, abwertenden. Die verzagte Stimme gibt der kritischen recht, und dabei könnte es im Hin und Her bleiben, meint Judith. Ich lade sie ein, sich auch auf die anderen Stühle zu setzen und die verliebte Stimme zu sein, der eine aufmunternde Freundin Mut macht und der eine wohlmeinende Tante oder Onkel gut zuspricht. Am Ende ist Judith nach langem Zögern bereit, der Zweifelstimme die Meinung zu sagen, sie schließlich energisch vor die Tür zu setzen und sie dann zuzuknallen.

Nach einigen weiteren Sitzungen beschließt Judith, dem Hin und Her ihrer Hoffnungen und Ängste ein Ende zu bereiten. Sie hatte Praktikumswoche und hatte ihren Schwarm oft gesehen, aber er hatte nichts unternommen, um mit ihr etwas zu unternehmen. Schließlich schrieb sie ihm einen Brief und an den folgenden Tagen in der Schule fand keine Reaktion statt. »Ich versteh das nicht, er könnte doch wenigstens ein Wort sagen oder einen Brief zurückschreiben. Das ist doch das mindeste.«

Ich merke, daß bei mir Wut hochsteigt. Wie oft habe ich Frauen erlebt, die vor dem Telefon auf und ab tigern und auf den Anruf eines Mannes warten. Sie selbst wollen nicht noch einmal anrufen oder nachfragen, denn sonst befürchten sie, als lästig und zudringlich betrachtet zu werden und fühlen sich deshalb zum Warten verpflichtet. Sie wollen ihm doch seine Autonomie nicht wegnehmen. Auf der anderen Seite warten sie sehnsuchtsvoll auf ein Zeichen, weil das Spüren einer Verbindung zum anderen für sie ganz normal und lebenswichtig ist. Damit sitzen sie aber in einer Falle zwischen eigenen Wünschen und dem, was sie elementar gelernt haben: auf andere zu achten und deren Wohlergehen in den Mittelpunkt zu stellen. Mir selbst geht es genau so, daß es für mich wichtig ist zu wissen, was mit dem anderen los ist, und mich das Schweigen des anderen nervt. Ich müßte nach psychoanalytischer Methodik jetzt aufpassen, daß ich nicht meine eigenen Erfahrungen, Ängste und Wut auf Judith übertrage und sie stellvertretend für mich zu etwas anrege, was ich gern getan hätte. Aus meiner feministischen Sicht ist es mir zwar wichtig, diese Unterscheidung zwischen Judiths Situation und meinen eigenen Erfahrungen deutlich zu machen. Gleichzeitig bin ich jedoch als ältere, erfahrenere Frau auch verantwortlich, meine Erfahrungen und mein Wissen weiterzugeben, damit andere und jüngere Frauen die Gelegenheit haben, nicht immer wieder in die gleichen Fallen der Immobilisierung und Selbstzerstörung hineinzugeraten.

Judith sucht nach einem Weg, ihre Wut auszudrücken und sich gleichzeitig in ihrem Wunsch nach Kontakt zu diesem jungen Mann zu respektieren. Es fällt ihr so schwer, ihre Stimme in der Schule hörbar zu machen. Sie hat tausend »wenn und aber«. Ich ermutige sie, sich eine Situation zu phantasieren und sich vorzustellen, wie sie mit ihm direkt spricht und dies dann auch zu tun. Ich lade sie ein, mich danach anzurufen und mir zu erzählen, was sie an sich beobachtet habe und wie es gelaufen sei. Ich biete ihr an, daß ich mit ihr Eisessen gehe, wenn sie den Schritt geschafft hat. Judiths Anruf kommt am nächsten Tag. Sie hat ihn zur Rede gestellt und ein Nein erhalten. Sie fühlt sich trotzdem erleichtert. Sie spürt, daß sie ihre Energie jetzt wieder auf andere Dinge und Kontakte richten kann, die ihr wichtig sind. Sie fühlte sich sehr gut bei der Konfrontation. Und auf ihn, meint sie, hat es auch Eindruck gemacht. Wir machen einen

Termin ab und treffen uns in einem der schönsten Cafes der Stadt zum Eisessen.

Das Gute am Älterwerden ist, daß es mir immer weniger wichtig wird, was andere sagen oder denken, und ich immer sicherer spüre, was für mich und die Menschen, mit denen ich arbeite, wichtig ist; die Qualität einer Beziehung ist entscheidend, das habe ich in der Arbeit mit Judith immer wieder gemerkt. Ich hatte den Eindruck, sie braucht unbedingt mal action und das gemeinsame Eisessen ist ein bewußtes Durchbrechen des Beratungsraumes in eine Feier.

In den folgenden Sitzungen sprechen wir über Judiths Schulsituation, ihre Probleme mit speziellen Leistungen und ihre Berufswünsche. Auch hier wird deutlich, daß sie es sich sehr schwer macht und sich ständig mit anderen vergleicht. Ihre Eltern empfindet sie in dieser Hinsicht als hilfreich, weil sie ihr keinen Druck machen und sie nicht abwerten. Ansonsten freut sie sich auf die Ferien, in denen sie ohne Familie mit einer Freundin nach Spanien fährt. Ich erzähle Judith, daß ich ihre Geschichte in einem Seelsorgebuch veröffentlichen möchte und frage sie, ob sie das Geschriebene lesen möchte. Sie stimmt zu und bringt ihre Kommentare zum nächsten Mal mit. Sie korrigiert einiges in meiner Darstellung, im Großen und Ganzen findet sie es zutreffend und freut sich, daß sie dabei sein kann. Sie findet die Überschrift noch nicht gut und bringt zur nächsten Stunde ein Gedicht mit, daß sie SONETT überschrieben hat. Aus diesem Gedicht haben wir das Bild der *Traumflügel* entnommen: Hast Du jemals Flügel besessen?

Methodischer Aspekt: Arbeit mit Jugendlichen im Konflikt mit ihrem sozialen Umfeld

Judiths Geschichte zeigt viele Momente einer Sozialisation der Mädchen, die ihre starken Energien, Potentiale und Bedürfnisse in einer Nische verschwinden lassen. In diesem inneren und äußeren Versteck finden fürchterliche Kämpfe statt, die sich gegen die eigene Stärke richten, und nach außen nur selten hinter einer »normalen« Entwicklung als nettes, liebevolles, künstlerisch ausgerichtetes Mädchen in Gestalt von Ausbrüchen, Abgrenzung oder Niedergeschlagenheit sichtbar werden. Die versteckten Energien sind aber jederzeit spürbar und auch für Judith selbst benennbar, darin liegt ihr Vorteil gegenüber anderen jungen Mädchen, die nur in selbstzerstörerischem Handeln ihre Stimme hörbar machen können. Genial finde ich, daß Judith selbst auf die Idee kommt, Gesangsunterricht zu nehmen und sich einen privaten Raum zu schaffen, in dem ihre eigene Stimme in Schönheit erklingen kann. Mangel an eigenem physischen Raum in der elterlichen Wohnung wird in dieser Geschichte zum Symbol für das, was vielen Mädchen und Frauen in androzentrischen Strukturen die Kraft einschränkt, verschüttet, umlenkt, ablenkt und gegen sich selbst lenkt. Sie haben viel power und können diese auch entfalten, wenn ihnen dafür ein Raum der Bestätigung, der Ermutigung und der eigenen Initiative offen steht. In den Bildern drückt Judith aus, was ihre Flügel sind: Bilder von starken, schönen Gestalten, die auf andere bezogen sind und dennoch ihre eigenen Kräfte und Energien spüren und leben.

In der Arbeit mit Jugendlichen ist es wichtig, einerseits ihren Prozeß zunehmender Selbstständigkeit und Abgrenzung zu unterstützen, während gleichzeitig ihre Wünsche nach einem sicheren Nest, nach Liebe und Anerkennung anerkannt werden. Wie in Judiths Situation entstehen dabei viele Fragen: Wie gehe ich damit um, daß Judith nicht möchte, daß ihre Eltern überhaupt von der Beratung wissen, wenn ich andererseits Vereinbarungen mit ihr treffen muß und sie nicht erreichbar ist? Wie kann ich sie verständigen, falls ich eine Sitzung absagen muß? Wie gehe ich damit um, daß ich ihren Vater in meiner anderen Funktion als Hochschullehrerin bisweilen als Studenten erlebe?

Aus der Sicht systemischer Familientherapie und Seelsorge ist es nicht notwendig, daß immer alle Mitglieder einer Familie zusammen sind, um diese Therapie systemisch durchführen zu können.

Wenn eine Jugendliche oder ein Jugendlicher von sich aus zur Beratung oder zum Seelsorgegespräch kommt, ist es wichtig, sie oder ihn als Einzelperson mit ihren Abgrenzungswünschen zu respektieren und mit Familienangehörigen nur zu sprechen, wenn vorher eine Erlaubnis eingeholt wurde. In diesem Fall rief mich der Bruder an und kam auch zur ersten Sitzung mit, so daß ich mit einem Subsystem arbeiten konnte: die Geschwister. Allerdings wurde auch hier sofort sichtbar, daß es für Judith wichtig war, alleine zu kommen, denn mit dem Bruder hatte sie schon lange Jahre einen Raum geteilt und sich dabei als Jüngere und als Mädchen meistens schweigend an ihn angepaßt. Wie in ihrer eigenen Familie brauchte Judith auch in der Beratung einen eigenen Raum, um überhaupt herausfinden zu können, wer sie war und sein wollte. Ich habe ihren Wunsch nach Differenzierung von den Eltern und von Bruder respektiert. Ihrem Vater, der einmal nach ihr fragte, sagte ich, daß ich darüber nicht mit ihm sprechen wolle, und daß er seine Fragen mit Judith selbst besprechen könne. Trotzdem habe ich eine gemeinsame Familiensitzung vorgeschlagen, als Judith darauf drängte, von zu Hause auszuziehen, da ich es wichtig fand, alle Beteiligten zu einem gemeinsamen Gespräch zu treffen. Danach trat dann auch tatsächlich eine Phase der Entspannung und der Klärung ein, in der Judith viele neue Schritte tat.

Ich kann auch systemisch arbeiten, wenn nur eine Person der Familie im Raum ist. Allerdings habe ich dabei immer die verschiedenen Systeme im Blick, die hier eine Rolle spielen: einmal das Beratungssystem selbst, in dem Judith und ich zusammen sind. Dann Judiths Familie, die als Kernfamilie die Mutter, den Vater und den Bruder umfaßt. Als erweiterte Familie gehören die Großeltern, Tanten und Onkel sowie andere dazu, von denen ich noch nicht so viel weiß. Hier wäre noch weitere Arbeit nötig, um herauszufinden: welches sind die Muster, die in dieser Familie eine Rolle spielen? Gibt es eine Geschichte der Depression und Angepaßtheit, gerade in der Linie der Frauen? Gibt es weitere Beispiele für das Verschwinden der Mädchen, der Schwestern hinter ihren Brüdern? Wo gibt es Quellen der Kraft in der erweiterten Familie, die Judith bei der Erinnerung an ihre Flügel und dem Entfalten ihrer Flügel helfen können? Darüberhinaus spielen Kindergärten, Schule, Kirche und Gesellschaft eine Rolle: welche Bilder des Mädchen- und Frauseins hat Judith übermittelt bekommen? Welches dominante Wissen über Geschlechterbeziehungen, über ihre Fähigkeiten und Möglichkeiten ist in ihr wirksam?

Welches Wissen hat sie außerdem noch? In ihrem Sonett kommen ganz klar beide Seiten zur Sprache: die kalten, grauen Mauern, die Wände, an denen Blut und Demut lauern, das Gefühl, keinen Halt zu haben, die Einsamkeit, das stickige Loch der Verzweiflung, der Haß der anderen. Auf der anderen Seite spricht Judith vom Platz zum Atmen, von den Flügeln.

»Freiheit, Leben, Träume – und du hast sie doch!« klingt wie die Erinnerung an ein beiseite gedrängtes Wissen. Traumflügel geben die Möglichkeit zu schweben, Freiheit zu empfinden. Das Bild der Flügel ist wichtig, weil es die eigenen Potentiale zum Ausdruck bringt, aus dem überwiegend Einengenden, Bedrohlichen herauszukommen. Diese Flügel zu stärken gelingt dann, wenn verstanden wird, worin eigentlich die Wände bestehen, »wo nacktes Blut und Demut lauern« und wie der Flug aussieht, der wichtig für Judith ist. Viele traumatisierte Kinder und Jugendliche lernen ja, ihre Lebensumstände zu überleben, indem sie sich gedanklich von ihrem Körper trennen. Sie dissoziieren, sie gehen in eine Phantasiewelt. Für schwierige Zeiten ist das Dissoziieren eine Überlebenshilfe, gerade für Mädchen und Jungen, die mißbraucht werden. Dies war jedoch bei Judith nicht der Fall. Eher hat sie gelernt, durch viel liebevolle

Fürsorge der Familie, die Kleine zu sein, die einfach da ist, aber nicht sonderlich bemerkt wird. Für die Gestaltung von Beziehungen ist das »Fliegen in Träume« nicht ausreichend oder sogar hinderlich, denn die Kommunikation findet nur noch im eigenen Kopf statt. Ich möchte nicht unterstützen, daß Judith sich nur im »Traum« frei fühlt und aktiv werden kann. Für sie ist es wichtig, ihre Flügel im konkreten alltäglichen Kommunizieren zu spüren und zu stärken. Deshalb habe ich mich entschieden, Judith neben dem Zuhören auch zu konkretem Handeln zu ermutigen und dieses gemeinsam mit ihr auszuwerten.

Die Konflikte des sozialen Umfeldes sind nicht nur äußerlich präsent, sondern auch in uns. Oft haben wir Muster aus Familie und Frauenbild so verinnerlicht, daß sie gar nicht mehr als solche sichtbar werden. Aus diesem Grund finde ich die Arbeit mittels Externalisierung, die in der narrativen Therapie so benannt wurde, sehr hilfreich für die Seelsorge mit Mädchen.

Judith erlebt dies in den Sitzungen, in denen sie malt: während sie den Druck schildert, der auf ihr lastet, lade ich sie ein, diesem einen Namen zu geben. Indem sie sofort »Salieri« sagt, entsteht ein neuer Raum der Freiheit, nämlich zwischen ihr als Person und dem, was sie herunterdrückt: Salieri ist nun benannt und kann beobachtet werden. Wann ist Salieri da und wie stellt er es an, sie zu knechten? Wann ist er weg, und sie kann frei atmen und ihr Leben genießen? Wie kann sie ihn überlisten, sich nicht auf sie zu hocken? Wann gelingt ihr das? Mit Hilfe wovon? Sobald ein Raum zwischen dem Problem und der Person entsteht, ist auch viel mehr Spielraum da, etwas Neues auszuprobieren, und zwar in spielerischer Weise, die gerade für Kinder und Jugendliche ansprechend ist. Ziel ist es, daß eine neue Geschichte geschrieben werden kann, so wie Judith es tat, als sie Salieri und die hingebungsvolle Frau »umdichtete«, ihnen neue Züge verlieh, andere Farben, Haltungen, andere Kräfte.

Als weitere Herausforderung in der Arbeit mit Jugendlichen finde ich es wichtig, Konfliktgestaltung zu lernen. Konflikte mit dem sozialen Umfeld sind gerade für Mädchen schwierig auszutragen, weil noch immer das Bild der aggressiven, ausfälligen, dominanten Frau als Abschreckung gezeichnet wird. Die Erziehung in der ehemaligen DDR und in einer Waldorfschule kommen hier für Judith als sehr verschiedenartige Traditionen zusammen. Um Konflikte konstruktiv auszutragen, bedarf es der Übung und auch diese kann im geschützten Raum der Beratung stattfinden: gesetzt, die Seelsorgerin ist in der Lage, auch Kritik oder Ärger von Seiten der Jugendlichen so aufzunehmen, daß diese Mut und Übung bekommen, auch in anderen Bereichen Konflikte anzugehen. Rollenspiele sind auch eine gute Möglichkeit, faires Streiten einzuüben. Am besten halte ich hierfür jedoch gleichgeschlechtliche Gruppen geeignet, die auch entsprechende Räumlichkeiten haben wie z. B. der Mädchentreff »Dolle Deerns« in Hamburg-Wilhelmsburg oder »Walburka« in Dresden. Auch an dieser Stelle zeigt sich die Bedeutung des Moments der Öffentlichkeit für die Theorie feministischer Seelsorge.

Über Grenzen hinweg

Thematischer Aspekt: Migrantinnen

Ich traf Fatimah in der Semestereinführungsveranstaltung. Ich hatte im großen Hörsaal der MedizinstudentInnen vor ca. 500 Studierenden die ESG vorgestellt und auf unsere Programme hingewiesen. Anschließend verteilte ich mit unserem Zivildienstleistenden unsere Semesterprogramme an der Tür. Sie stand auf einmal vor mir, ganz in schwarz gekleidet, mit dunklen Haaren und tiefbraunen Augen und fragte mich, ob sie auch als Nichtchristin ein Programm haben könne.

Ich erzählte ihr von der ESG, daß wir offen für Studierende aller Konfessionen seien, und daß es sogar Angebote gebe, die dezidiert mit Internationalismusfragen beschäftigt seien. Wir unterhielten uns eine Weile, obwohl ich Mühe hatte, mich auf das Gespräch mit ihr zu konzentrieren, da um uns herum eine große Unruhe und Bewegtheit herrschte. Ich merkte ihr Interesse an einem Gespräch und lud sie ein, in meine Sprechstunde zu kommen. Eine Woche später kam sie.

Etwas schüchtern, aber mit ganz gespannter Aufmerksamkeit saß sie mir gegenüber. *Ich spürte sofort, daß sie eine große Traurigkeit mitbrachte. Sobald sie mir gegenübersaß, fühlte ich eine Schwere und große Erwartungen an mich. Ich fragte mich, ob sie wohl aus dem Iran komme. Wir hatten erst ein paar Sätze ausgetauscht, und ziemlich zu Beginn unseres Kontaktes merkte ich, daß sie nicht einfach nur zum Quatschen gekommen war.*

»Wissen Sie, daß ich noch nie bei einer Pfarrerin war? Ich war auch noch nie in der Kirche. Ich bin nämlich Muslima. Davon verstehen Sie aber auch etwas, wenn Sie hier internationale Kreise und so anbieten, oder?«

Nickend mache ich ihr deutlich, daß ich auf jeden Fall jetzt bei ihr bin und auch versuche, sie zu verstehen. Meine Frage, ob sie aus dem Iran komme, bejaht sie.

»Als Sie da so locker im Uni-Hörsaal standen, da habe ich Sie bewundert. Für mich wäre das undenkbar ... nicht nur, weil ich nicht so gut Deutsch kann, sondern auch, weil ich mich niemals trauen würde, vor so vielen Menschen einfach so frei zu sprechen. Und dann, was Sie gesagt haben, über Gemeinschaft und Sinnsuche und so, das hat mich sehr angesprochen. Ich bin auch so eine, die sucht ... ja ...«

»So auf der Suche zu sein, das ist manchmal ganz schön anstrengend, nicht wahr?«

Ihre Augen geben mir zu verstehen, daß sie sich verstanden fühlt.
»Ja, ich weiß gar nicht mehr, wie das Leben ist, wenn ich mich nicht angestrengt fühle.«
»Sind Sie deshalb zu mir gekommen?«
Schaut mich etwas erstaunt, aber positiv gestimmt an.
»Ja, wenn Sie so wollen, schon. Ich hatte gleich das Gefühl, daß ich mit Ihnen gut reden könnte, und daß Sie mich nicht von Ihrer Religion vereinnahmen wollen. Außerdem weiß ich, daß Sie lange Zeit im Ausland waren ... da können Sie auch besser nachvollziehen, was ich so durchmache.«
Sie schaut mich an, als wäre zwischen uns ein Schleier ... obwohl sie offen mit mir redet, spüre ich eine unsäglich große Distanz zwischen uns, so als ob eine Mauer zwischen uns stünde.
»Können Sie fühlen, ob ich Sie verstehe und nachvollziehe, was Sie so durchmachen?«
Fatimah zuckt mit den Schultern.
Innerhalb kürzester Zeit hat sie drei Dinge benannt, die für meine anschließende Reflektion des Erstgesprächs entscheidend sind. Sie erhofft sich Verständnis, sie möchte in ihrer Religion ernstgenommen werden und sie empfindet sich als Ausländerin in einer schwierigen Position. Wir reden eine ganze Weile über das Leben als Iranerin in Deutschland. Sie erzählt, daß sie seit zwei Jahren in Deutschland ist, zunächst die Sprache gelernt hat und anschließend mit dem Medizinstudium begann. Sie redet sehr gefühlvoll, wenn ihr auch manchmal die richtigen Worte fehlen. Während sie erzählt, spüre ich eine Verbundenheit und Sympathie für sie, und daß ich mich gern als kontinuierliche Gesprächspartnerin anbieten würde.
»Mir scheint, daß Sie eine ganze Menge auf dem Herzen haben. Möchten Sie gern für eine Weile regelmäßig zu Gesprächen zu mir kommen?«
»Wenn das geht, sehr gern. Ich weiß allerdings nicht, ob ich Ihnen alles erzählen kann. Bei manchen Sachen ist es schwer zu reden, wissen Sie?«
»Ja, ich weiß. Ich schlage vor, daß Sie die nächsten drei Monate einmal pro Woche zu mir kommen, und dann schauen wir weiter.«
»Drei Monate sind allerdings eine lange Zeit ... könnte sein, daß ich dann schon wieder im Iran bin.«
Ich erkläre ihr, daß diese Vereinbarung gilt, solange sie hier ist und mit bestimmten Themen/Problemen zu mir kommen will.
»Wenn Sie nicht mehr kommen wollen, reden wir darüber.«
Als wir an der Tür stehen, um uns zu verabschieden, sagt F.: »Ich weiß nicht, ob sie das gemerkt haben. Ich habe immer eine Mauer vor meinem inneren Auge. Die geht nie ganz weg.«
Ich sage ihr, daß ich das tatsächlich gemerkt habe und gern beim nächsten

mal genauer hingucken möchte, was das denn für eine Mauer sei. F. nickt erleichtert, nachdenklich, und geht.

Sie kommt pünktlich und bringt Blumen mit. *Ich freue mich, sie wiederzusehen und bin gespannt auf das Gespräch mit ihr.*
»Ich hab mich schon darauf gefreut, wieder zu Ihnen zu kommen. Es hat mir so gut getan, letzte Woche mit Ihnen zu sprechen. Vor allem, daß Sie mich nicht ausgelacht haben, als ich Ihnen das mit der Mauer sagte.«
»Hatten Sie das befürchtet?«
Fatimah nickt und erzählt dann von einer traumatischen Erfahrung mit einer Frau auf dem Ausländeramt, als sie gerade nach Deutschland gekommen war. Sie mußte wegen verschiedener Formalia mehrmals zu ihr hin und erhoffte sich auch, mit ihr über bestimmte Gefühle und Regungen sprechen zu können, aber es gab wohl jedesmal heftige Mißverständnisse ...
»... einmal habe ich ihr erzählt, daß ich Angst habe, die Sprache nicht so zu lernen, daß ich mich einigermaßen verständigen kann ... sie wehrte das nur ab und sagte, das hätten andere vor mir auch schon gelernt, und wenn ich soviel Angst habe, dann sei das gar nicht gut. Ich solle mich im Studienkolleg einfach auf den Hosenboden setzen, und dann ginge das schon. Das mit dem Hosenboden habe ich dann gleich wörtlich verstanden und mich gefragt, ob ich jetzt keine Röcke mehr anziehen solle ...«
»In dem Moment ... war da auch eine große Mauer spürbar?«
Fatimah nickt.
»Die Mauer ist immer da, ich spüre sie in jedem Gespräch, in jedem Moment seitdem ich in Deutschland bin.«
»Und im Iran. Wie war das da?«
»Manchmal gibt es da auch Mauern, zum Beispiel mit meinen Eltern, aber die sind nicht so groß und schwer und häßlich, und ich kann immer noch drüber gucken.«
»Und hier, jetzt?«
Fatimah schweigt, nachdenklich, dann lächelt sie zaghaft.
»Lassen Sie mich drüber gucken?«
Ich schaue sie lange an und frage sie, was sie denn von mir braucht, und ob das an mir liegt, ob sie drüber gucken kann.
»Ja, das liegt an Ihnen. Ich brauche das Gefühl, daß Sie meine Herkunft nicht leugnen, daß Sie mich nicht zu einer deutschen Studentin machen wollen, und ich brauche das Gefühl, daß Sie meine Religion achten ...«
Fatimah schweigt, aber ich spüre, daß sie noch nicht fertig ist.
»Und, was noch?«
»Woher wissen Sie, daß noch etwas fehlt?«
»Das spüre ich, weil die Mauer ja schließlich zwischen uns ist ...«

Fatimah schaut mich zustimmend an.

»Ja, die Mauer ist zwischen uns. Aber sie ist auch in mir. Und ich glaube, das ist auch der Grund, warum ich hier bin. Ich leide, seitdem ich in Deutschland bin, aber ich kann nicht mehr unterscheiden, was jetzt an meinem Hiersein liegt und was eigentlich ganz andere, viel tiefer liegende Ursachen hat.«

»Und brauchen Sie von mir die Bereitschaft, mit Ihnen da genauer hinzugucken?«

Fatimah nickt.

»Ich kann mir gut vorstellen, zusammen mit Ihnen die Mauern genauer anzugucken, zu schauen und zu spüren, ob es eine oder mehrere sind und wie Sie mit ihnen leben können.

Können Sie sich vorstellen, ein Bild zu malen?«

Sie reagiert zögerlich, dann forsch.

»Sie meinen, ich soll die Mauer malen. Aber was bringt das denn?«

»Ich meine nicht, sie sollen die Mauer malen. Ich kann mir nur vorstellen, daß sie ganz neue Aspekte entdecken und auch klarer für sich spüren, wie die Mauer beschaffen ist, ob sie und wann sie ein Hindernis ist, ob sie auch andere Funktionen haben kann.«

»Aber dann muß ich ja mehrere malen.«

»Sie malen das, was Sie spüren und in sich wahrnehmen. Es gibt kein richtig und kein falsch.«

»Na gut, ich versuch's mal.«

Ich gebe Fatimah Papier und Aquarellkreide und schlage ihr vor, ihren Ort und ihre Farben zum Malen zu suchen. Sie setzt sich an die rechte Wand des Zimmers und fängt sofort an zu malen.

Es ist sehr schön, ihren geschmeidigen, sicheren Bewegungen zu folgen. Sie malt fast ohne nachzudenken, so scheint es jedenfalls. Zuerst entsteht an der rechten Bildoberhälfte ein Garten, in dem viele Menschen sitzen, stehen, tanzen. Dann malt sie in die Mitte eine Frau mit dunklen Haaren und einem schwarzen Sommerkleid, in die linke Bildunterhälfte malt sie eine Stadt, Autos, Leuchtreklame, Menschengewühl. Dann hält sie inne, und eine Weile lang weiß ich nicht, ob sie aufhören will, oder ob sie einfach nur dasitzt und mit sich selbst im Gespräch ist. Ich weiß, daß ich sie in diesem Prozeß nicht stören darf, und daß ich sie sich selbst überlassen muß. Schließlich, zehn oder fünfzehn Minuten später, malt sie verschiedene Raster und Schraffierungen über das gesamte Bild. Allerdings wirkt es so, als haben die Linien nichts mehr mit dem Bild zu tun. Als sie die Kreide weglegt, wirkt sie erschöpft und traurig.

»Wie geht es Ihnen jetzt?«

F. zuckt mit den Schultern, *was ich bei ihr als Zeichen des Unwohlseins deute.*

184

»Ich weiß nicht genau. Irgendwie bin ich traurig geworden. Es hat mich auf einmal eingeholt.«

»Was hat Sie eingeholt?«

»Naja, die ganze Spaltung. Das Getrenntsein von meiner Familie und die Nähe zu meinem Bruder, die doch keine ist.«

Im ersten Gespräch hatte ich bereits erfahren, daß sie sechs Geschwister hat, wovon noch ein Bruder in Köln lebt, der auch studiert.

»Die Spaltung bezieht sich also nicht nur auf Ihr Hiersein und das Heimweh?«

»Naja, schwer zu sagen. Ich bin traurig über meine Familie, daß sie so weit weg ist, daß es so schwer ist, sich zu sehen, und ich bin traurig über meinen Bruder, weil er so krank ist.«

Ich erfahre von Fatimah nach längerem Hin und Her und einer Phase, in der sie sich total windet, daß ihr Bruder Aids hat und seit zwei Monaten immer wieder in die Uniklinik eingeliefert wurde. Sie erzählt unter Tränen, daß sie es zuerst nicht wahrhaben wollte und daß sie immer noch große Mühe hat, zu akzeptieren, daß er »diese schreckliche Krankheit« bekommen hat ... daß sie am Anfang gar keinen Kontakt mehr mit ihm haben wollte, sich dann aber doch nochmal eines anderen besann.

»Ich spüre, daß Sie ganz schön schwer zu tragen haben. Wenn man solche großen Mauern vor sich hat, ist es sehr gut und wichtig, sich Unterstützung zu holen. Ich bin froh, daß Sie zu mir gekommen sind.«

Während der letzten fünf Minuten wurden wir schon mehrmals durch Klopfen an der Tür unterbrochen. *Ich merke, daß eine Stunde vorbei ist. Fatimah braucht mehr Ruhe, um diese Dinge mit mir zu besprechen.*

In der nächsten Woche kommt sie und ist gleich mittendrin. Sie erzählt mir, daß sich die gesundheitliche Lage ihres Bruders komplett verschlechtert hat, und daß sie nicht weiß, ob irgendwelche Transporte überhaupt noch möglich sind. Sie macht sich vor allem große Sorgen, weil sie nicht weiß, wie sie ihren Eltern Bescheid sagen soll. Sie hat große Probleme, sich ins Studium einzufinden und möchte am liebsten alles hinschmeißen, weiß aber, daß das auch nicht ihre Lösung wäre.

»Lassen Sie uns nochmal das Bild betrachten. Mich interessiert der Garten und überhaupt die ganze rechte obere Bildhälfte. Obwohl die gerasterten und gestrichelten Linien ja sehr massiv sind, kann ich die Schönheit des Gartens gut erkennen ...«

»Ja. Das ist meine Familie. Meine Eltern, meine Großmutter, meine Brüder ... wir alle im Garten bei meiner Großmutter. Da waren wir oft ...«

Fatimah erzählt von ihrer Heimat und ihrer Familie, und je länger sie erzählt, umso entspannter und gelöster wird sie. Sie erzählt von ihrem Entschluß, Medizin zu studieren, wie schwer sie sich damit getan hat, ihrer Familie diese Entscheidung mitzuteilen. Sie erzählt von ihren Brüdern, die fast alle wie der Vater ein Handwerk gelernt haben, und von ihrem Vater, der eben als Handwerker niemals auf die Idee gekommen wäre, sie zur Universität zu schicken.

»Eigentlich hatte er nur einen Gedanken. Und das fing schon an meinem 18. Geburtstag an. Er wünschte sich, daß ich bald heirate und möglichst viele Kinder kriege. Können Sie sich vorstellen, daß das eine mittlere Katastrophe war, als ich meiner ganzen Familie mitteilte, daß ich studieren wolle und nicht nur das, sondern ich wollte auch ins Ausland.« Ich erfahre, daß ihr Bruder S. schon fünf Jahre vorher nach D. gegangen war und auch, daß sie schon Medizin studieren wollte, als ihre Mutter das erste Mal krank war. Auf meine Nachfrage bezüglich ihrer Mutter wird Fatimah ganz still und sagt dann:

»Ich kann das schlecht beschreiben. Ich glaube, meine Mutter und ich, wir sind wie siamesische Zwillinge. Ich kann eigentlich gar nicht ohne sie sein.« F. ist sichtbar traurig. Ich sage ihr, daß ich das Gefühl habe, daß die Mauer, die sie noch so wenig beschreiben kann, auch etwas mit der Entfernung zur Mutter zu tun hat.

»Ja, das mag sein, aber wissen Sie, diese Raster, die ich da über den Garten gemalt habe, die waren schon da, bevor ich nach Deutschland ging.«

»Wissen Sie, wann die aufgetaucht sind? Was war los in der Zeit?«

Fatimah bewegt sich ein bißchen unruhig auf ihrem Stuhl hin und her und sagt dann:

»Es hat angefangen, als S. nach Deutschland ging.«

»Ist S. ihr Lieblingsbruder?«

Fatimah nickt. »Er war immer Vorbild für mich. Ich habe ihn abgöttisch geliebt, und meine Mutter war eifersüchtig. Sie ist heute noch eifersüchtig, weil ich von ihr weg und zu S. gegangen bin.«

»Lassen Sie uns nochmal auf das Bild schauen. Es sieht so aus, als haben sich die Stäbe wie ein unaufhaltsames Raster über den Garten gelegt.«

»Genau, das haben Sie super ausgedrückt. So komme ich mir manchmal vor, wenn ich an unseren kleinen Garten und unsere schöne Gemeinschaft denke. Irgendwie hat sich unmerklich etwas auf die Schönheit und die Gemeinschaft gelegt, wie ein Raster. Ich vermisse die unbeschwerten Zeiten mit meiner Familie ...« Und wieder erzählt sie, von ihrem Land und den schönen Zeiten, von der Gemeinschaft, die für sie ein hoher, sehr geschätzter Wert ist ...

Ich bin berührt von der Lebendigkeit und Klarheit, die Fatimah ausstrahlt, wenn sie von ihrer Heimat erzählt. Ich nehme wahr, daß der Schleier, den ich oft spüre, wenn wir miteinander reden, fast ganz verschwunden ist. Ich interessiere mich für Fatimahs Geschichte und ihren Hintergrund, und ich glaube, daß es gut für sie ist, wenn sie mehr Platz und Raum für ihre Geschichte bekommt. Am Schluß sage ich ihr das, und sie lächelt mich an: »Ich fühle mich ganz anders als vor dieser Stunde. Irgendwie ist es jedesmal so, als ob etwas von mir abfällt, als ob ich nicht mehr so schwer zu tragen habe.«

Ich freue mich, daß F. genau das zum Ausdruck bringt, was ich auch gespürt habe. Ich sage ihr das. Sie ist relativ entspannt, als sie geht.

Während der nächsten zwei Stunden lasse ich mir von ihrem Leben im Iran erzählen. Es ist sehr spannend, über ihre Vorstellungen bezüglich der klassischen Rollenaufteilung oder bezüglich gewisser religiöser Gewohnheiten zu erfahren. Sie findet es nicht wichtig, bestimmte muslimische Gesetze einzuhalten, findet es aber absolut notwendig, den Koran gut zu kennen. Sie glaubt, daß die traditionelle Rollenaufteilung viel sinnvoller als alle anderen modernen Versuche ist. Auf meine Frage, ob sie sich denn auch wünsche, als Ärztin zu arbeiten, sagt sie:

»Das ist ein heikler Punkt. Ich weiß nicht, ob ich es mir zutraue, und ob ich das Studium durchhalte. Sie können sich nicht vorstellen, wie groß der Druck von meinem Vater ist ...«

»Wo spüren Sie den Druck?«

»Er sitzt in mir und auf mir. Ich werde ihn nicht los, jedenfalls nicht, wenn ich hier bin ...«

»Ist es denn besser, wenn Sie im Iran sind?«

Fatimah zuckt mit den Schultern, so, als ob sie es wirklich nicht wisse.

»Vielleicht ist es besser, wenn ich in den Iran zurückgehe, aber dann werde ich bestimmt keine Ärztin.«

Sie erzählt von dem moralischen Einfluß, den ihr Vater auf sie hat, und daß sie sich hin- und hergerissen fühlt.

Ich realisiere, daß Fatimah sich, obwohl sie jetzt schon seit zwei Jahren in D. lebt, die Sprache gut beherrscht und gewisse Voraussetzungen (Stipendium) für ein gesichertes Leben gegeben sind, ganz exstenziell mit der Frage beschäftigt, ob sie hier überhaupt bleiben kann.

Ich denke, daß es meine Aufgabe ist, mit Fatimah an diesen Konflikt heranzugehen. Ich sage ihr, daß wir beim nächsten Mal nochmal die rechte obere Bildhälfte mit der linken unteren vergleichen werden, weil ich das mit den Rastern und gestrichelten Linien über dem Bild noch besser verstehen möchte.

Das nächste Mal kommt Fatimah völlig aufgelöst in mein Büro. Als ich sie begrüßt habe, fängt sie auf meine Frage, was denn los sei, sofort an zu weinen. Ihr Bruder sei so schwach, und sie habe die letzten zwei Nächte an seinem Krankenbett gewacht. Sie habe kein Auge zugetan und wisse nicht, wie sie mit der ganzen Situation umgehen solle. Ich erfahre, was ich bis dahin noch nicht wußte, daß es außer ihr noch eine Frau aus der Familie gibt, ihre Cousine, die sich auch um den Bruder kümmert. Ich höre fast eine Stunde zu, stelle nur ein paar Rückfragen, lasse sie weinen und biete ihr am Schluß eine Wahrnehmungsübung an.

Da ich gemerkt habe, daß ein innerer Konflikt von F. durch die Tatsache, daß ihr Bruder Aids hat, ausgelöst wird, entschließe ich mich, auf einer nonverbale Ebene dieses Thema anzugehen.

Ich frage Fatimah, ob sie lieber sitzen oder liegen will. Sie bleibt sitzen. Ich führe sie durch ihren Körper, lasse sie tief atmen und sage dann:

»Es ist nicht die Schuld deines Bruders, daß er an Aids erkrankt ist. Laß deinen Bruder in Gedanken vor deinem inneren Auge auftauchen und sage ihm alles, was du ihm sagen willst ...«

Fatimah atmet schwer, sie ist innerlich im Gespräch mit ihrem Bruder. Ich lasse ein paar Minuten verstreichen, die mir wie eine kleine Ewigkeit vorkommen, da eine große Spannung im Raum ist.

»Jetzt frag ihn, ob er dir noch etwas sagen will.«

Wieder spüre ich die tiefe Konzentration. Nach ein paar Minuten bereite ich sie auf den Abschied von ihrem Bruder vor. Fatima schluchzt leise vor sich hin. Ich sage ihr, daß S. jetzt sicher auch noch etwas zum Abschied zu ihr sagt. Und dann bitte ich sie, ganz langsam und in ihrem Tempo die Augen wieder zu öffnen.

Sie öffnet die Augen. Sie ist traurig, aber sehr klar. Ich frage sie, ob sie noch etwas sagen will.

»Nein, das läßt sich nicht einfach so sagen. Ich habe etwas sehr Wertvolles erlebt. Und ich glaube, ich kann noch viel lernen. Danke.«

In der nächsten Woche ruft sie mich mehrmals an, weil ihr Bruder im Sterben liegt und sie zwischendurch große Ängste durchlebt. Sie meldet sich für die nächste Stunde ab. Ich biete ihr meine Unterstützung an, wenn sie mich braucht.

Zwei Tage später klingelt das Telefon abends spät. Ich bin noch in der ESG, weil ich dort einen Vortrag moderiert habe. Sie weint, sagt gar nichts.

Ich weiß, daß ihr Bruder gestorben ist. Irgendwann nach langem, fast ununterbrochenem Schluchzen sagt sie:

»Er ist tot.«

Ich sage ihr, daß ich bei ihr bin, und daß ich ihren Schmerz durch das Telefon spüre. Sie fragt mich, ob sie am nächsten Morgen zu mir in die ESG kommen könne. Wir verabreden uns.

Bevor sie kommt, bin ich ziemlich unruhig. Ich habe die Befürchtung, daß ich F. nicht genug Trost bieten kann, ich fürchte auch, daß die verschiedenen Ebenen und Welten (Iran und Deutschland, Islam und Christentum, ihre Familie im Iran und ihr Kontext in Köln) so durcheinanderpurzeln, daß ich selbst keinen Überblick mehr habe. Aber in dem Moment, als sie kommt, spüre ich die Verbindung zu ihr und weiß, was ich tun muß.

Ich umarme Fatimah, als sie kommt. Sie weint lange. Dann erzählt sie, daß ihr Bruder zu Hause gestorben sei, so wie er es sich gewünscht habe. Sie hatte nach den zwei Nächten, die sie im Krankenhaus wachend an seinem Bett verbrachte, mit den Ärzten ausgehandelt, daß er für einige Tage nach Hause könne. So kam es dazu, daß sie und ihre Cousine an seinem Bett standen und sich ganz bewußt verabschieden konnten.

»Natürlich war es schlimm. Aber nicht so, wie man es sich vorher vorstellt ... es war sogar so, daß bestimmte Dinge, die ich ihm letzte Woche in Gedanken sagte, als ich hier bei Ihnen war, in der Phantasie viel schlimmer als in der Wirklichkeit waren.«

»Das ist oft so. Ich kenne das auch, daß ich mir manchmal etwas ausmale, und wenn dann die reale Situation da ist, kommt alles ganz anders.«

Wir reden über das Sterben, und daß es schwer ist ...

»Aber das Schwerste kommt noch.«

»Sie meinen, daß Sie Ihren Eltern erzählen müssen, daß ihr Bruder gestorben ist?«

»Ja ...« Fatimah schaut sehr nachdenklich vor sich hin.

»Was ist denn das Schwierige für Sie?«

»Daß ich meinen Eltern sagen muß, daß S. Aids hatte. Ich finde das ja selbst so schlimm.«

»Für Sie ist es schlimm, weil Aids schlimm ist? ...«

»Ja, und vor allem weil ich mir ausmale, daß er sich die Krankheit auf irgendeine unanständige Art und Weise zugezogen hat.«

»Sie denken also, daß er selbst schuld ist?«

Fatimah ist verlegen.

»Eigentlich denke ich das. Ja. Obwohl ich letzte Woche, als Sie gesagt haben, daß es nicht seine Schuld ist, irgendwie aufgeatmet habe und auch dachte, daß das eigentlich stimmt.

Daß es für mich so schwierig ist, Aids als eine Krankheit wie andere Krankheiten zu sehen, hat auch etwas mit meiner Familie zu tun ...«

Wir reden über das Tabu, Aids überhaupt zu benennen und über die Angst. Sie erzählt mir, daß sie im Iran nie mit Aids konfrontiert wurde und daß sie vermutet, daß ihr Bruder schon infiziert war, bevor er nach Deutschland kam. Als ich sie frage, was denn ihre Vermutung sei, wie er sich infiziert habe, sagt sie:

»Er war nicht schwul, aber wahrscheinlich hat er Sex mit Männern gehabt.«
Sie sagt dies in einem so souveränen Tonfall, daß ich ... auch angesichts der Zeit ... beschließe, hier nicht einzusteigen. Mir ist allerdings deutlich, daß es hier um verschiedene Themen geht, einmal um die Scham wegen der Infizierung, dann aber auch um die Trauer. Nicht zuletzt ist für meinen Kontakt zu F. entscheidend, daß sie durch ihren Bruder noch eine Brücke zu ihrem Land hatte. Wie aber wird es sein, wenn sie nun ganz ohne familiäre Wurzeln über Mauern springen muß?
Beim Abschied sage ich ihr, daß sie mich tagsüber ruhig in der ESG anrufen kann.
Sie ruft an, einen Tag später und danach auch. Sie weint, sie erzählt, daß sie es immer noch nicht glauben kann. Sie weiß nicht, wie sie abends einschlafen soll, und morgens fürchtet sie sich vorm Aufstehen. Sie muß viel organisieren wegen der Überführung des Leichnams in den Iran. Die Beisetzung soll in ihrem Heimatland stattfinden. Ich höre zu, schlage ihr vor, ihre Gefühle und Gedanken aufzuschreiben.
Als sie das nächste Mal kommt, ist sie relativ gefaßt.
»Das mit dem Schreiben war eine Superidee. Ich habe eine Ode für S. geschrieben, natürlich auf persisch, aber wenn Sie wollen, kann ich Ihnen mal Teile daraus übersetzen ...«
»Gerne, wenn das für Sie okay ist.«
»Ja, zum Beispiel ...«*Fatimah sieht sehr weich und auch etwas erschöpft aus.*

Du, mein Geliebter, in Tiefen bist du abgetaucht,
in Höhen bist du entschwunden.
Du hast Flügel,
du kannst fliegen und all das, was uns quält,
kannst du von oben anschauen.
Ich danke dir für deine Geduld
und ganz besonders für deine Sanftmut.
Deine weiche Seele ist bei mir und wacht über mich.
So kann ich ruhig schlafen.

Ich sage F., daß ich das Gedicht sehr schön finde und daß ich bedaure, kein persisch zu sprechen, geschweige denn zu lesen. Sie hat verschiedene Blätter mit Zeichnungen und geschwungenen persischen Buchstaben mitgebracht.
»Haben Sie beim Schreiben etwas Ruhe gefunden?«
»Ja, aber nicht nur das. Ich habe etwas von meinen Bruder verstanden, was ich vorher nicht verstand. Bevor er gestorben ist, sagte er, daß ich eine

Aufgabe zu erfüllen habe.«

»Wissen Sie, welche Aufgabe er meinte?«

Fatimah zögert, sagt lange Zeit nichts, dann leise:

»Ich glaube, es geht um meine Mauern ... daß ich die mir auch selbst denken oder wegdenken kann. Ich habe da früher oft mit S. drüber gesprochen ... als wir noch in unserer Heimat waren ... aber ganz viel, als ich vor zwei Jahren nach Köln gekommen war. Ich habe ihm damals nicht richtig zugestimmt. Ich fand das alles zu einfach, aber ich denke jetzt, daß er vielleicht doch damit recht hatte, daß es wichtig ist, die Mauern zu erkennen und auch die Möglichkeit, sie zu überspringen.«

»Meinen Sie, daß es für Sie eine Möglichkeit gibt?«

Fatimah seufzt, fängt an, mit ihren Haaren zu spielen und zuckt mit den Schultern.

»Ich wollte Sie etwas fragen ... vielleicht paßt das dazu ... es ist allerdings ziemlich außergewöhnlich, und ich weiß nicht, ob Sie sich das als christliche Pfarrerin vorstellen können ...«

Ich schaue ermunternd zu F., aber sie redet nicht weiter. Sie schaut auf den Boden und ist irgendwann völlig in sich zusammengesunken.

»Hey, Fatimah, was ist los?«

»Ach, ich muß einfach zwischendurch an S. denken, daß er nicht mehr da ist und daß er mir so fehlt, daß ich nicht weiß, ob ich es schaffe, hier ohne ihn weiterzuleben.«

Sie macht auf mich den Eindruck, als habe sie sich selbst unterbrochen.

»Und?«

Nach langem Schweigen ...

»... und daß ich ihm Unrecht getan habe, weil ich ihn die ganze Zeit, als er krank war, verurteilt habe ...«, schluchzt, erst leise, dann, nachdem ich meinen Arm für ihren Kopf angeboten habe, mehr und mehr. *Ich habe den Eindruck, daß ganze Tränenmeere sich in Bewegung setzen.* Ich ermutige F., sich nicht zu bremsen, sondern der Trauer und all den Gefühlen, die jetzt da sind, freien Lauf zu lassen. Irgendwann nimmt sie meinen Arm in ihre Hand und sagt:

»Können Sie vielleicht eine Trauerfeier hier in der ESG-Kapelle für mich und meine Cousine und die Freunde aus Köln machen? Ich glaube, S. würde sich darüber sehr freuen. Ich glaube, ich möchte es gar nicht Trauerfeier nennen, sondern lieber Dankesfeier, danke, S, für alles, was du mir gewesen bist ...« Sie fängt wieder an zu weinen.

Die Zeit ist schnell vorbeigegangen. Ich sage F., daß ich die Vorbereitung einer solchen Feier gern übernehmen möchte, aber daß wir uns über die Gestaltung und Inhalte noch gemeinsam Gedanken machen sollten. Sie geht, recht aufgewühlt, aber nicht völlig verzweifelt, wie mir scheint.

Drei Tage später ruft sie an, daß sie am nächsten Tag nach Teheran fliegen werde. Sie wisse noch nicht, wann sie zurückkomme. Es täte ihr leid, daß es jetzt so kurzfristig sei, aber sie würde gern nochmal vorbeikommen, um sich zu verabschieden. Ich habe einen vollen Tag und eigentlich keine Zeit, so daß ich sie frage, ob sie nicht am nächsten Morgen kommen könne. Sie verneint das, wir hadern mit dem Termin, *ich bin ein wenig ungehalten darüber, daß sie mir bei ihrem letzten Gespräch bei mir nicht gesagt hat, daß sie drei Tage später nach Teheran fliegen wird.* Auf meine Frage, wann denn der Überführungstermin sei, hatte sie keine klare Antwort gegeben und mit den Schultern gezuckt. Es stellt sich aber jetzt bei diesem Telefongespräch heraus, daß sie wußte, daß es innerhalb der nächsten Woche sein würde. Schlußendlich verabreden wir uns für den Abend. Ich muß eine andere Besprechung dafür verschieben.

Als sie kommt habe ich auf einmal eine innere Eingebung, die mir sagt, daß ich sie zum letzten Mal sehe. Sie sieht schön aus, trotz der sichtbaren Erschöpfung und Müdigkeit. Ich schlage ihr vor, daß wir in unseren Meditationsraum gehen, weil ein Teil des Gesprächs die Vorbereitung der Trauerfeier sein soll. Sie stimmt zu. Wir gehen hinunter, sie zieht vor dem Raum ihre Schuhe aus, durchschreitet den Raum einmal in seiner ganzen Länge und setzt sich dann in der Mitte auf den Boden. Ich setze mich neben sie.
»Wie geht es Ihnen, Fatimah?«
Sie schaut mich an, *ohne Schleier zwischen uns, wie ich empfinde.*
»Es ist merkwürdig, aber eigentlich ganz gut. Ich weine viel, aber durch die Gespräche mit Ihnen und meine vielen Gedichte bekomme ich ein anderes Verhältnis zu S. Ich weiß nicht, wie ich Ihnen das erklären soll ... es fühlt sich tatsächlich so an, als ob die gestrichelte Linie auf dem Bild nicht mehr so stark über allem liegt ... sie ist zwar noch da, aber zwischendurch kann ich sie wie einen Vorhang zur Seite schieben, und dann sehe ich alles ganz klar ... den Garten, meine Mutter, S., meine Großmutter, auch meine anderen Geschwister und meinen Vater ... ich fühle mich ihnen so nah, und ich weiß nicht, ob das jetzt daran liegt, daß ich morgen bei Ihnen sein werde, aber es ist auch so, als ob in mir etwas passiert sei ... verstehen Sie mich?«
Ich überlege einen Moment und denke, daß ich nur bruchstückweise verstehe, weil ich das Ausmaß der Mauern nicht wirklich nachfühlen kann, daß ich aber erspüre, daß es hier um ein elementares Lebensgefühl von »zwischen den Welten« geht.
»Ja, ich glaube, ich verstehe Sie ... auf jeden Fall nehme ich wahr, daß die Mauern, die Sie so oft gespürt haben, viel mit der Entfremdung und Entfernung von Ihrer Heimat zu tun haben.«

»Genau, aber auch mit meinem eigenen Fremdsein, wissen Sie ... das habe ich gespürt, als Sie mal die Übung mit mir gemacht haben, oder auch, als ich jetzt, nachdem S. gestorben ist, wie eine Irre zu schreiben begann ...«

»Und beim Schreiben haben Sie etwas von der Mauer in sich selbst wahrgenommen?«

Fatimah guckt mich lange intensiv an, ohne etwas zu sagen.

»Im Schreiben finde ich Ruhe und Geborgenheit ... wissen Sie noch, auf dem Bild, die linke untere Hälfte?«

Ich nicke.

»Das ist ja nicht nur Köln, Deutschland, das ist auch der ganze Anspruch an mich selbst. Von Druck habe ich doch mal gesprochen ...«

»Ist es das, loszulassen, was Sie als Aufgabe für sich fühlen, seitdem S. tot ist?«

Fatimah nickt.

»Loslassen ist vielleicht nicht das richtige Wort. Ich glaube, es geht darum, daß ich mir das zugestehe, was ich brauche ...«

»Und was ist das jetzt?«

»Jetzt?«

»Ja, jetzt, und dann auch morgen, wenn Sie zurück in Ihr Land gehen.«

»Jetzt ist es einfach, daß ich mich von Ihnen verabschieden will. Ich habe mit Ihnen auch eine Mauer übersprungen, wissen Sie das eigentlich?«

Mir fällt auf, daß Fatimah wirklich in den Abschied geht, nochmal Revue passieren läßt, mir positives Feedback gibt etc. Ich empfinde das als schön, merke aber, daß ich den Eindruck einer starken Vermeidung habe. Immer wenn es um das Überspringen der Mauer hier im Land geht, wenn es darum geht, die kulturellen Gewöhnungs- und Anpassungsschwierigkeiten anzuschauen, tauchen im Kontakt mit F. andere Themen auf, die dann in dem Moment auch Priorität haben und von diesem wunden Punkt ablenken.

»Hat die Mauer etwas mit meinem Beruf zu tun?«

»Ach nein, das meinte ich nicht. Ich meinte einfach so, Sie als Mensch, wie Sie sind, so offen und warm, und daß ich mich nie verstellen mußte und auch nicht das Gefühl hatte, Sie wollten mich missionieren oder mir Ihre kulturellen Vorstellungen aufdrücken. Das war sonst, wenn ich in Beratungen war, echt anders.«

»Sie haben ja da auch vom ersten Kontakt, den wir hatten, gut dafür gesorgt, Ihre Grenzen und Erwartungen zu formulieren. Das war sehr hilfreich für mich ...

Fatimah, wir sind jetzt mitten im Abschied. Das ist auch stimmig, denke ich, denn Sie wissen ja noch gar nicht, wann Sie wieder nach Köln kommen, stimmt das?«

»Ja, ich werde das Semester sausen lassen und wahrscheinlich auch noch einen Teil der Semesterferien bei meiner Familie verbringen.«

»Und wie sieht es aus mit der Abschiedsfeier für S.?«

»Oh ja, das können wir doch dann gleich zu Beginn des Sommersemesters machen. Ich würde am liebsten etwas aus dem Koran lesen ... da gibt es so eine schöne Sure über die Seele, die fliegt, und die Sehnsucht nach Freiheit der Seele. Wissen Sie, das lerne ich jetzt alles, daß S. weil er gestorben ist, auch frei geworden ist, und daß ich das auch schon bevor ich sterbe, lernen kann.«

Ich rede mit Fatimah nochmal über das Sterben, und wie wichtig es ist, um das eigene Sterben positiv anzunehmen, sich von geliebten Menschen, die tot sind, würdevoll und aufrichtig zu verabschieden, und daß ich Ihre Schritte auf Ihrem Weg sehr beachtlich finde. Wir verabreden für die Abschiedsfeier in der ESG- Kapelle, daß sie und ihre Cousine Texte aus dem Koran lesen. Von mir wünscht sie sich zwei Stellen aus der Bibel. Die eine ist die von Abrahams Berufung, weil Abraham ein entscheidender Brückenpfeiler für Christentum und Islam ist, und dann eine Stelle von Jesus, wo er über den Tod redet.

»Haben Sie da eine bestimmte Geschichte im Kopf?«

»Nein, ich will einfach von Ihnen hören, was Jesus zum Sterben sagt. Schließlich ist er für uns als Moslems ja auch ein Prophet. Er war ja sozusagen der direkte Vorläufer des Mohammed. Aber nehmen Sie nichts, wo die Kreuzigung drin vorkommt. Das ist für uns Moslems schwierig.«

Wir reden über Gemeinsamkeiten und Unterschiede von Islam und Christentum. Eine muslimische Freundin von mir schenkte mir eine Karte, auf der Hebr 11,6 zitiert wurde. Fatimah kennt diese Stelle sofort.

»Aber das glauben Sie doch auch, daß es ohne Glauben unmöglich ist, Gott zu gefallen? Oder?«

Ich antworte ihr, daß ich mir für mich ein Leben ohne Glauben nicht vorstellen kann, aber das Gott für mich eine bewegliche Kraft ist und es mir im Kontakt mit ihr nicht so sehr um das Gefallen, sondern eher um die Verbindung und die Bewegung ankommt ... nämlich so, daß der Kontakt zu dieser Kraft, die ich Gott nenne, auch etwas in meinem Leben bewegt.

Am Ende unseres Gesprächs haben wir eine lose Struktur für die Abschiedsfeier entwickelt. Ich frage Fatimah, ob sie mir zum Abschied ein Lied in ihrer Sprache beibringt. Sie freut sich und fängt an zu summen, dann zu singen.

»Die Worte sind ganz einfach. Es bedeutet soviel wie: »Wer zu Gott kommen will, muß glauben, daß Gott ist. Die Seele wird Gott suchen, und dafür wird sie belohnt.«

Ich bin sehr berührt von Fatimahs Kraft und ihrer Weichheit. Beim Singen dieser sehr fremden und wunderschönen Melodie und Worte fühle ich mich in eine andere Welt hineinversetzt. Fatimah sieht sehr entspannt aus. Ich habe Vertrauen in ihre Flügel und bin zugleich ein bißchen traurig, da ich ahne, daß ich ihren weiteren Weg nicht mitverfolgen werde.

»So, jetzt möchte ich, daß Sie mir auch noch ein Lied beibringen.«

»Ja, ich habe eins. Es ist ein Vers aus einem Psalm:

Unsere Seele ist wie ein Vogel dem Netz des Vogelfängers entkommen. Das Netz ist zerrissen, und wir sind frei.«

»Oh, das ist sehr schön.«

Während wir miteinander singen, schließe ich die Augen und fühle ein Stück göttlicher Präsenz im Raum, zwischen uns. Ich frage mich, warum ich nicht häufiger mit Menschen, die zu mir kommen, singe. Warum ist das Singen oft auf bestimmte Rituale, wie Gottesdienste oder Wochenendfreizeiten beschränkt?

Zum Abschied umarmen wir uns. Ich sage Fatimah, daß ich ihr Kraft und Zuversicht wünsche, und daß ich großes Vertrauen in ihre Kraft habe. Ich biete ihr an, mir zu schreiben und sage, daß ich es schön finde, wenn sie sich meldet, wenn sie wieder da ist.

Sie bedankt sich nochmal sehr intensiv und sagt, daß sie so dankbar sei, daß der Schleier zwischen uns gefallen sei. Das habe ihr neue Türen geöffnet, und irgendwie haben die Mauern sich während der Monate, die sie zu mir gekommen sei, ständig verändert ... bis dahin, daß sie gar nicht wisse, ob Mauer überhaupt das richtige Bild sei. Sie werde sich auf jeden Fall bei mir melden und vielleicht auch schreiben.

Inzwischen sind viereinhalb Monate vergangen. Ich erhielt eine Postkarte von Fatimah, auf der sie schrieb, daß sie das Lied noch oft singe und manchmal sogar Heimweh nach Deutschland verspüre. Sie habe aber noch immer viele Tränen zu weinen, und sie fühle sich gar nicht so glücklich, wie sie es vorher erhofft habe. Ihre Mutter wolle sie nicht nach Deutschland zurückgehen lassen, und ihr Vater versuche immer noch, sie zu verheiraten. Sie komme aber auf jeden Fall zu Beginn des Sommersemesters nach Köln zurück und freue sich schon sehr, mich wiederzusehen.

Während ich diese Zeilen schreibe, ist das Sommersemester schon im vollen Gang. Ich habe noch nichts von Fatimah gehört, was mich vermuten läßt, daß sie noch im Iran ist. Wird sie wiederkommen? Wird sie zu Ende studieren? Wird es noch eine Abschiedsfeier im ESG – Meditationsraum geben?

Methodischer Aspekt: Feministische Seelsorge zwischen Kulturen und Religionen

Einige Bemerkungen vorweg: Die gesellschaftliche Situation ausländischer Frauen ist geprägt von ihrer dreifachen Benachteiligung – als Frau, als Ausländerin und als Frau auf dem Arbeitsmarkt. Viele Migrantinnen kommen nicht freiwillig nach Deutschland. Häufig folgen sie ihren Ehemännern. Durch die Verschärfung der AusländerInnengesetze der letzten Jahre hat sich die Situation der Migrantinnen deutlich zugespitzt. Selbst AusländerInnen, die hier geboren sind, müssen mit einem unsicheren Aufenthaltsstatus leben.

Migrantinnen, die in Deutschland leben, bekommen meist in den ersten drei bis vier Jahren, nachdem sie nach Deutschland gekommen sind, keine Arbeitserlaubnis. Die auf zwei Jahre befristete allgemeine Arbeitserlaubnis wird nur nach Bedarf und Entwicklung des Arbeitsmarktes erteilt, d. h., nur, wenn weder Deutsche noch EG-Angehörige oder AusländerInnen, die schon länger hier sind, den Arbeitsplatz besetzen, bekommen sie für einen ganz bestimmten Arbeitsplatz eine Arbeitserlaubnis. Ausländerinnen ohne qualifizierte Ausbildung haben also keine Chance, d. h., ihnen bleibt meist nichts anderes übrig als sich um schlecht bezahlte Gelegenheitsjobs zu bemühen.

Ein wichtiger Gesichtspunkt in der Arbeit mit Migrantinnen ist die Tatsache, daß die Mehrzahl der weltweiten Flüchtlinge Frauen sind. Oft fliehen Frauen aus ihrem Land, weil sie politisch verfolgt werden und/oder sexistischen Gewalttätigkeiten ausgesetzt sind.

Häufig werden Frauen inhaftiert oder gefoltert, weil sie mit Männern verwandt sind, die politisch aktiv waren.

Die Lebensbedingungen der Migrantinnen sind in Deutschland insgesamt davon geprägt, daß sie aus nahezu allen gesellschaftlichen Bereichen ausgegrenzt und besonderen Bestimmungen unterworfen werden (Kang, 1993, 239).

Wenn Migrantinnen zur Seelsorge oder Beratung kommen, muß darauf geachtet werden, daß bei ausländischen Frauen sehr häufig die Angst auftritt, mit den Anforderungen des Lebens nicht zurechtzukommen. Die psychischen Belastungen dieser Frauen sind oft sehr viel größer als unter normalen Umständen, da sowohl die Arbeitsbedingungen als auch die Wohnbedingungen schlecht sind (Gavranidou, 1992, 161ff.). Viele der Migrantinnen leiden zudem unter sozialer Isolation, da sie ihre verwandtschaftlichen und freundschaftlichen Beziehungen aus der Heimat aufgeben mußten. Zusätzlich ist die Diskriminierung ausländischer Frauen immens hoch.

Viele Frauen erzählen, daß es eine diffuse Angst gibt, es könnte ja etwas passieren. Jede Frau kennt das vom Gehen auf dunklen Wegen des Nachts, aber was Migrantinnen durchmachen müssen, ist wohl eine fast unvorstellbare Steigerung dieses Angstgefühls. Diese Angst kann sich bis zur Paranoia und zur absoluten Panik steigern, weil in der Fremde beinahe jeder Ort zum gefährlichen Ort wird.

Ein anderer wichtiger Punkt ist der Kulturwechsel. Migrantinnen, die im Erwachsenenalter nach Deutschland kommen, müssen sich an ein neues Norm- und Wertesystem anpassen, was sehr verunsichernd ist. Dies bezieht sich nicht nur auf die Sprache, sondern häufig auch auf Religion, auf bestimmte Lebensvorstellungen und Haltungen. Oft versuchen Migrantinnen die von ihnen mitgebrachten kulturellen und religiösen Vorstellungen hier zu konservieren. Dies wird zum einen durch die Angst ausgelöst, in dieser fremdartigen Gesellschaft sowieso keinen Fuß zu fassen, dann aber häufig auch durch die Befürchtung, sich so zu verändern, daß die Rückkehr in die Heimat nicht mehr möglich wäre.

Fatimah ist keine Migrantin, sie ist eine Studentin, die für die Zeit ihres Studiums ein Stipendium erhalten hat, wovon sie ihr Existenzminimum sichern kann. Sie leidet nicht unter schlechten Arbeitsbedingungen, wenn man von den überfüllten Hörsälen an der Uni mal absieht. Auch ihre Wohnbedingungen sind normaler studentischer Standard, gemessen an deutschen Verhältnissen. Hingegen hat sie sehr wohl unter sozialen Problemen zu leiden, und auch die Themen der Diskriminierung und des Kulturwechsels sind für sie ausschlaggebend für ihr gesamtes Lebensgefühl.

In Fatimahs Fall entschied ich mich, den Fokus auf zwei Schwerpunkte zu legen, zum einen auf die Schwierigkeiten, als Iranerin in Deutschland Fuß zu fassen, zum anderen die eigenen, schon im ersten Gespräch angedeuteten inneren Konflikte. Das Bild von der Mauer, das interessanterweise in meiner Wahrnehmung im Erstkontakt mit F. auftauchte, ist ihr eigenes Bild. Sie benutzte dies Bild als Symbol für ihre Fremdheit in Deutschland, aber auch für die eigene Gespaltenheit hinsichtlich ansozialisierter Werte und ihrem jeweiligen Empfinden und Wahrnehmen.

Fatimah ist wie alle ausländischen Frauen in der Situation, daß sie die Werte und Normen des fremden Landes nicht kennt und sich auf unvertrautem Terrain befindet. Sie ist in einer kulturell und religiös völlig anderen Gesellschaft groß geworden, und im Kontakt merkte ich ihr an, daß sie mit der Fremdheit, Andersartigkeit und der Entfremdung von ihrer eigenen Kultur immer wieder beschäftigt ist. Sie muß sich auf das Neue einlassen, nicht nur auf eine fremde Sprache, sondern auch auf andere Umgangsweisen, Rituale, alltägliche Gewohnheiten.

Im Kontakt mit Fatimah wurde mir die eigene Begrenztheit meiner Erfahrung, meines Wissens und auch die Sicht durch meine eigene Brille sehr bewußt. Wenn ich mich auch bemühte, F. und ihre Geschichte, mit ihren Erfahrungen und ihrem Hintergrund kennenzulernen, zu verstehen und ernstzunehmen, stieß ich doch immer wieder auf die Mauer, manchmal auch den Schleier. Beide Bilder drängen sich mir als Bild im Kontakt mit deutschen Frauen nur selten so unmittelbar und unreflektiert als Metapher auf. Ich erlebte mich im Kontakt mit ihr als Lernende, die versuchen muß, auf verschiedenen Ebenen wahrzunehmen und zu begreifen.

Zum einen ging es wie in jedem Seelsorgekontakt darum, das unmittelbar Gefühlte und Erlebte der Klientin ans Licht kommen zu lassen und Wege der Integration, der Heilung und des Schutzes zu finden, zum anderen wurde mir aber in jedem Gespräch mit F. deutlich, daß sie aufgrund ihrer iranischen Herkunft bestimmte Fragestellungen mitbrachte, die eine völlig neue Perspektive eröffneten. Differenz, das Wort, das an anderen Stellen die Geschlechterdifferenz, dann aber auch die Unterschiede zwischen den Frauen bezeichnete, meint in diesem Fall die Unterschiede zwischen Frauen, die in verschiedenen Kulturen und Religionen beheimatet sind. Für diese Differenzdiskussion ist zunächst einmal zu betonen, daß die Sprache der Eindeutigkeit, Vereinnahmung und/oder Höher- und Minderbewertung nicht greift. Es ist wichtig, eine Verständigung zu entwickeln, die erstens Akeptanz ausdrückt, zweitens Dialog herstellt und drittens Möglichkeiten entwickelt, das Eigene im Licht der anderen zu sehen, vielleicht auch zu überdenken.

Für Feministische Seelsorge zwischen Kulturen und Religionen gilt: Das Erinnern der Geschichte sollte der Klientin Möglichkeiten eröffnen, die politischen, religiösen und kulturellen Besonderheiten ihres Kontextes zu benennen. In den Sitzungen, in denen Fatimah mir von ihrer Heimat und ihrer Familie erzählte, tauchte jedesmal auch so etwas wie eine Phase auf, in der sie mit Stolz und Hochachtung von ihrer Kultur sprach. Ich ermutigte sie darin und erfuhr in diesen Stunden, daß die Mauer, die sonst häufig zwischen uns stand, fast nicht mehr spürbar war.

Ausgelöst durch den Tod des Bruders erreichte der Kontakt zu Fatimah eine religiöse Dimension, die vorher zwar angedeutet, aber nicht explizit von mir als Seelsorgerin initiiert wurde. Ich hatte zunächst, besonders wegen des Hinweises von F., nicht bekehrt werden zu wollen, Skrupel, ihr als christliche Theologin mit einer bestimmten Redeweise zu nahe zu treten. Von Beginn unserer Interaktion spürte ich, daß ich als Seelsorgerin hauptsächlich die Aufgabe hatte, sie zu begleiten und auf dem Weg ihrer Ermutigung und der Kraftschöpfung Begleitung anzubieten. Im Lauf der Arbeit mit ihr stellte ich fest, wie wesentlich das prozeßorientierte

Vorgehen sein kann (siehe Seite 35). Ich erfuhr von der Krankheit ihres Bruders und dann auch von seinem Tod, während ich thematisch zunächst an ihrem Konflikt, ob und wie sie in Deutschland Fuß fassen könne, einsteigen wollte. Von heute auf morgen sah ich mich als Seelsorgerin in der Position, ihre Trauer und ihre Scham mit ihr anzuschauen, Raum für ihren eigenen Trauerprozeß anzubieten. Trauerarbeit wurde ein wesentlicher Bestandteil unseres Prozesses miteinander, was ich am Anfang nicht absehen konnte. Der Tod des Bruders bedeutete für Fatimah eine solche Zäsur, daß auch in unserem seelsorglichen Prozeß miteinander eine Neuorientierung erforderlich wurde. Zur Trauerarbeit gehört, die Ruhelosigkeit der Klientin zu begreifen und zugleich zu verstehen, daß die Sinnsuche, die ja vorher für Fatimah schon im Blick war, größere Bedeutung bekommt. Im Kontakt mit Fatimah empfand ich es als meine wesentliche Aufgabe, ihr den Raum für das Weinen, aber auch für die Erschütterung in ihrem eigenen Selbsterleben zu geben. Gerade diese Erschütterungen sind sehr schwer zu ertragen, sowohl für die Person, die diesen Prozeß durchmacht, als auch für diejenige, die sie dabei begleitet. Es ist aber letztlich gerade das Zulassen der damit verbundenen verschiedenen Emotionen, das den Weg ebnet zu neuem Selbsterleben. Am Schluß entstand zwischen uns das, was Fatimah selbst mit dem Überspringen einer Mauer bezeichnete. Durch das Vertrauen, das zwischen uns entstand, war es möglich, daß wir auf einer spirituellen Ebene ausdrücken konnten, was mir vorher nicht möglich schien. Beim Singen der Lieder waren wir mit unseren eigenen Wurzeln verbunden und bauten zugleich die Brücke zur anderen.

Einige Themen, die F. zu Beginn als inneren Konflikt benannt hatte, wurden in unserem Kontakt nicht aufgelöst. Besonders der Frage nach der Entscheidung, das Studium gegen den Willen der Eltern in einer fremden Kultur durchzuführen, konnte ich im Gespräch mit Fatimah nicht klärend nachgehen, da sich immer wieder akute Fragestellungen und Probleme dazwischenstellten, die im konkreten Moment von Fatimah mit größerer Vehemenz eingebracht wurden.

Da aber vom Moment des Todes ihres Bruders die Trauer als vorherrschende Emotion bei Fatimah im Raum stand, wurde es im Kontakt mit ihr wichtiger, dem nachzugehen. Zugleich ist mir bewußt, daß im Abschied von ihrem Bruder auch ein Stück Abschied von ihrem eigenen Lebensentwurf auftauchte. Die Vorstellungen, die damit verbunden waren, wurden für Fatimah in dem Moment, als ihr Bruder gestorben war, auch brüchig. Ich weiß nicht, ob sie sich entscheiden wird, nach Deutschland zurückzukehren, um ihr Studium abzuschließen, aber ich weiß, daß der Konflikt um die Krankheit und das Sterben ihres Bruders mehr für

Fatimah beinhalteten, als sie mir erzählte. Ich habe viel von ihr gelernt, und ich hoffe, daß sie aus unseren Kontakten das Selbstvertrauen mitgenommen hat, den für sie richtigen Weg zu finden und zu gehen.

Wie Frauen verrückt gemacht werden

Thematischer Aspekt: Sexuelle Gewalt

Beate stand einfach in meiner Tür. Unscheinbar, schüchtern, klein von Wuchs und mit einer leichten Behinderung, die sich in einem verlangsamten Sprechen und ihren Bewegungen ausdrückte. Sie war aus dem Osten, das hörte ich gleich an ihrer Sprache. Zufällig, sagte sie, sei sie an meinem Büro vorbeigekommen. Vom Bahnhof aus war sie etwas orientierungslos herumgeirrt und wußte nicht wohin. Sie war aus Magdeburg, und Köln hatte sie seit der Wende zu ihrer Wahlheimat erklärt. Kurz nach der Wende war sie auf einem Seminar im Maternushaus, einer katholischen Bildungseinrichtung, gewesen und hatte sich in die Stadt »verguckt«, wie sie selbst sagte. Seitdem kam sie, so oft sie konnte, mehrmals im Jahr, mindestens für ein verlängertes Wochenende. Sie verbringe ihre Zeit in Köln immer viel in Kirchen, sagte sie, das gebe ihr den inneren Frieden und die Ruhe, die sie in ihrem Alltag oft nicht finde.

»Und jetzt habe ich das Schild draußen gesehen. Pastorin für Frauenberatung. Also sowas gibt es bei uns im Osten gar nicht. Und dann noch so eine junge Pastorin ... ich hab sonst meistens nur mit älteren Frauen in der Kirche zu tun, Diakonissen oder so, aber irgendwie anders als Sie ... naja ... in meiner Gemeinde bin ich ja auch ziemlich aktiv, und unseren Pastor finde ich auch nett, der hat mich auch 1991 zu diesem Seminar nach Köln geschickt. Er meinte, es täte mir gut, mal rauszukommen, andere Luft zu schnuppern ... immer, wenn ich in Köln bin, fühle ich mich ganz anders ... irgendwie freier ... Sie denken vielleicht, das sei normal, daß ich hier so drauflos schwätze, aber nein, das ist für mich gar nicht normal, zu Hause rede ich manchmal den ganzen Tag überhaupt nicht. Können Sie sich das vorstellen?«

Als ich gerade reagieren will, redet Beate schon weiter. Sie redet in der ersten Stunde sehr viel, *ich habe große Mühe, an den wesentlichen Schnittstellen einzusteigen.* Der wichtigste Satz, den sie in dieser ersten Begegnung mehrfach fallenließ, lautet:

»Sie können mich vielleicht nicht verstehen, aber seit vielen Jahren denke ich tatsächlich häufig, daß ich verrückt bin, daß irgendwas mit mir nicht stimmt ... ich höre Stimmen, Geräusche und ich kann mit niemandem darüber sprechen ... es ist wie ein Bann, der über mir liegt.«

»Wie fühlt sich das an?«

Beate schüttelt sich und zuckt zusammen.

Schweigen.

»Über einen Bann kann man nicht reden ... wissen Sie das denn nicht, als Pastorin?«

»Ich glaube, ich weiß nicht, was Sie mit Bann eigentlich meinen ...«

Nach langem Schweigen und nonverbalen Äußerungen, *die auf tiefe Erschütterungen hindeuten,* sagt sie:

»Daß ich nicht drüber reden darf, weiß ich jedenfalls ...«

»Von wem wissen Sie das?«

Schweigen, *lange, wie es mir scheint ...*

»Von meinem Vater ...«

Diese Information, verbunden mit dem ganzen nichtausgesprochenen Schmerz, Verwirrtsein und der Angst vorm Verrücktsein, ließ mich auf eine tiefe Verwundung schließen, die ihr der Vater angetan hatte.

Es war jedoch in dieser ersten Stunde keine Zeit mehr, da weiter einzusteigen ... zumal Beate anschließend wieder von allen möglichen Dingen erzählen wollte, und ich große Mühe hatte, ihr zu folgen. Ich erfuhr in diesem ersten Gespräch, daß ihr Vater Kirchenmusiker war und sie aus einer sehr frommen Familie stammte. Sie hatte sechs Geschwister, war selbst die Jüngste. Obwohl schon Ende 30 lebte sie erst seit wenigen Jahren in einer eigenen Wohnung. Sie arbeitete halbtags als Sachbearbeiterin und Bürofachfrau in einer Versicherungsanstalt ... und in ihrer ganzen Freizeit schien sie sich in der Kirchengemeinde zu engagieren ... *während der gesamten Sitzung mit Beate beschäftigte mich der Gedanke, warum sie eigentlich zu mir gekommen war, bzw. hatte ich die starke Vermutung, daß es in ihrer Lebensgeschichte Erfahrungen sexueller Gewalt gab. Ich fragte mich die ganze Zeit, wie ich ihr helfen könne, wenn sie in wenigen Tagen nach Magdeburg zurückfahren werde. Als die Zeit schon fast um war, thematisierte ich das Dilemma noch folgendermaßen:*

»Beate, wie lange sind Sie noch in Köln?«

Beate überlegt lange, sagt dann:

»Eigentlich nur noch bis morgen.«

»Könnten Sie vorher noch einmal zu mir kommen?«

Beate strahlt.

»Ja klar, das hatte ich sowieso vor. Schließlich treffe ich nicht alle Tage auf solche netten Pastorinnen ... außerdem gibt es so viel, das ich gern mit Ihnen besprechen würde ...«

»Genau deshalb würde ich gern nochmal mit Ihnen reden. Immerhin ist Magdeburg weit weg, und ich würde gern mit Ihnen gemeinsam überlegen, was möglich ist, und wie Sie sich sonst noch Unterstützung holen können ...«

Wir verabschieden uns herzlich voneinander, *aber ich habe ein mulmiges Gefühl ... so, als ob die Begegnung mit Beate sehr viel mehr Aufmerksam-*

keit und Zuwendung erfordere, als das zunächst über die Entfernung Köln-Magdeburg möglich ist. Außerdem spüre ich eine immense körperliche An-strengung, als Beate mein Büro verlassen hat.

Beate kam eine halbe Stunde zu früh. Sie wartete geduldig vor der Tür, da ich noch in einem anderen Gespräch war.

Als sie mein Büro betritt, merke ich ziemlich schnell wieder die körperliche Anspannung.

Es ist, als ob sich eine schwere Wolke über uns ausbreitete.

Ich habe ein unwohles Gefühl und denke, daß ich diese Empfindung unbe-stimmt aussprechen wollte, da es wahrscheinlich Beates Gefühl war, das sich auf mich übertrug.

Beate jedoch redet gleich wieder drauf los, über Köln und ihr Glück, daß sie zufällig so einen guten Riecher gehabt habe und an meiner Bürotür vor-beigelaufen sei, über ihre Sorge, daß es ihr wieder ganz anders gehe, wenn sie nach Hause zurückkehre ...

»Wie fühlt sich diese Sorge an, können Sie sie in Ihrem Körper festma-chen?«

Nach längerem angespanntem Nachdenken, das ich als absolute Strapaze für uns beide empfinde, schüttelt Beate den Kopf und versinkt in eine dumpfe, fast lethargische Körperhaltung.

»Wo sind Sie jetzt, Beate?«

Die folgenden fünf Minuten kommen mir vor wie eine Ewigkeit. Ich spüre eine Schwere und etwas von der Unaussprechlichkeit, die häufig mit sexu-ellen Gewalterfahrungen einhergeht.

Schließlich sage ich ihr, daß sie mir auch etwas sagen könne, was sie vielleicht noch nie jemandem erzählt habe, und daß ich nicht an so etwas wie einen Bann oder ein Schweigegebot glaube, jedenfalls nicht, wenn es so etwas Dumpfes und Schweres in den Raum hereinbringe, wie ich das bei ihrem Geheimnis in meinem eigenen Körper spüre. Nachdem ich das gesagt hatte, schaut Beate mich kurz an und fragt dann, aus ihrer immer noch sehr gebeugten und in sich zusammengekauerten Körperhaltung heraus:

»Wie meinen Sie das, daß Sie das in Ihrem eigenen Körper spüren?«

Ich erkläre ihr, daß ich von Anfang an in der Begegnung mit ihr ein be-stimmtes körperliches Empfinden gehabt habe, das mir sonst nicht vertraut sei ...

Beate stöhnt, zuerst ganz leise, dann immer lauter werdend, sagt aber nichts. Ich sehe, daß sie völlig in sich zusammenfällt und entscheide mich, meine Sitzposition zu ändern, um ihr Schutz anzubieten. Während ich das tue, vergewissere ich mich aber, daß es für Beate o.k. ist.

»Ich verstehe gar nicht, was Sie wollen ...«

»Auf jeden Fall möchte ich, daß Sie sich sicher und aufgehoben fühlen, wenn Sie bei mir sind, und daß Sie wissen, daß es für Sie einen Ort gibt, wo Sie geschützt sind.«

»Aber ... das geht doch gar nicht ...«

Ich frage nach und erfahre in ihrer gesamten Haltung, daß sie mit sich ringt, und daß sie in den Gesprächen mit mir nach einem Raum sucht, in dem sie ihre Geschichte erzählen darf. Aber Teil des Dilemmas ist, daß sie in wenigen Stunden nach Magdeburg fahren wird und ich sie auf die Entfernung nicht regelmäßig begleiten kann.

»Beate, ich möchte gern mit Ihnen überlegen, wie es für Sie weitergehen kann, was Sie brauchen und wie ich Sie dabei unterstützen kann.«

Beate fängt an zu weinen, zuerst ganz leise, dann immer lauter und schließlich so, daß sie am ganzen Körper zittert.

»Mich hat noch nie jemand gefragt, was ich brauche ... Zu Hause erzählen Sie mir eigentlich alle immer, daß ich verrückt bin ... Ich glaube es ja manchmal auch, gerade wenn ich die Stimmen höre und mich nicht mehr nach draußen traue und so schüchtern bin und ganz viel Angst habe ...«

»Ich glaube nicht, daß Sie verrückt sind, Beate, und ich möchte, daß Sie eine Person finden, die Ihnen glaubt, der Sie Ihr Geheimnis anvertrauen können und die auf Ihrer Seite ist ...«

»Gibt es da in Magdeburg jemand?«

Beate schüttelt vehement den Kopf.

»In Magdeburg gibt es niemanden. Einmal habe ich mit meinem Pastor reden wollen, aber er hat mir gar nicht richtig zugehört ... als ich von einem Geheimnis geredet habe, sagte er, ich hätte ja schon als Kind eine ausgeprägte Phantasie gehabt, und ein bißchen verrückt sei ich ja schon immer gewesen, aber in jeder Familie gebe es ja eine oder einen so ein bißchen Verrückte/n, und bei so vielen intelligenten Menschen wie unsere Familie die hervorgebracht habe, sei es nur normal, daß eine wie ich darunter sei.«

»Das haben Sie einfach so geschluckt?«

Beate nickt, sieht einigermaßen mitgenommen und traurig aus.

Ich sage ihr, daß ich es eine Frechheit von dem Pastor finde, und daß ich sie weder für verrückt noch für unintelligent halte ... Wir überlegen gemeinsam, ob es in Magdeburg eine Person für sie geben kann ... Ich telefoniere noch mit einer Frauenberatungsstelle, die ich über die Auskunft erfragt habe.

Beate sagt, daß sie vielleicht mal hingehe. Dann verabreden wir, daß sie mir schreiben wird, und mich anrufen wird, sobald sie wieder in Köln ist...

»Wenn es nach mir ginge, wäre das schon nächste Woche. Sie wissen doch, ich habe Köln zu meiner Wahlheimat erklärt.«

Als wir uns verabschieden, weiß ich, daß ich Beate bald wiedersehen wer-
de, und daß ich mit ihr noch eine längere Wegstrecke zurücklegen werde.
Ich mache mir aber auch viele Sorgen, weil ich die heftige Traumatisierung
selbst körperlich wahrnehme, und weil ich nicht weiß, wie sehr Beate ge-
lernt hat, sich zu schützen. So mache ich zum Ende der zweiten Stunde
noch eine Schutzübung mit ihr.

Ich stelle die Kiste mit den Steinen vor ihr auf und lasse sie zunächst über
den Steinen meditieren. Sie solle sich die Steine als Gegenüber vorstellen,
sage ich ihr, und sie könne einzelne auch in die Hand nehmen und mit
ihnen sprechen.

Nach einer Pause des Zögerns und Haderns versinkt Beate in kindliche
Freude, spielt mit den Steinen, nimmt einzelne in die Hand, wiegt mit dem
Kopf und mit dem ganzen Körper, spricht leise, und hin und wieder wird sie
ganz ruhig. Dann umklammert ihre Hand einen relativ zarten mattblauen
Mondstein, *und ich weiß, daß das ihr Schutzstein werden wird.*

»Was sagt der Stein Ihnen?«

Beate ist ganz bei sich, beinahe wie in eine andere Welt eingetaucht.

»Er sagt, daß ich wirklich nicht verrückt bin, daß Sie recht haben und ich
mich auf meine eigenen Gefühle verlassen soll, und daß ich ganz gut auf
mich aufpassen muß, damit ich zuhause nicht kleingemacht werde.«

»Ich möchte Ihnen den Stein schenken, Beate, und immer, wenn solche
Gedanken auftauchen, daß Sie verrückt sind oder dumm und nur ihren
eigenen Phantasien nachhängen, bitte nehmen Sie den Stein in die Hand
und lassen ihn zu sich sprechen.«

»Sie wollen mir den Stein schenken?«

Beate ist sichtlich gerührt. Wir verabschieden uns sehr herzlich voneinander.

Mich bewegt die Kraft und die Zähigkeit, mit der Beate sich ihren Weg bahnt,
aber ich merke, daß sie auch in der Gefahr steht, den Botschaften ihrer
Eltern, des Patriarchats und und und ... zuviel Glauben zu schenken und
sich tatsächlich verrückt machen zu lassen. Außerdem fürchte ich mich vor
dem Moment, in dem Beate ihr bestgehütetes Geheimnis lüften wird, und
ich glaube, daß es auch für mich wichtig sein wird, verschiedene Möglich-
keiten des Schutzes und der Heilung zu entwickeln.

In meiner nächsten Einzelsupervisionssitzung (zu der Zeit habe ich alle
zwei Wochen eine eineinhalbstündige Supervisionsstunde) rede ich fast
die ganze Zeit nur über B. Frau T., meine Supervisorin, arbeitet mit mir an
meinen eigenen Grenzen und mit einer Körperarbeit führt sie mich an diese heran. Sie rät mir dringend, mich nicht zu sehr »reinzuhängen« und
Beate nichts zu versprechen, was ich nicht halten kann.

Circa zwei Wochen nach dieser Sitzung bekomme ich einen Brief von Beate. Die kindhafte, sehr krakelige Schrift fällt mir sofort ins Auge. Sie schreibt (Zitat) »... ich versuche, nicht soviel an alles zu denken. Wenn ich an Köln denke, geht es mir gleich besser. Hier rede ich kaum mit jemandem. Meine Eltern besuche ich lieber gar nicht, sonst sind die gleich wieder so gemein. Den Stein habe ich immer bei mir. Ich glaube, daß er mich beschützt.

Ich weiß noch nicht, wann ich wieder nach Köln kommen kann. Es sollte bald sein.«

Ich antworte B., daß ich hoffe und bete, daß sie gut auf sich aufpaßt. Und ob sie sich in Magdeburg schon nach einer Vertrauensperson umgeschaut habe. Daß ich mich freue, wenn sie sich meldet, bevor sie nach Köln kommt.

Ich höre fast vier Wochen lang nichts. Dann, eines Tages, kommt die Küsterin zu mir ins Büro und sagt, am Abend zuvor sei eine kleine, leicht behinderte Frau ganz unruhig immer auf und ab vor meiner Bürotür gelaufen ... sie habe ihr gesagt, daß ich am nächsten Morgen wieder zu sprechen sei ... daraufhin habe die Frau ihr diesen Zettel mitgegeben. Auf dem Zettel steht: »Frau Pastorin, beten Sie für mich. Ihre Beate.«

Den ganzen Tag lang bin ich innerlich immer wieder bei Beate, aber sie taucht nicht auf. Abends, nach 18 Uhr, als ich mein Büro gerade verlassen will, steht sie auf einmal da.

»Hallo Beate. Ich habe eigentlich früher mit Ihnen gerechnet, nachdem Frau S. mir den Zettel gegeben hat.«

»Haben Sie denn auch für mich gebetet?«

»Was bedrückt Sie denn am meisten?«

»Daß ich eben doch mit niemandem sprechen kann ... immer, wenn ich versuche, meine Gedanken zu äußern, fühle ich, daß ich verrückt werde ... ich bin nämlich wirklich ein bißchen verrückt ...«

Ich frage Beate, wie sich das äußert, und sie fällt wieder in die zusammengefallene Körperhaltung zurück, die ich schon das letzte Mal bei ihr beobachtet habe. Ich entscheide mich, mit dieser Körperhaltung zu arbeiten und frage sie, ob sie sich vorstellen könne, aus dieser Haltung heraus einen Ton oder ein Geräusch zu machen. Zuerst reagiert sie gar nicht, aber dann nach einer langen Sequenz einer angespannten Stille, schluchzt sie wieder und macht dann sehr hohe, fast quietschende Töne ... zuerst ganz leise, aber nachdem ich sie unterstützt habe, den Tönen ruhig mehr Power zu geben, wird sie richtig laut. Sie hat die Augen geschlossen und ist in eine andere Welt abgetaucht.

»Beate, wo bist du jetzt?«

Sie antwortet fast ohne Pause.

»Ich bin im Kinderzimmer.«

»Bist du allein?«

»Nein ...«

»Wer ist noch da?«

Schweigen. Ich ermutige sie nochmal die Töne zu machen, aber diesmal reißt sie plötzlich die Augen auf und wirkt völlig verstört, tatsächlich ein bißchen verrückt.

»Frau Strecker, ich muß mich waschen ... ich muß mich immerzu waschen, verstehen Sie ... heute auch ... sonst, wenn ich in Köln bin ist es nicht so schlimm, aber gestern abend, als ich aus dem Zug gestiegen bin, und Sie nicht da waren, wollte ich mich nur noch waschen, und heute abend bin ich erst so spät zu Ihnen gekommen, weil ich den ganzen Tag immerfort nur mit Waschen beschäftigt war ... Ich bin eben doch verrückt ... sehen Sie ...«

»Nein, Beate, Sie sind nicht verrückt. Ich sehe etwas ganz anderes, nämlich daß jemand Ihnen Schlimmes zugefügt hat, und daß Sie sich davon befreien wollen ...«

Anschließend leite ich Beate zu einer anderen Körperübung an ... ich begleite sie zu dem Zustand, den sie sich wünscht, wenn sie sich »wie eine Verrückte« wäscht. Sie setzt sich völlig anders hin, als ich sie je zuvor habe sitzen sehen. Sie hat die Augen geschlossen und atmet ruhig. Ich ermutige sie, den Gefühlen einen Ton zu geben. Sie ist zuerst still, aber dann fängt sie an, leise zu summen. Es klingt wie eine andere Person als die, die kurz zuvor noch quietschende Töne von sich gab, und doch weiß ich, daß es Beate ist.

Die Zeit ist schon wieder um, außerdem *befinde ich mich in meinem vertrauten Gefühl, daß ich viel zu lange in meinem Büro bleibe ... zugleich weiß ich aber auch, daß Beate nicht jeden Tag zu mir kommen kann.* Sie bleibt noch zwei Tage in Köln, und wir verabreden für die beiden nächsten Vormittage einen Termin. Als sie geht, strahlt sie mich an und bedankt sich fast überschwenglich.

Am nächsten Tag kommt sie pünktlich, *allerdings spüre ich wieder die körperliche Schwere, sobald sie mir gegenübersitzt.* Sie sagt lange Zeit gar nichts, redet auch nicht drauf los, ich frage sie, wie es ihr nach der gestrigen Sitzung ergangen ist, und sie antwortet nicht. Dann kommt ein zaghaftes:

»Gemischt ...«

»So wie die Töne, die Sie gestern gemacht haben?«

»Nein, gestern, als ich hier war, ging es mir gut. Ich fühle mich sicher und ich spüre, daß Sie mir helfen wollen. Die Töne waren nicht das Problem, aber das was Sie nachher gesagt haben.«

Ich weiß, daß Sie auf das Nicht-Allein-Sein im Kinderzimmer anspricht. Vielleicht ist es für sie so, daß sie den Bann schon durchbrochen hat, indem sie mir verriet, daß sie nicht allein im Kinderzimmer war

»Lassen Sie uns noch mal zu der Situation zurückgehen, als sie im Kinderzimmer sind.«

B. schaut mich furchtsam an, schließlich seufzt sie.

»Ich habe große Angst.«

»Hat das etwas mit dem Bann zu tun?«

Beate nickt.

»Was brauchen Sie noch, um sich ganz sicher zu fühlen, um nicht das Gefühl zu haben, etwas Verbotenes zu tun?«

B. sinkt wieder in sich zusamen. *Ich bin unentschieden, ob sie genug Schutz hat, um ihr Geheimnis zu offenbaren.* Also sage ich ihr, daß ich auf jeden Fall ihr Schutz bin, daß sie vor mir keine Angst zu haben braucht, und daß ich ihr auf jeden Fall glaube.

Beate sagt, daß sie immer Angst hat, und daß das mit dem Waschen eben auch ein großes Problem sei ... weil es die Angst noch größer werden läßt. Schließlich habe sie das noch nie jemandem erzählt, außer einer Frau, die sie aus der Gemeinde kenne, das sei jetzt schon Jahre her.

»Und wie war das?«

Beate fällt wieder ein Stück mehr in sich zusammen und erzählt mir, daß sie vor Jahren mehrmals in der Psychiatrie gewesen sei. Besagte Frau aus der Gemeinde habe sie an einen Psychiater verwiesen, der sie dann nach einem Gespräch sofort in eine geschlossene Klinik überwiesen habe. Insgesamt war sie im Alter von 28 bis 35 fünf- oder sechsmal in einer Landesklinik. Während des Psychiatrieaufenthaltes hatte sie überhaupt keinen Kontakt zur Außenwelt, in den Zwischenzeiten kehrte sie immer wieder in ihre Gemeinde und zu ihrer Ursprungsfamilie zurück. Sie wohnte damals noch bei ihren Eltern, hatte aber ihren damaligen Job als Sachbearbeiterin in einer kirchlichen Einrichtung verloren.

»Erst vor drei Jahren bin ich erwachsen geworden. Ich hab mir damals selbst die Wohnung gesucht. Sonst wäre ich gestorben.« Sie fängt bitterlich an zu schluchzen, und ich begleite sie bei ihrer Trauer, *die sich allerdings nach massiver Wut anhört.*

Ich schlage ihr vor, alle Gefühle, die gerade da sind, in ein großes Bild umzusetzen.

Sie ist zunächst zögerlich, fängt dann aber mit absoluter Ernsthaftigkeit an. Zunächst einmal sind ihr alle Blöcke und Tonpappen, die ich ihr anbiete, nicht groß genug. Sie sagt, das Bild müsse so groß wie ein ganzer Raum sein. Mindestens. Also hole ich eine große Wandzeitung und breite die in meinem gesamten Büro aus. *Voller Schrecken stelle ich fest, daß die Zeit schon überzogen ist.*

Ich sage ihr, daß wir am nächsten Morgen gleich mit dem Malen beginnen werden. Sie stimmt, wenn auch nicht begeistert, zu.

Am nächsten Tag kommt sie zu spät und ist spürbar angeschlagen. Auf meine Frage, wie es ihr gehe, sagt sie, daß sie sich gestern abend noch fünf Stunden gewaschen habe, und daß sie große Angst hat, ein schlechter Mensch zu sein, gerade auch, weil sie jetzt mit mir über Dinge rede, über die sie eigentlich nicht reden darf ... mit niemandem.

Wiederum schlage ich ihr vor, *bewußt auch um die verbale Ebene mit ihr zu verlassen,* das Bild ihrer Gefühle zu malen.

Und sie malt. Mein Büro wird für eine gute halbe Stunde lang zum Atelier. Gebannt beobachte ich sie beim wortlosen Schrei ihrer Seele. Sie malt zunächst nur zarte, pastellfarbene Töne, Kreise und blumenartige Gebilde. Ich bin beeindruckt von der Virtuosität, mit der sich die kleine Beate auf dem Papier, zwischen Stiften, Wasserfarben und Kreide hin- und herbewegt. Sie wirkt, als wisse sie genau, wo jeder Strich, jeder Farbtupfer hingehört ... sie malt voller Inbrunst, voller Gefühl und Hingabe ... vor meinem Auge entsteht ein Garten, ein ganzes Gebilde von vielfältigen Formen und Farben. Dann, als sie für einen Moment innehält und sich neben das Bild stellt, verfällt sie für einen Moment wieder in die zusammengesunkene Körperhaltung, greift dann plötzlich zu dem größten und dicksten Pinsel und agiert in wilder Manier mit schwarzen und tiefroten Strichen auf dem Bild. Innerhalb von wenigen Minuten verwandelt sich das Bild in das wüste Szenario einer Schlacht. Beate ist nicht wiederzuerkennen. Ich ermutige sie, während sie in wildesten Actionpainting-Haltungen über ihrem Kunstwerk steht, ihren Gefühlen Namen oder Töne zu geben. Und sie tönt. Ich verstehe kein Wort, aber ich bin auf einer nonverbalen Ebene mithineingenommen in ihre Geschichte von Zartheit, Kraft, Verletzung, Wut und Widerstand. Ich ermutige sie, noch lauter und eindeutiger zu werden, und sie wird lauter, während der bunte, zarte Garten sich in ein Schlachtfeld und ein nicht wiederzuerkennendes Trümmerfeld verwandelt ... die ganze Wandzeitung ist schwarzrot, nur in der oberen linken Bildhälfe und am äußersten Rand gibt es ein paar hellgrüne Relikte der Gartenlandschaft. Ich wünsche mir, daß Beate sie stehenläßt, aber ich entscheide mich, daß sie selbst weiß, wann das Bild fertig ist. Und richtig, irgendwann sinkt sie erschöpft in sich zusammmen, stellt alle Pinsel in das Wasserglas und zeigt dann auf die helldurchschimmernden Stellen des Bildes.

»Sehen Sie, ...?«

»Ja, ich sehe ...«

»Was denn ...?«

»Eine wunderschöne Gartenlandschaft, zarte und zugleich kraftvolle Farben, verschlungene Pfade und vielversprechende Knospen und Blüten ... und Bedrohung, Verwüstung, Schmerzen, Verwundung und Wut, ja, Ihre ganze Wut sehe ich.«

Beate ist völlig erschöpft.

Ich empfinde viel von Ihren Gefühlen. Selten hat mich eine Klientin so sehr auf der körperlichen Ebene erreicht. Ich glaube, daß das Ausmaß Ihrer Traumatisierung größer, unendlich viel größer sein muß als tausend Wandzeitungen, seien sie auch noch so groß und die Farben auch noch so schwarz, es fassen können. Aber den Impuls, den sie hatte, nämlich das größte Papier überhaupt auszuwählen, kann ich sehr gut nachvollziehen.

Die Zeit ist um, Beate wird gleich wieder in den Zug nach Magdeburg steigen. *Ich möchte Absprachen mit ihr treffen, möchte ihr Begleitung anbieten, weiß aber wie schwierig das auf die Distanz hin ist.* Das Bild werde ich in meinem Büro behalten. Ich glaube, daß es nicht gut wäre, wenn Beate sich damit belasten würde. Sie stimmt mir zu. Ich rate ihr an, sich einen Kasten mit Aquarellfarben zu kaufen und zu Hause weiter zu malen, gerade wenn der Waschzwang auftaucht. Ich schlage ihr vor, daß sie sich ein paar positive Bestätigungen (In der Transaktionsanalyse sind das »Affirmationen«) mit auf den Weg geben soll ... daß sie diese im Zug oder wenn sie zuhause angekommen ist, aufschreiben kann, und wenn sie Lust habe, könne sie mir diese schicken ...

Zum Beispiel:
Ich, Beate, habe das Recht auf meine Gefühle, und ich kann diese ausdrücken.
Als wir uns verabschieden, lächelt Beate und sagt:
»Ich glaube, solche Affirmationen ... oder wie heißen die ... kenn ich nicht ... aber vielleicht fallen Ihnen ja welche für mich ein.«
»Ja, mir fallen viele für Sie ein, Beate, aber ich glaube, Ihnen können die auch einfallen. Ich bin ganz gespannt ...«

Einige Wochen lang höre ich nichts mehr. Eines Tages ruft sie an, während ich gerade in einer anderen Beratung sitze. Ich rufe später zurück,
aber es ist schwer, am Telefon, den Draht zu ihr zu bekommen ...
Ich erfahre eigentlich nur, daß es ihr sehr unterschiedlich geht, und daß sie viel malt, aufgeschrieben habe sie auch einiges. Sie sagt mir zu, sie wolle mir ein paar von den »komischen Affirmationen« zuschicken.

Eine Woche später bekomme ich einen Brief, wieder in der kindlich-krakeligen Handschrift: »Liebe Frau Pastorin, Sie fehlen mir, Sie sind so gut zu mir wie nur eine andere Person. Die war übrigens auch Pastorin. Von ihr habe ich Ihnen noch nie erzählt ... oder? Hoffentlich komme ich bald nach Köln. Hier sind meine Affirmationen ...

Alles, was ich fühle, ist für mich richtig und stimmt so.

Ich kann mir jemanden suchen, dem ich vertraue.

Und wenn ich niemanden finde, suche ich so lange, bis ich die Person, die mir glaubt, gefunden habe.

Ich habe einen Stein, der für mich wie ein Begleiter ist.

Ich kann ihn in die Hand nehmen, und ich kann um Unterstützung und Schutz bitten.

Immer, wenn ich mich waschen will, weil ich es nicht mehr aushalte, kann ich auch andere Wege wählen, um mich in einen besseren und reineren Zustand zu versetzen. Ich kann mir vorstellen, wo ich gern sein möchte und vor allem wie, und ich kann Gott auch um Begleitung dabei bitten.

Ich kann Frau Strecker anrufen und schreiben, und ich kann meine Gefühle in Bildern und Tönen und auf viele verschiedene Weisen ausdrücken.

Viele Grüße, und beten Sie für mich, auch nachts. Ihre Beate

Ich antwortete Beate sofort, bestätigte sie in ihren Affirmationen, teilte ihr mit, daß ich fände, daß diese Sätze genau die richtigen für sie seien, und daß es vielleicht gut wäre, wenn sie diese eben auch in Bilder oder Töne umsetzt. Wieder vergehen einige Wochen. *Es kommt mir wie eine lange Zeit vor, in der ich nichts von ihr höre.*

Eines Tages steht sie wieder vor meiner Tür.

Ich freue mich, sie zu sehen, sie sich auch, glaube ich zu spüren. Aber wieder ist es so wie jedesmal, wenn Beate in meinem Raum ist. Die Schwere hängt über uns, ich leide auf einer körperlichen Ebene etwas von dem mit, was sie in tausendfach massiverer Form erlitten hat.

Diesmal hat Beate sich eine ganze Woche frei genommen. *Ich ärgere mich, daß sie wie jedesmal einfach unangemeldet kommt, da ich gerade in dieser Woche einen Workshop vorbereiten muß, der am Wochenende stattfinden wird und viele andere Termine habe, die ich nicht verlegen kann.* Als ich ihr meinen Ärger mitteile, sagt sie gar nichts. Ich sage ihr, daß wir für jeden zweiten Tag einen Termin suchen werden, sie hadert und fragt, warum nicht jeden Tag, ich erkläre ihr meine Grenzen, sie schluckt, nickt, wir einigen uns. Interessanterweise ist im Kontakt mit Beate jedesmal eine recht große Vertrautheit. Manche Frauen und Mädchen, die jede Woche zu mir kommen, brauchen oft in jeder Stunde länger, um mit mir warm zu werden, als Beate, die einfach eine so starke körperliche Präsenz ausstrahlt, daß *ich von mir aus höchstens Abgrenzungsschwierigkeiten, aber keine Gewöhnungsschwierigkeiten habe.*

Ich weiß, daß Beate in dieser Woche ihr Geheimnis lüften wird. Es ist schon in dieser ersten Wiederbegegnung so, daß sie mir mit einer gewissen Erwartungshaltung gegenübersitzt.

Den Stein hat sie immer in der linken Hand. Auch, als ich sie in dieser Stunde auf einer Entspannungsübung anleite, fragt sie mich, ob sie den Stein in der Hand halten dürfe ...

Während der Entspannung lasse ich Beate Bilder für die Affirmationen finden. Sie läßt sich völlig ein, jedenfalls empfinde ich trotz der üblichen Schwere auch ihren entspannten Atem und ihre relative Gelöstheit.

Wir besprechen dann die Bilder, die aufgetaucht sind.

»Wissen Sie, was interessant ist ... ich sehe immer nur mich allein ... wenn ich versuche, mich zu beruhigen. Aber jetzt, und auch sonst schon, wenn ich bei Ihnen war, sehe ich mich mit einer anderen Frau. Manchmal hocken wir nur nebeneinander, manchmal betet sie mit mir, manchmal hört sie mir zu, auf jeden Fall ist sie da und versteht mich. Die Frau ist schön, sie hat eine große Kraft und sie erinnert mich an jemanden ...«

»An wen erinnert sie Sie denn?«

»Ja, habe ich Ihnen nicht mal von der Pastorin erzählt, die ich damals kennenlernte ... ich war sehr in sie verliebt, ich habe ihr vertraut und fast alles aus meinem Leben erzählt ...«

»Fast?«

Wieder fällt B. in sich zusammen, ist den Tränen nahe und fängt sich aber relativ schnell wieder.

»Ja, fast, ... einmal, als ich bei ihr war, wollte ich ihr von etwas erzählen, aber ich hörte damals auch schon diese Stimmen, die mir sagen, daß ich verrückt bin und meine Phantasie mit mir durchgeht ... es war ziemlich schrecklich ... SCHRECKLICH.« (Sie ist sichtlich erregt und wird total laut.)

»Und kurze Zeit später sind Sie dann in die Psychiatrie gekommen?«

»Ja ... ich glaube eben doch, daß ich verrückt bin, jedenfalls in gewisser Weise ... sonst wäre es doch nicht so weit mit mir gekommen.«

Wieder einmal teile ich B. mit, daß sie keineswegs verrückt ist, und daß die Stimmen, die sie hört, eben mit ihrer Geschichte verbunden sind. Ich schlage ihr vor, daß die Stimmen beim nächsten Mal hier in den Raum kommen, und daß sie über diese Stimmen bestimmen wird, daß ich sie aber dabei begleiten werde, den Stimmen Platz und Ort zu geben.

Sie schaut mich etwas fragend, aber nicht ablehnend an, signalisiert dann, daß sie am liebsten sofort damit einsteigen will. Aber die Zeit reicht nicht.

Am Schluß frage ich sie noch, ob besagte Pastorin die Frau aus der Gemeinde gewesen sei, die sie an die Psychiatrie verwiesen habe.

»Nein«, sagt Beate, »das war meine Schwester.«

Zwei Tage später kommt sie, pünktlich und äußerlich aufgeregt und angespannt.

Gleich zu Beginn gestalte ich mit ihr zusammen den Raum, so daß sie den Stimmen den jeweils ihnen gehörigen Raum geben kann.

Sie schlägt vor, die Stimmen jeweils am Fenster zu postieren, und weist mir einen Platz an der Tür zu. Ich frage sie, um wieviele Stimmen es sich handelt, und sie sagt nach längerem Nachdenken, sie wisse es nicht so genau, aber mindestens drei, das variiere eben.

Ich frage sie, ob sie den Stimmen Namen geben will, und sie verneint. Dann begleite ich sie, am Arm durch den Raum gehend, zu den verschiedenen Orten, an denen die Stimmen sich aufhalten. Immer, wenn sie bei einer angelangt ist, bitte ich sie anzuhalten und mit der Stimme in Kontakt zu treten.

In den folgenden fünfzehn Minuten erlebe ich eine andere Beate, die sich völlig souverän durch den Dschungel verschiedener Stimmen und Meinungen bewegt. Die erste Stimme klingt eher sonor und tief, gibt zunächst nur grunzähnliche Laute von sich und sagt dann irgendwann immer denselben Satz: »Du bist eben nicht so wie die anderen. Du bist ganz anders. Schon allein weil du behindert bist.«

Meine Interventionen in dieser Arbeit bestehen darin, daß ich immer wieder von meinem Stuhl aufstehe und Beate am Arm berühre. Das haben wir vorher so verabredet, und sie weiß, daß sie dann Abstand zu der Stimme aufnimmt und zur nächsten geht ...

Die zweite Stimme klingt ganz hell, fast ein bißchen quietschend. »Du bildest dir alles nur ein. Du kannst das gar nicht wirklich erlebt haben. Geh in dein Zimmer und beruhige dich oder wasch dich ...«

Die dritte Stimme ist wieder tief, und sie redet bestimmt und ohne Wenn und Aber: »Beate, ich warne dich. Du darfst den Bann nicht brechen. Das weißt du. Du weißt um das Geheimnis und deine Schuld. Hörst du mich? ES IST DEINE SCHULD.«

Als Beate bei dieser Stimme ist, fühle ich wieder die immense Schwere und Dumpfheit. Als ich sie ganz vorsichtig am Arm berühre, läßt sie einen Schrei los, der durch Mark und Bein geht. *Ich spüre in dem Moment, daß es um Tod und Leben geht.*

Als ich B. schreien höre, halte ich meine Hand stützend gegen ihren Rücken. Ich berühre sie kaum, aber ich versuche sie durch meine beschützende Präsenz zu bestärken. Sie schreit und sinkt dann, wie schon einige Male zuvor, in sich zusammen. Ich sage ihr, daß ich bei ihr bin, und daß ich ihr glaube, und daß sie mir alles erzählen darf. Und sie erzählt, zuerst nur zaghaft, aber dann deutlich und mit starker Stimme.

Sie erzählt von ihrer Schwester, die ein Jahr älter als sie ist, und die von klein auf auf sie herabsah, weil sie eben behindert und ein bißchen dumm war.

Ihre Schwester und sie teilten das Zimmer und schliefen in einem Doppelbett. Beate bewunderte ihre Schwester immer, später beneidete sie sie, weil sie schöner und klüger war, bessere Noten in der Schule und den ersten Freund mit 14 hatte. Überhaupt hatte sie immer Freunde, während Beate immer allein und nicht beachtet durchs Leben ging.

Ich frage Beate, ob ihre Schwester eine von den Stimmen war.

»Ja, wissen Sie etwa nicht welche?« »Die erste?« Beate nickt.

Und dann erzählt sie von ihrer Mutter, die sie nie verstanden hat, und der sie sich auch nie anvertrauen konnte. Letzten Endes, so glaubt Beate, wollte ihre Mutter sie nicht haben und war wütend und unfähig, mit ihrer Behinderung und ihrer ganzen Art umzugehen.

»Meine Mutter hat mir sehr oft gesagt, daß ich mich waschen soll ... ich wußte manchmal gar nicht warum, auch wenn ich ihr von Schwierigkeiten in der Schule oder mit meiner Schwester erzählte.«

Schließlich erzählt Beate von ihrem Vater, und ich weiß, daß es sie, obwohl es nur Bruchstücke sind, alle Kraft und allen Mut kostet. Während sie erzählt, schaut sie mich immer wieder fragend an, und *ich gebe ihr nonverbal zu verstehen, daß ich bei ihr bin, und daß sie sich mir anvertrauen kann.*

Sie redet sehr verlangsamt, so als ob sie sich selbst immer wieder kontrollieren müßte, aber sie erzählt von dem schrecklichen Verbrechen an ihrer Seele als eine Wissende und als eine Nicht-Verrückte, als eine die weiß und die bis heute spürt, daß ihr Unrecht geschah, und daß es eine bodenlose Gemeinheit ist.

Sie weiß nicht, wie alt sie war, als es angefangen hat, manchmal vermutet sie, daß es schon früher begann als sie zu denken vermag. Ganz klar erinnert sie sich an ihren 16. Geburtstag. Ihre Schwester war zu der Zeit auf einer Freizeit, so daß sie allein in ihrem Zimmer schlief. Ihr Vater kam abends zu ihr ins Zimmer und legte sich neben sie aufs Bett. Er befahl ihr, sich vor ihr auszuziehen, er berührte sie und ließ sich von ihr berühren, an den Genitalien und ganz besonders am Hintern.

Sie erinnert ihren 16. Geburtstag deshalb so genau, weil sie vorher zum Kaffeetrinken gemeinsam Choräle gesungen hatten, ihr Vater war ja Kirchenmusiker.

»Es war eine ganz komische Stimmung, so wie eine Ruhe vor dem Unwetter ... ich wußte, daß etwas nicht stimmt, und ich hatte große, sehr große Angst ...«

Während Beate erzählt, ist sie relativ gefaßt. Zwischendurch macht sie lange Pausen, und ich ermutige sie zum ruhigen Atmen und zum Verschnaufen.

Sie erzählt dann, daß sie ihren Vater wohl ziemlich entgeistert angeschaut hat und zuerst auch nicht auf seine Anordnungen eingehen wollte, aber daß dann eben die Geschichte mit dem Bann gekommen sei, und dann habe sie gespürt, daß da eben auch etwas dran sei, manchmal sei es ihr in ihrer Familie wie ein Fluch vorgekommen, den sie stellvertretend ausbaden müsse. Sie erzählt von den Strapazen und von den gemischten Gefühlen, von dem Durcheinander, das auch jetzt in ihrem Kopf ist.

Ich bemerke, da es an meiner Bürotür schon mehrmals geklopft hat, daß die Zeit längst vorbei ist. Ich sage Beate, daß sie sehr stolz auf sich sein kann, daß sie mir ihr Geheimnis erzählt hat, und daß ich weiß und selbst körperlich gespürt habe, wie schwer und wie anstrengend es für sie ist, mir davon zu erzählen. Ich sage ihr auch, daß ich beeindruckt von ihrer Kraft und ihrem Mut bin.

»Können Sie sich vorstellen, für mich zu beten?« fragt Beate.

»Wollen Sie, daß ich für Sie oder mit Ihnen bete?«

B. guckt mich etwas verlegen an und sagt dann:

»Lieber wäre mir schon, wenn Sie's mit mir täten ... falls Sie das nicht blöd von mir finden.«

»Nein, ich mache das gern, und ich schlage Ihnen vor, daß wir uns anders in diesem Raum hinsetzen.«

»Oder können wir runter in die Kirche gehen?«

Ich muß das verneinen wegen des Zeitproblems, verspreche ihr aber, daß wir beim nächsten Mal in die Kirche gehen. Ich spreche ein kurzes Gebet.

»Gott, du bist doch meine Freundin,

hörst du mein Gebet, meine Seufzer,

siehst du die Tränen und die Wut,

spürst du eigentlich die ganze Wucht der Gefühle, die hier im Raum ist. Manchmal weiß ich nicht, wo du dich aufhältst, dann sehne ich mir deine Gegenwart und deine Stimme herbei, aber ich kann dich nicht herbeizwingen.

Heute war ein besonderer Tag, ich habe viel von Beate erfahren, und ich weiß, daß sie sich manchmal auch ganz schön verlassen von dir fühlt. Gib ihr die Kraft, die sie braucht, und laß sie die Gewißheit spüren, daß sie auf dem richtigen Weg ist. Amen.«

Als ich fertig mit dem Gebet bin, sehe ich, daß Beate tränenüberströmt neben mir sitzt. Während ich betete, habe ich aber keinen Ton von ihr vernommen. Ich muß auch weinen. Wir verabschieden uns.

Zwei Tage später kommt Beate, mindestens eine halbe Stunde zu früh. *Ich bin aufgeregt.* Es ist die letzte Stunde, bevor sie dann erstmal wieder in den Osten fährt, und diesmal wird es anders sein, da sie ihr Geheimnis erzählt hat. Ich habe in der Zwischenzeit mit meiner Supervisorin gesprochen, die mir das Feedback gibt, ich habe gute Arbeit geleistet, aber ich solle aufpassen, daß mich diese Geschichte nicht zu sehr in Beschlag nimmt. Immer wieder fragt sie mich, warum mich diese Geschichte so viel mehr beschäftigt als andere ... und in der Tat spüre ich, daß sie recht hat. Schließlich habe ich auch mit anderen Frauen zu tun, die sexuelle Gewalterfahrungen haben, schließlich taucht auch die Verbindung von Theologie und Macht in Form von Gewalt immer wieder auf, schließlich ist Beate nicht die einzige Frau, die in einer dezidiert christlichen Familie solche Demütigungen erfahren mußte. *Was ist es nur, das mich so sehr miterleben läßt, wie es Beate geht und mich noch mehr als sonst in die Gefahr rutschen läßt, daß ich mich nicht abgrenze, Zeiten nicht einhalte und mich selbst immer wieder am Rand meiner eigenen Kräfte sein läßt?*

Als Beate kommt, frage ich sie, ob sie zu Beginn oder am Ende in die Kirche gehen will. Sie guckt mich fragend an und sagt dann:
»Am Schluß natürlich. Ich möchte noch einen Reisesegen von Ihnen bekommen.«

In dieser Sitzung erfahre ich nochmal mehr von den Jahren, die seit ihrem 16. Geburtstag zu einem Schreckensszenario ohnegleichen wurden, jedenfalls was die zahlreichen Übergriffe ihres Vaters angeht, aber auch die mangelnde Empathie bzw. zwanghafte Grundstruktur ihrer Mutter. Letzten Endes rettete sie sich aus dem Drama, indem sie sich tatsächlich für verrückt erklären ließ. Sie hatte wohl mit 22 schonmal versucht, von zu Hause auszuziehen, war aber von ihren Eltern für verrückt erklärt worden.

»Wie sie sich das denn vorstelle, und ob sie vergessen habe, daß sie eine Behinderung habe, mit der andere Menschen im Heim gelandet seien ...«
Ihre Schwester war längst ausgezogen, so daß ihr Vater regelmäßig zu ihr ins Zimmer kam und sich über sie hermachte. In ihrer Erinnerung war das besonders häufig der Fall, wenn sie vorher zusammen in der Kirche gewesen waren oder ihr Vater von einer Chorprobe oder einem Auftritt nach Hause kam. Häufig sperrte sie sich ins Badezimmer ein, ließ stundenlang das Wasser laufen und wusch sich ... aber wenn ihr Vater sie nicht im Zimmer vorfand, klopfte er so lange cholerisch an die Badezimmertür, bis sie aufmachte.

Kurz bevor sie in die Psychiatrie eingeliefert wurde (Diagnose: endogene Schizophrenie!!!) verbringt sie Stunden in der Küche der jungen Pastorin, die sie über ihre Arbeit im Kirchenamt kennengelernt hat. Sie entdeckt auf einmal Gefühle, die sie nie zuvor gehabt hat. Wie sie mir erzählt, kapiert sie erst Jahre später, daß hier wohl Liebe im Spiel war.

»Eines Tages war ich den ganzen Nachmittag und Abend bei ihr gewesen. Ich hatte auf einmal die Panik, daß ich zu Hause wieder in den Bann geraten würde. Plötzlich stellte ich mir vor, daß ich bei Sylvia (Name der Pastorin) bleibe. Ich traute mich aber nicht, sie das zu fragen. Also schloß ich mich wieder einmal stundenlang im Badezimmer ein. Sylvia kam irgendwann und fragte mich, ob alles in Ordnung sei. Ich antwortete nicht, da ich plötzlich eine unsägliche Angst verspürte ...«

So kam es dann dazu, daß besagte Pastorin sich nicht anders zu helfen wußte, als bei Beates Schwester anzurufen, die wiederum veranlaßte, nachdem sie Beate bei Sylvia abgeholt hatte, daß sie in die Psychiatrie eingeliefert wurde.

Ich hörte in dieser, vorerst letzten, Stunde mit B. nochmal viel Ungehörtes, und die ganze Zeit, während sie erzählte, dachte ich immer wieder, daß mich diese Frau vielleicht deshalb so fasziniert, weil sie eine große Überlebenskraft und auch -energie ausstrahlt, vielleicht auch einfach, weil ich sie in der Spannung von der zarten und beschädigten Hülle und dem kraftvollen und letztendlich unverwüstlichen Kern als unendlich liebenswert ansah. Außerdem hatte ich tatsächlich manchmal Schwestern-Gefühle für sie, aber im Sinne einer positiven Schwesternschaft, einer, die die andere bestärkt und sie unterstützt, ohne sich selbst bedroht zu fühlen.

Beates Befreiung begann erst, nachdem sie aus der Psychiatrie entkommen war. Sie weigerte sich, wieder in ihr Elternhaus zurückzukehren, und sie fand darin Unterstützung von einer Psychiaterin. Obwohl sie in den sieben Jahren Psychiatrie niemals von ihrem Geheimnis erzählt hat, machte sie doch sehr deutlich, daß sie nicht zu ihren Eltern zurück könne. In mühsamen Hin- und Herbewegungen schaffte sie es endlich, auf eigenen Füßen zu stehen, allerdings immer noch mit einem sehr hohen Preis und einer unendlich großen Last, die als Bann und als Geheimnis auf ihrem Herzen lastete.

Ihre Abwehr war der Waschzwang, der sich in den Jahren nach der Psychiatrie noch verstärkt hatte, wie sie selbst sagte. Sie erinnert sich nicht mehr, wann das angefangen habe ... aber sie sieht es bis heute im Zusammenhang mit ihrer Mutter, die auf ihre Schwierigkeiten und Problemanzeigen schon in der frühen Kindheit mit dem Hinweis, sie solle sich erstmal gründlich waschen, reagierte.

»Wenn ich nicht zu Ihnen gekommen wäre, hätte ich mich wahrscheinlich eines Tages zu Tode gewaschen. Können Sie sich vorstellen, daß ich teilweise mindestens sechs Stunden am Waschbecken verbracht habe???«

Vieles von dem, was Beate mir erzählte, kann ich mir in letzter Instanz nicht vorstellen. Es erschütterte mich bis ins tiefste meiner eigenen Empfindungen.

In dieser Stunde überlegte ich mit Beate, wie es für sie weitergehen könne. Sie war bereit, sich in Magdeburg eine Therapeutin zu suchen.

»Jetzt, wo ich den Bann gebrochen habe, ist es gar nicht mehr schlimm. Ich will einfach nie wieder das Gefühl haben, daß ich verrückt bin, und ich glau be, daß ich ein Recht auf ein Leben ohne Angst und ohne ständige Bedrohung habe. Und außerdem will ich nicht mehr soviel Zeit mit dem Waschen verbringen ... aber ich weiß nicht, ob ich schon so weit bin.«

Wir verabredeten außerdem, daß sie immer wieder zu mir Kontakt aufnehmen könne, allerdings war zu der Zeit schon klar, daß ich nur noch wenige Monate auf dieser Stelle sein würde, was sie sehr schockierte. Schließlich erinnerte ich sie nochmal an die Affirmationen und an all das, was in ihr an Kräften und Potentialen schlummere. Und sie selbst sagte:

»Vielleicht kann ich ja auch das nächste Mal, wenn ich wieder Angst habe und mich waschen will, an die Phantasiereise denken. Das habe ich in den letzten Wochen schon ein paarmal gemacht ...«

Zum Abschluß machten wir ein Ritual mit ihrem Stein. Jede von uns sagte, was sie noch braucht und was sie sich wünscht, während sie den Stein in der Hand hielt ... ich war sehr bewegt von der Dichte und Intensität, und die ganze Zeit war ich den Tränen nahe.

Dann gingen wir in die Kirche, und als wir hineingingen stellte Beate sich, wie selbstverständlich, in den Altarraum, schloß ihre Augen und begann zu summen. Ich stellte mich ihr gegenüber auf die andere Seite der Kirche und versuchte ihre Stimme in mir zu spüren und einen Widerhall ertönen zu lassen. So standen wir uns summend gegenüber, und am Schluß sprach ich noch ein Gebet und den Reisesegen:

Gott, segne uns, das heißt soviel wie beschütze uns mit deiner Kraft und laß sie zu unserer werden,

segne Beate und laß sie deine Gegenwart und besonders deine schützende und stärkende Energie spüren,

sei wie ein mattblauer Mondstein, der Beate daran erinnert, daß sie nicht verrückt ist.

Und ebne ihre Wege für Begegnungen mit Menschen, die sie sehen und erkennen und die ihr zu verstehen geben, daß sie eine wunderbare und liebenswerte Frau ist. So sei es. So ist es. Amen.

Wochenlang hörte ich nichts von Beate. Als ich gerade in meinen letzten Tagen auf der Stelle als Pastorin für Frauenberatung und Mädchenarbeit mit Abschied und anderen Dingen beschäftigt war, rief sie mich an und erzählte, daß es ihr »auf und ab« ginge, und daß sie immer wieder ihre Tiefschläge erlebe ... aber insgesamt sei sie gut in Magdeburg wieder angekommen und hoffe, daß es jetzt auch mit der Therapeutin was werde. Bei meiner Nachfrage stellte sich heraus, daß sie noch keine Therapeutin gefunden, aber wohl mit dem Waschen komplett aufgehört habe.

Wieder ein paar Wochen später, ich war inzwischen schon Pfarrerin in der Evangelischen Studierenden Gemeinde, bekam ich einen Brief von ihr mit einem Foto und einem wunderschönen Bild ... es war eine Miniatur des Bildes, das sie damals bei mir im Büro gemalt hatte, allerdings fehlten die Schwarz- und Rottöne fast komplett. Hinten auf dem Bild schrieb sie:»Wenn du denkst, du bist verrückt, denk an deinen Blumengarten in dir und dann frag Gott, ob sie dich auch für verrückt hält. Die Antwort wissen nur Sie und ich ... und Gott ja sowieso.«

Ich weiß nicht, was aus Beate geworden ist. Ich habe sie vor Weihnachten noch einmal angerufen, und sie klang bedrückt, weil sie sich isoliert fühlte und Heimweh nach Köln habe. Inzwischen hatte sie aber eine Therapeutin gefunden und überlegte seitdem, ob sie ihren Vater anzeigen solle.

Den Kontakt zu ihrer Familie hat sie komplett abgebrochen, aber sie beschäftigte sich mit dem Gedanken, Sylvia, die Pastorin, wieder zu treffen. Ich weiß, daß noch viele Fragen für sie offen sind, und daß sie selbst noch einen großen Berg vor sich hat, aber auch sie trägt die Flügel in sich ... Flügel, die sie beschützen, Flügel, die sie tragen, Flügel, die sie spüren lassen, daß sie eine wunderbare und besondere Frau ist und das Recht auf ein selbstbestimmtes und unversehrtes Leben hat.

Methodischer Aspekt: Die Eröffnung eines sicheren Raumes, die Arbeit mit der Wahrnehmungsfähigkeit der Klientin und der Umgang mit Grenzen im seelsorgerlichen Prozeß

Die hier aufgeschriebene Fallbeschreibung zog sich über fast zwei Jahre hin. Vieles, das in dieser Geschichte auftaucht, ist strukturell mit dem Thema von sexueller Gewalt verbunden.

Für die seelsorgerliche Arbeit, besonders mit Mädchen und Frauen, die Gewalterfahrungen gemacht haben, ist die *Eröffnung eines sicheren Raumes* entscheidende Grundlage und Voraussetzung für den gesamten Prozeß. Beate kam zu mir mit dem Wunsch und der Ahnung, daß es auch für sie einen Ort gibt, an dem sie ihre Geschichte erzählen kann.

Die Eröffnung des Schutzraumes wird wesentlich durch die Interventionen der Seelsorgerin bestimmt. Sie setzt Akzente, indem sie der Klientin zu verstehen gibt, daß sie sich sicher fühlen kann, sie vermittelt ihr ein Gefühl der Souveränität und der Akzeptanz. Bereits in der ersten Stunde gab es mehrere Situationen, in denen ich wesentliche Akzente setzte. Dies lief zum einen auf der nonverbalen Ebene, z. B. lasse ich die Klientin entscheiden, wo sie sitzen will. Ebenso ist eine gewisse Haltung der Seelsorgerin für die Klientin in Körpersprache, Gestik und Mimik ebenso erfahrbar wie in verbalen Botschaften. Solche Botschaften wie z. B.:»Ich bin bereit, für dich da zu sein. Ich biete dir Schutz an. Du kannst mir vertrauen. Ich gehe sorgfältig und behutsam mit deinem Geheimnis um«, sollte die Seelsorgerin sich selbst bewußt machen, und wenn sie auch nicht gleich ausgesprochen werden, so kommunizieren sie sich doch auf anderen Ebenen.

Sehr oft geht es für Frauen, die sexuelle Gewalterfahrungen gemacht haben, um ihre eigene *Wahrnehmungsfähigkeit,* um die Spaltung zwischen dem, was sie fühlen und dem, was ihnen eingeredet oder auch weggeredet wird. Häufig wird Frauen, die ihr Geheimnis verraten, gesagt, sie seien verrückt oder sie werden im Vorfeld schon so sehr mit dem Auseinanderklaffen zwischen ihrer eigenen Wahrnehmung und dem, was ihnen gewaltvoll oktroyiert oder eingetrichtert wird, konfrontiert, daß sie nachher den Spagat zwischen dem Wahren des Geheimnisses und dem, was ihnen von außen eingeredet wird, selbst nicht mehr aushalten und sich für das »Verrücktsein« entscheiden. Ich nenne diese Frauen »Grenzgängerinnen«. Sie bewegen sich auf dem schmalen Grat zwischen Realität und Phantasie. Meistens haben sie schon sehr früh in ihrem Leben Grenzverletzungen erlitten. Grenzgängerinnen verwende ich wie Hilsenbeck (120) für die begleitende Seelsorgerin. Denn es geht als *das* zentrale Thema immer um Grenzen, um verschiedene Wirklichkeiten und tabuisierte Erfahrungen.

Beate ist einen schmerzhaften und langen Weg gegangen, auf dem Kompromisse und verschiedene Versuche, das Schreckliche zu verdrängen, eine wesentliche Rolle spielten. Der Zwang, sich zu waschen, entstand in einer Situation, als sie sich nicht anders zu helfen wußte. Es war der verzweifelte Versuch, die Greueltaten loszuwerden und einen Zustand der Reinheit und der Unversehrtheit zu erreichen.

Letzten Endes war ihr Weg durch die Psychiatrie ein Mosaikstein in ihrer lebensnotwendigen Trennung vom lebensbedrohlichen Vater, ihre aufkeimende Liebe zu einer Frau bestärkte sie in diesem Trennungsprozeß. Als Seelsorgerin unterstützte ich Beate von Anfang an in der Wahrnehmung ihrer Integrität. Ich vermittelte ihr, daß ich sie trotz der und mit den in ihr gegen sie tobenden Stimmen, als vollwertige Persönlichkeit sehe und schätze. Ich glaubte ihr, auch wenn sie die ungeheuerlichsten Dinge erzählte, ich nahm sie mit ihren Erlebnissen, mit ihren verschiedenen verbalen und nonverbalen Äußerungen ernst. Ich stigmatisierte sie nicht als krank oder psychotisch, schizophren oder verrückt, sondern bestärkte sie darin, sich selbst zu bestärken (Affirmationen). So konnte sie langsam »den Bann brechen«und Mut zur Heilung schöpfen. Gerade weil es bei Grenzgängerinnen ständig darum geht, daß ihre Grenzen vom Täter und/oder anderen Mitgliedern des Systems zerstört, beschnitten oder überschritten wurden, muß die Seelsorgerin mit den Grenzen gewissenhaft und verantwortlich umgehen.

Viele Frauen beschreiben das, was sie in der therapeutischen Arbeit erleben, als Wiederholungssituation. Sie haben als Kind ständige Abhängigkeit erlebt, sind vom Täter immens in ihren Grenzen verletzt worden und tendieren darum dazu, erneute Abhängigkeiten zu reproduzieren. Als Seelsorgerin oder Therapeutin ist es darum ganz besonders wichtig, das Verrückte der Klientin als Überlebensstrategie in den Blick zu nehmen und sie nicht in der stigmatisierten, pathologisierten Rolle behaften zu lassen. Dazu gehört auch ein klarer Bezugsrahmen, in dem Verläßlichkeit und Selbstannahme entwickelt werden kann. Wichtig in der Arbeit war sicher die »Gegenstandsarbeit«, die durch die nonverbale Ebene ungeahnte Prozesse in Gang brachte.

In Beates Geschichte bekam der Stein eine wesentliche Bedeutung. Mit ihm konnte sie unkompliziert einen Dialog initiieren, der mit Menschen wesentlich »besetzter« ist. Die symbolische Ebene des Steins erlaubte Beate, die ja Gestaltungskräfte in sich trägt, diese zum Ausdruck zu bringen. Die »magischen« Neigungen solcher Frauen wie Beate aufzugreifen, bedeutet, daß ich sie anleite, damit für sich selbst zu arbeiten. Beate nahm den Mondstein dann als persönlichen Schutzstein, als Gegenüber, an.

Eine andere Frau, die auch sexuell traumatisiert war und, als sie kam, fast vollständig vom Haß gegen den Täter besetzt und eingenommen war (was bei ihr bis zu Versuchen der Selbstzerstörung führte, indem sie sich Brandnarben mit Zigaretten zufügte und wochenlang nichts aß), begleitete ich dabei, den Teil ihres Hasses, der sie selbst bedroht, in einen Stein fließen zu lassen. Es war eine sehr intensive Arbeit, die darin endete, daß sie selbst vorschlug, den Stein in der Erde zu vergraben.

Der *Zeitfaktor*, die lange und teilweise auch qualvolle Zeit, die Beate brauchte, um ihr Geheimnis zu offenbaren, ist wesentlich für den Prozeß, den sie dann mit mir durchmachte. Als sie zu mir kam, befand sie sich noch in einem Spagat zwischen ihren eigenen Gefühlen und dem, was ihr von außen eingeredet wurde. Jedoch hatte sie durch ihren räumlichen Loslösungsprozeß vom Elternhaus, sowie durch einige neu besetzte Beziehungen, eine Ahnung von der Bedeutung und von der Wichtigkeit, die das Brechen »des Banns« für sie haben könnte. Oft dauern therapeutische Prozesse mit Überlebenden sexueller Gewalt sehr, sehr lange. Die Arbeit an den tiefen Verletzungen, die in diesem Fall sehr schnell begann, ist nicht auf eine beliebig andere, vielleicht ähnlich erscheinende Fallgeschichte übertragbar.

Ausschlaggebend ist, daß die Klientin selbst über Richtung und Tempo und auch, wieweit sie Erfahrungen zulassen will, entscheidet. In verschiedenen Forschungsansätzen wird oft beschrieben, daß manche Frauen die Therapie nur etappenweise aushalten. Vielleicht konnte Beate ihren Prozeß mit mir so rasant gestalten, da sie immer wieder in die Ferne auszog, also einen natürlichen Abstand herstellen konnte.

In der Arbeit mit Überlebenden sexueller Gewalt ist die *Rekonstruktion* dessen, was wirklich geschehen ist, wesentlich. Der Täter muß als Täter entlarvt werden, ob diese Entlarvung bis in die konkrete Konfrontation hineingeht oder zunächst einmal im sicheren seelsorgerlichen Setting stattfindet, entscheidet immer die betroffene Frau selbst. Es gibt keine Regel, die besagt, daß nur durch die Konfrontation mit dem Täter die Heilung vollzogen werden kann. Wichtig ist jedoch: Die Gewalttat muß als solche, nämlich als Verbrechen, benannt werden. Vielen Frauen wird erst in der Therapie klar, daß sie mit dem Schweigen, mit dem Zudecken, einem ungeschriebenen Familiengesetz gehorcht haben. Das Tabu, der Bann, wie Beate es genannt hat, über Gewalterfahrungen und Mißbrauch in der Familie offen zu sprechen, verfestigt das Klima von Unterdrückung, Macht und Angst. Schweigen zu müssen macht einsam, verrückt, weil die erlebte Realität nicht sein darf.

Darum war es von großer Bedeutung, Beate den Raum für ihre eigenen Gefühle, die der Scham, der Wut, der Schwere, des Nicht-Wahrhaben-Wollens, des Verleugnens etc. zu geben und sie damit nicht alleinzulassen. Damit zusammen hängt die Bereitschaft der Seelsorgerin, die *Frage nach dem Sinn* des Geschehenen anzunehmen und zugleich in dieser Fragestellung die möglichen Ressourcen und Potentiale zu mobilisieren.

Beate ermutigte ich, das Wissen in sich, daß sie letztendlich doch ihren Gefühlen trauen kann, ernstzunehmen und dabei zu bleiben. Sie wußte schon bevor sie mich traf, daß es BegleiterInnen, in Form von Steinen und von Menschen gibt, die sie unterstützen und die sie auch um Schutz bitten kann. Und sie weiß, wie die meisten Überlebenden, daß in ihrer eigenen Überlebensgeschichte ein ungeheures Kraftpotential liegt. Auch das Gebet hat für sie eine heilende Kraft. Das Gebet ist eine gute Möglichkeit, um diese Auseinandersetzung anzuregen und bestimmte Quellen anzuzapfen. Sie kann sich im Gebet an ein Gegenüber wenden und sich nach Schutz und Geborgenheit sehnen. Wie sehr sie das real erleben konnte, vermag ich letztendlich nicht zu sagen. Ich merkte jedoch in den Situationen, in denen ich mit Beate betete, daß sie sich entspannte und auch ein Stück der körperlichen Schwere den Raum verließ.

Ganz grundsätzlich stellen sich hier jedoch einige Anfragen an das Setting feministischer Seelsorge/Beratung:

Begrenztheit ist das Dilemma und zugleich die Chance einer jeden seelsorgerlichen Beziehung und Begegnung. Die Begrenztheit ergab sich zunächst durch die äußere Situation, daß Beate nicht in Köln wohnt, von daher nicht zu regelmäßigen wöchentlichen Sitzungen bei mir kommen konnte. Eine zweite Schwierigkeit ergab sich durch die Unvorhersehbarkeit ihrer Kontakte zu mir. Auch wenn ich sie immer wieder darauf hinwies, daß sie sich vorher anmelden solle, stand sie doch meistens unangemeldet vor meiner Tür. Drittens ist die nonverbale Arbeit oft sehr viel intensiver als das reine Gespräch, so daß eine intensive Auf- und Nacharbeitung der aufgekommenden Gefühle unbedingt erforderlich und heilsam ist. Ich hatte z. B. nach mehreren Sitzungen mit ihr das Gefühl, es wäre gut, unmittelbar an die erfahrenen Gefühle während bestimmter Sequenzen (Bild malen, Phantasiereise, Steinübung, Töne im Raum) einzugehen, jedoch war die Zeit meistens nicht ausreichend, um dies auf zufriedenstellende Art und Weise zu tun. Meistens reichte die Zeit gerade noch, die Klientin nicht völlig im Regen stehen zu lassen. Nachdem Beate das Bild gemalt hat, wäre es z. B. sinnvoll gewesen, ihr die Möglichkeiten anbieten zu können, die schwarz-roten Farben des Bildes auf anderen Ebenen auszudrücken und zu besetzen. Wenn ich sie auch gut beim Malen des Bildes begleiten konnte, so war ich doch nicht zufrieden, daß ich ihr bei der Aufarbeitung der verschiedenen Gefühle von Scham, Wut und Trauer nicht mehr so zur Seite stehen konnte, wie ich das gern gewollt hätte. Die Affirmationen, die ich ihr als Hilfestellung mit auf den Weg gab, waren zwar sicher gut für ihre Anbindung an die Ressourcen, jedoch legten sie sich auch wie ein sanfter Mantel auf die vorher evozierten Gefühle.

Insgesamt läßt sich also sagen, daß die Begrenztheit, die durch das Setting gegeben war, sich in dem Prozeß einige Male als erschwerend herausstellte, besonders in den Momenten, in denen ich auf einer nonverbalen Ebene mit Beate an wesentliche Schnittpunkte ihrer Geschichte gekommen war.

In jedem Fall halte ich persönlich klare Grenzen und Absprachen für sehr wichtig, weil ich sonst in der Gefahr stehe, den Entgrenzungen der Klientin zu folgen. Am Ende der vorletzten Stunde ging ich aus diesem Grund nicht auf ihren Wunsch, in die Kirche zu gehen, ein. Rückblickend denke ich, daß Beate mich auch deshalb so sehr beschäftigte, weil sie mich selbst immer wieder mit den Begrenzungen (Zeit und Setting) und Defiziten der Seelsorgesituation konfontierte. Die Art der Tiefungsarbeit mit Beate war nur möglich, da die Beziehungsebene zwischen Seelsorgerin und Klientin stimmte und genug Vertrauen da war.

Im Kontakt mit Beate wurde mir in jeder Momentaufnahme unseres Kontakts bewußt, wieviel Sensibilität ich brauche, um meine Interventionen richtig zu dosieren.

Schutz und Sicherheit waren wesentliche Bausteine für diese Arbeit. Ich bemühte mich in jeder Situation, in der ich mit Beate arbeitete, darauf zu achten, daß sie sich sicher fühlte und sie davor zu bewahren, mit mir ähnliche Grenzüberschreitungen zu erleben, die ihr aus ihrer ganzen Lebensgeschichte her vertraut sind. Daß dies eine Gratwanderung ist und ein hohes Feingefühl erfordert, sowie auch die Fähigkeit, Grenzen aufzurichten, wenn erstmal keine erwartet werden, ist wesentlich. So wichtig es ist, Frauen wie Beate ihren Prozeß selbst bestimmen zu lassen, so notwendig ist es gleichzeitig, klare Grenzen zu setzen und uns nicht durch das mangelnde Bewußtsein der Klientin zu Grenzüberschreitungen verführen zu lassen.

Feministische Seelsorge kann in den meisten Fällen nur punktuelle, wenn auch wesentliche Weichenstellung bedeuten. Wenn auch eine therapeutische Qualifikation m.E. notwendig ist, um die Arbeit mit Grenzgängerinnen überhaupt leisten zu können, so ist doch das Setting (Gemeindepfarramt, Pfarramt mit anderen Aufgaben etc.) meistens nicht geeignet, um langfristige therapeutische Arbeit zu leisten. Es ist gut, dies zu Beginn des seelsorgerlichen Kontaktes abzuklären und dann bei Bedarf an Therapeutinnen oder Institutionen weiterzuvermitteln. Meiner Meinung nach sollte jede Pfarrerin eine Liste mit kompetenten Therapeutinnen, Frauenärztinnen und Beratungsstellen in ihrer Gegend haben, möglichst nach Schwerpunkten und Kompetenzen sortiert.

Rückblickend denke ich, daß ich mich auf dem schmalen Grat zwischen der seelsorgerlichen Beziehung, die sehr schnell zwischen uns entstand, und meiner diagnostischen Kompetenz, mit der ich wahrnahm, daß Beate eine längerfristige kontinuierliche Vertrauensperson brauchte, bewegt habe. Es ist mir wichtig zu betonen, daß ich mich in anderen Fällen, als Frauen gerade aus der Psychiatrie entlassen waren, mit einer sehr instabilen Grunddisposition oder selbstzerstörerischen Anteilen ihre Problematik bei mir entfalteten, schon im Erstgespräch entschieden habe, nicht mit ihnen zu arbeiten und möglichst an andere Fachfrauen oder Kolleginnen weiterzuverweisen. Die Kooperation mit anderen Frauen, die die nötige professionelle Kompetenz mitbringen, ist gerade in der Arbeit mit Grenzgängerinnen unabdingbar. In Beates Fall entschied ich mich, mit ihr zu arbeiten. Nach dem Erstkontakt mit ihr überlegte ich, welche Dinge ich besonders beachten will, und was meine besondere Aufmerksamkeit verlangt. Dies erfolgte in einem Dreischritt:

Was hat Beate berichtet (Was fehlt noch?)

Wie hat sie berichtet (Was habe ich wahrgenommen?)

Was fiel mir auf, hinsichtlich möglicher Übertragungen der Klientin auf mich und möglicher Gegenübertragungen (siehe hierzu Seite 151)?

Ich erfuhr von Beate, daß sie mich als Pastorin und Seelsorgerin braucht. Ich hörte, daß es einen Bann zu brechen gibt, wobei sie Unterstützung und Begleitung braucht. Ich nahm wahr, daß sie vieles in nonverbalen Äußerungen kommuniziert, und daß sie mir ihr Geheimnis anvertrauen wollte. Ich erkannte, daß ich auf der Übertragungsebene eine wichtige Person für sie verkörperte, die auf der spirituellen Ebene positiv besetzt war. Ich spürte, daß sie mich in ihrer Zartheit und Stärke zugleich berührte und an meine eigenen Grenzerfahrungen heranführte, weil ich diese Gratwanderungen zwischen Realität und Fantasie, zwischen Macht und Ohnmacht, zwischen Stärke und Verletzlichkeit nur allzu gut kenne. Ich vertraute Beates Hartnäckigkeit, ihrer Zähigkeit und ihrem humorvollen Kern. Ich verließ mich schlußendlich auf meine intuitive Wahrnehmung, daß ich mich auf der Beziehungsebene mit ihr verstehe, und daß es genug Verbindungen zwischen uns gibt.

Das Mädchen ohne Hände

Thematischer Aspekt: Körpererfahrung und Sexualität

Von 1986 – 1995 lehrte ich Seelsorge und praktische Theologie in zwei theologischen Hochschulen in den USA. In dieser Zeit entwickelte ich mit Studentinnen eine Frauengruppe, in welcher ich den von Frigga Haug (Haug 1983) entwickelten Ansatz der Erinnerungsarbeit und narrative Ansätze der Seelsorge umsetzen und fruchtbar machen wollte. Haug entwickelt die Erinnerungsarbeit nicht als therapeutische Methode, sondern als Methode der Frauenforschung. Die von mir initiierte Gruppe hatte ein erweitertes Ziel. Zum einen diente sie der Forschung, weil alle Teilnehmerinnen Studierende und in der Ausbildung zur Seelsorge oder zur Familientherapie waren. Zum anderen sollte die Gruppe auch Gelegenheit zur Selbsterfahrung und Arbeit an der eigenen Lebensgeschichte geben, welche im normalen Lehrbetrieb nur in Ansätzen möglich war. Ich hatte im Semester davor zum ersten Mal in dieser Hochschule das Thema *Sexualität und Gewalt* angeboten und einige Frauen wollten anschließend ihre eigenen Erfahrungen in dem geschützten Raum einer Gruppe besprechen.

In der Erinnerungsarbeit werden in einem Kollektiv die Sozialisationserfahrungen der teilnehmenden Frauen analysiert, indem Geschichten aus ihren eigenen persönlichen Erinnerungen aufgeschrieben, gemeinsam gehört und miteinander ins Gespräch gebracht werden; Geschichten, in welchen Sozialisation als ein Prozeß der Sexualisierung des weiblichen Subjektes sichtbar wird. »Gerade, weil die Frauen in kulturellen Verarbeitungen der Reproduktion des Lebens – etwa in der Literatur oder in Volksmärchen – einen so objekthaften Platz haben, sind sie gezwungen, die Erinnerungen Stück für Stück aufzuarbeiten(.) Die Entselbstverständlichung, den Ungehorsam gegen die vorgegebenen Bewertungen wollen wir leisten, indem wir liebevoll alle Details schildern, unabhängig davon, ob wir sie für sie wesentlich erachten oder nicht. Die gemeinsame Diskussion soll es ermöglichen, im Feld neue Zusammenhänge, wichtige Spuren zu entdecken« (Haug, 1983, 20).

Interessant finde ich, daß in diesem Ansatz nicht direkt über sexuelle Erlebnisse geschrieben und gesprochen wird, sondern der Ausgangspunkt einfach bei Erinnerungen zu einzelnen Körperteilen genommen wird. Ich schlage daher einigen interessierten Frauen vor, daß wir uns einmal im Monat treffen und unsere Erinnerungen zu Körperteilen aufschreiben, mitbringen und uns gegenseitig vorlesen. Ich schreibe einen Brief, in welchem kurz der Ansatz als gemeinsame Forschung beschrieben wird, und die Teilnehmerinnen eingeladen werden, das Buch zu lesen und Erinnerungen zu den jeweiligen Körperteilen in der dritten Person aufzuschreiben und mitzubringen. Sieben Frauen wollen mitmachen. Die Themen des ersten Jahres sind: Haare, Augen, Mund, Hände, Brüste, Bauch.

Haare 1. Sitzung

Beim ersten Mal sprechen wir über unsere Erwartungen und Wünsche, über die Idee dieser Erinnerungsarbeit, Ort, Zeit und wie wir diese Gruppe gestalten wollen. Die Frauen möchten nach dem Vorlesen und Sprechen noch miteinander essen und etwas dazu mitbringen. Wir fangen mit Erinnerungen zu »Haar« an. Ich erwarte ziemlich unkomplizierte Geschichten und bin gespannt. MaryJo, eine sechzigjährige Witwe mit tiefschwarzen kurzen Haaren, eine Musikerin, die sich jedesmal wunderschön kleidet und schmückt, bringt es in ihrem Vorlesen gleich auf den Punkt: es geht in ihrer Erinnerungsgeschichte nicht nur um das lästige Haarekämmen ihrer Mutter, sondern um das in den USA unendlich wichtige Entfernen der Haare an sichtbaren Körperteilen der Frau: »Die nackte Wahrheit. Sie hätte auf keinen Fall Spaß oder Stolz erleben können, ehe ihre Mutter ihr nicht erlaubte, daß sie die Haare an ihren Beinen abrasieren durfte«. Diese Geschichte setzt die ganze Gruppe sofort in Bewegung und alle steuern Berichte über ihre Erlebnisse mit dem Rasieren oder Abwachsen der Haare bei. Eine lesbische Frau, Karla, stimmt MaryJo in Bezug auf die haarlosen Beine zu. Sie legt zwar keinen Wert darauf, ihre Beine zu rasieren, wenn sie jedoch erlebt, wie Leute in ihrer Umgebung, einschließlich ihrer Nichten und Neffen, sich darüber aufregen, daß ihre Haare anfangen zu wachsen, dann macht sie doch lieber mit und fühlt auch die sofortige Erleichterung bei allen. Ansonsten, meint sie, würden die Spannungen unerträglich werden.
Nach dem ersten Austauschen gehen wir nochmal zurück zu MaryJos Erinnerung und hören noch einmal genauer hin. Was hat sie erzählt? Was ist vielleicht nicht erwähnt, jedoch auch wichtig? Sie selbst besteht ja darauf, die Haare abrasieren zu können, nicht die Mutter. Sie selbst sieht einen Zusammenhang zwischen dem, wie sie sich damals als junges Mädchen fühlte und was ihr heute wichtig ist. Sie sagt, »Noch heute ist es für mich schwer, mich zu freuen oder gut zu finden, wenn nicht

zumindest einer mir ein Kompliment macht. Sonst bin ich niedergeschlagen und unglücklich.« Die Gruppe geht sehr gut auf MaryJo ein und es wird ihr bewußt, daß andere ihr auch zugewandt sind, wenn es nicht um ihr Aussehen oder ihr gutes Auftreten geht.

Die Sitzung endet mit einem Spruch, den Ellen aus ihrer Kindheit erinnert:»Ladies tun vor allem dieses nicht: furzen, stinken, schwitzen, schwören«.

Bei mir löst diese Sitzung gemischte Gefühle und Gedanken aus. Seit ich in den USA lebe, spüre auch ich verstärkt den Druck, meine Haare zu entfernen, obwohl ich das eklig und überflüssig finde. Ich kann mich nicht erinnern, in Deutschland je daran gedacht oder einen entsprechenden Druck empfunden zu haben. Ich weiß nicht einmal genau, wie das Entfernen der Haare gut gelingt, ohne sich zu schneiden, und stelle mir die ganze schöne Zeit vor, die mit solchen Prozeduren verschwendet wird! Auf der anderen Seite bewundere ich auch die wunderbar sanften glatten Beine, die manche Frauen zur Schau stellen. Besonders, wenn es an den Sommer geht. Bei dem Thema Haare hätte ich zunächst an die Kopfhaare gedacht und mehr Geschichten von strähnenden Müttern und heulenden Töchtern erwartet. Nun waren wir schon mittendrin im Thema Sexualisierung der Frauenkörper, und es wurde schon deutlich, daß der Blick der anderen, der total verinnerlicht wird, eines der wichtigsten Instrumente ist, Mädchen und Frauen zu domestizieren und für sich selbst zu objektivieren.

Mund 2. Sitzung

Harmlos fängt das Treffen an. Wir erzählen und lachen bis alle da sind. Joanna erzählt, daß ihr Vater Sprachlehrer war und sie oft aufgefordert wurde, still zu sein. Sie war still. Und dann lernte sie Flöte spielen, um sich eine Stimme zu geben. Bei MaryJo war es umgekehrt. Sie sollte Flöte lernen, aber sie hatte nicht den entsprechenden Mund. Sie würde es lernen, wenn sie ins Gefängnis käme, meint sie. Ellen wollte auch Flöte lernen und lernte dann Klarinette und Oboe. Sie bekam Ärger, weil das, was aus ihrem Mund kam, nicht fein war. »Ich lernte früh im Leben was »Ladies nicht sagen« und legte natürlich alles dran, um außerhalb der Hörweite meiner Eltern genau diese Dinge zu sagen. Ich wollte Teil der Clique sein und lernte von klein an mit den Lautesten zu fluchen. Es war für mich eine Quelle großer Freude, gegen die Standards meiner Familie zu rebellieren und so klar zu machen, daß ich nicht eine von ihnen war. Ich benutzte meinen Mund, um meine ältere Schwester ganz unbarmherzig zu ärgern und zu necken, als ich erst vier war. Ich wußte, daß ich überlegen war. Ich war die Familienrebellin.«

Im Gespräch wird bemerkt, wie stark die Stimmen der Mädchen reglementiert werden. Entweder sie darf überhaupt nicht sprechen oder ihr Mund ist nicht passend, oder das, was sie sagt, paßt nicht und darf nicht sein. Mädchen müssen sich Umwege schaffen, Auswege, Nebenschauplätze für ihre Aggression. Sie definieren sich selbst als rebellisch, wenn sie nur das tun, was für Jungen selbstverständlich ist.

Bei der nächsten Geschichte fängt auch alles harmlos an. Beth war sechzehn. Sie war sehr selbstbewußt und stark als junges Mädchen. Eines abends ist sie eingeladen und geht auf eine Party. Sie verliebt sich, sie ist happy. Sie geht mit ihm spazieren. In einem Bootshaus setzen sie sich und schmusen und rauchen Hasch. Er verlangt, daß sie seinen Penis in den Mund nimmt, um ihn zum Organsmus zu bringen. Sie ekelt sich sehr, sie würgt, sie traut sich nicht, nein zu sagen. Sie ist wie gelähmt und bewegungslos. Sie fühlt sich entpersonalisiert und schlecht. Wie kann das sein? Die Gruppe schweigt lange und ist betroffen. Beth ist eine sehr kompetente, selbstbewußte Frau. Im Seminar tritt sie als Wortführerin auf, sie ist intelligent und kann sich gut durchsetzen, sie ist lustig und hat viele Freunde und Freundinnen. Der Widerspruch zwischen dem, was wir von Beth sonst kennen, und dem Gefühl, das diese Erinnerung auslöst, beschäftigt uns noch lange. Hier wird eine Ebene von Intimität angesprochen, die bisher noch nicht da war. Aber das Gefühl, wie gelähmt zu sein und nicht Nein sagen zu können, kennen viele.

Dann fährt eine andere Frau, Donna, fort. Donna hatte eine schöne Stimme. Sie liebte es zu singen. Mit dreizehn sang sie zum ersten Mal in einer Gruppe. Sie heiratet und ist glücklich. Aber ihr Mann verlangt von ihr, daß sie seinen Schwanz lutscht. Sie haßt es, sie mag es überhaupt nicht. Sie fängt an zu würgen, zu weinen. Er aber merkt es nicht einmal. Eine so verständnislose, uneinfühlsame Reaktion. Sie findet es furchtbar, daß sie jedesmal wieder mitmacht. Ihre Stimme versagt. Sie hält oft die Hand auf den Mund. In letzter Zeit kann sie überhaupt nicht mehr telefonieren.

An diesem Abend sitzen wir noch lange zusammen. Es ist schwierig, über diese Erfahrungen zu sprechen, aber es bringt die Frauen auch einander näher. Einige sagen, wie schlimm sie es finden, daß das Schöne, Ersehnte genau ins Gegenteil gekehrt wird: aus einer schönen Situation wird eine furchtbare. Das Schlimme ist das Gefühl der Lähmung. Wo bleibt die Stärke und das Selbstbewußtsein, von dem Beth sprach? Wieso verstummt die Stimme Donnas so schnell? Es wird deutlich, daß ein Zusammenhang besteht zwischen der Geschichte Ellens und Joannas mit den Erlebnissen von Beth und Donna. Wenn Mädchen verboten wird, zu sprechen, wenn sie leise gemacht werden und unschuldig, wie können sie lernen, sich gegen unerwünschte Forderungen vernehmbar durchzusetzen?

Hände 3. Sitzung

Zu dieser Sitzung bringt Beth keine Geschichte mit, sondern Bilder. Kohlezeichnungen, die sie von sich gezeichnet hat. Wir schauen die Bilder gemeinsam an und sind von der Kraft beeindruckt, die darin zum Ausdruck kommt. Aber eines ist sehr auffällig: auf jedem der Bilder fehlen die Hände. *Ich bin auch erstaunt.* Beth geht in ihren Schmerz. Es sind Bilder von schreiend geöffneten Mündern und abgeschnittenen Händen. Ich kann die Hand nicht ausstrecken, sagt sie. Ich lade die Gruppe ein, in eine ihrer gezeichneten Positionen zu gehen und wir fühlen eine starke Spannung. Plötzlich habe ich eine Intuition, eine Assoziation über Bestrafung. Ich frage Beth: Bist Du als Kind bestraft worden? Wie bist Du bestraft worden?

Plötzlich fällt ihr ganz viel ein. Ihr Vater hat sie mit seinen Händen auf den Hintern geschlagen. Aber sie konnte sich nicht verteidigen. Sie sah sich in einem Bett liegen, mit angebundenen Händen. Ihre Mutter zerrte sie voller Wut und Zorn. Ausgelieferter Körper! Gebundene Hände! »Ich kann meine Hand nicht zu jemand ausstrecken, wenn ich Schmerzen habe, noch heute fällt es mir schwer, um Hilfe zu bitten. Dafür kann ich schreien. Mein Reden wird meine Hand.«

An solchen Punkten kommt auch bei mir vieles aus meiner Kindheit hoch. Ich muß aufpassen, daß ich bei den Frauen und ihrer Erfahrung bleibe. Hier war ich ganz nah an Beth und habe nur durch meine Intuition gespürt, wo etwas Wichtiges für sie verborgen sein könnte. Ich spüre Traurigkeit und Zorn. Ich fühle mich Beth sehr nahe. Für die Frauen, die später alle mit KlientInnen arbeiten, ist es wichtig, auch selbst mit den verschütteten Schmerzen in Berührung zu kommen, die ihnen dann jeden Tag begegnen. Die Grenze fließend zu halten zwischen Betroffener, Teilnehmender und Anleitender in einer solchen Selbsterfahrungsgruppe ist nicht leicht, aber wichtig. Ich habe auch zu den Sitzungen meine Geschichten geschrieben und auch manchmal vorgelesen. Manchmal aber auch nicht, um bei den anderen Frauen zu bleiben und ihnen die Zeit zu ermöglichen. Die Fragen von Nähe und Distanz sind für mich nicht einfach in Balance zu halten. Manchmal überfluten mich meine eigenen Gefühle und Reaktionen. Manchmal kann ich lange und dicht bei den anderen bleiben. Die Nähe ermöglicht viele Schritte der Veränderung, sie macht aber auch Auseinandersetzungen um Verläßlichkeit, Zeiteinteilung, Geben und Nehmen schwieriger. Besonders zwei Frauen, die jedesmal sehr viel später kommen, machen mir zu schaffen. Ich spreche den Konflikt an, was dann wiederum als zu scharf empfunden wird. Ich nehme mir vor, selbst mehr Klarheit in den Rahmen der Gruppe zu bringen.

Im zweiten Jahr erzählen wir uns Erinnerungen über innere Organe: Zunge, Magen, Hirn, Herz, Lungen, Blut und Mutterleib. Einige Frauen sind noch von der ersten Gruppe dabei, einige neue kommen dazu. Insgesamt geht die Arbeit noch tiefer und wir erleben eine besonders bewegende Stunde bei Herz: am Schluß weinen alle Frauen, weil so viel Sehnsucht im Raum zum Ausdruck kommt, besonders nach der vermißten Anwesenheit von Vätern. In diesem Jahr gestalten wir bewußt mehr mit Körperarbeit. Eine Studentin, die liturgischen Tanz erprobt, ist dabei und leitet uns am Anfang und Ende der Sitzungen zu einem meditativen Tanz oder einer Körperübung an. Nach Abschluß der Gruppe treffen sich einige der Frauen weiter. Ich schreibe meine Gedanken über die Gruppe und die Themen, die in der Erinnerung wichtig wurden und gebe sie den   Teilnehmerinnen, die ich erreichen kann, um ihr feed-back zu bekommen. Eine sagte: »Dies hat mir gut getan. Ich bin jetzt viel mehr in meinem Körper.«

Methodischer Aspekt: Arbeit mit Biographien als Erinnerungsarbeit in Gruppen

Ähnlich wie Foucault argumentiert Frigga Haug mit der Macht dominanten Wissens, d.h., daß wir oft unsere Erinnerungen zum Beweis vorher formulierter Theorie machen. Ziel der Erinnerungsarbeit ist, das »Gängelband herrschender Kultur« gerade für Frauen zu lösen und ihren eigenen Blick frei zu machen für ihre eigenen, bisher nicht privilegierten Stärken und Energien, die sie aber auch in ihrer Geschichte aus möglicherweise nicht bewußten Kräften ihrer VorfahrInnen oder nicht beachteten Verbindungen zu anderen Menschen mit sich tragen. »Wir versuchen also, die Ereignisse unserer Kindheit mit einer Art undogmatischer Respektlosigkeit in vielen Details zur Besichtigung aufzubereiten. Dabei gehen wir davon aus, daß alles, was überhaupt erinnert wird, eben darum eine identitätsrelevante Spur ist. Wir entziffern die Einzelheiten als Schriftzeichen über Zusammenhänge« (Haug 1983, 21).
Diesen Ansatz der Erinnerungsarbeit führt Frigga Haug als Forschungsarbeit mit anderen Frauen durch und geht damit schon früh einen wichtigen

Schritt in der Entwicklung qualitativer Sozialforschung, in welcher im Unterschied zu quantitativen Forschungsmethoden die Betroffenen der Forschung immer weniger als Objekte der Untersuchung behandelt und statt dessen selbst als Beteiligte und Expertinnen ihres Wissens und ihres Lebens anerkannt und einbezogen werden. Der kritisch psychologische Ansatz der Erinnerungsarbeit versteht sich eher gesellschaftsanalytisch und kritisch und nicht therapeutisch. Ich sehe jedoch im genauen Hinsehen auf Details der Erinnerungen und der Suche nach gesellschaftlicher Transformation gerade der Geschlechterrollen Berührungen mit anderen Konzepten der Biographiearbeit: der Familienrekonstruktion in der Familientherapie, der narrativen therapeutischen Arbeit der Just Therapy aus Australien und der Seelsorge als Rekonstruktion von Lebensgeschichte. Auch sehe ich Parallelen in der Arbeit mit kollektiver Erinnerung in der feministischen Exegese von Bibeltexten und Kirchengeschichte, in welcher Frauen aus verschiedenen Kontexten darangehen, die kollektive Geschichte der Frauen mittels verschiedener hermeneutischer Ansätze aufzuarbeiten.

In der Erinnerungsgruppe hat es sich bewährt, die Frauen einzuladen, in der dritten Person von sich zu schreiben: »Als sie einmal ...«. Dies erzeugte, wie Haug vorschlägt, einen gewissen Verdeutlichungseffekt, weil nicht sofort die Ich-Identifikation vollzogen wurde. Anderseits sind wir damit ziemlich locker umgegangen, denn je mehr die Geschichten uns anrührten, desto weniger war dieser Abstand möglich. Aus dem Gesagten in eine zusammenhängende Analyse der Sozialisation von Mädchen als Sexualisierung ihrer Körper zu kommen, haben wir nicht erreicht. Aber ich denke, das war auch nicht notwendig und nicht gewollt, denn die Geschichten sprachen auf verschiedenen Ebenen eine deutliche Sprache für sich selbst, und für jede Frau setzt sich im Zuhören und Sprechen das Verstandene zu einem eigenen Wissen zusammen. Die These Haugs, daß das Aufwachsen der Mädchen ganz eng mit der Sexualisierung ihrer Körper verknüpft ist, wurde eigentlich in jeder Sitzung deutlich. Uns ging es nicht in erster Linie um die Analyse, die schon im Seminar geleistet worden war, sondern um eine Gruppe, in welcher genügend Vertrauen wachsen konnte, um mit den Erinnerungen zu arbeiten.

Erlebnisse über Körpererfahrung und Sexualität zu erzählen, kostet viel Mut. Dadurch, daß sie im Raum der Frauen ausgesprochen und erinnert werden, durchbrechen die Frauen eines der wichtigsten Machtmittel der Beschneidung ihrer Flügel: das gebotene Schweigen, die Verharmlosung ihrer Verletzung und die Trivialisierung ihres eigenen Wissens. Jedes Detail dieses Wissens, das nur jede Frau für sich hat, ist wertvoll. Jede konkrete Erinnerung trägt dazu bei, die Bedeutung dieses Wissens anzuschauen und zu wählen: was habe ich gelernt, als Wissen über mich und andere zu akzeptieren? Will ich damit weiterleben? Wie will ich damit weiterleben? Was gibt es außer den eingeprägten Mustern noch an Wissen von mir? *Habe ich jemals Flügel besessen?* Durch das Erinnern im gemeinsamen Kreis des Erzählens und Schreibens wird neuer Raum eröffnet: die Wahrnehmung der eigenen Macht des Wählens aus verschiedenen Perspektiven, aus vielfältigen Ressourcen. Der Vogel fliegt nicht nur in einem konkreten Territorium der Landschaft zwischen Himmel und Erde. Aus der Vogelperspektive gewinnt die Landschaft ganz unterschiedliche Dimensionen.

Als Grundlage für Vertrauen ist eine Vereinbarung notwendig, daß außerhalb der Gruppe nicht über die Ereignisse in der Gruppe oder andere Teilnehmerinnen ohne sie gesprochen wird. Auch Konflikte der Teilnehmerinnen untereinander werden innerhalb der Gruppe besprochen und nicht außerhalb. Dadurch wird eine neue Botschaft hinsichtlich der Kraft der eigenen Stimme unterstützt: hier ist Raum, der sicher genug ist, die Verschiedenheit untereinander zur Sprache zu bringen und auch das Unerhörte, das Unaussprechliche auszusprechen, auszuhalten und gleichzeitig, Gemeinsamkeiten zu erfahren und zu feiern. Solche Sicherheit kann jedoch nur entstehen, wenn die Muster abwertender Kritik, die wir gründlich gelernt haben, verändert werden. Viele der bisherigen Ansätze beraterischer oder seelsorgerlicher Arbeit gehen defizit- oder pathologieorientiert vor. Was fehlt dieser Frau? Was ist ihr Problem? Wo ist sie sündig geworden? Wie ist ihre Persönlichkeit gestört? Wo ist sie nicht richtig? Wo ist sie schuld? Was braucht sie, um endlich erwachsen zu werden? Wieso hat sie keinen festen Partner? Warum ist sie kinderlos? Wieso ist sie so ehrgeizig? Ist sie beziehungsunfähig? Hat sie überhaupt geistliche Quellen? Wie kann eine Frau so handeln? Sind die Fehler, die sie macht, nicht deutlich sichtbar? Könnte sie nicht einfach aufhören, sich zu bestrafen?

Die Fragen, die in systemischer und ressourcenorientierter feministischer Seelsorge gestellt werden, sind anders. Anstatt jede Frau als einzelne Persönlichkeit mit ihren Störungen, Sünden oder Schwächen zu analysieren, zu kritisieren und zur Veränderung zu bringen, werden die unterschiedlichen Kontexte, in denen sich ihre Lebensmuster gebildet haben, unter erweiterter Perspektive angeschaut. Das Anschauen geschieht als Zusammenarbeit im Gespräch oder in Briefen, nicht als Analyse oder Deutung der Experten zur Patientin, die nicht den theoretischen Hintergund hat, um zu verstehen, was vor sich geht. Als Expertin ihres eigenen Lebens wird mit Hilfe der GesprächspartnerInnen die eigene Sicht von sich selbst, anderen Frauen und Männern, der Welt und dem Sinn des Ganzen erweitert und zum Fließen gebracht. Bisher nicht gesehene oder gelebte mögliche Quellen der Kraft werden in sich, in der Familie, im politischen Umfeld oder in der religiösen Tradition ausfindig gemacht und zu einer neuen Bewertung eingeladen. Fragen in ressourcenorientierter Richtung können sein:

Wie beschreibst Du, was Dich hat hierhin kommen lassen? Wie möchtest Du heute nach Hause gehen, wenn diese gemeinsame Zeit (Einzelsitzung, Gruppe, Veranstaltung) vorbei ist? Wer von den Frauen und Männern in deiner Familie, Umgebung sieht das Problem, das Du schilderst, genau so? Gibt es jemanden, der es anders sieht? Wie hast Du es bisher geschafft, damit zurechtzukommen und Dein Leben zu gestalten? Wie würdest Du leben, wenn Du morgens aufwachend von einer Fee einen mächtigen Zauberstab bekommen hättest und Dich so ändern könntest, wie Du es wolltest?

Wer in Deiner erweiterten Familie würde sich freuen, wenn Du glücklich bist?

Was ist Dir bisher geglückt an der Veränderung, die Du möchtest, und wie hast Du das geschafft? Woran merkst Du selbst, daß Du Dich verändert hast? Wie könnten andere es merken?

Welches sind Deine Lieblingsgeschichten aus der Literatur, der Bibel oder aus Märchen?

Welche Gestalten haben Dir bisher Kraft gegeben? Was hast Du bisher getan, um ihre Kraft in Dir selbst wirksam werden zu lassen?

Für die ressourcenorientierte Arbeit ist es wichtig, daß es nicht eine richtige Erkenntnis, Deutung oder Lösung gibt, sondern daß alle Beteiligten eines Systems etwas aus ihrer Perspektive dazu beitragen können. Deshalb wird die Arbeit mit Gruppen mit einem neuen Ansatz wichtig: statt eines Experten oder eines Expertenteams, das die Gruppe leitet und anschließend ohne deren Beisein in der Fallbesprechung oder in der Supervision über die Ratsuchenden spricht und Strategien entwickelt, wird zur Zeit die Arbeit mit reflektierenden Teams erprobt: diejenigen, die ein Problem bearbeiten, sind bei der reflektierenden Besprechung ihrer Situation dabei, und es findet eine gemeinsame Arbeit statt, in der alle Zugang zu den ausgetauschten Informationen haben. Sie verstehen sich als Beteiligte mit unterschiedlichen Voraussetzungen, arbeiten jedoch gemeinsam mit ihren verschiedenen Perspektiven. Interessanterweise wird dadurch keine beliebige Pluralität verstärkt, sondern es verdichten sich oft bestimmte Gesichtspunkte, so daß der Eindruck einer tiefen Wahrheit entsteht, die jedoch nichts mit richtig oder falsch zu tun hat.

Die konkreten Geschichten, die Karla, Beth, Donna, Toni, Ellen, Mary Jo und Marti zwei Jahre lang jeden Monat in die Gruppe mitbrachten, waren kleine Bruchstücke ihrer Erinnerung, die für sich gesehen keine große Bedeutung für sie selbst zu haben schienen. Sie wurden assoziativ zu Hause aufgeschrieben und dann in der Gruppe vorgelesen, kleine Vignetten, Erlebnisse, oft nur eine halbe Seite lang. Jedesmal jedoch, wenn diese kleinen Steinchen in die Mitte des Kreises gelegt wurden, begannen sie zu schimmern und in ihnen spiegelten sich Szenen, die für ganze Lebensphasen- und formen entscheidend wurden. Nebeneinandergesetzt entstand ein vielfarbiges Mosaik, ein Bild unterschiedlicher Farben und Muster. Jede Frau hat ihr ganz eigenes Temperament, eine spezifische Körpersprache und Lebensform. Je konkreter die Erlebnisse sind, die erzählt werden, desto genauer kann jede Frau die Details ihrer Geschichte anschauen und Engführungen sowie Öffnungen erkennen, die ihr selbst wichtig sind. Durch das Zusammenlegen der einzelnen Steinchen entsteht jedoch auch ein größeres Bild. Eine übergreifende Geschichte wird deutlich: die Geschichte der Sexualisierung der Körper schon der kleinen Mädchen; die Geschichte der Nichtbeachtung und Trivialisierung eigener Sehnsüchte, Bedürfnisse und Fähigkeiten. Hinter diesen Bildern des "Blickes von außen" wird in der Gruppe jedoch noch mehr erkennbar. Im Mosaik all dieser Steinchen des Erinnerns funkelt eine bunte Lebendigkeit, die trotz aller Trivialisierung und Nutzbarmachung die Potentiale der Frauen widerspiegelt; ihre Liebe zum Leben und die Macht, in der achtsamen Gemeinschaft mit anderen Frauen ihre unverwechselbare Geschichte immer wieder neu zu gestalten: die Kraft der eigenen Hände.

Zwischen Macht und Ohnmacht

Thematischer Aspekt: Konkurrenz unter Frauen

Das Thema von Macht und Ohnmacht ist mir im Lauf meiner beruflichen und persönlichen Entwicklung, gerade im Kontext verschiedener Frauenzusammenhänge, immer wieder begegnet. Ich bin überzeugt, daß es ein Grundthema von »Frausein im Patriarchat« ist, und daß wir als Frauen noch immer einen langen Weg vor uns haben, die internalisierten Strukturen nicht gegen uns zu richten. Im Folgenden schildere ich die Arbeit mit einer Frauengruppe zur Vorbereitung eines Gottesdienstes. Die Gruppe bestand aus sechs Frauen gemischten Alters (größtenteils zwischen 20 und 30) und unterschiedlicher Herkunft und mir als Leiterin. Alle kannten sich, da es schon seit längerem kontinuierliche Gruppentreffen zum Thema »Feministische Theologie« im Gemeindezentrum gab. An einem der letzten Abende zum Thema »Freiheit im biblischen Sinne – gibt es die für uns als Frauen?« tauchte die Idee auf, gemeinsam einen Gottesdienst von und für Frauen vorzubereiten.

Am ersten gemeinsamen Abend, der nun der Gottesdienstvorbereitung dienen sollte, braute sich in der Gruppe ein schwelender Konflikt zusammen.

Elisa und Heide wollten unbedingt zum Thema »Freiheit« Gottesdienst feiern, die anderen vier hingegen, Ina, Resi, Kim und Cynthia, hatten ganz andere Ideen und Vorstellungen. Ich versuchte, mit Hilfe von Postkarten, die ich in die Mitte des Raumes legte, den Frauen die Möglichkeit zur gemeinsamen Themenfindung zu geben. Ich sagte ihnen, daß sie sich jede ein Motiv aussuchen sollten, das zu ihrem augenblicklichen Themenvorschlag für einen gemeinsamen Gottesdienst am besten passe. Daraufhin sagte Elisa, sie wolle da nicht mitmachen, da für sie das Thema von Anfang an klar gewesen sei, und sie auch keinesfalls vorhabe, dies zu revidieren. Heide schloß sich Elisa an, so daß ich die Frage stellte, ob sie denn überhaupt bereit seien, gemeinsam nach einem Thema zu suchen, das für alle das Thema sein könnte.

Im Lauf des Gesprächs stellte sich heraus, daß Elisa sich von mir überrumpelt fühlte, da ich immer sagen wolle, wo es lang gehe. Meine Versuche, ihr zu erklären, daß ich nur meine Leiterinnenrolle wahrnehme und mir wünsche, daß die Gruppe zu einem gemeinsamen Einigungsprozeß komme, scheiterten. Elisa verließ am Ende des Abends den Raum, genervt und mit den Worten:

»Dein feministisches Gehabe kannst du dir echt an den Hut stecken. Du bist ja autoritärer als meine Mutter.«

Ich war zunächst unsicher, was an tieferen Verletzungen bei Elisa dazu führte, daß sie so wenig bereit war, sich auf die anderen Bedürfnisse und Erwartungen in der Gruppe einzulassen.

Ich entschied mich dann aber, den Gruppenprozeß weiter zu begleiten und meine ganze Aufmerksamkeit nicht ungeteilt an Elisa abzugeben.

Am nächsten Abend waren nur noch fünf Frauen da. Elisa war nicht gekommen, und Heide teilte der Gruppe mit, sie käme grundsätzlich nicht mehr und ließe allen gutes Gelingen wünschen.

In der Gruppe herrschte zunächst Ratlosigkeit, später dann Wut und ein hohes Potential an Aggressivität.

Ich beschloß, mit dem vorhandenen Potential zu arbeiten und schlug den Frauen vor, mit dem, was sie im Raum und was sie in sich spüren, eine Skulptur zu bauen. Zunächst jedoch kam mir nur Widerstand entgegen

Ina: Das ist jetzt wirklich das letzte, wozu ich Lust habe. Ich dachte, wir wollten unser gemeinsames Thema suchen. Irgendwie reden wir schon seit über einer Stunde über Elisa und warum sie nicht mehr mitmacht und warum Heide dann auch nicht mehr mitmacht. Ich finde es echt ätzend, oberätzend.

Kim: Ich hab auch keine Lust dazu. Können wir uns nicht einfach auf ein Thema einigen. Wie wäre es mit »Frauen kommen langsam, aber gewaltig?«.

Die Stimmung im Raum war nach wie vor angespannt und gereizt.

Ich hatte das ganz starke Gefühl, daß es hier um die Frage nach dem Platz jeder Einzelnen geht. Damit zusammen hängt ja die Frage nach Macht, und dahinter spürte ich eine ganz starke Konkurrenz. Es ging nicht nur darum, wer sich in der Gruppe durchsetzt, sondern auch darum, welche Frau mit ihren Gefühlen und je eigenen Themen gesehen wird.

Ich plädierte noch einmal dafür, daß wir jetzt die Skulptur bilden. Diesmal machte ich deutlich, *warum* ich diese Interaktion jetzt an dieser Stelle wichtig fände:

weil ich spüre, daß verschiedene Emotionen im Raum sind, die ausgedrückt werden wollen,

weil ich vermute, daß unser Gottesdienstthema erst dann gefunden wird, wenn die heimlichen Themen (Konkurrenz und Macht) nicht mehr alles zudecken,

weil ich mir vorstellen kann, daß wir nach Stellen der Skulptur ganz nah am Thema sind.

Diesmal bekomme ich Fürspecherinnen.

Cynthia: Von mir aus können wir das ruhig machen. Mir fällt ja auch nichts besseres ein, und die ganze Zeit hier rumzulamentieren, bringt es auch irgendwie nicht

Resi: Ich weiß sowieso nicht, was hier die ganze Zeit abgeht. Vielleicht bringt uns das mal auf andere Gedanken. Ich bin absolut genervt, weiß aber gar nicht, woher das kommt.

Ich: Also, Ina und Kim, macht Ihr mit?

Zunächst kommt mir nur Schweigen entgegen. Dann aber stehen alle vier auf und fangen an, relativ dynamisch und fast schon hektisch, im Raum auf- und abzuwandern.

Ich: Wenn Ihr jetzt gleich die Skulptur baut, redet nicht miteinander. Eine von euch stellt sich hin, dann die nächste. Sie nimmt Verbindung mit der ersten auf, faßt sie an, berührt sie, setzt sich in Beziehung zu ihr, wie auch immer. Wenn ihr fertig seid, sagt mir Bescheid.

Innerhalb der nächsten Minuten setzen sich Cynthia und Ina auf den Boden in einer eher gegeneinander ausgerichteten Grundstimmung. Beide sehen so aus, als seien sie zum Kampf bereit, Cynthia mit geballter Faust und weit aufgerissenem Mund, Ina mit einer erhobenen Hand, die leicht geöffnet war, als ob sie ein Schwert, Messer o.ä. trage. Es zeigte nicht direkt auf Cynthia, aber in ihre Richtung. Dann kam Resi, legte sich zwischen die beiden, in gebeugter, niedergeschlagener Position, zuletzt Kim, die sich zwischen Cynthia und Ina stehend in aufrechter Position mit ausgebreiteten Armen, so als wolle/könne sie fliegen, hinstellte ... kämpferisch, entschieden, wagemutig.

Cynthia gab mir anschließend zu verstehen, daß sie fertig seien, und ich ermutigte sie, sich jeweils aus der Skulptur herauszubegeben und ein Wort zu finden für das, was sie gesehen haben, und ein Wort für das, was sie gefühlt haben, während sie in der Skulptur standen. Das Ergebnis war frappierend. Alle vier hatten zwei Wörter, nur in unterschiedlicher Gewichtung und unterschiedlicher Heftigkeit: *Ohnmacht und die Sehnsucht nach Befreiung, Unterdrückung und Kampf, Macht und Ohnmacht, Menschen mit Flügeln und Menschen mit geballten Fäusten.*

Im anschließenden Auswertungsgespräch hatte sich die Atmosphäre komplett gewandelt. Es herrschte Einigkeit darüber, daß das Erstellen dieser Skulptur eine gute Möglichkeit war, das eigene mit dem der anderen zu verbinden.

Ina: Das Thema für den Gottesdienst ist doch eigentlich klar, oder?

Allgemeine nonverbale Zustimmung.

Ich: Und wie würdet Ihr es nennen?

Cynthia: Zwischen Ohnmacht und Befreiung.

Ina: Mächtiger als Ohne Macht ist Macht.

Resi: Das ist ja wohl ein völlig abgefahrener Titel. Ich bin für etwas, das uns mehr auf die Spannung bringt, die wir hier selbst erlebt haben, zum Beispiel: Wenn's um Power geht, geht's auch ans Eingemachte.

Kim: Spinnst du eigentlich? Willst du ein politisches Happening vorbereiten oder einen Gottesdienst. Also, ich bin für Cynthias Vorschlag, da können wir eine Menge mit machen.

Der klingt wenigstens noch halbwegs seriös ...

Im Lauf der nächsten fünf Minuten einigte sich die Gruppe auf den Titel. Zwischen Ohnmacht und Befreiung. Besonders Resi plädierte aber dafür, daß es im Fall von Schwierigkeiten bei den nächsten Vorbereitungstreffen immer noch Umformulierungen geben könne.

Schwierigkeiten gab es gleich in der nächsten Woche. Elisa tauchte wieder auf und sagte, sie habe gehört, daß wir uns jetzt doch auf ihr Thema geeinigt haben, also wolle sie wieder mitmachen. Sofort war eine gereizte, aggressive Stimmung im Raum. *Ich merkte an mir selbst ein gewisses Level an Nervosität, zumal ich wußte, daß Elisa auf den Gruppenprozeß und vor allem auf eine allgemein konkurrente Stimmung immer ziemlich entscheidenden Einfluß hatte.*

Der ganze Abend war eine Katastrophe. Meine Interventionen wurden grundsätzlich nicht angenommen. Es gab so eine Art Wissen in der Gruppe, daß Elisa immer wieder die heimliche Leitung übernahm. Schlußendlich gab ich ihr zu verstehen, daß sie gern die Leitung dieser Sitzung übernehmen könne, daß ich es aber dann gut fände, wir würden uns darauf einigen.

Elisa: Was hast du eigentlich mit mir am laufen? Erst immer die Super-Autoritäre, und jetzt auf einmal auf dieser Schiene ... Ich hab' kein Interesse an deiner Stelle ... vielen Dank.

Ich: Es geht mir nicht darum, meine Stelle an dich abzugeben. Es geht mir einfach nur darum, Klarheit zu schaffen, und ich habe den Eindruck, daß zwischen uns viel Unklarheit herrscht.

Im Folgenden sprachen sich die Gruppenmitglieder, besonders Cynthia und Kim dafür aus, am Thema des Gottesdienstes weiterzuarbeiten.

Kim: Ich schlage vor, daß wir so eine Art Schreibmeditation machen, in der jede mal aufschreibt, was für sie eigentlich bei so einem Gottesdienst zum Thema »Zwischen Ohnmacht und Befreiung« wichtig ist.

Dieser Vorschlag, den ich nochmal unterstützte, wurde von allen angenommen, und kurze Zeit später war eine lebendige, kreative Stimmung im Raum. In der Mitte lag eine Wandzeitung, auf der das Thema in leuchtendblauen Buchstaben erschien. Alle setzten sich auf den Boden um die Wandzeitung herum, verließen also den Stuhlkreis, in dem wir vorher gesessen hatten.

Elisa und Resi schrieben sehr schnell und hektisch, die anderen eher bedächtig und abwartend. Irgendwann sagte Elisa:

Elisa: Können wir nicht einfach »Befreiung feiern«? Ich finde das Wort

Gottesdienst sowieso schon blöd. Laßt uns ein anderes Wort finden. Wie findet Ihr »Das Göttliche als Feier«?

Ina: Also nee, das find ich aber wirklich platt. Sagt auch nichts aus.

Ich: Bevor wir jetzt anfangen zu diskutieren, sind alle fertig mit dem Schreiben?

C., I. und K. verneinten das, also schrieben sie weiter, während E. und R. schon auf ihre Stühle zurückgekehrt waren.

Anschließend leitete ich eine Runde ein, in der jede sagen sollte, was für sie von dem, was jetzt auf dem großen Blatt stünde, das Wichtigste sei. Längere Zeit war Pause, dann meinte

Ina: Ich finde das Wichtigste mein Gefühl von Ohnmacht und Eingeschränktsein, das ich in der Kirche und im Gottesdienst eigentlich immer habe. Hier in der Gruppe habe ich es oft anders erlebt, obwohl ich mir in letzter Zeit auch nicht mehr so sicher bin.

Elisa: Ich möchte gern feiern, ich habe kein Lust auf das Niedergeschlagene und Kleinmachende und Verstummte ... dafür bereite ich keinen Frauengottesdienst vor.

Kim: Ja, moment mal ... so einfach geht das ja auch nicht. Wir können ja nur feiern, wenn wir uns auch befreit fühlen. Aber wenn die ganze Ohnmacht und das Gefühl der Gefangenschaft viel stärker sind, dann geht das halt nicht.

Resi: Puh, das sind ja harte Worte, die du da benutzt. Gefangenschaft, das ist für mich ein politischer Begriff.

Ina: Ist es denn etwa nicht politisch, wenn wir uns als Frauen nicht frei fühlen, weil die Strukturen eben so einseitig sind? Ist es denn nicht politisch, wenn uns zu Ohnmacht und Unterdrückung und Gefangenschaft gleich wieder mehr einfällt als zu Freiheit oder Befreiung?

Kim: Ja, das finde ich auch. In dieser Richtung möchte ich auch den Gottesdienst gestalten. Ich möchte von dem politischen Potential von beidem sprechen, von der ganzen Einengung, die Frauen jahrhundertelang zugefügt wurde und dann aber auch von dem Potential, das unserer Befreiung vorausgeht.

Elisa: Wenn ich das schon höre. Ihr seid immer so negativ. Könnt Ihr nicht einfach mal an die Befreiung und das Feiern und das Schöne denken?

Kim: Hast du eigentlich zugehört? Ich habe doch gesagt ... auch dem Potential ...

Es entwickelte sich ein heftiges Streitgespräch zwischen E. und K. bis sich schließlich Cynthia einmischte.

Cynthia: Wißt Ihr was? Wir machen ein Plädoyer für die Befreiung, das könntest du machen, Elisa, in Form eines Tanzes und Singen und was auch immer, und dann lassen wir verschiedene Stimmen auftauchen, die

die andere Seite vertreten ... warum es so schwer ist, mit dem Feiern, gerade in der Kirche, was uns davon abhält, was uns eben immer wieder an diesen Punkt kommen läßt ...

Elisa: Ich weiß nicht, ich hab eigentlich keine Lust dazu. Das ist alles so verkopft.

Ich entschied an dieser Stelle zu intervenieren, indem ich den Vorschlag Cynthias aufgriff und vorschlug, daß die Frauen bis zum Wochenende, an dem wir gemeinsam zur Gottesdienstvorbereitung fahren wollten, weiter an dieser Idee herumspinnen sollten.

Elisa sagte dann, sie wisse noch nicht genau, ob sie mitfahre. Sie habe sich das ja doch alles sehr anders vorgestellt, und es sei ihr irgendwie zu anstrengend. Dies wiederum löste eine nervöse Grundstimmung in der Gruppe aus und ziemlich viel Unruhe. Wir verabredeten uns für das Wochenende mit bestimmten Aufgabenverteilungen.

Am Wochenende standen alle fünf Frauen pünktlich vor meiner Bürotür, um gemeinsam abzufahren. Wir fuhren nach Walberberg in ein Tagungshaus, ca. 25 km von Köln entfernt. Um das Essen brauchten wir uns nicht zu kümmern, da dort Vollverpflegung auf uns wartete. Ich hatte für das gesamte Wochenende eine Struktur entwickelt, die ich der Gruppe nach unserer Ankunft in Walberberg mitteilte und die positiv angenommen wurde. Eigentlich waren die Bedingungen ideal, und dennoch entwickelte sich an diesem Wochenende in noch viel stärkerem Maße als zuvor eine Konkurrenzgeschichte zwischen Elisa und mir, die ich hier versuche, in groben Zügen wiederzugeben.

Nachdem wir am Freitag eine Einstimmungsrunde zur Befindlichkeit gemacht hatten, den Raum hergerichtet und uns unseren Ort geschaffen hatten, war am Samstag morgen eine Phantasiereise zum Thema »Zwischen Ohnmacht und Befreiung« vorgesehen. Ich führte die Frauen auf einem Weg durch Gestrüpp und dorniges Unterholz zu einem Platz, wo sie sich frei und geborgen und aufgehoben fühlen konnten. Ich ließ sie frei assoziieren, wer und was in ihnen zum Schwingen kommt, welche Befreiungspotentiale spürbar in ihnen vorhanden sind und welche vielleicht darunter vergraben liegen. Ich ließ sie in ein Gespräch mit der verborgenen Kraftquelle in ihnen treten, und ich ermutigte sie, sich genau den Platz für ihre Befreiung zu nehmen, der ihnen zusteht.

Vielleicht war diese Formulierung problematisch, jedenfalls löste sie einen kleinen Orkan in der Gruppe aus. Sobald die Frauen wieder in den Tagungsraum zurückgeführt waren, und bevor ich die Austauschrunde eingeleitet hatte, sagte

Elisa: Also, deine Formulierungen solltest du auch mal überprüfen. Du hast einen unheimlich männlichen Sprachgebrauch, und das ganze ist dann wohl angeblich feministisch, weil du andere Methoden entwickelst oder was auch immer ... Ich fand das jedenfalls gerade ziemlich traditionell ...

Ich: Könntest du deine Kritik mal etwas genauer verifizieren, bzw. sagen, an welchen Punkten du dich geärgert hast?

Elisa: Zum Bespiel an der Stelle mit dem »Zustehen«. Das ist genau meine Erfahrung, mit Kirche, mit den Männern, mit Gottesdiensten, wenn ich denn mal da war.

Kim: Ja, das mit dem Zustehen fand ich auch merkwürdig. Aber ich wußte ja, wie es gemeint war, und vorher war ich ja schon so sehr in Berührung mit dem, was ich in mir trage, daß ich einfach dabeigeblieben bin.

Es folgte ein längerer Austausch über die Orte, an denen die Frauen auf der Phantasiereise gewesen waren, Elisa sagte längere Zeit nichts mehr, bis sie dann irgendwann postulierte

Elisa: Entweder wir kommen jetzt hier mal zu Potte, oder ich fahre gleich nach Hause.

Ich: Also, Elisa, ich lasse mich von dir nicht unter Druck setzen. Ich habe auch nicht den Eindruck, daß wir nicht zu Potte kommen.

Die anderen in der Gruppe stimmten mir zu, dann sagte

Ina: Es geht doch auch nicht darum, immer sofort Ergebnisse parat zu haben. Manchmal geschieht im Gespräch, im Prozeß alles, was dann nachher umgesetzt werden kann.

Eine längere Weile ging es zwischen Ina und Elisa hin und her, während Cynthia die Vermittlerinnenrolle einnahm, dann schoß es plötzlich aus Elisa heraus

Elisa: Langsam bekomme ich echt die Wut. Was machen wir hier eigentlich? Ist das ein Vorbereitungstreff für einen Gottesdienst oder eine Psychogruppe?

An dieser Stelle merkte ich meine eigene Wut, sagte Elisa das auch, und daß ich nicht sehe, daß wir mit dieser Kommunikationsform eine gemeinsame Ebene finden. Ina und Resi sagten, daß sie sich auch schlecht fühlen, weil immer, wenn etwas im Raum entstanden sei, von Elisa wieder die Keule gekommen sei. Elisa war und blieb uneinsichtig. Sie fand mich nach wie vor autoritär, die Frauen in der Gruppe schätzte sie als unterwürfig ein, und eigentlich wollten ja alle nur meine guten Töchter sein, sagte sie. Daraufhin ereiferte sich Kim.

Kim: Ich lasse mich auf solche Diskussionen nicht mehr ein.

Das ist schon jahrelang in meiner alten Frauengruppe gelaufen.Ich glaube, ich fahre nach dem Mittagessen nach Hause.

Ich intervenierte an dieser Stelle mit dem Vorschlag, daß wir uns nochmal fünf Minuten Zeit nehmen, um uns zu vergewissern, was uns hier im Moment am wichtigsten ist. Anschließend gab es eine Runde, in der jede

Frau ihren Satz sagte. Es stellte sich heraus, daß alle innerlich an dem Thema »Ohnmacht und Befreiung« waren, das wir uns gewählt hatten und das ja auch an beiden Tagen wesentlich im Raum gestanden hatte ... auch in den Interaktionen ... Elisa sagte, sie wolle nicht mehr mitmachen. Ihrer Meinung nach hingen wir alle zu sehr in unserer Ohnmachtshaltung ... sie wolle eigentlich nur feiern. Ich wäre die letzte gewesen, die sie an dieser Stelle abgehalten hätte. Und erstaunlicherweise kam aus der Gruppe auch kein Widerspruch mehr.

Elisa reiste also ab, so daß wir Samstag nachmittag nur noch zu fünft waren.

Der Rest der Vorbereitung ging eigentlich relativ zügig. Wir entwickelten entlang des klassischen Gottesdienstschemas, am Kyrie, Gloria, Sanctus und Segen vier Teile zu »Ohnmacht und Befreiung«. So wie Cynthia vorgeschlagen hatte, machten wir es. Es gab jeweils eine Sprecherin, die eine bestimmte Position vertrat, dazu dann Stimmen, die aus dem Hintergrund hervortraten und andere Positionen ins Spiel brachten. Als biblische Folie diente uns die Geschichte von Deborah und Jael (Ri 5), die die Gruppe schonmal in einer früheren Einheit besprochen hatte. In dieser Geschichte geht es ja auch darum, wie Frauen sich ihren Platz in der Gesellschaft nehmen, wie sie sich behaupten. Lange hatten wir damals über die Greueltat der Jael diskutiert, die in einer Nacht- und Nebelaktion dem Heerführer des feindlichen Stammes den Kopf abhackte. Ina z. B. hatte sich eindeutig mit der Jael identifiziert und auch ihre Position für die heutige Zeit postuliert ... als eine, die schlagfertig, tollkühn und listig ihren Weg geht und damit auch erfolgreich ist. Natürlich gab es andere Stimmen in der Gruppe, die sagten, daß sie sich nie im Leben mit Jael identifizieren konnten, weil sie gemordet habe und überhaupt den »typisch weiblichen Weg« eingeschlagen habe. Resi z. B. war eindeutige Sympathisantin von Deborah, die als machtvolle Richterin und Prophetin ihren institutionalisierten Platz in der Gesellschaft gesucht und gefunden hatte. Wiederum andere, vor allem die beiden, die jetzt nicht mehr dabei waren, Heide und Elisa, hatten grundsätzliches Unbehagen gegenüber beiden Frauen geäußert. Keine von beiden sei ein Modell für ihren Weg als Frau in Kirche und Gesellschaft.

Am Sonntag morgen bündelten wir unsere Texte und Gedanken und suchten Lieder, formulierten Gebete, machten die Sache rund und fuhren mit einem relativ befriedigten, teilweise auch beglückten Grundgefühl nach Köln, so jedenfalls die Voten in der Feedback-Schlußrunde. Es wurde auch nochmal auf Elisas Abfahrt Bezug genommen, überwiegend mit relativ viel Abstand, nach dem Motto, daß sie da wohl ihren Part durchziehen und auch vollenden mußte. Wenige Tage vor dem Gottesdienst kam der Schock: Ich bekam einen Anruf vom Superintendenten meines Kirchenkreises.

Sup: Ich habe da einen Anruf von einer Frau bekommen, die mich auf den Gottesdienst hinwies, den sie am nächsten Sonntag mit einer Frauengruppe vorbereitet haben und wohl auch gestalten wollen. Es gibt da einige Grundprobleme. Ich habe mit dem Vorsitzenden des Verwaltungsausschusses gesprochen. Morgen gibt es einen Eilausschuß, der über diverse Einzelheiten gesondert verhandeln wird. Ich möchte Sie bitten, dazu zu kommen, um gegebenenfalls Fragen beantworten zu können und Mißverständnisse auszuräumen.

Auf meine Frage, von wem er die Information bekommen habe, sagte er, die Frau wolle anonym bleiben, und es ginge ja auch nur um einige Informationen. Als ich wiederum sagte, daß ich mit Vertreterinnen aus der Frauengruppe kommen wollte, sagte er, das ginge leider nicht, normalerweise sei dieser Ausschuß sowieso nur für Interne.

Anschließend telefonierte ich mit den Frauen, die ich erreichen konnte. Keine Frau konnte sich vorstellen, wer beim Superintendenten angerufen haben sollte, Elisa auch nicht, die ich als erste angerufen hatte.

Am nächsten Tag ging ich allein zu besagtem Ausschuß. Mir gegenüber saßen sechs Männer und eine Frau, die ziemlich detailliert das Programm des Gottesdienstes erfragten. Spätestens an der Stelle, wo das Glaubensbekenntnis durch eine meditative Stille ersetzt war, und als sie erfuhren, daß es kein Vaterunser, sondern ein allgemeines Gebet geben wird, das in inklusiver Sprache und zeitgemäß formuliert sein würde, wurde ich gelöchert, was der Sinn des ganzen Unterfangens sei, warum ich überhaupt einen solchen Gottesdienst machen wolle, ob ich denn alle meine persönlichen Hobbies in die Kirche hineintragen müsse.

Zeitweise kam es mir vor wie ein Kreuzverhör. Ich blieb allerdings entschlossen an unserem Konzept, argumentierte mit Gemeindeaufbau und meiner Vision von Kirche, in der auch die einen Platz haben, die sich nie dazugehörig fühlen oder fühlten.

Als ich ging, versuchte ich noch einmal zu erfahren, wer die Verursacherin dieses Gesprächs gewesen sei, aber es wurde mir nicht gesagt.

Abends informierte ich die gesamte Gruppe, die teilweise sehr schockiert, teilweise mit vielen Nachfragen und insgesamt mit Unverständnis reagierte. Wir hatten aber am Gottesdienstkonzept nichts verändert.

Dann kam der Gottesdienst. Wir hatten intensiv und gut gestreut Werbung gemacht. *Ich war erstaunt, als weit über hundert Menschen, überwiegend Frauen, aber auch Männer in der Kirche saßen.*

Elisa und Heide waren auch da, saßen ganz vorne. Während des Gottesdienstes gab es keine Störungen. Alles klappte wie am Schnürchen.

Es herrschte eine sehr spirituelle Atmosphäre und mitten im Leben ereigneten sich wunderbare Dinge, so wie ich es liebe, wenn Gottesdienste im gemeinsamen Denken, Hören, Fühlen, Auseinandersetzen und Infragestellen entstanden sind. Es war wie ein Fluß, an dem ich mit anderen Frauen sitze, in den ich eintauche und der mich belebt. Am Ende des Gottesdienstes gab es einen offenen Gebetsteil, in den alle, die wollten, mit einsteigen konnten. Plötzlich hörte ich Elisas Stimme, die dafür betete, daß endlich die Herrschsucht aufhören möge. Besonders die Herrschsucht der Frauen, die in führenden Positionen sind, die meinen, ganz anders als die Männer zu sein, die es aber genauso, wenn nicht noch schlimmer machen.

Ich war für einen Moment lang fassungslos, dann aber beschloß ich, die nötige innere Distanz zu wahren.

Wir endeten den Gottesdienst mit einem Segen, der aus vier Ecken der Kirche heraus gesprochen wurde und der in einen Kreis mündete, in dem wir uns alle an den Händen hielten.

In dem Moment dachte ich: Warum müssen wir uns oft gegenseitig so bekämpfen, können uns nicht souverän nebeneinander stehen lassen, uns gegenseitig bewundern und die Aufmerksamkeit schenken, die uns gebührt. Warum entsteht gerade zwischen uns Frauen oft so ein konkurrentes und gegeneinander gerichtetes Agieren? Warum können wir uns nicht lassen?

Nach dem Gottesdienst gab es noch ein langes, ausführliches Beisammensein bei Brot, Käse, Saft und Wein. Elisa und Heide waren gleich gegangen, die anderen saßen um einen Tisch, waren zufrieden, wenn auch mit vielen Fragen. Ina, die lange relativ ruhig dabei gesessen hatte, brachte es schließlich auf den Punkt.

Ina: Warum können wir nicht machtvoll, schön und klug sein und uns gegenseitig darin bewundern, ermutigen. Warum darf eine Frau, die in einer Leitungsposition ist, nicht gleichzeitig schön und klug und machtvoll sein?

Von den Mitgliedern des Eilausschusses, die gar nicht alle gekommen waren, hörte ich nichts mehr. Nur, daß die Predigt gefehlt habe, und daß sie sich gewundert hätten, wieviele junge Menschen gekommen seien, und daß die Lieder ja doch sehr kräftig mitgesungen worden seien. Einige von ihnen habe ich später nochmal in anderen Frauengottesdiensten gesehen, andere nie wieder. Der Superintendent rief mich einige Tage nach dem Gottesdienst nochmal an, um mir zu gratulieren, da wir einen guten Bericht in der Kirchenzeitung bekommen hatten.

Die Gruppe hat sich noch jahrelang getroffen, um gemeinsam Gottesdienste vorzubereiten, um zu meditieren, auf Phantasiereisen zu gehen oder Visionen für eine feministische Theologie zu entwickeln, Elisa allerdings kam nie wieder, weder zu den Gruppentreffen, noch zu den Gottesdiensten, dafür gab es im Lauf der nächsten Monate drei andere neue Frauen, mit denen es auch nicht immer unkompliziert war, die aber insgesamt viel bewegten und die Gruppe lebendig hielten.

Methodischer Aspekt: Konkurrenz unter Frauen als Herausforderung an die Seelsorge

Ein wesentlicher Aspekt feministischer Seelsorge ist der Öffentlichkeitscharakter. Damit meine ich, daß die Themen, die in Einzelgesprächen auftauchen, durchaus Relevanz für eine größere Gruppe oder andere Menschen haben. Natürlich ist das immer eine Gratwanderung, da zugleich die Vertraulichkeit und das Seelsorgegeheimnis gewahrt bleiben müssen.

Ich sehe aber dennoch die Notwendigkeit, mit bestimmten Themen aus der Seelsorgepraxis nach außen, aus der Ecke der Verborgenheit und des Nicht-Gesehen-Werdens und Nicht-Gehört-Werdens hinauszugehen. Einige der Frauen, die mit mir diesen Gottesdienst vorbereiteten, waren vorher bei mir zu Einzelgesprächen gewesen.

Was ich in dieser Gruppe erlebt habe, ist kein Einzelfall. Immer wieder habe ich, besonders in Gruppensituationen, erlebt, daß das Konkurrenzthema evident wurde.

Schon in meiner eigenen Fortbildungsgruppe war das »Wort vom Krabbenkorb« symptomatisch geworden. Krabbenkörbe sind Körbe, in denen Frauen sich miteinander wohlfühlen, in denen es ein symbiotisches Miteinander und Ineinander gibt. Das Wohlfühlen aber hört dann auf, wenn eine Frau versucht, aus dem gemütlichen Miteinander nach oben zu krabbeln. Sofort sind die anderen da und ziehen sie an den Beinen, damit sie sich nicht zu weit nach oben bewegen kann. So ist es eigentlich fast unmöglich, daß eine Frau in den Vordergrund tritt, sich offensiv hervortut oder gar offen und nicht verdeckt als Führungsposition in Erscheinung tritt, was ja eine klassische Forderung feministischer Theorie darstellt.

Natürlich war der Fall in dieser Frauengruppe von daher etwas anders gelagert, weil ich offiziell die Leitungsposition innehatte, Elisa also eigentlich keinen Grund hatte, mich zu den Krabben dazuzuzählen. Sie hatte aber, seitdem sie in der Gruppe war, große Autoritätskonflikte mit mir. Da sie auch Theologie studiert hatte und als gestandene Lehrerin arbeitete, zudem fast zwanzig Jahre älter war als ich, fiel es ihr scheinbar schwer, mich als Leiterin zu akzeptieren. Mein Konflikt war, daß ich zuerst gar nicht durchschaut habe, was sich da zwischen Elisa und mir ereignet. Ich versuchte, auch in früheren, ähnlich strukturierten Interaktionen immer zu verstehen, warum Elisa sich an bestimmten Punkten ausklinkte, oder mit ihrem Widerstand integrativ umzugehen. Insgesamt herrschte in dieser von mir dargestellten Gruppe ein hohes Level an Konkurrenz, so daß ich spätestens an dem Punkt, als Elisa mir meine feministisch-theologische Kompetenz streitig machen wollte, verstand, daß es hier eindeutig um Macht, Konkurrenz und Autorität ging.

Ich denke aber im nachhinein, daß es sinnvoller gewesen wäre, wenn ich eindeutiger und klarer in die Auseinandersetzung mit Elisa gegangen wäre, wegen der Transparenz und somit auch als Modell für die Gruppe, die ja alle ihren Part in diesem Hin und Her spielten. Interessant fand ich, daß das Thema, das wir uns als Gottesdienstthema ausgewählt hatten, in leicht variierter Form auch in den Interaktionen und Dialogen immer wieder auftauchte. Ohnmacht und Befreiung bzw. Macht waren die beiden Pole, zwischen denen die Frauen sich bewegten. Und jede sorgte auf ihre Weise dafür, daß beide Pole vorhanden waren, daß eine gewisse Balance hergestellt war.

Wenn z. B. Kim androhte, daß sie die Gruppe verlassen wird, reagierte Ina sofort mit heftigem Liebesentzug bzw. ernsthaften Wuttiraden. Nur bei Elisa war das anders. Ich vermute, daß sie den Krabbenkorb schon zu sehr verlassen hatte und darum den natürlichen Weg nach draußen nehmen mußte.

Konkurrenz unter Frauen gibt es genauso oft in privaten wie in öffentlichen Bereichen (Lugones/Spelman, 168). Ich glaube, daß wir gerade in der Kirche große Mühe haben, Rivalitäten anzuerkennen, daß wir lieber alles unter den Teppich kehren und viele Frauen nur gelernt haben, in der defensiven und ängstlichen Rolle zu bleiben. Unter diesem Aspekt finde ich es auch beachtlich, daß Elisa, Heide und die anderen immerhin doch ein beachtliches Maß an Konfliktbereitschaft aufbrachten. Dennoch bleibt für mich die Frage, warum Elisa es nicht geschafft hat, den Weg des Konfliktes bis zum Ende zu gehen. Oder welche Gründe gab es für sie, am Schluß den Weg der »Denunziation« zu gehen? Wollte sie sich einfach nur wehren, oder wollte sie »die Gewinnerin« des Ganzen sein?

Offen bleibt auch, wozu Konkurrenz im System Kirche eigentlich dient. Ist es nicht letztlich im Sinne derjenigen, die nichts verändern wollen, daß die Frauen sich untereinander bis aufs Messer bekämpfen, so daß eine gewisse Vernetzung und Solidarisierung verhindert bzw. ausgeschaltet wird?

Zugleich ist aber der positive Aspekt von Konkurrenz, der gerade in gelungenen Teamsituationen eine wesentliche Rolle spielt, nicht zu unterschätzen. Konkurrenz beflügelt ja auch die jeweilige Kompetenz und Begabung der einzelnen und läßt viele Prozesse erst richtig zum Blühen kommen. Es ist dann nur die Frage, inwieweit die einzelnen in der Lage sind, diese Konkurrenz als positive Bereicherung und nicht als Bedrohung zu erfahren und inwieweit sie nicht als negatives Schild benutzt wird.

Ich habe es in den letzten Jahren häufig erlebt, daß sich aus konkurrenten Situationen mit anderen Frauen, etwa mit Kolleginnen, eine Patt-Situation ergab. Eine von beiden mußte gehen, fragt sich nur welche und warum. Meistens muß ja die gehen, die gefährlicher, bedrohlicher für das System Kirche ist. Wenn ich das bedenke, muß ich noch einmal kritisch hinterfragen:

Warum blieb Elisa nur das Weggehen, hätte es keine andere gemeinsame Lösung gegeben?

Und wenn, wie hätte die ausgesehen?

Ich fühlte mich am Ende dieses Gruppenprozesses noch einmal ganz ernsthaft auf meine eigene Heimatlosigkeit und die Grenze, die ich eben nicht nur als Ort der Erkenntnis, sondern auch als Ort des Abschieds und des Loslassens empfinde, zurückgeworfen.

Unter anderem hat es mir selbst auch an Souveränität und Gelassenheit gemangelt, auf jeden Fall war ich als Leiterin nicht in der Lage, Elisas Ohnmacht und damit verbundenes Machtbedürfnis so in die Gruppe zu integrieren, daß es zu einem gelungenen Konkurrenzverhältnis hätte werden können.

Eine mögliche Intervention wäre sicher eine direkte Konfrontation mit Elisas konkurrentem, aggressivem Verhalten gewesen. Eine andere mögliche Intervention wäre vielleicht eine Auflösung des Konfliktes durch klare Rollenzuschreibungen gewesen, z. B. Elisa die Rolle der Hauptakteurin zu geben, während ich selbst das Drehbuch in der Hand habe. Auf jeden Fall hätte ich an den Punkten, an denen sie in den Widerstand ging, stärker nachfragen können, was denn eigentlich hinter so einem Bedürfnis, »einfach nur feiern zu wollen« stehe.

Die Quintessenz dieses »Falles« ist für mich die Erkenntnis, daß Gruppenprozesse, in denen Seelsorge und Öffentlichkeit miteinander verknüpft sind, eine enorm hohe Aufmerksamkeit und Souveränität der Leiterin auf den verschiedenen Ebenen verlangen. Sie muß in der Lage sein, die einzelnen Ebenen auseinanderzuhalten und zugleich genügend Abstand zu den einzelnen Frauen und deren Themen haben, um einerseits auf sie eingehen zu können, andererseits den Überblick über den jeweiligen Gruppenprozeß zu bewahren und dementsprechend intervenieren zu können.

Das gläserne Herz

Thematischer Aspekt: Abtreibung und Trauer

Ute kam zu mir über eine Kollegin, die als Gynäkologin auch beraterisch tätig ist, allerdings bei Beratungssituationen, die mit religiösen Fragen verwoben sind, schon öfters Frauen in meine Beratung geschickt hat.

Ute ist eine Frau, die auffällt, sobald sie in den Raum kommt. Sie legt viel Wert auf ihr Äußeres, kleidet sich elegant und stilvoll. Auf den ersten Blick wirkt sie souverän und selbstbewußt, allerdings etwas in Eile, fast schon überdreht.

Sie erzählt frei und ohne Scheu, daß sie mit der Kirche eigentlich nichts mehr zu tun habe. Sie habe es zuerst auch reichlich befremdlich gefunden, daß sie zu mir als Pastorin komme, aber jetzt, wo sie mich sieht, komme es ihr schon weniger komisch vor. Ute ist 45, sie arbeitet selbst als Sozialarbeiterin in einem sozialen Brennpunkt.

Konkreter Anlaß, so sagt sie gleich zu Beginn, seien körperliche Symptome, die sie einmal im Jahr vier bis sechs Wochen quälen, Durchfall und absolute Verdauungsprobleme,

»... immer um diese Zeit, im November geht es los, und meistens hört es dann nach Weihnachten wieder auf ... aber die letzten Jahre war es immer die Hölle ... dieses Jahr bin ich zu meiner Frauenärztin gegangen, weil ich nichts Organisches dahinter vermute ...«

Als sie beginnt, von ihrer Geschichte zu berichten, ist sie gleich mit ihren Gefühlen da. Sie packt die Taschentücher schon aus, als sie gerade begonnen hat, auf meine Frage, was sie damit meint, daß »sie nichts Organisches dahinter vermute ...« zu antworten ... daß sie sich früher nicht vorstellen konnte, ein Kind zu bekommen, daß sie bei dem Gedanken an ein Kind schon das Gefühl von Einengung und Beschränkung hatte ... daß sie es, bis sie Anfang 30 wurde, nie im Traum für möglich hielt, selbst einmal Mutter werden zu wollen.

Sie erzählt von ihren »Jugendjahren« und von dem Traum einer offenen Beziehung, bis sie dann an ihrem 36. Geburtstag ihren jetzigen Lebenspartner kennenlernte.

»Das war ein Schnitt. Es war so, als ob sich vieles in meinem Leben grundlegend auf den Kopf stellt. Ich hatte das Gefühl, daß fast nichts mehr von dem, was ich glaube und denke, so stimmt, daß alles neu gesagt und gesprochen und buchstabiert werden muß. Kennen Sie das?«

Ich nicke zustimmend.

»Ich weiß nicht, ob ich letzten Endes doch den Klischees und Rollener-wartungen dieser Gesellschaft entsprechen will, oder ob ich durch die Begegnung mit Heinrich an meine ureigensten Sehnsüchte herangeführt wurde, jedenfalls wollte ich eine Zweierbeziehung mit Treue und Verläß-lichkeit und Zueinanderstehen, beinahe wollten wir sogar heiraten, ha-ben uns dann aber doch dagegen entschieden, weil wir uns irgendwie nicht auf die äußere Form einigen konnten. Ich entwickelte auf einmal ein völlig neues Beziehungsmodell ...«

»Fühlte es sich denn gut so an?«

»Ja, das war es ja eben, ... es fühlte sich gut und wunderbar an, so als ob ich vorher nur nicht gewußt habe, was ich eigentlich will ... hört sich das kitschig in Ihren Ohren an?«

»Nein, nicht unbedingt kitschig ... aber so, als habe diese neue Liebe sehr viel in Ihrem inneren und äußeren Leben beeinflußt und verändert.«
Ute schaut zustimmend.

»Ja. Und dann war ich auch schon schwanger. Ich habe mir kurz vorher schon einmal überlegt, wie es wohl wäre, wenn ... und es war interessan-terweise eine Vorstellung, die mir zwar immer noch Unbehagen und auch Unwohlsein bereitete, aber eben auch das andere ... den Gedanken, daß es wunderbar wäre, mit H. ein Kind zu haben, es gemeinsam großzuzie-hen. Aber bevor ich diesen Gedanken zuende gedacht hatte, war ich dann mit der Realität konfrontiert. Ich war schwanger.«

Ute erzählt dann, daß es ganz schnell und fast unmerklich einen Prozeß der Akzeptanz gab, daß sie sich mit dem Gedanken anfreundete, Gebä-rende und Mutter zu werden, daß sie über sich selbst erstaunt und zu-gleich auch beglückt war.

»Als Spätgebärende mußte ich sehr häufig zur Frauenärztin. Es gab damals schon die verschiedenen Untersuchungen, die ich über mich ergehen lassen mußte, und ich entwickelte einen ziemlichen Wider-tand gegen die ganzen medizinischen Kniffligkeiten und gegen das ganze, fast perfekte Setting, dem ich mich plötzlich ausgeliefert sah. Aber zugleich hatte ich immer schon ein großes Vertrauen zu meiner Ärztin ...«

Ute erzählt fast atemlos, so als habe sie keine Zeit zu verlieren.
Ich sage ihr zwei- bis dreimal, daß sie sich nicht zu hetzen braucht, und daß ich bei ihr bin. Da guckt sie ganz verwundert ... dann holt sie tief Luft, macht eine lange Pause und sagt:

»Der entscheidende Wendepunkt kam eigentlich erst als ich im vierten Monat war. Ich konnte das Kind schon spüren, ich war in Berührung mit den Bewegungen, und ich freute mich. Noch einmal mußte ich eine Ultra-schall- und Fruchtwasseruntersuchung über mich ergehen lassen, und dann, als ich die Ärztin anrief, um den nächsten Termin auszumachen, sagte sie, ich solle sofort kommen.«

Ute ist äußerlich gefaßt, aber ich sehe, daß ihr die Aufregung und Angespanntheit in den Knochen sitzt. Sie erzählt dann, mit stockendem Atem und sehr angespannt, daß sie an diesem Tag, am Ende des vierten Monats erfuhr, daß sie ein Kind mit einem Down-Syndrom in ihrem Bauch trägt. Es sei durchaus möglich, daß das Kind lebensfähig sei, aber sie müsse sich eben auf ein Leben mit großen Einschränkungen einstellen, und sie solle sich überlegen, ob sie das wolle, sagte die Ärztin zu ihr.

»Wissen Sie, in dem Moment war in mir alles schwarz. Ich konnte keinen Tag weiterdenken. Es war so grausam, und ich hatte das Gefühl, die ganze Welt habe sich gegen mich gerichtet.«

Ich sage Ute, daß ich mir das gut vorstellen kann und sie schüttelt den Kopf ... nein, das könne sich niemand vorstellen, niemand, der nicht genau so etwas erlebt habe ... sie weint, zuerst leise und dann nach einer Weile nicht mehr so verhalten.

Ich spüre eine riesige Menge ungeweinter Tränen.

»Haben Sie damals auch geweint?«

»Ich weiß es gar nicht mehr. Es mußte dann alles ganz schnell gehen. Ich hatte irgendwie nur dieses Gefühl eines tiefen schwarzen Lochs, in das ich reinfalle, wenn ich nicht irgendeinen Ausweg finde.«

»War das ungefähr um diese Jahreszeit?«

Ute schaut mich etwas verwundert an und nickt dann.

»Ja, es war im November, stimmt ... wieso, ist das wichtig?«

Ich sage ihr, daß ich einen Zusammenhang zwischen dem Zeitpunkt, als sie das tiefe Loch zum ersten Mal spürte und ihren Durchfällen jetzt vermute. Sie denkt nach, nickt dann zustimmend bzw. so, als ob das ein völlig neuer Gedanke sei.

Sie weint und schluchzt sehr lange.

Ich versuche durch meine Präsenz deutlich zu machen, daß ich begleitend und unterstützend da bin. Irgendwann sagt sie, daß sie schon lange nicht mehr so viel geweint habe. Die Zeit ist um. Ich verabrede mit ihr, daß sie jetzt erst einmal die Woche zu mir kommen kann, und daß wir dann nach fünf oder sechs Stunden gemeinsam schauen, wie es weitergeht. Wir machen einen festen Termin aus und verabschieden uns.

Beim nächsten Mal ruft sie an, um den Termin zu verschieben, da es ihr körperlich nicht gut geht (Durchfall). Eine Woche später kommt sie, wirkt wieder in Eile, aber nicht so überdreht, wie ich sie beim letzten Mal teilweise wahrnahm.

Wir reden über das, was seit dem letzten Besuch wichtig war, über innere Prozesse und wie innere und äußere Prozesse zusammen ein Bild ergeben.

Ich frage sie, ob sie mir den äußeren Prozeß erzählen will ... wie es dann weiterging.

Sie schaut mich etwas unwirsch an, so als gebe es gar nichts mehr zu erzählen ... und sagt dann sehr schnell und fast ein bißchen, als solle ich es nicht hören, daß sie sich dann sehr schnell entschieden habe, einen Abbruch machen zu lassen. Es habe da auch kein großes Wenn und Aber und keine großen Bedenken gegeben. Schließlich habe sie sich zwar relativ schnell auf die Existenz eines Kindes eingestellt, aber nicht auf die eines behinderten. Und sie habe auch ganz klar gehabt, von Anfang an, daß sie weiter arbeiten wolle.

Auf meine Rückfrage, ob sie sich in der Zeit mit ihrem Partner habe bereden und austauschen können, sagt sie:

»Ja, er hat mir die Entscheidung völlig überlassen. Er wußte, daß es mein Bauch ist, und daß ich letztes Endes damit leben muß ...«

Mir fällt auf, daß diese Antwort nicht unbedingt auf einen intensiven Austausch hinweist. Ich sage ihr das, woraufhin sie aber nochmals betont, daß sie sich, soweit das eben möglich sei, von H., ihrem Partner, verstanden gefühlt habe.

Dann erzählt sie, wiederum sehr schnell und fast rastlos, daß alles ganz schnell ging, daß sie zwei Tage im Krankenhaus war und anschließend noch ein paar Tage zu Hause. Nein, sie habe eigentlich damals nicht viel darüber gesprochen ... schließlich habe sie dann auch wieder arbeiten wollen, und H. und sie hätten sich beide bemüht, nicht zu sehr im Schmerz hängenzubleiben. Nach ein paar Wochen sei es ihr dann auch wieder besser gegangen, und sie habe nicht mehr allzu oft daran gedacht.

Während Ute erzählt, spüre ich, daß sie immer noch trauert, und daß sie sich damals nicht die Zeit genommen hat, dem Trauerprozeß wirklich die Zeit zu geben, die sie vielleicht gebraucht hätte. Ich denke, daß es meine Aufgabe sein wird, ihr einen Weg zur Trauer zu bahnen und sie dabei zu begleiten.

Wieder mit allem konfrontiert worden sei sie dann erst eineinhalb Jahre später, als sie wiederum schwanger war.

»Es war ganz merkwürdig. Wie in einem Zeitraffer war alles wieder da, nur noch heftiger ... ich sah wieder das schwarze Loch und ich spürte eine Riesenangst ... zuerst hatte ich den Impuls, die ganzen Untersuchungen einfach nicht machen zu lassen ... aber dann hat meine Frauenärztin mich doch eines besseren belehrt.«

Die schlimmste Phase sei die gewesen, als sie im vierten Monat war ...
sie habe schreckliche Alpträume von totgeborenen Kindern und Leichen-
wagen und von Riesenkrähen, die über ihrem Haus fliegen, gehabt ...
und sie sei jede Nacht zehnmal aufgewacht ... auf meine Frage, ob sie
diese Gefühle und Ängste habe teilen können, sagt sie, daß das schon
möglich gewesen sei, daß sie ihn aber auch nicht zu sehr habe belasten
wollen. Sie will schnell weiter erzählen, wieder macht sie einen eiligen
und leicht gehetzten Eindruck.
Ich schlage ihr vor, zu diesen Gefühlen und dem, was im Moment bei ihr
da ist, ein Bild zu malen. Sie sagt, sie könne nicht malen, und ich sage,
daß es nicht ums schöne Malen, sondern um das Ausdrücken geht.
Sie stimmt zu, wählt aus den verschiedenen Stift- und Papierangeboten,
die ich ihr mache, einen Kohlestift und zwei Wachsmalstifte, einen dunkelblauen und einen anthrazitfarbenen. Das Papier faltet sie und schnei-
det ein Herz aus. Dann malt sie, zuerst in ihrer schnellen und leicht hek-
tischen Art, aber als sie fast das ganze Herz in einer schwarzen Grund-
farbe mit dem Kohlestift schraffiert hat, hält sie inne, nimmt dann den
dunkelblauen Wachsmalstift und malt eine zarte, geschwungene Spirale
in sehr langsamen Bewegungen. Sie ist dabei völlig konzentriert, fast
scheint es mir, als habe sie sich in eine andere Welt begeben. Schließlich
nimmt sie den anthrazitfarbenen Stift und malt eine Halbsichel in die rechte
obere Hälfte des Bildes. Sie ist kaum zu sehen, aber bei genauem Hinsehen durchbricht sie das eintönige Kohleschwarz.
Ich ermutige Ute, als sie fertig mit dem Malen ist, einfach das Bild vor sich
hinzulegen und in sich hineinzuspüren.
Außerdem rege ich sie noch zu ein paar Entspannungs- und Atemübun-
gen an.
Mir fällt auf, daß sie völlig ruhig geworden ist.
»Wie fühlen Sie sich?«
»Während ich gemalt habe, fühlte ich mich sehr schwer ... wie ein Sack ...
Es war zuerst wieder dieses schwarze Loch, aber als ich eine Weile nur
bei meinen Gefühlen blieb, war ich ganz bei meinem Herzen, und da
habe ich gemerkt, daß die Trauer zwar noch da war, aber zugleich gab es
eine große Bewegung in mir ...«, zeigt auf die Spirale, »und eben auch
eine Hoffnung, der ich aber nicht allzuviel Kraft gegeben habe ...«
»Ist das die Sichel oben rechts im Bild?«
»Ja, ich glaube, das Wichtige war die Spirale und die Bewegung in mir ...
sie lag auf dem dunklen Grund, aber sie war stärker, die Sichel steht
mehr für etwas, was ich nicht so direkt gespürt habe.«
»Wofür steht denn die Sichel?«
Ute guckt traurig, aber nach wie vor völlig entspannt.

»Ich glaube für so etwas wie eine Begleitung.«

»Haben Sie die damals gehabt?«

»Eigentlich nicht so richtig, aber schon ein bißchen, wenn ich bei Frau W. (die Ärztin) war.«

Am Schluß frage ich Ute noch, was sie auf dem Herz heute anders malen würde ... und sie sagt, daß sie das aus dem Stegreif nicht so sagen kann. Sie nimmt das Bild mit nach Hause.

In den nächsten zwei Sitzungen rede ich mit Ute über den weiteren Gang ihrer Geschichte. Im März 1992 brachte sie ein gesundes Mädchen zur Welt. Sie und H. waren sehr glücklich, wie sie mir erzählte. Beide nahmen jeweils ein Jahr lang Erziehungsurlaub, seitdem haben sie ihren Alltag recht gut geregelt. Eigentlich dachte sie, daß sie den Abbruch von damals überstanden hätte ... eigentlich war doch alles wunderbar, ihre Geschichte schien doch noch ein gutes Ende genommen zu haben.

Dann, in dem ersten Herbst, als sie wieder in ihrem Brennpunkt tätig war, fingen im November die Durchfälle an.

»Das war kein normaler Durchfall. Ich war körperlich so mitgenommen, daß ich mehrere Wochen lang total flach liegen mußte ... ich hatte solche Zitteranfälle und Erschütterungen und habe in vier Wochen zehn Kilo abgenommen.«

Ich frage sie, wie es jetzt eigentlich mit ihren Durchfällen sei, woraufhin sie mir erzählt, daß schon nach der zweiten Stunde, als sie das Bild gemalt habe, der Durchfall komplett nachgelassen habe.

Dann sagt sie selbst, daß sie glaubt, damals nicht genug getrauert zu haben ... Sie spüre das auch jedesmal, wenn sie bei mir weggehe, daß, gerade wenn sie viel geweint habe, eine gewisse Spannung und etwas von dem kohlefarbenen Belag von ihr abfalle.

»Aber ich habe Angst, daß es bei mir noch viel tiefer geht, wissen Sie, es kommt mir so vor, als liegen unter dem Herz noch Millionen und Abermillionen ungeweinter Tränen.«

Ich sage Ute, daß ich sie sehr gut verstehe und daß ich das schon in der ersten Stunde, als sie bei mir war, gespürt und mitbekommen habe.

Am Ende der vierten Sitzung frage ich Ute, ob sie sich mal Gedanken zu dem Bild von heute gemacht habe.

»Nicht nur das. Ich habe es sogar gemalt und mir zu Hause am Fußende meines Bettes aufgehängt.«

»Und wie sieht es aus? Haben Sie Lust, es mir zu beschreiben?«

Ute überlegt und sagt dann sehr bedächtig:

»Das ist keine Frage von Lust oder Nicht-Lust ... es ist nur nicht so einfach. Ich habe es *das gläserne Herz* genannt, als meine Tochter mich neulich fragte, was das denn eigentlich sei. Es ist silbrig, hat immer noch Kohlereste, aber eben nur Reste, ansonsten sieht es aus, als ob es schwingt und sehr offen ist ... Die Spirale ist auch noch zu sehen, aber nur wie eine zarte angedeutete Bewegung ... In der Mitte ist ein gelb bläulich schimmernder Teich ... Da ist noch viel Platz für die ungeweinten Tränen, und oben links und unten links gibt es eine Versenkung ... die habe ich wieder schwarz gemalt, aber sie ist jeweils verbunden mit dem gläsernen Herzinneren ...«

»Was bedeutet das gläserne Innere für sie?«

»Das ist meine Verwundbarkeit ... daß ich die spüre und auch mehr zeige ...«

»Mhm. Und die Versenkung?«

»Ja, da wollte ich jetzt mit Ihnen drüber reden ... Ich möchte gern einen Raum schaffen, wo ich mich selbst reinversenken kann, und dann möchte ich mein ungeborenes Kind auch versenken ... Wissen Sie, wie ich das meine?«

Ich frage sie, ob sie das als eine einmalige Aktion meint, oder ob sie das als Zustandsbeschreibung verstanden wissen will.

»Das mit dem Mich-Versenken das hat schon etwas mit dem zu tun, was ich jetzt manchmal in Ansätzen erlebt habe, wenn ich hier bei Ihnen war. Ich glaube, es hat auch etwas mit der Mondsichel zu tun ... Naja, und das Andere, daß ich mein Kind versenken will, das hat eher etwas Einmaliges. Damals habe ich es ja getötet, und weil es so schrecklich war, wollte ich schnell vergessen. Ich wollte so tun, als sei das alles nicht passiert. Ich wollte einfach und unbeschwert weiterleben, aber spätestens, als ich wieder schwanger war, habe ich ja gemerkt, daß das nicht einfach so geht. Aber als dann unsere Tochter geboren war, waren wir beide unwahrscheinlich glücklich, und ich dachte damals, daß diese alte Geschichte jetzt endgültig von mir abfällt ... Ja, ich habe es mir eingebildet, und eine Weile lang hat es ja auch wirklich funktioniert ... Für H. war es, glaube ich, nie so, wie ich das erlebt habe, jedenfalls war er ziemlich schockiert, als ich ihm neulich erzählt habe, daß ich jetzt zu Ihnen zur Beratung wegen des Abbruchs gehe ... »Ich dachte, das wäre längst vorbei«, sagte er ...«

Ich frage Ute nochmal, ob sie denn eine konkrete Vorstellung von dem einmaligen Versenken habe. Und dann sagt sie, benennt ganz konkret, daß es ihr um Abschiednehmen gehe, um etwas, das so in der Form noch nicht stattgefunden habe.

Wir verabreden uns für die nächste Woche, um diese Idee genauer zu planen und zu verfolgen. Ich sage Ute, daß meine Idee dazu die Gestaltung eines Abschiedsrituals ist ... daß wir uns für die Vorbereitung dieses

Rituals ruhig noch ein paar Stunden Zeit geben sollten, um die einzelnen Elemente gemeinsam anzudenken und zu planen.

Ute sagt, daß sie an ein Ritual noch gar nicht gedacht habe, und daß sie sich auch noch gar nichts Genaues darunter vorstellen kann, daß sie aber Vertrauen zu mir und unserem gemeinsamen Prozeß habe.

Als sie das nächste Mal kommt, bringt sie das Bild vom gläsernen Herz mit. *Ich bin gerührt:*
Von der Form her sieht es genauso aus wie das andere, aber ansonsten ist es wie das Negativ des dunklen Bildes, das sie in der zweiten Stunde gemalt hat. Es strahlt soviel Leichtigkeit und Transparenz aus, *daß es mich fast erstaunt, daß dieses Bild von der gleichen Ute sein soll.*
Ich sage ihr das, und sie ist verlegen.
»Tja, ich hab' eben viele verschiedene Gesichter.«
Ich sage ihr, daß ich mir vorstellen kann, daß wir die beiden Bilder in das Ritual integrieren.
Sie erwidert, sie könne sich irgendwie gar nichts Richtiges unter einem Ritual vorstellen.
Also beginne ich diese Stunde mit einem kleinen »Plädoyer für Rituale« ... in einer Zeit, in der alles immer schnellebiger und kurzatmiger wird, brauchen wir die Momente des Innehaltens und der Vergewisserung der Sinnhaftigkeit dessen, was wir tun. Ich sage, daß Rituale eine vielschichtige Bedeutung annehmen können und daß sie der Vergewisserung, aber eben auch der Infragestellung der Realität dienen können. So wie lebensgeschichtliche Krisenerfahrungen aus der Welt- und Selbstvergessenheit herausreißen können und die normalerweise nicht erwogene Möglichkeit, daß es auch anders sein könnte, ins Bewußtsein heben können, so können Rituale solche Prozesse begleiten.
Rituale sind nun eine Möglichkeit, an den Grenzen des »normalen Lebens« die religiöse Dimension sichtbar werden zu lassen.
»Damit kann ich viel anfangen, obwohl ich nicht religiös bin, im Sinne von Gläubig-sein oder so ... meine Großmutter war eine sehr fromme Frau.«
Ute erzählt, daß ihre Großmutter bestimmt heute noch zu Gott beten würde, wenn sie wüßte, daß sie das Kind getötet hat.
Wieviel Schuld und religiöse Verstrickung bei Ute im Spiel ist, wird mir, je länger sie zu mir kommt, immer deutlicher.
Sie erzählt dann, daß Religion bei ihr immer, in fast jeder Situation des Alltags, eine Rolle gespielt habe, also nicht unbedingt auf Grenzerfahrungen reduzierbar sei, und ich sage, daß Rituale eben auch in den »ganz normalen« Situationen des Lebens wichtig werden können.
»So kann dann auch die Begegnung mit einem anderen Menschen, das

Wachwerden eines Wunsches, die Erfahrung eines Traums eine Erfahrung von »auf der Grenze« sein ...

Und so sehe ich auch das, was Sie erlebt haben, als eine Grenzerfahrung, für die es ein Ritual zu entwickeln gilt.«

Eine längere Weile sind wir beide still, es ist eine merkwürdig bewegte Stimmung im Raum. Dann frage ich Ute, ob sie sich vorstellen könne, so ein Ritual mit mir zusammen zu planen und dann auch durchzuführen. Sie bejaht, sagt aber, daß sie noch keine rechte Vorstellung habe ...

Dann frage ich sie, was ihr an diesem Ritual wichtig ist ... was sie für sich braucht und ob sie schon Ideen habe. Und sie hat Ideen.

»Ich möchte einen Ort haben, wo ich hingehen kann, einen Ort, wo mein Kind symbolisch versenkt wird. Ich möchte mich an diesem Ort von meinem Kind verabschieden, allein und mit anderen zusammen. Ich möchte dort weinen, so viel und so lange ich will, und ich möchte mich selbst dort so lassen können, wie ich bin.«

Ich schlage Ute vor, auf eine Phantasiereise mit mir zu gehen, um zu visualisieren, wie sie sich das Ritual vorstellt.

Sie ist sofort einverstanden, will dabei auf meinem Teppichboden liegen und fragt mich, ob sie ruhige Musik im Hintergrund hören dürfe.

Auf der Phantasiereise lasse ich sie den Ort aussuchen, an dem sie ihr Abschiedsritual begehen will, ich frage sie, was sie alles mitnimmt und ob sie allein ist. Ich lasse sie die Umgebung ganz genau wahrnehmen und ermutige sie, sich einen Gegenstand auszusuchen, der symbolisch für ihr Ritual ist.

Am Ende der Sitzung sagt Ute, daß sie die Phantasiereise sehr genossen hat. Sie will gar nicht mehr darüber reden, ich frage sie, ob sie bis zum nächsten Mal die wichtigsten Gedanken und Gefühle aufschreiben will. Das bejaht sie.

Ute bringt einen Strauß Blumen mit und sagt, daß es ihr sehr gut gegangen sei, nach dem letzten Mal. Sie habe auch etwas aufgeschrieben ... und als ich sie frage, ob sie mir das vorlesen wolle, sagt sie:

»Warum lesen Sie es mir nicht vor ... mal hören, wie es sich dann anfühlt.«

Also lese ich:

»Der Ort ist zuerst nicht sichtbar. Er liegt im Nebel. Nur langsam spüre ich, daß wir uns an einer kleinen Einbuchtung am südlichen Rheinufer befinden. Von Anfang an bin ich nicht allein, sondern begleitet von Frau Strecker, Heinrich und meiner besten Freundin Birgit.

Wir gehen singend und mit Trommeln zum Rhein, H. hat seine Gitarre dabei und B. singt ein mir unbekanntes Lied, in das wir alle sehr schnell einstimmen.

Die Einbuchtung am Rhein ist sandig, es gibt dort einen kleinen Strand und viele Kieselsteine auf dem Sand. Frau Strecker hat eine große Glasschüssel in der Hand. Wir buddeln eine Kuhle in den Sand und sammeln Strandgut ... rundherum möchte ich einen Wall bauen, einen Schutz nach hinten, aber als ich anfangen will, sehe ich, daß H. schon damit begonnen hat.

Ich lege mich in den Sand und lasse meine Tränen fließen, ich bin selbst erstaunt, wieviele ungeweinte Tränen noch in mir waren, und ich habe eine Sehnsucht nach Auflösung.

Plötzlich sehe ich nichts mehr von den anderen, ich bin mir gar nicht sicher, ob sie überhaupt noch da sind, es ist auch nicht wichtig, ich bin allein und ich komme noch einmal in Kontakt mit meinem nie geborenen Kind. Aber ich kann nichts sagen ... ich weine einfach nur, dann höre ich wieder Frau Streckers Stimme, daß ich wieder langsam zurück in den Raum komme. Da bin ich.«

Ich habe langsam gelesen und versucht, in Kontakt mit Ute zu bleiben. An dem Punkt des in-den-Sand-legens hält sie ihre Augen geschlossen und atmet ganz ruhig. *Ich bin der Meinung, daß sie beim Alleinsein nochmal anders an ihre Trauer herankommt ... sicherlich kann das auch Bestandteil des Rituals sein. Interessant finde ich, daß sie ihren Partner wie selbstverständlich dabei haben will ... ich hätte sie von mir aus vielleicht gar nicht mehr gefragt, da in den Gesprächen der letzten Wochen deutlich wurde, daß sie die emotionale Verarbeitung allein leisten muß, obwohl sie sich selbst der m.E. mangelnden Unterstützung des Partners nicht bewußt ist. Ich frage mich aber, ob ich es hier vielleicht mit einer Gegenübertragung zu tun habe, da sie von ihrem Erleben her ihren Partner ganz selbstverständlich miteinbezieht und auf meine Nachfragen hin bisher immer wieder betont hat, daß H. ihr gut tut.*

Nachdem ich gelesen habe, sage ich Ute, daß sie schon das halbe Ritual auf der Phantasiereise visualisiert hat, und daß ich mir gut vorstellen kann, daß wir die andere Hälfte zusammen vorbereiten.

Ute sagt, daß sie nicht genau weiß, ob H. und ihre Freundin B. überhaupt mitmachen würden, daß sie es aber sehr schön fände.

Ich frage sie, ob sie die beiden bis zum nächsten Mal fragen will, und ob wir dann vielleicht mal einen Termin ausmachen, an dem wir die Ortsbesichtigung machen. Ute ist zögerlich.

»Ich weiß nicht, ob wir zu viert dorthin gehen sollten, es ist so merkwürdig, wenn wir da nur hingehen und dann gar nichts machen. Ich meine, in Form des Rituals ... können wir nicht lieber zu zweit, Sie und ich, da hingehen?«

Ich stimme zu, Ute geht sehr schnell.

Beim nächsten Mal kommt sie viel zu spät, abgehetzt, außer Atem, rast-los.

Ich komme gar nicht dazu zu fragen, was los ist ... sie legt direkt los »daß ich auf der Arbeit bei mir soviel Streß habe, hatte ich letztes Mal gar nicht erzählt, ... oder? Außerdem bringt mich die Sache mit diesem Ritual doch mehr durcheinander, als ich das vorher vermutet habe.«
»Wissen Sie denn, was Sie so durcheinander bringt?«
»Ja, ich glaube, es ist einfach so ungewohnt für mich ... und dann hat es auch so etwas Endgültiges, das will ich aber gar nicht.«
Ich sage ihr, daß das Ritual nichts Endgültiges haben muß, und daß sie selbst darauf Einfluß hat. Ich erzähle ihr von einer Frau, die mit mir zu-sammen ein Übergangsritual entwickelt hat. Für sie war es der Punkt des Älterwerdens, sie wollte den Übergang markieren, und sie fühlte sich auf der Schwelle von mehreren Lebensabschnitten. Gemeinsam haben wir dann nach einem Tor gesucht, das für sie Symbolcharakter bekam. Durch dieses Tor ging sie durch und ließ dabei einige Dinge zurück. Sie merkte aber, während sie das Tor durchschritt, daß sie lieber eine Hin- und Her-bewegung wollte, so daß sie selbst entscheiden könne, wann sie wirklich ganz hindurchgeht.

Ute schaut mich lange an und sagt dann, daß sie eben nicht so religiös sei, aber gleichzeitig doch einen starken Bezug zu dieser Art von Religi-on bekomme. Es übe eine starke Faszination auf sie aus, weil sie eine Markierung und Reflektion, zugleich aber ein ungeheures Potential von Freiheit entdecke.

Ich rolle eine große Wandzeitung aus und lasse Ute aufschreiben, was wir für das Ritual brauchen.

Ute schreibt, zuerst ganz schnell und ohne Komma und Strich, gegen Ende ruhiger

Ruhe
Sand
Schüssel
Instrumente
Trommeln
Strandgut
Papier
Farben
Bilder
Kerzen
Wasser vom Rhein
Fluß
Julia Ute Heinich Birgit

Auf meine Frage, ob das alles sei, nachdem sie sehr selbstbewußt geschrieben hat und dann ebenso forsch den Zettel zurückgelegt hat, sagt sie: »Das Problem ist nur, daß ich H. und B. noch nicht gefragt habe. Es kommt mir irgendwie so doof vor, als ob ich kein Recht dazu hätte.«
Ich frage sie, ob ich ihr noch etwas auf den Weg mitgeben kann, daß sie unterstützt, wenn sie ihre Freundin und ihren Partner gern dabei haben will. Und sie sagt:
»Sie könnten mir höchstens die Absolution erteilen. Ja, das ist der Punkt ... ich fühle mich immer noch schuldig und verantwortlich für diese Tötung, und immer, wenn ich weine, spüre ich diese unsägliche Schuld auf meinen Schultern, auf meinem ganzen Selbst lasten.«
»Darum kommen Sie sich schlecht vor, so als ob es nicht ihr Recht sei, um Unterstützung zu bitten?...«
Ute nickt.
Ich frage sie, ob ich ein Gebet mit ihr sprechen soll, das könne vielleicht so eine Art Absolution sein. Ute weint leise, nickt.
»Gott, Freundin und Vertraute nenne ich dich ... du weißt um Ute und ihren inneren Konflikt. Du kennst ihre ganze Geschichte und warst da, als das Kind in ihrem Bauch entstand, hast mitbekommen, wie Ute die verschiedenen Phasen durchlebt hat. Du weißt, daß sie sich entschieden hat, das Kind nicht zu bekommen. Laß sie doch spüren, daß diese Entscheidung nicht schlecht oder böse war. Laß Ute einen Weg finden, diese Abtreibung als ihren Weg anzunehmen und sich nicht mehr schuldig zu fühlen. Du kennst sie und weißt, wie schwer es ihr fällt, das Schuldgefühl loszulassen. Gib ihr die Gewißheit, daß du bei ihr bist. Amen.«
Als Ute geht, sagt sie, das sei das erste Gebet, das jemand mit ihr so gesprochen habe ... sie fühle sich tatsächlich, als ob etwas von ihr abgefallen sei.

In der nächsten Stunde wollten wir eigentlich die Ortsbesichtigung machen, aber Ute ruft an und sagt, daß sie keine Zeit hat. Wir reden am Telefon über das Ritual, und daß es von ihr aus bald losgehen kann.
»Immerhin ist nächste Woche Frühlingsanfang ... ich habe mit H. und B. geredet, und sie kommen gern mit, obwohl sie beide meinten, daß sie so etwas ziemlich exotisch finden ...«
Wir verabreden für die nächste Woche einen Treffpunkt am südlichen Rheinufer.

Ute kommt mit wehenden Haaren, aber zu spät. Wir gehen schweigend zum Rhein ohne zu reden, so, als wüßten wir beide genau, wo wir hinwollen. Am Ufer halten wir einen kleinen Moment inne.

Ich möchte, daß Ute den Ort bestimmt, an dem wir ihr Ritual feiern werden. Aber ich brauche gar nichts zu sagen. Wortlos nimmt Ute meine Hand, und wir gehen durch etwas steiniges, struppiges Ufergebüsch, bis wir nach ca. zehn Minuten an die Einbuchtung kommen.

Eine kleine, zum Fußgängerweg durch Büsche abgeschirmte Sandbucht liegt vor uns. Sie ist geschützt und doch nach vorne hin offen, eigentlich könnte sie besser nicht gewählt sein.

Ich frage Ute, ob sie schon den Ort der Versenkung für ihr Kind gefunden habe.

Sie schüttelt den Kopf.

Ich frage sie, ob sie an ihrem Ort der Versenkung, der inneren, nach diesem Platz suchen will.

Sie legt sich sofort hin, etwas am Rand der Bucht, wo sie sich vorher eine kleine Mulde mit eigenen Händen geschaufelt hat.

Ich decke sie zu mit einer Decke, die ich mitgebracht habe. Ich schicke sie auf eine Phantasiereise durch ihren Körper, anschließend lasse ich sie visualisieren, wie der Ort aussehen soll, an dem sie symbolisch ihr Kind versenken will.

Sie atmet völlig entspannt, *ich genieße die Ruhe und die Atmosphäre dieses Ortes. Ich habe ein gutes Gefühl zu diesem Moment, und ich hoffe und bete, daß es ein gutes und schönes Ritual wird.*

Als Ute von der Phantasiereise zurückkehrt, bleibt sie noch einen Moment liegen und geht dann zielstrebig zur Mitte der Bucht und bleibt dann stehen.

»Ist es hier?« frage ich.

»Ja, genau. Lassen Sie uns den Ort mit Steinen markieren.«

Wir bilden einen Kreis aus Steinen und in der Mitte buddelt Ute ein Loch.

»Ich möchte gern, daß wir alle zusammen genau an diesem Ort stehen und unsere Gedanken, Sorgen, Probleme, Wünsche hineinwerfen ... symbolisch. Oder paßt das nicht zu einem Ritual?« fragt Ute.

Ich sage zu Ute, daß das Ritual eben genau daraus besteht, daß sie ihre eigenen Bedürfnisse und Wünsche hineinlegt und diesen eine Form und einen Ausdruck gibt.

Sie ist einverstanden, und wir gehen schweigend zurück zum Ort am Rheinufer, an dem wir uns getroffen haben und verabschieden uns herzlich.

Ich wußte nicht, daß diese Begegnung die letzte mit Ute sein würde.

In der folgenden Woche sagte sie ab, weil ihre Tochter krank war, eine Woche später ebenso.

Dann rief sie mich an, um mir mitzuteilen, daß sie sich im Moment nicht vorstellen könne, das Ritual zu machen.

Ich fragte nach, ob sie das im persönlichen Gespräch mit mir nochmal klären wolle, aber sie wollte nicht. Ich fragte sie, ob es in unserer letzten Sitzung etwas gegeben habe, das sie zu dieser Entscheidung gebracht habe, aber sie verneinte.

Wir verabredeten nichts am Telefon, weil Ute das nicht wollte. Ich sagte ihr, daß ich mich freuen würde, wenn sie sich nochmal meldet, auch weil ich einen Abschied wichtig finde. Sie stimmte zu, und wir verabschiedeten uns am Telefon.

Für mich setzte in diesem Moment eine sehr starke Phase des Zweifelns ein. Alle Mechanismen der gescheiterten Beziehung tauchten vor meinem inneren Auge auf. Ich hatte Schuldgefühle und fragte mich, was ich falsch gemacht habe. Ich fühlte mich verantwortlich für das gelungene Abschließen des Prozesses mit Ute. Vor allem hatte ich eine klare Vorstellung, wie das Ritual Teil der Geschichte mit Ute sein sollte, und ich dann zu einem gelungenen Ende mit ihr käme, vorausgesetzt, daß sie sich dieses Ritual zueigen machte. Ich fragte mich immer wieder, an welchem Punkt Ute ausgestiegen war, ich versuchte nochmal die Sequenzen unserer letzten Interaktionen zurückzuverfolgen, aber ich fand den Schlüssel nicht. Ich zweifelte an meiner Kompetenz, weil Ute so häufig betont hatte, daß ihr das Moment des Abschiednehmens so wichtig sei. Ich überlegte, ob ich ihr mit bestimmten religiösen Interventionen, dem Gebet, den Gedanken zu Ritualen und zur Absolution zu nahe getreten war, aber es gab keine eindeutige Antwort. Ich überlegte auch, ob Ute vielleicht schon soviel an Trauer und Schmerz zugelassen hatte, daß sie ihr gläsernes Herz schützen wollte.

Ungefähr drei Monate später bekam ich einen Brief von Ute.

Liebe Frau Strecker,

Ich habe lange gewartet, aber das heißt nicht, daß ich Sie vergessen habe. Zunächst einmal will ich Ihnen schreiben, daß ich hoffe, Sie sind mir nicht böse. Ich wollte Ihnen eigentlich gleich nach unserem letzten Telefongespräch schreiben, aber ich habe es immer wieder vertagt, hinausgezögert, und schlußendlich habe ich alle Briefe in ihren Anfängen zerknüllt und weggeschmissen. Es geht mir gut, und ich fühle mich wesentlich besser und auch gestärkter als in der Zeit, bevor ich damals zu Ihnen kam. Ich habe keinerlei körperliche Symptome mehr, und ich bin auch sicher, daß sie mich nicht mehr in Beschlag nehmen werden.

Durch unsere Gespräche und die selbstverständliche Wärme, die Sie mir gegeben haben, war ich bei Ihnen auf einmal an der Quelle meiner Tränen. Das gläserne Herz ist für mich eine stetige Begleiterin geworden. Ich schaue es jeden Tag mehrmals an, und ich weiß, daß ich einen Schatz in mir trage, den ich mir früher nie bewußt gemacht habe. Ich habe ihn früher nicht einmal gespürt. Das ist mir klar geworden, als wir beide zusammen am Rhein waren. Ich habe gemerkt, daß ich häufig dazu neige, mich auf andere zu beziehen, andere wichtiger zu nehmen als mich selbst, und vor allem habe ich gemerkt, daß mir die Tränen anderer kostbarer sind als meine eigenen. Als wir das letzte Mal zusammen waren und ich mit Ihnen an der Stelle der Versenkung stand, da sagte ich doch zu Ihnen, daß ich möchte, daß wir alle zusammen dort stehen. Ich hatte aber einige Tage danach einen Traum, in dem ich das Ritual mit vollster Überzeugung allein durchgeführt habe. Es war alles so, wie wir es besprochen haben. Ich habe das kohlefarbene Herz und das gläserne Herz gegenübergestellt, und ganz klar spürte ich, daß ich das gläserne Herz mit niemandem teilen wollte und auch nicht mitteilen.

Eins aber sehe ich heute an diesem verregneten Tag, an dem ich an Sie schreibe. Sie gaben mir die Erlaubnis und vor allem die Kraft, das gläserne Herz für mich zu entdecken und es zu behalten. Bitte seien Sie mir nicht böse, daß ich nicht mehr zu Ihnen gekommen bin. Ich habe mich von meinem ungeborenen Kind verabschiedet, und es war gut so. Ich danke Ihnen für alles. Ihre Ute

Ute kam nie wieder zu einer Beratung.
Ich schrieb ihr als Antwort auf den Brief eine Karte.

Liebe Ute,
vielen Dank für Ihren Brief, Ich habe mich sehr gefreut, von Ihnen zu hören. Ich bin froh, daß es Ihnen gut geht und daß Sie für sich soviel Klarheit gefunden haben. Als sie damals nicht zu unserer verabredeten Stunde gekommen sind, fragte ich mich, was in unserem Kontakt schiefgelaufen ist. Aber ich sehe und erkenne, daß Sie das Ritual auf Ihre Weise durchlebt haben und daß Sie es allein machen mußten. Wenn Sie sich noch einmal bei mir persönlich verabschieden wollen, melden Sie sich. Das mit dem Abschied ist ja schon so eine Sache, wie Sie wissen.
Passen Sie gut auf Ihr Herz, das gläserne, auf. Es ist wirklich einzigartig.
Herzlich grüße ich Sie,
Julia Strecker

Methodischer Aspekt: Entwicklung und Bedeutung von Ritualen in der Seelsorge
Wie gehe ich mit dem Erleben des Scheiterns in seelsorgerlichen Beziehungen um?

In meiner Arbeit als Pastorin und Seelsorgerin ist mir die Bedeutung von Ritualen immer wichtiger geworden. Rituale als Begleitung in Trennungs- und Krisensituationen, um Kontingenzerfahrungen transparent zu machen, Rituale als Begleitung in Übergängen und als rites de passages. Lebensübergänge sind ebenso berufliche Veränderungen, wie auch Passagen im Beziehungsleben. Sie tauchen auf im Kontext größerer Gemeinschaften und im Kontext von Frauenzusammenhängen. In meiner Arbeit als Pastorin habe ich verschiedene Lebensübergänge begleitet, die erste Menstruation von Mädchen, den Einzug in die erste eigene Wohnung, die Trennung vom ersten Freund, das Coming-out einer lesbischen Studentin und andere. Wichtig dabei ist, daß die Übergänge nicht unbedingt seltene Ausnahmesituationen darstellen, sondern Lebensgeschichte insgesamt konstituieren. Zum Beispiel hatte ich im Lauf der letzten Jahre mit vielen Frauen zu tun, die nach einem Ort der spirituellen Heimat für sich suchten. So wäre es denkbar für die verschiedenen Unterbrechungen und Schwellen des Lebens, nicht nur für die großen Trennungen, Abschiede und Neuanfänge, sondern auch für die kleinen, täglichen Schwellen, Rituale zu schaffen, die Begleitung und Reflexion (Spiritualität) im Alltag anbieten.

Mit einigen Frauen habe ich die Haltung für das Gebet geübt, mit anderen habe ich an kreativen Pausen im Alltag gearbeitet, wieder andere haben mir ihre Morgenrituale (Joggen vor dem Frühstück oder zehn Minuten bei geöffnetem Fenster schweigend den Tag begrüßen) erzählt.

Rituale haben die Funktion, Kontinuität und Stabilität herzustellen, sie sind von daher wesentliche Brückenpfeiler, wenn Sinnfragen auftauchen oder der Boden unter den Füßen wegzusinken droht. Sie können auch eine deutliche Zäsur übernehmen, wenn ein Lebensabschnitt zu Ende geht und ein neuer beginnt.

Rituale können also Stabilisierung und Steuerung herstellen, um Brüche möglichst sanft und integrierbar erfahrbar werden zu lassen. So habe ich z. B. ein Mädchen dabei begleitet, ihr Erwachsenwerden so zu gestalten, daß es für sie selbst eine annehmbare Form bekommt. Sie war zu mir in die Beratung gekommen, weil ihre Lehrerin ernsthafte Eßstörungen bei ihr feststellte, die sie auf das rigide religiöse Elternhaus zurückführte. Ich schlug ihr nach wenigen Gesprächen vor, ein eigenes Ritual zu entwickeln. Sie ging mit mir in die Kirche, inszenierte verschiedene Situationen, die sie loslassen wollte, kletterte schlußendlich unter den Altar und sagte, daß sie am liebsten dort bleiben wolle. Auf meine Frage, was es denn unter dem Altar so schön für sie sein lasse, sagte sie, daß es wie ein Schutz vor der harten Welt der Erwachsenen sei, und sie habe das Gefühl, hier einfach bleiben zu wollen. Ein Teil des Rituals sah dann so aus, daß sie sich ganz konkrete Orte suchte – andere als den Altar –, wo sie Mädchen sein konnte, so wild und zahm, bedürftig und rebellisch sich das für sie gestaltete. Sie selbst bezeichnete diese Unterbrechungen aus ihrem Alltag als »Mach mal Pause« und legte viel Wert darauf, daß sie ihr immer wieder die Möglichkeit eröffneten zu reflektieren, was Erwachsenwerden als Frau in unserer Gesellschaft eigentlich bedeutet. Auch als sie nicht mehr zu Gesprächen zu mir kam, nutzte sie ihre »kleinen Pausen« als spirituelle Heimat für sich selbst.[1]

Im gläsernen Herz schilderte ich die gemeinsame Entwicklung eines Abschiedsrituals mit einer Klientin, die mit einer diffusen Fragestellung kam, diese aber nicht so deutlich als den Wunsch nach einem Ritual benannte. Wesentlich bei der Gestaltung dieses Abschiedsrituals war, daß der Klientin die Bedeutung des Loslassens spürbar und deutlich wurde.

Sie fand *auf dem Weg* zu ihrem Ritual Möglichkeiten, ihre Trauer und ihren Schmerz zu spüren und auszudrücken. Wesentlich für die Gestaltung des Rituals wurden dabei auch theologische Fragen, wie die nach Schuld und Vergebung, aber auch: Gibt es ein Leben nach dem Tod, gibt es eigentlich Gott und wenn ja, wie kann ich mit dieser in Verbindung treten? Während zunächst nur der nicht vollzogene Abschied von Bedeutung für Ute war, spürte sie im Lauf des Vorbereitungsprozesses, daß es um wesentlich mehr ging. Die Fragen nach ihrer eigenen Schuld und Vergebung (sie sprach einmal von Absolution) traten in dem Moment auf, als sie begann, sich gedanklich auf die konkrete Ausführung des Rituals einzulassen. Ebenso entdeckte sie religiöse Anteile bei sich selbst, die sie so gar nicht gekannt hatte. Ich erlebte das religiöse Potential in ihr von unserer ersten Begegnung, spätestens von dem Moment an, als sie ihr Bild gemalt hatte und die Spirale als Hoffnung, die Sichel als Begleitung benannt hatte. Von daher war ich mir der Interventionen bzgl. des Rituals auch recht sicher.

Letztendlich war die Vorbereitung und Planung des Rituals wesentlich für Utes Prozeß. Sie entdeckte in ihrem Wunsch, ganz konkret Abschied zu nehmen, ihre unausgedrückte Trauer, die fehlende Begleitung und die Unerlöstheit ihrer Situation.

---

1. Siehe weitere Ausführungen in Teil I,4.5 Rituale.

Einige Fragen bleiben offen: Zunächst die Frage, ob ich mit meiner schnellen Entscheidung, mit Ute ein Ritual durchzuführen, nicht über ihre Bedürfnisse und vor allem über ihren Rhythmus hinweg geplant habe. Vielleicht hätte ich einen längeren Zeitraum für die Vorbereitung ansetzen müssen, um Ute wirklich selbst ihren Rhythmus entfalten zu lassen? In der Begegnung mit Ute war das Thema des Abschieds von Beginn an ein konstitutives Element. So wie ihr eigentliches Thema, der nicht vollzogene Abschied von ihrem ungeborenen Kind, so wurde auch in der seelsorgerlichen Beziehung zwischen Ute und mir deutlich, daß das Abschiednehmen schwierig und mit größten Hemmschwellen verbunden ist.

Für mich als Seelsorgerin tauchte in dieser Beziehung vor allem die Frage nach der eigenen Unvollkommenheit auf. Gerade an dem Punkt des Abschiednehmens, des eigentlichen Ritualvollzugs, aber auch des Abschieds von mir, muß ich sehen und erkennen, daß ich bestimmte Prozesse nicht unterstützt habe, vor allem während der Arbeit mit Ute nicht stark genug auf ihre eigentlichen Themen, Gefühle und Verstrickungen geachtet habe. Im nachhinein sehe ich, daß Ute in unserem Kontakt etwas von der unterlassenen Trauerarbeit wiederholte, die im Fall ihres ungeborenen Kindes zu körperlichen Symptomen führte. Fraglich ist für mich auch, inwieweit ich in dem begrenzten Rahmen des seelsorgerlichen Settings die Möglichkeiten für eine intensive Traueraufarbeitung anbieten konnte, die Ute gebraucht hätte. Vielleicht brauchte sie viel mehr Zeit und Raum, um die Schuldfrage zu klären, Absolution also Lossprechung zu erfahren und ihre Scham loszuwerden. Vielleicht war ihr persönlicher Umgang mit dem gesamten Schuld- und Schamkomplex auch für mich zu bedrohlich, um ihr den Raum anzubieten. Fest steht, daß Ute ihre eigenen Ressourcen entdeckte, indem sie das gläserne Herz gemalt hat und dies auch zu ihrem persönlichen Schatz erklärte.

Bis zum Schluß bleibt für mich die Frage offen, ob der eigentliche Vollzug des Rituals in Utes Prozeß nochmal eine weitere Tiefung bedeutet hätte oder ob die Tiefung eben gerade darin bestand, daß sie für sich entschied, das Ritual nicht mit den anderen teilen zu wollen.

Ein wichtiges Element in diesem Zusammenhang ist die doppelte Scham, der Ute sich ausgesetzt fühlte, und die auch in Ansätzen in unseren Gesprächen und in ihren eigenen Bildern auftauchte. Doppelte Scham insofern, als sie sich schuldig wegen der Abtreibung fühlte, zugleich aber auch einen schweren Zugang zu der Schwangerschaft mit einem behinderten Kind fand. In unserer Gesellschaft wird es ja immer schwieriger, sich als Frau nicht zu schämen, wenn ein behindertes Kind schon vom ersten Monat seiner Existenz mit grundsätzlichen Existenzanfragen konfrontiert wird. Wahrscheinlich habe ich hier als Seelsorgerin versäumt, mehr Platz für die Scham einzuräumen ... vielleicht wäre das für Ute ihr Ritual gewesen, die doppelte Scham zu benennen, sie nicht in eine Kiste der Vergessenheit zu packen, sondern sie zuzulassen und letztendlich loszulassen.

Inwieweit ich während der Trauerarbeit mit Ute Elemente der Scham aufgegriffen habe, wage ich nur zu vermuten. Während der Besprechung der Bilder formulierte sie selbst im Grunde genommen alles, was für sie wichtig war: die Scham, die Schuld (das gläserne Herz), die Sehnsucht nach Begleitung (die Sichel), Abschied und Vergebung (die Versenkung). Mir ist jedenfalls bewußt, daß ich während des Prozesses mit Ute zu wenig Offenheit für andere Gefühle als die der Trauer und die der Schuld hatte. In Ansätzen taucht das Benennen der Scham im Gebet auf, da es mir aber selbst als Hauptthema nicht bewußt war, vernachlässigte ich auch an dieser Stelle die Fokussierung. Erst im nachhinein, im Reflektieren dieses Prozesses tauchte die Scham als wesentliches Gefühlsmoment so stark auf, daß ich mich frage, warum ich sie während der unmittelbaren seelsorgerlichen Begleitung nicht in den Blick genommen habe.

So ist im nachhinein auch erklärbar und einsichtig, warum Ute das Ritual zwar visualisierte, warum sie sich ausmalte, das Ritual mit ihren vertrautesten Menschen durchzuführen, warum sie aber dennoch allein blieb. Auch wenn sie sich vielleicht wünschte, alle ihre Gefühle, die mit der Abtreibung des ungeborenen Kindes zusammenhängen, mit ihrem Partner und ihrer Freundin zu teilen, so war sie dazu nicht in der Lage, weil die Gefühle von Scham und Schuld, jedenfalls zu diesem Zeitpunkt, noch zu wenig Raum hatten, zu wenig ausgedrückt waren und eben, wie sie dann auch selbst formulierte, nicht mitteilbar waren.

Für mich selbst war es eine schwere Prüfung, das eigentliche Beratungsziel, nämlich das Ritual auch bis zum Schluß durchzuführen, nicht zu erreichen. Ich möchte jedoch explizit darauf hinweisen, wie elementar und entscheidend das Wahrnehmen der Bedürfnisse der Klientin ist. Auch wenn die Seelsorgerin sich relativ sicher ist, daß ihre Interventionen und Vorschläge genau das richtige für die Klientin sind, so muß sie dennoch überlegen, ob sie dabei ihre eigenen Wünsche verfolgt oder im Sinne der Klientin handelt. Letztendlich ist die Klientin diejenige, die den Weg geht, ihren Weg, und die Seelsorgerin begleitet sie, so gut sie kann.

Das schwarze Zelt

Thematischer Aspekt: Töchter und Mütter

Die Erzählung vom Zelt der Begegnung in Exodus 33 ist eine meiner Lieblingsgeschichten in der hebräischen Bibel. Das Zelt derer, die in eine neue Heimat aufbrechen, ist ein Ort, an dem eine Begegnung mit der Macht der Lebendigkeit und des Todes möglich ist. Wer Gott befragen will, geht hinaus zum Zelt der Begegnung vor dem Lager. Dort begegnet auch Mose der Gegenwart Gottes, die in der jüdischen Tradition Schechinah heißt, das Wohnen Gottes auf Erden. Mose spricht mit ihr von Angesicht zu Angesicht wie mit einer Freundin (Exodus 33,7-11).

In der Frauenwerkstatt des Kirchentages in Leipzig bot sich die Gelegenheit, meine langjährige Arbeit zum Thema *Raum, Macht und Geschlecht* als ein ganzheitliches Projekt durchzuführen. Theologische und soziologische Reflexionen wollte ich mit einer künstlerischen, symbolischen Gestaltung des Raumes verbinden, so daß ihre Vielschichtigkeit deutlich wurde: soziale, psychische, politische, geistige und spirituelle Dimensionen des Raumes im Leben der Frauen in einer Welt, die nach Vatergesetzen und Bruderkontrakten funktioniert. Mit einer Künstlerin, Ute Werner, und einer Mitarbeiterin der landeskirchlichen Frauenarbeit Sachsens, Kathrin Pflicke, wurde die Idee geboren, die Halle als ein großes Zelt zu gestalten, in welchem dann in seinen vier Ecken wiederum Orte der Begegnung geschaffen würden. Nach einführenden Gedanken zur Bedeutung des Raumes sollten die TeilnehmerInnen Gelegenheit haben, sich zu bewegen, sich im Zelt ihrer Wahl zu begegnen, miteinander zu reden oder zu schweigen, sich anzumalen, zu schreiben oder zu tanzen, einen Audruck zu finden für ihren Platz, ihren Ort, an dem sie sind oder sein möchten.

Die Vielseitigkeit des Projektes inspirierte mich sehr. Monatelang bereiteten wir uns auf die Gestaltung des Raumes, auf den Aufbau und die Reflexionen vor. Als der Kirchentag begann, fingen wir mit viel Enthusiasmus und wenigen MitarbeiterInnen an, die MitarbeiterInnen und Aufsicht der Sportuniversität für unser Projekt gnädig zu stimmen, was eine nervenaufreibende Arbeit für sich war, aber schließlich in einer schönen Kooperation endete! Es dauerte drei Tage, bis die Zelte schließlich in die Riesenhalle gehängt waren, aber kurz vor der Veranstaltung sah es schließlich wunderschön aus. Ich war total erschöpft, aber ich war gespannt, was nun passieren würde.

Es kamen ungefähr genau so viel TeilnehmerInnen wie Plätze vorbereitet waren (fünfzig). In der Mitte des Raumes standen zwei Schalen mit Wasser

und Blüten. In jeder Ecke des Raumes ein Zelt, das die verschieden Zeit-
räume des Lebens symbolisierte:
ein weißes Zelt für den Lebensraum des Unberührten, des Neuen, des
Erprobens, des Jungen, des Neugierigen und Abenteuerlustigen, aber auch
des Zarten und Schützenswerten. Ein rotes Zelt für die Frauen, die sich im
Raum der Freundschaft, der Liebe, der Intensität, des Menstruierens, der
Sinnlichkeit, des Feuers aufhalten wollen. Ein schwarzes Zelt für diejenigen, deren Leben sich erdet, die die Tiefe suchen, das Feste und Starke,
die Klarheit, den Zorn, die Trauer, die Verwandlung von Tod in Leben. Und
ein Zelt des Schutzes, der Ruhe, der Meditation: ein blaues Zelt. In jedem
Zelt saß eine Frau, die genau mit denselben Farben des Zeltes bemalt und
gekleidet war, von Kopf bis Fuß: weiß, rot, schwarz, blau.
Nach einer Begrüßung wurden die TeilnemerInnen in den Raum theologischer und soziologischer Gedanken geleitet, eröffnet mit einer Lesung aus
der Wolfsfrau von Clarissa Estes: die Geschichte von La Loba (Estes, 1993).
Danach wurden alle eingeladen, in das Zelt ihrer Wahl zu gehen und sich
dort einen Raum zu schaffen oder einen Raum zu erleben, der für sie im
Moment wichtig war.

*Ich bin zunächst erschöpft nach dem gemeinsamen Vortrag mit meinen
Kolleginnen Barbara Feichtinger, die aus der Wolfsfrau vorgelesen hatte,
und Birgit Effinger, die den soziologischen Teil übernommen hatte. Wir hatten uns abgewechselt, um die vielseitigen Aspekte der Raumkategorie aufzuzeigen. Es war mir aber zwischendrin deutlich geworden, daß der Vortrag insgesamt viel zu lang wurde, und viele der Teilnehmerinnen in der
Nachmittagszeit auch sehr müde waren. Ich hatte Angst, daß etliche gehen
würden und daß nicht genug Zeit bliebe für die Stimmen der Teilnehmerinnen. Deshalb hatte ich gleich nach dem letzten Teil des Referates in die
Zelte eingeladen.*

*Während die Frauen sich schon in verschiedene Zelte begeben, bin ich
unschlüssig. Soll ich in das blaue Zelt gehen, in die Ruhe? Oder in das rote,
das in seiner intensiven Farbe mit der rotbemalten Künstlerin eine pulsie-
rende Lebendigkeit ausstrahlt? Ich entscheide mich, in das schwarze Zelt
zu gehen, weil ich jetzt in einer Lebensphase bin, in der eine tiefe Verwurzelung dran ist, Festigkeit, Klarheit, Konzentration.*

Bevor ich das Zelt erreiche, taucht noch eine Irritation auf: die Fernsehleute, mit denen ich vor der Veranstaltung gesprochen hatte, beginnen, ohne
zu fragen, die Frauen in den Zelten aufzunehmen. Eine Frau erregt sich
besonders darüber. Sie hat ihr kleines Baby mitgebracht und sitzt mit dem
Kind auf dem Schoß am Eingang des schwarzen Zeltes. Die schwarz be-
malte Frau sitzt in der Mitte des Tipi-ähnlichen Zeltes. Es geht eine starke
Wirkung von dem Kreis aus, von dem Schwarz, von der schwarzen Frau.

Die Teilnehmerinnen bitten diese, mit in den Kreis zu kommen. Die Frau mit dem Kind spricht ihren Zorn über die Fernsehleute aus, eine weitere hat sich auch geärgert. *Ich denke, gut, daß dieser Raum da ist, um Wut und Zorn zuzulassen.*

Ich beobachte, daß eine Frau mit schwarzen Wachsmalstiften etwas auf ihre Arme malt. Sie fängt an zu weinen. Ich möchte sie ansprechen, warte aber erst noch ab, um genug Zeit zu lassen. Sie weint sehr und andere merken es jetzt auch. Ich frage sie, ob sie etwas sagen möchte und sie sagt:»Ja, ich habe so viel Angst, meine Mutter beschuldigt mich so schlimm und macht mich für schreckliche Dinge verantwortlich, ich kann es nicht mehr aushalten.« Auf ihre Arme hat sie mit großen Buchstaben ANGST und SCHMERZ geschrieben. Sie sagt, sie möchte aus der Angst endlich herauskommen. Eine andere Teilnehmerin reagiert auf sie und meint, sie müsse dann eben diesen Schritt tun und sich trauen, das sei wichtig. *Während sie spricht, befürchte ich, daß jetzt eine der berühmten Ratschlagrunden losgeht, wo andere sofort von ihren eigenen Erfahrungen sprechen, ohne der Betroffenen erst einmal zuzuhören, damit die Offenheit zudecken und ein Ja-aber-Spiel beginnen. Ich bin auch fasziniert von der Situation. Das Baby, das auf dem Schoß der Mutter liegt, schaut mit großen aufmerksamen Augen auf die Weinende, als verstünde es alles.*

Ich frage diese Teilnehmerin daher, ob sie ihre Gedanken noch zurückhalten kann, und wir zunächst erst einmal genauer hören, was diese junge Frau bewegt. Sie spricht dann auch mehr, erzählt von ihrem Konflikt und äußert sehr klare Bilder davon, was ihr jetzt gut tun würde. Sie möchte der Mutter sagen, was sie wütend macht. Die Mutter jedoch soll zuhören und nichts sagen. Und sie möchte eine Dogge an ihrer Seite haben.

Ich bin beeindruckt von dem Mut und der power, die in dieser Tochter stecken, und wie sie ihre Gefühle so offen in die Situation gibt. Auch die Klarheit, mit der sie beschreibt, was sie machen möchte. Das bestärkt mich, die Gruppe zu fragen, ob sie bereit sind, mitzumachen.

Die Gruppe der Anwesenden stimmt zu. Eine Frau steht auf : Ich bin bereit, Deine Mutter zu sein. Sie legt sich eine Hand auf den Mund, so daß sie nicht sprechen kann. Die junge Frau mit dem Kind sagt, ich bin gerne Deine Dogge und bin neben Dir. Eine andere nimmt das Baby und trägt es im Raum umher. T. stellt sich gegenüber der Mutter auf. Ich lade sie ein, ihren Platz zu finden, ihre Kraft zu spüren und auszuprobieren, welcher Abstand der richtige für sie ist. Die Dogge setzt sich an ihre Seite. T. bittet mich, meine Hände schwarz zu malen und ihr Kraft zu geben. Eine andere Teilnehmerin, die mich später als eine meiner ehemaligen Studentinnen begrüßt, fragt, ob sie uns mit der Trommel begleiten soll, was von allen bejaht wird. T. beginnt nun, ihrer Mutter zu sagen, was sie empfindet, was sie quält, was ihr Angst macht, worüber sie zornig ist. Die anderen Frauen sind im Kreis um uns herum. Die Trommel begleitet die Gefühle, die zum Ausdruck kommen.

Ich bin total mittendrin, ich spüre eine ungeheure Energie in dem Zelt, in T., in mir, in den Frauen, auch in den anderen Zelten wird aufgehorcht, einige Frauen beginnen, zu uns herüberzukommen. Nachdem T. gesagt hat, was sie sagen wollte, dreht sie sich plötzlich zu mir: Wenn Du ein Wort aus der Bibel für mich hast, das jetzt paßt, dann sag es mir jetzt. Ich bin sehr überrascht, aber dann auch wieder gar nicht. Ich weiß sofort, was ich sagen will, ein Wort, das ich selbst oft als Stärkung bei Angst empfunden habe.

Ich nehme ihre beiden Hände fest in meine und sage: Ja, ich weiß, was ich Dir sagen will.»Fürchte Dich nicht, siehe ich bin bei Dir. Ich habe Dich bei Deiner Rechten genommen, Du bist mein«. Ich spüre die Kraft, die zwischen uns entsteht. T. gibt ein Zeichen, daß es jetzt für sie gut ist so.

Inzwischen sind viele Frauen aus den anderen Zelten zu uns herübergekommen. Ich lade jetzt die Trommlerin ein, für uns den Rhythmus zu geben und frage T., ob sie den Spiraltanz führen möchte. Sie beginnt, und wir gehen vom schwarzen Zelt zum blauen, zum weißen und zum roten und gehen in die Spirale und wieder heraus, so daß alle sich sehen können. Dann tanzen die Frauen von den verschiedenen Zelten ihren Tanz in der Mitte und die anderen klatschen dazu. Wir beenden dieses Seminar wieder mit einigen Worten aus der Wolfsfrau:

»Es gibt eine alte Frau, die an einem verborgenen Ort lebt, den alle kennen, der aber nur wenigen Menschen zugänglich ist (...) die in der Wüste und unter dem Meeresspiegel lebt, in den Tiefen, oder an dem Ort zwischen den Welten, wo der Geist der Wölfe mit dem Geist der Menschen verschmilzt. Sie ist die große Mutter, die alle Welten gebiert ... Mutter Nyx, Herrscherin über das Dunkle und Schlammige. Sie ist Durga für die Hindus, Gebieterin über die gedankliche Kraft, aus der die gesamte äußerliche, sichtbare Realität hervorgeht, sie ist Hekate, die Seherin und vieles mehr in den Mythen aller Völker von Beginn an. La Loba, die weise Alte, existiert in jeder Frau. Sie bewohnt den Raum in unserer Psyche, wo das Instinktive, das noch Ungezähmte und noch wild-natürliche in den bewußten Verstand übergeht. Ihr Zuhause ist der Punkt, an dem das Ich und das Du miteinander verbunden sind« (Estes 1993, 34).

Einige bleiben noch im Raum und sprechen. Andere fangen an aufzuräumen. Eine Frau aus dem schwarzen Zelt bietet T. eine Entspannungsmassage an. Sie jedoch möchte jetzt gehen, sich mit Freunden treffen, abspannen. Es war viel für sie. Sie bittet mich jedoch, mir am kommenden Tag eine Stunde Zeit für sie zu nehmen. Sie möchte das nächste

Telefongespräch mit ihrer Mutter vorbereiten. Wir vereinbaren einen Zeitpunkt. *Ich bin noch den ganzen Nachmittag völlig wie in Trance von der Macht dieses Erlebnisses. Ich hatte meinen älteren Sohn eingeladen, an der Veranstaltung teilzunehmen, und er war aus seinem Studienort, Berlin, gekommen. Er war der einzige männliche Teilnehmer gewesen und ich fragte mich die ganze Zeit über, was er wohl denken und fühlen würde. Er war im blauen Zelt gewesen und hatte dort mit meiner Freundin gesprochen. Es dauerte lang, bis ich alle sieben Sachen zusammengesammelt hatte, so erfüllt war ich noch. Ich war dankbar über die Geduld der anderen, und daß wir uns Zeit nahmen. Mit Birgit, Barbara und Kathrin wurden erste Sätze ausgetauscht, was habt Ihr denn bei Euch erlebt? Wie war es für Euch? Dann gingen wir zusammen essen und sprachen über unsere Wahrnehmungen. Es war gut, die Gedanken zu hören, die meinen Sohn beschäftigen.*

Am nächsten Tag hätte ich gern Zeit für andere Veranstaltungen gehabt, da ich noch ganz wenig von den Angeboten anderer Frauen mitbekommen hatte. Aber die Vereinbarung war mir wichtig und so traf ich mich mit T.

Wir setzten uns auf eine Bank in den Park. »Wie ist es Dir gestern noch ergangen?« frage ich. »Gut, es war sehr wichtig für mich. Ich hätte eigentlich die Massage doch noch gut brauchen können. Und, weißt Du was, das Bibelwort, das Du mir gesagt hast, ist mein Konfirmationsspruch! Das hat mich ungeheuer beeindruckt. Die ganze Situation, die Kraft der anderen Frauen. Und daß ich den Tanz dann angeführt habe. Und wie hast Du die Situation und mich erlebt?« Ich erzähle ihr, was ich wahrgenommen habe, ihre Intensität, den Schmerz, die Klarheit ihrer Wünsche, ihre Stärke. »Und jetzt möchte ich noch darüber sprechen, wie ich in Zukunft mit meiner Mutter spreche. Es gibt etwas wichtiges, das ich mit ihr aushandeln muß, obwohl ich zur Zeit keinen Kontakt mit ihr habe.« Ich frage sie noch einiges zum Hintergrund ihrer Konflikte und wir sprechen über Möglichkeiten, damit umzugehen, auch ganz konkrete Verhaltensweisen. *Wieder bin ich beeindruckt, wie deutlich T. sagen kann, was sie braucht und will, wie sehr sie sucht und spürt, was ihr gut tut und was nicht. Wie gestern habe ich das Gefühl, daß eine ungeheure Macht zwischen uns ist, etwas Unbenennbares und gleichzeitig sehr Klares, Benennbares.* T. erzählt mir noch, daß sie Freunde und Helfer hat, und daß es ihr jetzt gut geht, damit das Gespräch und unsere Begegnung zu beenden. Ich wünsche ihr viel Kraft und gehe, während sie noch auf der Bank sitzen bleibt.

Methodischer Aspekt:
Seelsorge in der kirchlichen Öffentlichkeit

Als T. im schwarzen Zelt saß und zu weinen anfing, war deutlich, daß etwas ganz Persönliches in ihr zum Ausdruck kommen wollte, etwas, von dem nur sie wußte und was sie ganz individuell betraf. Obwohl ich schon viele Situationen miterlebt und mitgestaltet habe, in denen ganz intime Mitteilungen im Beisein von Gruppen geäußert wurden, hielt ich doch den Atem an, als T. begann, ihre Gefühle so stark zum Ausdruck zu bringen. Üblicherweise sprechen wir über solche Dinge nur mit unseren besten Freundinnen oder Personen, die wir lange kennen, denen wir vertrauen. Wenn wir große Probleme erleben, suchen wir uns eventuell professionelle Hilfe, eine Beratung oder Therapie, die wir sorgfältig aussuchen. Auch Seelsorge wird normalerweise als etwas angesehen, das unter vier Augen stattfindet, ähnlich wie im Beichtstuhl, im verschwiegenen Amtszimmer, unter Schweigepflicht der PastorIn. Gerade das Mutter-Tochter-Thema gehört doch in den intimsten Bereich einer Familie und viele haben gelernt, daß es das Schlimmste ist, private Dinge nach außen zu tragen, das »Nest zu beschmutzen«. Besonders Frauen fühlen sich leicht schuldig, wenn sie sich über ihre Ehe oder ihre Kinder beklagen. Selbst wenn sie geschlagen und mißbraucht werden, schweigen sie oft so lange, bis sie es nicht mehr verheimlichen können. Sie fühlen sich selbst verantwortlich für alles, was im Bereich der Familie stattfindet, und durch das Öffentlichmachen würden sie sich noch mehr in Schuld bringen. Das Schlimmste, das eine Tochter tun kann, ist, die Verläßlichkeit, Bravheit und aufopfernde Liebe aufzukündigen, die von ihr gerade gegenüber der eigenen Mutter erwartet wird und undankbar zu sein, eigensinnig oder gar aggressiv. Bilder der bösen, schwarzen, faulen, frechen Tochter, die ihre gerechte Strafe findet, durchziehen die Weltliteratur, angefangen von Lots Töchtern bis zur Pechmarie.

Die Dänische Psychoanalytikerin Nina Lykke bringt eine interessante Analyse des Märchens »*Bei der schwarzen Frau*« aus dem Donauland, in welchem das berühmte Motiv des Verkaufens einer Tochter durch den Vater um seiner Interessen willen und deren schweren Weg durch zahllose lebensbedrohliche Prüfungen entwickelt wird, bis das Mädchen schließlich zur angesehenen Frau und Mutter (Königin) wird. Das Mädchen wird als älteste von sieben Kindern im Alter von zwölf Jahren an die *schwarze Frau* verkauft, um bei ihr zu dienen. Es muß also vom geschützten Innenraum, in dem keine Mutter mehr da ist, in den ungeschützten Außenraum, wo sie auf die Probe gestellt wird. Im Schloß der schwarzen Frau darf sie in allen 99 Zimmern saubermachen, jedoch das hundertste darf sie nicht betreten. Zunächst wird das Mädchen gleich für seine Dienstbarkeit belohnt. Diese Pflichterfüllung behält das Mädchen auch bei. Nur als sie alle neunundneunzig Zimmer gesäubert hat, wagt sie es schließlich, aus Neugierde einen Blick in das hunderste Zimmer zu werfen. Dort erblickt es die *schwarze* Frau, die nun *fast ganz weiß* geworden ist. (Die schwarze Frau ist verwunschen und braucht die Gewissenhaftigkeit des Mädchens, um erlöst zu werden.) Der weitere Gang des Märchens erzählt die harten Prüfungen, das Ausgesetztwerden des Mädchens, die Verbindung zu einem Prinz, die Gefährdung ihrer Mutterschaft bis hin zum drohenden Scheiterhaufen. Erst kurz vor dem Verbranntwerden wird sie schließlich durch ihre Standhaftigkeit und Aufrichtigkeit rehabilitiert, von der Frau, die nun *weiß wie Schnee* geworden ist und ihr ihre Belohnung gibt.

Nina Lykke interpretiert das Märchen als Ausdruck der Domestizierung von Tochter und Mutter im Patriarchat, das beide, Mutter und Tochter nur als Eingefügte duldet und nutzt. Die Potentiale (Aktivität, lustvolle Sexualität, Reichtum) der Mutter als *schwarzer Frau* werden als veränderungsnotwendig und erlösungsbedürftig abgewertet. Nur die *weiße* (liebevolle, keusche, reine, gebende) *Frau* ist die wahre, erlöste. Nur die Tochter, die auf die Erforschung und das lustvolle Besuchen der innersten Räume der Mutter verzichtet, und sich erfolgreich auf die sexuelle Begegnung und Mutterschaft mit dem Prinzen in dessen Raum einfügt, ist die wahre, bestätigte Tochter. Hier sieht Lykke einen Patriarchatsfetischismus wirksam, der Mädchen und Frauen massiv von ihren eigenen Potentialen und Kräften entfremdet, und zwar durch Verletzen, durch Abschneiden ihrer wichtigsten Ressourcen, die in einer tiefen Lust zwischen Frauen, zwischen Mutter und Tochter verborgen sind. Leider wurde und wird dieser Fetischismus auch von der Psychoanalyse unterstützt und muß durch feministische Analyse entlarvt werden. Auch hier liegt eine Herausforderung für die Seelsorge, nicht blindlings analytisch-therapeutischen Paradigmen zu folgen, die gerade in der Abwertung der Mütter und der Abrechnung mit den Müttern eben nicht zu einer Aufhebung der Entfremdung führen kann.

T. wählte die Veranstaltung zum Thema Raum und sie wählte das schwarze Zelt. In den theologischen und soziologischen Überlegungen war die Bedeutung angesprochen worden, welche der Aufbruch der Frauen in neue Räume für das Machtverhältnis zwischen den Geschlechtern hat. In der Gestaltung des Raumes und der Einladung, sich einen Ort für die eigene Lebenssituation zu wählen, wurde die Farbe schwarz entgegen bisherigen Abwertungen als Ressource für Kraft, Tiefe, Stärke, Klarheit der Gefühle, auch des Zornes umgedeutet. Das schwarze Zelt und die schwarze Frau wurden von mir bewußt nicht als Ort des Bösen, Verwunschenen und Gefährlichen interpretiert, sondern als Ort der Begegnung mit dem Kraftvollen, dem Geerdeten, dem Unausweichlichen, der Verwandlung von Tod zu Leben. Hier wird eine der wichtigsten Methoden ressourcenorientierter Seelsorge und Theologie deutlich. Alte Bilder von sich, von Frau-Sein und Tochter-Sein, die seit Jahrhunderten negativ besetzt worden sind, werden umgedeutet und anhand des Aufzeigens von anderen Quellen des Wissens zu neuen Ressourcen.

An diesem Ort ist es wichtig, daß genug Schutz gegeben wird, um die starken Emotionen zu halten, die in einer jeden Lebensgeschichte enthalten sind, und die durch die Stimmen verschiedener Frauen zum Ausdruck kommen. So wie ich es erlebt habe, konnte T. sich so tief und klar äußern, weil sie durch die ganze Art der Veranstaltung, durch die Gestaltung des Raumes, durch das Zelt und den Kreis der Frauen einen geschützten Raum spürte, innerhalb dessen auch so etwas Tabuisiertes wie der Schmerz und der Zorn zwischen Tochter und Mutter, aber auch die Sehnsucht nach Gehaltenwerden und Nähe, Lust und Wildheit, ansprechbar und erlebbar wurde.

Allerdings bin ich mir auch der Gefahren bewußt, die in der Verbindung von Öffentlichkeit und Intimität liegen. Es ist wichtig, in solchen Situationen Schritt für Schritt konkrete Verträge zu schließen (Was ist jetzt wichtig für Dich/Sie? Was brauchst Du jetzt? Seid Ihr damit einverstanden, daß wir dieser Frau jetzt zuhören? etc.) und das Vorgehen miteinander abzustimmen. Jedoch gibt es auch Personen, die, durch einen Vortrag oder eine Situation angeregt, ihre eigenen Grenzen momentan nicht spüren und sich dann hinterher als ausgeliefert erleben. Auch ist es möglich, daß die Leiterin einer Veranstaltung die Situation nicht genügend überblickt und wichtige Informationen nicht hat. Hier erweist sich erweiterte Aufmerksamkeit als notwendig, die mit der Erfahrung wächst, und die Zusammenarbeit mit Kolleginnen als hilfreich. So wichtig es ist, vorsichtig, langsam und konkret an den Stimmen der Beteiligten orientiert zu arbeiten, so befreiend ist auch die Erfahrung, daß die eigene Professionalität noch von anderen Kräften, nämlich Vertrauen in den Prozeß und Vertrauen in die geteilte Macht einer großen Gruppe erfahrener Frauen, getragen wird.

Die Frauenbewegung, feministische Forschung und feministische Therapie haben hier eine heilsame und heilende Funktion gehabt. Indem einzelne Frauen Tabus gebrochen und verheimlichte Themen öffentlich gemacht haben, wurde es für andere Frauen auch möglich, aus den in Wohn- und Schlafzimmern versteckten Leidens- und Gewaltsituationen aufzubrechen. Ihre persönlichen Geschichten wurden als Ausdruck struktureller und systemischer Probleme deutlich, die nicht nur Frauen angehen, sondern alle, Frauen, Männer und Kinder, die Gesellschaft in ihrem weltweiten Kontext. Indem Frauen und gerade auch Mädchen anfingen, sich gegenseitig und öffentlich zu berichten, was sie erlebten und worin sie verstrickt waren, wurde es möglich aufzudecken, daß das traute Heim der Familie, das noch immer als Hort des Glückes und als Fundament der Gesellschaft gilt, der gefährlichste Ort für Frauen und Kinder ist, und zwar global.

Theologie, kirchliche Gemeindearbeit und Seelsorge haben sich lange nicht aus ihrer Teilnahme an der Mystifizierung des Privaten gelöst. Kirche habe nichts mit weltlicher Öffentlichkeit und dem Politischen zu tun und solle sich da ganz heraus halten, wurde immer wieder betont. Gerade SeelsorgerInnen müßten neutral sein, damit sie AnsprechpartnerInnen für die verschiedensten Menschen sein könnten. Jedoch waren Kirche und auch Seelsorge nie frei von gesellschaftlichen Werten und politischen Stellungnahmen. Sie wurden nur implizit vollzogen und nicht offen benannt. Die schon im Kindergottesdienst und Konfirmandenunterricht eingeprägten Gebote, Gott allein als dem allmächtigen Vater zu dienen und Vater und Mutter zu ehren, haben es vielen Mädchen und Jungen aus christlichen Elternhäusern unmöglich gemacht zu merken, was mit ihnen geschah, geschweige denn, davon öffentlich zu sprechen. Erst jetzt, nachdem in den USA eine jahrelange öffentliche Auseinandersetzung um das Ausmaß und die Folgen sogenannter dysfunktionaler und mißbrauchender familiärer Beziehungen stattgefunden hat, greifen auch Theologie und Seelsorge diese Tabuthemen auf. So hat zum Beispiel Mary Fortune eine sehr effektive Aufdeckung sexuellen Mißbrauches auch in Gemeinden und durch Geistliche durch ihre Untersuchungen in Gang gesetzt und TheologInnen wie Rita Nakashima Brown, Susan Thistlethwaite, Beverly Harrison, Carter Heyward, Katie Canon, Hildegund Wöller und andere haben tabuisierte Themen wie lustvolle Sexualität und Erotik zwischen Frauen, Machtmißbrauch, Kindesmißbrauch, Homosexualität, Prostitution als theologische Herausforderung angesprochen.

Feministische Seelsorge öffnet und gestaltet nicht nur den blauen Raum, das Zelt, in welchem dem Zeugnis der Frauen und Mädchen aufmerksam zugehört und Schutz gegeben wird; das weiße Zelt, in welchem neue Wege ertastet und erprobt werden; das rote Zelt, in welchem intensive, leidenschaftliche, lustvolle und Grenzen respektierende Nähe erlebt wird. Sie ist auch ein advokatorischer Prozeß, in welchem Grenzen gesetzt und Verantwortung und Rechenschaft in Fragen Leben und Tod eingefordert werden, das schwarze Zelt. Die Begegnung mit der Präsenz Gottes, Schechinah, von Angesicht zu Angesicht, wie mit einer Freundin.

Perspektiven im Rückblick

Fast zwei Jahre ist es her, daß wir beiden Autorinnen uns zum ersten Mal begegneten. Beide wollten wir ein Buch über Feministische Seelsorge schreiben. In unserer seelsorgerlichen Arbeit als Pastorin, Professorin, Seelsorgerin, Beraterin sahen wir uns mit vielen einschneidenden Fragen und Aufgaben konfrontiert. Verzweifelt suchten wir in der Literatur nach Beispielen und Modellen, aber wir befanden uns in einer Wüste. Es gab im deutschsprachigen Raum so gut wie gar keine Literatur, keine Arbeitshilfen, die uns im frauenspezifischen Seelsorgebereich Anregungen und Inspirationen verschafft hätten.

Uns war es sehr wichtig, im gegenseitigen Austausch und Miteinander, im Sinne des Affidamento, zu schreiben. Als wir uns das erste Mal im Beisein unserer Lektorin trafen, standen wir uns gegenüber, waren uns fremd und doch vertraut, und wir realisierten, daß es hier um etwas Wesentliches, um eine Herzensangelegenheit für uns beide geht. Innerhalb eines Tages entwickelten wir, die wir uns vorher noch nie gesehen oder ausgetauscht hatten, aus vorhergehenden Studien und Konzepten ein Exposé für ein gemeinsames Buch und schrieben dann in regelmäßigen Abständen, gemeinsam und allein. Das Spannende in unserem gemeinsamen Prozeß war unsere unterschiedliche Perspektive und zugleich gemeinsame Ausrichtung. Aus zwei unterschiedlichen Generationen kommend, entdeckten wir in unseren Biographien sehr viel Gemeinsames und zugleich auch große Unterschiede. So sehr wir uns auch in einer politisch orientierten Ausrichtung eines Seelsorgeansatzes einig waren, so sehr unterschieden wir uns doch hinsichtlich der Bewertung und Einschätzung gewisser theologischer Richtungen. Wir entdeckten beim gemeinsamen Schreiben, wie unterschiedlich unsere Schreibarten sind, wie schwer es für uns war, sich der anderen jeweils verständlich zu machen und zugleich lernten und profitierten wir viel von unserer Unterschiedlichkeit. Beim gemeinsamen Schreib- und Reflexionsprozeß erfuhren wir voneinander vieles, was uns auch inhaltlich beschäftigte: die Gegenseitigkeit, die Differenz, das Affidamento, die Konkurrenz, die Bedeutsamkeit der Transparenz und des geteilten Wissens. Ebenso wurde uns immer wieder deutlich, wie sehr die Begegnung mit den Frauen, deren Geschichten wir hier erzählen, unser Leben und Denken verändert hat. In den Reflexionen bemühten wir uns, ehrlich mit uns und dem Erlebten, auch dem Scheitern und den nicht ausgeschöpften Möglichkeiten, umzugehen. Das war schwierig und kostete immens viel Kraft. Als wir letztes Jahr in der Eifel unsere Ferien mit dem Laptop verbrachten, waren die Frauen und Mädchen in unseren Gesprächen und Gedanken häufig so anwesend, daß es sogar zu körperlichen Erscheinungen kam, von denen wir nicht wußten, ob wir sie als Empathie oder Erschöpfung deuten sollten. In manchen Phasen des Schreibens erlebten wir die Grenzen unserer kreativen Schaffenskraft und fühlten uns gnadenlos auf uns selbst und die Sehnsucht nach »Flügeln trotz allem« zurückgeworfen. In vielen Stunden, in denen wir uns diesem Buch widmeten, öffneten wir uns für göttliche Eingebungen und Offenbarungen.

Zum Schluß bleibt uns noch die gemeinsame perspektivische Ausrichtung und Vision einer feministischen Seelsorge, die uns nicht müde werden und den langen Atem behalten ließ. Es ist die Vision, daß wir uns wünschen, in einer Welt zu leben, in der strukturelle Ungerechtigkeit zwischen Frauen und Männern nicht mehr existiert und in der Frauen und Mädchen wie Jungen und Männer Raum haben, ihre unterschiedlichen Ressourcen und Lebensformen auf der Grundlage gleicher Rechte und gerechter ökonomischer Bedingungen zu entfalten.

»Flügel trotz allem« bedeutet, daß Frauen und Mädchen ihren spirituellen Ort der Vergewisserung und der Heimat finden. Es bedeutet, daß in den Einrichtungen, an denen wir arbeiten, Bedingungen geschaffen werden, die Autonomie und Affidamento für Frauen und Mädchen ermöglichen und fördern. Und es bedeutet, in unseren Verbindungen mit anderen Frauen, Netzwerke zu kreieren und zu fördern und dafür einzutreten, daß über Grenzen hinweg Orte geschaffen werden, wo Frauen und Mädchen voneinander und miteinander lernen, an denen sie wachsen, sich selbst und sich gegenseitig ermutigen, sich kritisch-konstruktiv begleiten und beflügeln.

Literaturverzeichnis

Agger, Inger, The Blue Room. Trauma and Testimony among Refugee Women. A Psycho- Social Exploration, London, New Jersey 1992.

Anderson, Tom, The Reflecting Team, New York 1991.

Anee Carr and Elisabeth Schüssler Fiorenza (Hg,), Motherhood: Experience, Institution, Theology, Concilium, Edinburgh 1989.

Barz, Monika, Leistner, Hertha, Wild, Ute, Hättest Du gedacht, daß wir so viele sind? Lesbische Frauen in der Kirche, Stuttgart 1987.

Bass, Ellen/Davis, Laura, Trotz allem – Wege zur Selbstheilung für sexuell mißbrauchte Frauen, Berlin 2. Aufl. 1992.

Bauman, Zygmunt, Postmoderne Ethik, Hamburg 1995.

Belenky, M. F. et al., Women's Ways of Knowing: The development of Self, Voice and Mind. New York, Basic Books 1986.

Deutsche Ausgabe, Das andere Denken der Frauen. Persönlichkeit, Moral und Intellekt der Frau, Frankfurt 1991, 2. Auflage.

Benjamin, Jessica, The Bonds of Love: Psychoanalysis, Feminism and the Problem of Domination, New York 1988.

Bolen, Jean S., Goddesses in Everywoman, San Francisco 1984.

Brock, Rita N., Journeys by Heart, New York 1988.

Brown, Laura S. und Ballou, Mary, Personality and Psychopathology. Feminist Reappraisals, New York and London 1992.

Brückner, Margrit, Die Liebe der Frauen. Über Weiblichkeit und Mißhandlung, Frankfurt (Main) 1983.

Buber, Martin, Ich und Du, Köln 1966.

Butler, Judith, Körper von Gewicht. Die diskursiven Grenzen des Geschlechts, Frankfurt a. M. 1997.

Cady, Susan, Ronan, Marian, Taussig, Hal, Sophia, The future of feminist spirituality, San Francisco 1986.

Chodorow, Nancy, Das Erbe der Mütter, München 1985. Originalausgabe: The Reproduction of Mothering, Berkeley 1978.

Christ, Carol, »Why Women Need The Goddess« in Womanspirit Rising: A Feminist Reader in Religion, San Francisco 1979.

Christ, Carol, Warum Frauen die Göttin brauchen, in: Schlangenbrut Heft 8, (1985), S. 6-19.

Cobb, John F. and Griffin, David R., Process Theology. An Introductory Exposition, Philadelphia 1976.

Daly, Mary, Gyn/Ökologie, München 1980.

Dinnerstein, Dorothee, Das Arrangement der Geschlechter, Stuttgart 1979.

Dirks, Marianne (Hg.), Glauben Frauen anders? Erfahrungen, Freiburg, Kassel, Wien, 1983.

Doan, Rob and Bullard, Cassie, »Reflecting Teams: Exploring the possibilities« in: Dulwich Centre Newsletter 1994, Nr. 4, 35-39, 1994,

Ernst, Sheila und Goodison, Lucy, Selbsthilfe Therapie. Ein Handbuch für Frauen. München 1982.

Essen, Siegfried, »Systemische Therapie als Praxis des Nichtanhaftens« in: Zeitschrift für systemische Therapie, 2. Jg, Heft 1, 32-39, 1993.

Estès, Clarissa Pinkola, Die Wolfsfrau. Die Kraft der weiblichen Urinstinkte, München 1993.

Ferel, Martin, »Willst du gesund werden? Das systemische Verständnis von Krankheit und Heilung als Orientierung für die Seelsorge« in: WzM (48), 359-374, 1996.

ders., »Etliches fiel auf ein gutes Land. 25 Jahre Seminar für Seelsorge in Frankfurt am Main«, Festansprache vom 27. 6. 97, Frankfurt 1997.

Flitner, Bettina, Mein Herz, Köln 1995.

Formaini, Heather, »Inner landscape: outer landscape« in: Hurcombe, L. (ed.) Sex and God, 1987, S. 17-29

Fortune, Marie M., Sexual Violence, New York 1983.

Fox-Keller, Evelyn, Liebe, Macht und Erkenntnis. Männliche oder weibliche Wissenschaft? München/Wien 1986.

Francia, Luisa, Mond – Tanz – Magie, München 1986.

Gavrandidou, Maria, unter Mitarbeit von Helga Bilden, Migrantinnen, in: Bilden, Helga (Hg.), Das Frauentherapie Handbuch, München 1992, S. 156-163.

Gerber, Uwe, Die feministische Eroberung der Theologie, München 1987.

Gilligan, Carol, Die andere Stimme, München 1984. Originalausgabe: In a Different Voice. Cambridge: Harvard University Press 1982.

Gimbutas, Marija, The Language of the Goddess, San Francisco 1989.

Glaz, Maxime and Stevenson Moessner, Jeanne, Women in Travail and Transition. A New Pastoral Care, Minneapolis 1991.

Goldenberg, Naomi, Changing of the Gods: Feminism and the End of Traditional Religons, Boston 1979.

Dies., Returning Words to Flesh. Feminism, Psychoanalysis, and the Ressuraction of the Body, Boston 1990.

Dies., Spiritualität und Thealogie, in: Kassel, Maria (Hg.), Feministische Theologie. Perspektiven zur Orientierung, Stuttgart 2. veränderte Aufl. 1988, S.165-190.

Goodrich, Thelma et al., Feministische Familientherapie, Frankfurt 1991.

Göttner-Abendroth, Heide, Das Matriarchat II, 1. Stammesgesellschaften in Ostasien, Indonesien, Ozeanien, Stuttgart, Berlin, Köln 1991.

Dies., Die Göttin und ihr Heros. Die matriarchalen Religionen in Mythos, Märchen und Dichtung, München, 2. Auflage 1985.

Goulding, Mary McClure und Robert Goulding, Neuentscheidung. Ein Modell der Psychotherapie, Stuttgart 1979.

Grözinger, A., »Seelsorge als Rekonstruktion von Lebensgeschichte« in: WzM (38), 178-188, 1986.

Günter, Andrea (Hg.), Feministische Theologie und postmodernes Denken. Zur theologischen Relevanz der Geschlechterdifferenz, Stuttgart 1996.

Dies., Autorität und Frauenbeziehungen, in: Schlangenbrut Nr. 59, (1997), S. 13-18, Gütersloh 1986.

Halkes, Catherina M., Suchen was verloren ging, Gütersloh 1985.

Hare-Mustin, Rachel and Marcek, Jeanne, »Feminism and Postmodernism: Dilemmas and Points of Resistance« in: Dulwich Centre Newsletter 1994, Nr. 4, 13-20, 1994.

Harrison, Berverly W., Making The Connections. Essays in Feminist Social Ethics, Boston 1985.

Heimbrock-Stratmann, Hildegard, »Klinische Seelsorgeausbildung und Sexismus« in: Heimbrock-Stratmann, Hildegard und Heimbrock, Hans-Günther, Ich schwieg wohl eine lange Zeit. Essays, Predigten, Gedichte, Rheinbach-Merzbach 1993.

Herman, Judith Lewis, Die Narben der Gewalt. Traumatische Erfahrungen verstehen und überwinden, München 1994. Originalausgabe: Trauma and Recovery. The aftermath of violence – from domestic abuse to political terror, USA 1992.

Heyward, Carter, Our Passion for Justice. Images of Power, Sexuality and Liberation, New York 1984.

Ders., Und sie rührte sein Kleid an. Eine feministische Theologie der Beziehung, Stuttgart 1986.

Ders., When Boundaries Betray Us. Beyond Illusions of what is Ethical in Therapy and Life, San Francisco 1983.

Hilsenbeck, Polina, Grenzgängerinnen – Feministische Alternativen zur Psychiatrie, in: Frauentherapie Handbuch, hg. v. Bilden, Helga, München 1992, S. 120-130.

Holifield, E. Brooks, A History of Pastoral Care in America. From Salvation to Self-Realization, Nashville 1984.

Iglehart, Hallie, Weibliche Spiritualität. Traumarbeit, Meditationen und Rituale, München 1987.

Imber-Black, Evan, Familien und größere Systeme. Heidelberg 1990.

Irigaray, Luce, Die Zeit der Differenz. Für eine friedliche Revolution, Frankfurt a.M./ New York 1991.

Dies., Ethik der sexuellen Differenz, Baden-Baden 1991.

Dies., Genealogie der Geschlechter, Freiburg 1989.

Dies., Speculum, Spiegel des anderen Geschlechts, Baden-Baden 1980.

Janowski, Gudrun und Miethner, Reinhard (Hg.), Lebendige Systeme. Martin Ferel zum 60. Geburtstag, Frankfurt/Main 1997.

Jenkins, Alan, »Therapy for abuse or therapy as abuse?« in: Dulwich Dentre Newsletter 1, 11-20, 1994.

Ders., Invitations to Responsibility. The Therapeutic Engagement of Men who are Violent and Abusive, Adelaide 1990.

Johnson, Elizabeth A., Ich bin, die ich bin. Wenn Frauen Gott sagen, Düsseldorf 1994.

Jordan, Judith V./ Kaplan, Alexandra G./ Baker-Miller, Jean/ Stiver, Irene P./ Surrey, Janet, Women´s Growth in Connection. Writings from the Stone Center, New York/London 1991.

Jürgens, Gesa, »Überblick zur Familientherapie: Ausbildung, berufliche Situation, Supervision«, in: Kristine Schneider (Hg.): Familientherapie in der Sicht psychotherapeutischer Schulen, Paderborn 1982.

Kästner, Sibylle, Vom Mythos zur Realität? in: Schlangenbrut 42, August 1993, S. 14-16

Kang, Chong-Sook, Von Selbstbestimmung keine Rede. Frauen im AusländerInnen- und Asylrecht, in: Hügel, Ina / Lange, Chris u.a., Entfernte Verbindungen, Rassismus, Antisemitismus, Klassenunterdrückung, Berlin 1993.

Karle, Isolde, Seelsorge in der Moderne. Eine Kritik der psychoanalytisch orientierten Seelsorgelehre. Mit einem Geleitwort von Joachim Scharfenberg, Neukirchen-Vluyn 1996.

Kegler, Jürgen, »Beobachtungen zur Körpererfahrung in der hebräischen Bibel« in: Frank Crüsemann, Christof Harmeier und Rainer Kessler (Hrsg.), Was ist der Mensch. Beiträge zur Anthropologie des Alten Testamentes. Festschrift für Hans Walter Wolff, München 1992.

Keller, Catherine, Der Ich-Wahn. Abkehr von einem lebensfeindlichen Ideal, Zürich 1989. Originalausgabe: From A Broken Web. Separation, Sexism, and Self, Bosten 1986.

Keßler, Hildrun, Bibliodram und Leiblichkeit. Leibhafte Textauslegung im theologischen und therapeutischen Diskurs, Stuttgart, Berlin, Köln 1996.

Korenhof, Mieke (Hg.), Gehen. Scheidungs- und Trennungsliturgien, Düsseldorf 1996.

Krattiger, Ursa, Riedel, Ingrid, Wöller, Hildegunde, »Die Suche nach der Göttin-Spiritualität« in: epd-Dukumentation Kirchentag Leipzig, Nr. 34/97, S. 10-16

Kutter, Erna, Wachsen am »Mehr der anderen Frauen«, in: Schlangenbrut Nr. 59, (1997), S. 10-12.

Law, Ian, »A conversation with Kiwi Tamasese and Charles Waldgrave« in: Dulwich Centre Newsletter 1, 20-28, 1994.

Lee-Linke, Sung-Hee (Hg), Fenster zum Göttlichen. Weibliche Spiritualität in den Weltreligionen, Neukirchen-Vluyn 1997.

Leehan, James, Defiant Hope. Spirituality for Survivors of Family Abuse, Louisville / Kentucky 1993.

Ders., Pastoral Care for Survivors of Family Abuse, Louisville /Kentucky 1989.

Lerman, Hannah, »The Limits of Phenomenology: A Feminist Critique of the Humanistic Personality Theories« in: Brown, L. and Ballou, M. (eds), Personality and Psychopathology, 8-20, 1992.

Levinson, David, Family Violence in Cross- Cultural Perspective. Newbury Park, London, New Delhi 1989.

Libreria delle donne di Milano (Hg.), Wie weibliche Freiheit entsteht. Eine neue politische Praxis, Berlin, 2. Aufl. 1989.

Lugones, Maria C., Spelman, Elizabeth C., Konkurrenz, Mitleid und Gemeinschaft. Vorschläge für ein feministisches Ethos, in: Miner, Valerie/Longino, Helen E. (Hg.), Konkurrenz. Ein Tabu unter Frauen, München 1990, S. 168-182.

Luther, Henning, Religion und Alltag. Bausteine zu einer praktischen Theologie des Subjekts, Stuttgart 1992.

Lykke, Nina, Rotkäppchen und Ödipus, Wien 1993.

Maihofer, Andrea, Ansätze zur Kritik des moralischen Universalismus. Zur moraltheoretischen Diskussion um Gilligans Thesen zu einer »weiblichen Moralauffassung«, in: Feministische Studien 6 (1988), Heft 1, S. 32-52.

McGoldrick, Monica, Anderson, Carol M., Walsh, Froma, Women In Families. A Framework for Family Therapy, New York/London 1989.

Merian, Svende (Hg.), Scheiden tut weh, Predigten und Ansprachen, Gütersloh 1995.

Meyer-Wilmes, Hedwig, Zwischen Lila und Lavendel. Schritte Feministischer Theologie, Regensburg 1996.

Miller, Jean Baker, Toward a New Psychology of Wome, Boston 1976.

Mirkin, Marsha P., The Social and Political Contexts of Family Therapy, Boston. London. Sydney. Toronto 1990.

Mitchell, Juliet, Psychoanalyse und Feminismus, Frankfurt 1976.

Mollenkott, Virginia R., Gott eine Frau? Vergessene Gottesbilder der Bibel, München 1985.

Moltmann-Wendel, Elisabeth (Hg.), Frau und Religion. Gotteserfahrungen im Patriarchat, Frankfurt 1983.

Dies., Das Land, wo Milch und Honig fließt. Perspektiven einer feministischen Theologie, Gütersloh 1985.

Dies., Janssen, Claudia / Henze, Dagmar / Schottroff, Luise, »Kann denn Liebe Sünde sein? Auf dem Weg zu einer befreienden Sexualität« in: epd-Dokumentation, Nr. 34/97, S. 28-39.

Morton, Nelle, The Journey Is Home, Boston 1985.

Mulack, Christa, Die Weiblichkeit Gottes. Matriarchale Voraussetzungen des Gottesbildes. Stuttgart 1983.

Ders., Im Anfang war die Weisheit. Feministische Kritik des männlichen Gottesbildes, Stuttgart 1988.

Neuger, Christie Cozad und Poling, James Newton, The care of men. Nahville 1997, New York 1994.

Pasero, Ursula und Braun, Friederike (Hg.), Kronstruktion von Geschlecht, Pfaffenweiler 1995.

Dies., und Pfäfflin, Ursula (Hg.): Neue Mütterlichkeit. Ortsbestimmungen, Gütersloh 1986.

Dies., »Soziale Zeitmuster, Kontingenzerfahrung und das Arrangement der Geschlechter« in: Geschichte und Gegenwart 2, 13.Jg, 93-101, 1994.

Pfäfflin, Ursula und Pfau-Effinger, Birgit, »Frauenräume- Lebensräme. Spiritualität und Ökologie des Raumes«, in: epd Dokumentation Nr. 34/97, 49- 57.

Dies., und Smith, Archie Jr., Der Tod und das Mädchen. Über die Komplexität traumatischer Verletzungen und der Wege zur Heilung. Eine Herausforderung für Seelsorge und Beratung, in: Atkins, Ulrike und Federschmidt, Karl H. (Hg.), Menschenbilder und Lebensgeschichten in der Vielfalt der Kulturen. Düsseldorf 1996.

Dies., »Die Kunst der Landkartenzeichnerin. Spiritualität und Ethik in einer Kartographie der Kreativität, des Haltens und der partnerschaftlichen Rechenschaft« in: Lee-Linke, Sung-Hee (Hg.): Fenster zum Göttlichen. Weibliche Spiritualität in den Weltreligionen, Neukirchen-Vluyn 1997.

Dies., »Mothers in a Patriarchal World. Experience and Feminist Theory« in: Carr, Anne und Schüssler-Fiorenza, Elisabeth, Motherhood: Experience, Institution, Theology, Concilium, Edinburgh 1989, S. 15-21.

Dies., »Teaching The Unspeakable« in: Encounter, Vol 53, Nr. 3, 261-278.

Dies., Frau und Mann. Ein symbolkritischer Vergleich anthropologischer Konzepte in Seelsorge und Beratung, Gütersloh 1992.

Pohl-Patalong, Uta, Seelsorge zwischen Individuum und Gesellschaft. Element zu einer Neukonzeption der Seelsorgetheorie, Stuttgart, Berlin, Köln 1996.

Poling, James N., The Abuse of Power. A Theological Problem, New York 1991.

Ders., Deliver us from evil. Resisting racial and gender oppression, Minneapolis 1996.

Rahm, Dorothea, Otte, Hilka, Bosse, Susanne, Ruhe-Hollenbach, Hannelore, Einführung in die Integrative Therapie, Paderborn 1993.

Reiter, L., Brunner, E.J. und Reiter-Theil, S. (Hrsg.), Von der Familientherapie zur systemischen Perspektive, Berlin/Heidelberg/New York 1988.

Rich, Adrienne, Of Woman Born, New York 1976.

Rijnaarts, Josephine, Lots Töchter. Über den Vater-Tochter Inzest, Düsseldorf 1988.

Rohde-Dachser, Christa, Expedition in den dunklen Kontinent. Weiblichkeit im Diskurs der Psychoanalyse. Berlin, Heidelberg, New York 1991.

Rücker-Embden-Jonasch, Ingeborg und Ebbecke-Nohlen, Andrea (Hg.), Balanceakte. Familientherapie und Geschlechterrollen, Heidelberg 1992.

Satir, Virginia, Familienbehandlung. Kommunikation und Beziehung in Theorie, Erleben und Therapie, Freiburg / Breisgau 8. Aufl. 1991.

Dies., Peoplemaking. Palo Alto 1972. Deutsche Ausgabe: ders., Selbstwert und Kommunikation: Familientherapie für Berater und zur Selbsthilfe, München 1988.

Scharfenberg, Joachim, Einführung in die Pastoralpsychologie, Göttingen 1985.

Ders., Sigmund Freud und seine Religionskritik als Herausforderung an den christlichen Glauben, Göttingen 1968.

Schaumberger, Christine, Maaßen, Monika (Hg.), Handbuch feministische Theologie, Münster 1986.

Dies., Schottroff, Luise, Schuld und Macht. Studien zu einer feministischen Befreiungstheologie, München 1988.

Schmidt, Siegfried J. (Hg.), Der Diskurs des radikalen Konstruktivismus, Frankfurt/ Main 1990.

Schmökel, Hartmut, Heilige Hochzeit und Hohes Lied, Wiesbaden 1956.

Schroer, Silvia, Die Weisheit hat ihr Haus gebaut. Studien zur Gestalt der Sophia in den biblischen Schriften, Mainz 1996

Schüssler Fiorenza, Elisabeth, Zu ihrem Gedächtnis. Eine feministisch-theologische Rekonstruktion der christlichen Ursprünge, München 1988.

Dies., Jesus. Miriams Child. Sophia´s Prophet. Critical Issues in Feminist Christology, New York 1994.

Sered, Susan S. / Priestess, Mother, Sacred Sister. Religions Dominated by Women, New York 1994.

Siegele-Wenschkewitz, Leonore (Hg.), Verdrängte Vergangenheit, die uns bedrängt. Feministische Theologie in der Verantwortung für die Geschichte, München 1988.

Sölle, Dorothee, Einleitung, in: Heyward, Carter, Und sie rührte sein Kleid an. Eine feministische Theologie der Beziehung, Stuttgart 1986, S. 7-13.

Dies., Leiden, Stuttgart 1973.

Dies., Lieben und arbeiten. Eine Theologie der Schöpfung, Stuttgart 1985.

Dies., Schottroff, Luise, Hannas Aufbruch. Aus der Arbeit feministischer Befreiungstheologie, Gütersloh 1990.

Sook Kang, Chong, »Von Selbstbestimmung keine Rede. Frauen im AusländerInnen- und Asylrecht«, in: Hügel, Ika u.a. (Hg.), Entfernte Verbindungen, Berlin 1993.

Sorge, Elga, Religion und Frau, Stuttgart 1985.

Starhawk, Dreaming the Dark. Magic, Sex and Politics, Boston 1982.

Ders., Truth or Dare. Encounters with Power, Authority, and Mystery, San Francisco 1987.

Strahm, Doris, Aufbruch zu neuen Räumen. Eine Einführung in feministische Theologie. Freiburg/Schweiz 1987.

Strecker, Julia, Die Frage hinter der Frage, in: Schlangenbrut Nr. 46, August 1994.

Streib, Heinz, »Heilsames Erzählen. Pastoraltheologische und pastoralpsychologische Perspektiven zur Begründung und Gestaltung der Seelsorge« in: WzM (48), 339-359, 1996.

Swietlik, Gabriele, »Was Religion betrifft, da ist die Mauer noch sehr dick.« Bi-religiöser Alltag in Deutschland, in: Schlangenbrut 48, 1995, 28-30.

Thürmer-Rohr, Christina, Vagabundinnen, Feministische Essays, Berlin 2. Aufl. 1987.

Dies., »Mittäterschaft und Entdeckungslust. Zur Dynamik femininistscher Erkenntnis« in: Studienschwerpunkt Frauenforschung am Institut für Sozialpädagogik der TU Berlin (Hrsg.): Mittäterschaft und Entdeckungslust, Berlin 1990.

Von Schlippe, Arist und Schweitzer, Jochen, Lehrbuch der systemischen Therapie und Beratung, Göttingen/Zürich 1996.

Voss, Hannelore, Ein feministisches Fortbildungsprojekt: »Frauenspezifische sozialtherapeutische Fortbildung« (FSF) in: Bilden, Helga (Hg.), Das Frauentherapiehandbuch, München, 264-269, 1992.

Wacker, Marie Theres, Der Gott der Männer, Düsseldorf 1987.

Wagner-Rau, Ulrike, Zwischen Vaterwelt und Feminismus. Eine Studie zur pastoralen Identität von Frauen, Gütersloh 1992.

Waldegrave, Charles, »Just Therapy« in: Dulwich Centre Newsletter, Nr. 1, 1990.

Walker, L., The Battered Woman. New York 1979.

Walters, Marianne et al. (Hrsg.), Unsichtbare Schlingen. Die Bedeutung der Geschlechterrollen in der Familientherapie, Stuttgart 1991. Originalausgabe: The Invisible Web. Gender Patterns in Family Relationships, New York/London 1988.

Weiler, Gerda, Der enteignete Mythos, München 1985.

Dies., Gerda, Ich verwerfe im Land die Kriege, München 1986.

White, Michael und Epston, David, Die Zähmung der Monster. Literarische Mittel zu therapeutischen Zwecken, Heidelberg 1994.

Wiesel, Elie, Dawn, New York 2. Aufl. 1970.

Williams, Delores S., Sisters in the Wildernis, The Challenge of Womanist God-Talk, New York 1993.

Winkler, Klaus, Seelsorge, Berlin/New York 1997.

Wintzer, Friedrich, Seelsorge. Texte zum gewandelten Verständnis und zur Praxis der Seelsorge in der Neuzeit, München 1985.

Wirtz, Ursula, Seelenmord. Inzest und Therapie, Stuttgart 1989.

Wobbe, Theresa und Lindemann, Gesa (Hrsg.), Denkachsen. Zur theoretischen und institutionellen Rede vom Geschlecht, Frankfurt a. M. 1994.

Wöller, Hildegunde, Vom Vater verwundet. Töchter der Bibel, Stuttgart 1991.

Wörterbuch der feministischen Theologie, hg. v. Gössmann, Elisabeth, u.a., Gütersloh 1991.

Die Autorinnen

Ursula Riedel-Pfäfflin, geb. 1943, Dr. theol., zwei Söhne, lehrt seit 1995 als Professorin für Feminismus und Theologie an der Evangelischen Fachhochschule für Sozialarbeit in Dresden. Sie ist Pastoralpsychologin, Supervisiorin und Seelsorgeausbilderin und hat u.a. an der Universität Kiel und acht Jahre in Chicago und Indianapolis gelehrt. Sie ist seit Jahren in der internationalen Seelsorgebewegung engagiert und baut derzeit gemeinsam mit anderen Frauen eine Interkulturelle Frauen Netzwerk Universität in Dresden auf.

Julia Strecker, geb. 1959, Dipl.-Theol., seit Juli 1996 als Pfarrerin in der Evangelischen Studierendengemeinde in Köln tätig. Nach mehrjährigem USA-Aufenthalt, wo sie 2 Jahre lang als Sozialarbeiterin in einem Frauenprojekt arbeitete und ein Jahr lang in Krankenhäusern als Seelsorgerin die klinische Seelsorgeausbildung absolvierte, arbeitet sie jetzt seit fast 10 Jahren als Pastorin. Wesentliche Impulse für dieses Buch erfuhr sie in ihrer 4jährigen Tätigkeit als Pastorin für Frauenberatung und Mädchenarbeit im Kirchenkreis Köln-Mitte (1992-1996). Während dieser Zeit nahm sie an einer vierjährigen Zusatzqualifikation zur Sozialtherapeutin teil.